D... [illegible] ağabeye saygıyla,

Mete Akyol

27.10.2005

SERTİFİKA NO 1206-06-005047
ISBN 978 - 975 - 22 - 0263 - 4
2008 . 06 . Y . 0105 . 3616

Birinci Basım
Ağustos 2008

BİLGİ YAYINEVİ
Merkez: Meşrutiyet Cd., No: 46/A, Yenişehir 06420 / ANKARA
Tlf.: (0-312) 434 49 98 • Faks: (0-312) 431 77 58
Temsilcilik: İstiklâl Cd., Beyoğlu İş Mrk. No: 187,
Kat: 1/133, Beyoğlu 34433 / İSTANBUL
Tlf.: (0-212) 244 16 51 - 244 16 53 • Faks: (0-212) 244 16 49

BİLGİ KİTABEVİ
Sakarya Cd., No: 8/A, Kızılay 06420 / ANKARA
Tlf.: (0-312) 434 41 06 • Faks: (0-312) 433 19 36

BİLGİ DAĞITIM
Merkez: Gülbahar Mh., Gülbağ Cd., No: 27/1, A-B Blok,
Gülbağ, Mecidiyeköy / İSTANBUL
Tlf.: (0-212) 217 63 40 - 44 • Faks: (0-212) 217 63 45
Şube: Narlıbahçe Sk., No: 17/1, Cağaloğlu 34360 / İSTANBUL
Tlf.: (0-212) 522 52 01 - 512 50 59 • Faks: (0-212) 527 41 19

www.bilgiyayinevi.com.tr • info@bilgiyayinevi.com.tr

METE AKYOL

Bir Başkadır Benim Mesleğim

BİLGİ YAYINEVİ

kapak: turgut keskin
kapak düzeni: bilgi yayınevi
fotoğraflar: mete akyol arşivinden

baskı: cantekin matbaacılık yayıncılık ticaret ltd. şti.

(0-312) 384 34 35 - 384 34 36

Torunum
***Barış Mete Akyol**'a...*

İÇİNDEKİLER

Bu kitabın satışından sağlanacak gelirin tümü, öğrenci bursu olarak kullanılmak üzere yazar tarafından Başkent Üniversitesi'ne bağışlanmıştır.

ÖNYAZI

Sizin yarım yüzyıldan bu yana gazeteci ve televizyoncu olarak tanıdığınız **Mete Akyol**'u ben, yarım yüzyıldan da fazla bir süreden bu yana önce gazeteci sonra dost olarak tanırım.

Elinizdeki kitabın varoluş nedeni, bu dostluktur.

Yarım yüzyılı aşkın dostluğumuzun verdiği hakla, Mete'ye danışma gereği bile duymadan hazırladım bu kitabı.

Onun, *Bütün Dünya* dergisinde her ay birini yayımladığı gazetecilik anılarını biraraya getirerek onlardan önce bir kitap yaptım, sonra da onun şu sözünü kitabına ad olarak verdim:

"Bir başkadır benim mesleğim..."

Bir söyleşimiz sırasında yakaladığım bu güzel söz, aslında bir mesleğe duyulan sınırsız sevginin en öz ifadesidir.

Bu sözün altına olduğu gibi, Mete'yi, gazeteciliğini ve Mete'nin gazeteciliğe sevgisini ve saygısını öz ve yalın bir biçimde ifade eden iki "yargı"nın altına daha tüm yüreğimle imzamı atabilirim.

Bu "yargı"lardan biri, **Yaşar Kemal**'indir. Mete'nin ***"Yazamadıklarım"*** adlı kitabı için yazdığı kapak yazısında ünlü romancımız, şöyle demektedir:

*"Gazetecilik zor iştir, tatlı iştir. Gazeteciliğe sıvanan, onu bir daha zor bırakır. Kahırlı iştir. Gazeteciliği bırakmak zorunda kalanlar, ömürleri boyunca mutlu olamazlar. Kimi kişiler de, ne pahasına olursa olsun, onu her şeye karşın, canlarını dişlerine takıp sürdürürler. İşte **Mete Akyol** da, gazeteciliği canı pahasına sürdüren dayanıklı kişilerden biridir.*

***Mete Akyol**, yaşamında, dostluğunda, kişiliğinde cıvıl cıvıl, ele avuca sığmaz bir insandır. Onun cıvıltısı, güzelliği, dostluğu, insanlığı, sevgisi hemen yöresini sarar, aydınlatır. Mete'nin böylesine sıcak kişiliği onun röportajlarına, biltekmil yazılarına, yazılarının gücüne, lirizmine siner. Mete'nin yazıları, Mete kadar sıcak, güçlüdür.*

Mete büyük bir dil ustasıdır da... Onun için okuyucuları Mete ustanın yazılarına canlarını koyarlar, mutlu olaraktan okurlar. Mete'yi birkaç tümceyle anlatmak benim için kolay değil. Mete gazeteciliğimizin kapısına tan yerleri ışırken oturmuş, güzellikleri, insan sıcaklığını, acıları cömert elleriyle bize sunan candan bir dost, büyük bir gazetecidir.

Onun için, ben eski bir yazıcı, dahası da bir röportaj yazarı, bir dost olarak cıvıl cıvıl, sevinç, ışık dolu Mete'nin bir hayranıyım."

Çetin Altan ise, Mete'nin ***"Hem Yaşadım Hem de Yazdım"*** adlı kitabına yazdığı kapak yazısında Mete'yi, gazeteciliğini ve Mete'nin gazeteciliğe sevgisi ve saygısını şu yargısıyla açıklamaktadır:

*"**Mete Akyol**'un çok hareketli bir zaman dilimini kapsayan meslek yaşamındaki en büyük özelliği nedir, bilir misiniz? Kalemini ne bir balyoz, ne bir süngü, ne bir borazan gibi değil, sadece kalem gibi kullanması...*

Onun için de güncel görüntüler arasında kaynayıp gitmeyen, soluklu ince bir türkü niteliğinin sahibi oldu.

Yılların geçip giden katarları, herkes gibi Mete'ye de pencerelerinden fırlattığı acı-tatlı anılar arasında, ondaki yazı sevgisini güvelendiremedi...

Bir zamanlar hepimiz gibi onun için de 'gelecek' olan takvimler, artık onun için de 'geçmiş'in gölgelerine dönüyor.

Ve o gölgeler yavaş yavaş Mete'nin de aynalarıyla büyüteçlerinden süzülerek kitaplarında tablolaşıyor.

Kalem, sahibinin kendisine olan sevgisini, zamana karşı koyacak manevi bir duvarı, kitaplardan yükselterek öder. Mete hem kendi döneminin geçmişindedir, hem de o geçmişi merak edecekler için geleceğinde...

Yazı serüveni de zaten bundan ibarettir."

Elinizdeki kitabı okuduktan sonra, bir dönemin bildiğiniz kimi kişi ve olaylarının bilmediğiniz yönlerine tanık olmakla kalmayacaksınız, yarım yüzyılın ardından bile ilk günkü canlılığına da tanıklık edeceksiniz bir meslek sevgisinin de, bir dostluk sağlamlığının da...

Ahmet Tevfik Küflü
Ankara, Temmuz 2008

LATİFE HANIM'LA RÖPORTAJ GİRİŞİMİM VE... LATİFE HANIM GERÇEĞİ

En acımasız savaşların cephelerindeki barut kokularından, en ünlü sanatçıların kulak arkalarındaki parfüm kokularına... Tarladaki işçinin yalnızca ekmek, soğan, salatalık bulunan sofrasından, kralların yalnızca kuş sütü bulunmayan sofralarına... Temizlik işçilerinin yatakhanesinden, Cumhurbaşkanının yatak odasına...

Ve bir Anadolu tepesinin yamacında koyunlarına kaval çalan çobandan, saraylarda **Mozart**'ı canlandıran virtüözlere değin uzanan geniş yelpazeli meslek yaşamımda hiçbir olay bende, **Latife Hanım**'la karşı karşıya gelebildiğim o unutulmaz otuz saniyenin derinliğinde bir iz bırakmamıştır.

Latife Hanım'ın karşısındaki görsel beklentimin yarattığı düş kırıklığım ile onun sağlam otoritesinin gücü karşısındaki ezikliğim bir anda ve aynı anda oluşunca, bir heykel hareketsizliğiyle kendimi, şimdi hâlâ taşımakta olduğum bir izin dibinde buldum. Ağzım vardı, konuşamadım... Fotoğraf makinem vardı, kullanamadım... Ve bu beceriksizliğimi ise asla, bir "başarısızlık" olarak yorumlamadım...

Atatürk'ün, kendisine evlenme önerisinde bulunabileceği ve kendisiyle evlenebileceği denli çok sevebildiği bu tek hanımla bir röportaj yapabilmek isteğim, tüm yaşamı süresince bir Müslüman'ın bir kez olsun Kâbe'yi ziyaret edebilmek isteği ölçüsünde, benim de meslek yaşamımda önemli bir istek oluşturmuştu.

O yıllarda Ankara'da oturduğumdan, bu isteğimi gerçekleştirebilmek için gerekli çalışmalarımı, İstanbul'a başka nedenlerle geldiğim zamanlarda yapabildim ancak. Önce, **Latife Hanım**'ın nerede oturduğunu saptadım. Adres, Harbiye'de büyük bir binanın en üst katıydı ama binaya girebilmek, binanın adresini bulabilmek denli kolay değildi.

Yedi-sekiz katlı fakat çok geniş tabanlı bu bina, bir apartmandan çok, bir işhanı görünümündeydi.

Giriş kapısının her iki bölümündeki vitrinler, büyük bir gaz firmasına aitti.

Vitrinlerin üstünde bir baştan öteki başa uzanan harflerle gaz firmasının adının yazıldığı bu mağazada, içleri gaz dolu tüpler de bulunuyordu. 1960'lı yılların sonlarında bu gaz firmasına gidip de, firmanın sorumlularıyla konuşmaya başladığımda amacım, onlarla yakın bir ilişki kurmak ve onlardan, en üst kattaki komşularıyla ilgili kimi bilgiler alabilmekti.

Ne zamanlar sokağa çıkıyordu?.. Kimlerle görüşüyordu?.. Kendisine kimler hizmet ediyordu ve o hizmetkârlar ne zaman dışarı çıkıyorlardı?..

Bunları öğrenmek amacıyla gittiğim mağazada, firma yetkilisine sora sora, bu gaz tüplerinin koskoca apartman için bir tehlike oluşturup oluşturmadığını sorabildim.

Adamcağız kibardı, efendiydi de, bu "dam üstünde saksağan" patentli soruyu niçin sorduğumu o nedenle kendisi bana sormadı.

"Tüm önlemleri dikkatle uyguladıklarını" söyledi, "tehlike oluşturabilecek hiçbir durumun bulunmadığını" bildirdi ve...

Bir-iki aydır görüşemediği "Bizim Abdi"nin ne âlemde olduğunu sordu.

Onun "Bizim Abdi", dediği kişi, bizim gazetenin Genel Yayın Yönetmeni **Abdi İpekçi**'den başkası değildi, tabii...

"Onunla Galatasaray Lisesi'nden sınıf arkadaşıyız, sık sık görüşürüz ama..." dedi. "İşler güçler, işte... Bak şimdi aklıma geldi... Sahi, iki ay olmuş birbirimizi görmeyeli..."

Bana Abdi Bey'i soran mağaza yetkilisi, benim kim olduğumu bildiğini de kibarca hissettiriyor ve geri dönemeyeceğim bir yalan söylemeye kalkışabilme olasılığını, işin bu noktasında kesiyordu.

Bu noktadan sonra firma yetkilisinden hiçbir niyetimi saklamadım, amacımı olduğu gibi açıkladım.

Hiçbir gazeteciyle görüşmeyi hiçbir zaman kabul etmeyen en üst kattaki komşuları **Latife Hanım**'la karşılıklı gelebilmek ve bir "oldu bitti"ye getirerek onunla görüşmek istediğimi söyledim.

Kendisinin içtenlikli yardımı sayesinde **Latife Hanım**'ın, her ay iki ya da üç gün, Göztepe'deki kardeşinin evine gittiğini öğrendim.

"Fakat her ayın belirli günü, belirli saatte evden çıkıyor da, öyle gidiyor değil ki..." dedi. "Bir araba geliyor, şoför yukarı çıkıyor, kendisini alıyor ve götürüyor... Üç-dört gün sonra da aynı şoför getiriyor, dairesine kadar çıkarıyor..."

Latife Hanım'ın bu binada hiç kimseyi kabul etmediğini, hiç kimseyle görüşmediğini söyledi firma yetkilisi.

"Zaten asansördeki en üst kata ait düğme de, öyle herkes tarafından kullanılabilen bir düğme değildir" dedi. "Galiba özel bir anahtarla kullanılabiliyor ve bu anahtar da sadece kapıcıda bulunuyor."

Latife Hanım'ın kapısını öyle her önüne gelen kişinin çalmaması için uygulanan bu yöntemin gereksiz olduğunu söyledim.

"Onun kapısını çalmak isteyen kişi, asansördeki en üst kat düğmesinin bir altındaki düğmeye basar ve o kata gelince de bir merdiveni yürüyerek kolayca en üst kata çıkılabilir" dedim...

Latife Hanım'ın güvenliğinden sorumlu makam ve kişiler de en az benim kadar akıllı imişler, meğer.

En üst katla, bir altındaki katı birleştiren merdivenlerin arasında, hemen her zaman kilitli, kocaman bir demir kapı varmış...

Latife Hanım'ın kapısının ziline dokunabilmek için tek çarenin, apartman kapıcısı sorununu aşabilmek olduğuna kesinlikle inandım.

Zaman zaman kullanmak zorunda kaldığımız kimi meslek sırlarımızı açıklamamak için ayrıntılarına girmeyi gereksiz bulduğum yöntemlerle, kapıcı ile aramda karşılıklı güvene dayalı bir arkadaşlık kurdum ve böylece de bu iş için önümdeki en büyük engeli aşabilmeyi başarabildim.

Kapıcı bir gün beni asansöre bindirecek, elindeki özel anahtarla en üst katın düğmesini açıp, o düğmeye basarak beni **Latife Hanım**'ın kapısına bırakacak, sonra da hızla aşağı inerek, birlikte hazırladığımız "komplo"dan kendini sıyırmış olacaktı.

Benim o kapının zilini nasıl çalabildiğimin hesabı kendisinden sorulduğunda ise, bu işi kendisinin de aklının bir türlü almadığını söyleyecek ve "bundan sonra daha dikkatli olmaya" söz verip, paçasını kurtaracaktı.

Anlaştığımız gün Ankara'dan trenle İstanbul'a geldim. Anlaşma saatimiz 14.00'e değin, Taksim ve çevresinde zaman geçirdim.

Saat 14.00'te Harbiye'deki binaya geldiğimde, kapıcının beni kaldırımda beklediğini gördüm.

Anlaştığımız gibi birlikte asansöre bindik ve kapıcı beni en üst kata çıkarıp orada asansörden indirdikten sonra, asansörü kaçırırcasına bir telaşla zemin düğmesine bastı, "olay yerinden kaçtı."

En üst katta, kapıcıdan başka hemen hiç kimsenin parmağının dokunmadığı zile dokundum, **Latife Hanım**'ın kapısını çalmış oldum.

Kapıda, kapıcıdan başka bir kişinin olabileceğini aklına bile getirmeyen bir hizmetçi, büyük bir rahatlıkla kapıyı açtı ve boynunda kocaman bir fotoğraf makinesi olan, "kapıcıdan başka bir kişi"yle karşılaşınca, olduğu yerde dondu, kaldı.

Sonra kendini birden toparlamaya çalıştı:

"Siz kimsiniz?.." dedi.

O an aklına geldi, hemen kapıyı kapamaya hazırlandı.

Ayağımı uzattım, eşikle kapı arasına koyup kapının kapatılmasını engelledim.

Hizmetçinin şaşkınlığına ve telaşına, şimdi doğal olarak, korkusu da eklenmişti.

"Kimi arıyorsunuz?" dedi. "Ne istiyorsunuz?.."

Korkmasına hiç neden olmadığını anlatmak için gülümsemeye çalıştım:

"Bakın, heyecanlanmanıza hiç gerek yok" dedim. "Ben bir gazeteciyim... Muhterem **Latife Hanımefendi**'yle bir röportaj yapmak istiyorum... Bu, onun da, benim de tarihe karşı bir sorumluluğumuzdur... İnanın, başka bir amacım yok..."

Bu sözlerim, kendini hâlâ kapının arkasında korumaya çalışan hanımı biraz olsun rahatlatabildi:

"Hanımefendi böyle bir şeyi hiç kabul etmez ki ama..." derken...

İçerlerden, koridorun ötelerinden bir yerden bir ses geldi:

"Kim var kapıda?.. Ne konuşuyorsun?.."

Hizmetçi hanım, başını sesin geldiği yana çevirdi:

"Bir beyefendi... Gazeteciymiş hanımefendi..." dedi. "Sizinle bir görüşme yapmak istiyormuş..."

Koridordan, sanki bir tabur askerin çıkardığı yürüyüş sesi gücünde, adım adım yaklaşan ayak sesleri duydum.

Bembeyaz dağınık saçlarıyla ve bir hastalığın yüzünde oluşturduğu parmak izi büyüklüğündeki siyah lekeleriyle bir hanım geldi, hizmetçiyi kolundan tutup kenara çekti ve... Çatık kaşlarının siperlediği sivri bakışlarını üzerime dikerek, fırtınalı bir havadaki gök gibi gürüldedi:

Latifc Hanım

"Sen gazetene beni yazacağına, Taksim Meydanı'na git de, Taksim Anıtı önünde namaz kılınıyor artık bu ülkede... Git de onları yaz gazetene..."

Ve kapı kapandı yüzüme.

Birkaç saniye sonra kendime gelebildim... Ayağım vardı, kapıyla eşik arasında... Kapı nasıl kapanabildi peki?..

Biraz önce kapıyla eşik arasına soktuğum ayağıma baktım; kapının tam iki adım gerisinde, öteki ayağıma yapışmış diyebileceğim denli onun yanındaydı...

Boynumda asılı duran fotoğraf makineme baktım... El değmemişliğiyle, olduğu gibi duruyordu öyle...

El dedim de aklıma ellerim geldi... Ya ellerim?..

Onlar da iki yanımda, avuç içleri bacaklarıma yapıştırılmış olarak duruyorlardı.

Sanki komutanının karşısında, ondan almakta olduğu emri dinleyen "cephedeki bir asker"dim...

Latife Hanım'la tanışma, onunla karşılıklı görüşme, bir fotoğrafını çekme ve kendisiyle bir röportaj yapmak isteğimin canlılığını, aylarca kafamda ve gönlümde özenle korumakta olduğumu yalnızca, İstanbul'daki foto muhabiri dostum **Özkan Şahin** biliyordu.

O İstanbul'da, ben Ankara'da idik ama aynı gazetede çalışıyorduk. O günlerde aynı çatı altında çalışıp da, kendileriyle dostluk oluşturduğumu sandığım ve varsaydığım birkaç kişiden, kafa, gönül ve ruhsal yapısı yanısıra, aile terbiyesi ve yaşam görgüsüyle de apayrı bir konuma sahipti, **Özkan Şahin**. O, insanı insan yapan değerleri o yıllarda da, ilerideki yıllarda da hep, bir yaşam terbiyesi olarak benimsemiş, bir yaşam biçimi olarak uygulayan, sayılı dostlarımdan biriydi.

Ona telefon ettim, Ankara'ya dönmeden önce kendisiyle akşam yemeğinde buluşmak istedim.

"Merhaba"dan önce, "o işi" sordu.

"Tamam mı yoksa?" dedi. "Başardın mı?.. Kutlamak için mi yiyeceğiz yemeği?.."

Yanıtımı yemekte vereceğimi söyledim.

Lokantada buluştuğumuzda da yine "merhaba"dan önce "o işi" sordu.

"Tamam mı?" dedi. "Söyle, oldu değil mi?.."

"O işi" başarmış gibi gülemedim ama güler gibi yaptım:

"Hem evet, hem hayır" dedim.

Latife Hanım'ın kapısına kadar gidebildiğimi, kapısının açılmasını sağlayabildiğimi, kendisini görebildiğimi hatta...

Özkan Şahin heyecanla boynuma sarıldı:

"Bravo, sana" dedi. "Görüşebildin sonunda..."

Yine güler gibi yaptım:

"Görüşebildim ama... Tek taraflı görüşebildim..." dedim. "Ağzımı açamadım, sesimi çıkaramadım... O bana dedi ki..."

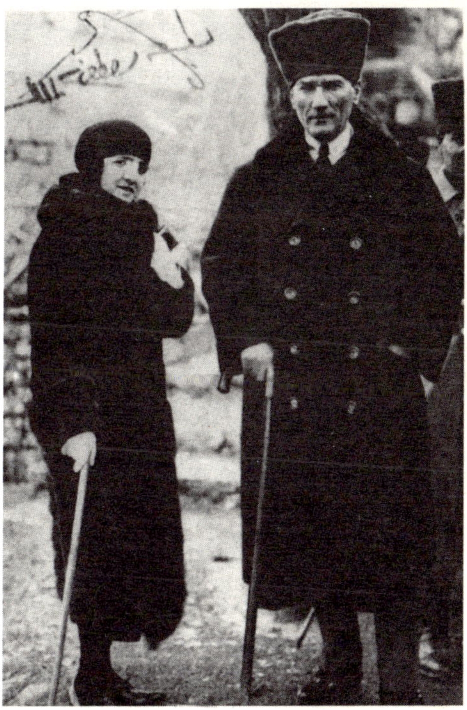

Latife Hanım'ın, biraz önce size yansıttığım sözleri döküldü ağzımdan tek tek...

Özkan Şahin bir kez daha sarıldı boynuma:

"Yetmez mi, yetmez mi, yetmez mi?" diye haykırdı sevinçle.

"O iş"in ondan sonraki bölümünü, **Özkan Şahin**'e devrettim:

"Ben iki saat sonra yataklı trenle Ankara'ya dönüyorum" dedim. "İşin fotoğraf bölümünü sana bırakıyorum..."

Aradan galiba yedi-sekiz ay geçtikten sonra **Özkan Şahin** bir gün Ankara'ya telefon etti:

"Fotoğrafı çektim, tamam" dedi. "Türk Hava Yolları'nın kargosuyla gönderiyorum sana..."

Aylarca beklemiş **Özkan Şahin**, Harbiye'deki o binanın ana kapısı önünde... Sonra da **Latife Hanım** bir gün, Göztepe'deki kardeşini ziyarete gitmek için çıkıp, kendisini bekleyen otomobile bindiğinde yaklaşmış ve **Latife Hanım**'ın tek kare fotoğrafını çekebilmiş.

Atatürk'le evliliğinin bitmesinden sonra **Latife Hanım**'ın yayımlanan bu tek fotoğrafı, önce bir 10 Kasım günü, **Özkan Şahin**'in o yıllarda çalıştığı *Son* gazetesinin birinci sayfasında, sayfanın yarısını kaplayan büyüklükte yayımlandı.

Aynı fotoğraf, **Özkan Şahin**'in daha sonraki yıllarda çalıştığı *Hürriyet* gazetesinin birinci sayfasında, *Hürriyet* başlığının üstünde yer aldı.

Fotoğrafın yanında ise, "Latife Hanım öldü" başlığı vardı.

Yıl 1975'ti... Aylardan da Temmuzdu.

MEVHİBE İNÖNÜ VE...
KÖR BAKTIĞIM BEYAZ BAŞÖRTÜSÜ

Çalışma arkadaşı **İsmet Bey**'e **Mustafa Kemal**'in "**İnönü**" soyadını verdiğini bildiren belgenin, özel objektifle fotoğrafını çekmek istedim. İlk aşamayı kolayca geçtim. **İsmet İnönü**, sözümü iki etmedi, ikinci kez yinelettirmedi...

"Ben bu akşam Özden'e söylerim, o telgrafı bulur, hazırlar" dedi. "Sen de yarın ararsın Özden'i ve o telgrafın kopyasını istediğin gibi çıkarırsın."

Yarın olduğunda ilk işim, **İsmet İnönü**'nün kızı **Özden Toker**'i aramak oldu.

"Konudan haberim var, biliyorum" dedi **Özden Toker**. "Saat ikide gelirsen, rahat rahat çalışabilirsin."

O gün saat ikiye gelmeden ben, İnönü Ailesi'nin evi Pembe Köşk'ün kapısının önüne geldim.

Özden Toker, kapıyı açan ev görevlisinin iki-üç adım arkasındaydı. Yanında oğlu **Güçlü** ve kızı **Nurperi** vardı. Giysilerinden, üçünün de dışarı çıkmak üzere hazırlandıkları belli oluyordu. Ankara'nın kasım soğuğundan korunmak için mantolarının önlerini sıkı sıkı kapatmışlar, boyunlarına yün atkı dolamışlar, çocuklar ise başlarına ayrıca şapka giymişlerdi.

"Ben çocukları iki matinesine sinemaya götürüyorum" dedi **Özden Toker**. "Belgeyi misafir odasındaki sehpanın üstüne bıraktım. Sen işini bitirdikten sonra giderken, belgeyi yine aynı yere bırakıver. Döndüğümde ben oradan alırım."

Özden Toker ve çocuklarının dışarı çıktıkları kapıdan ben içeri girdim ve konukların kabul edildikleri büyük odanın ortasındaki sehpada, istediğim belgeyi buldum.

Oda kapısının arkasında kalan bölümdeki sehpa, fotoğraf çekmek için daha uygun bir yerdi. Belgeyi aldım, oraya götürdüm; sehpanın çevresinde özel ışık düzenimi kurdum, en ince ayrıntıları saptayan özel mikro objektifimi taktım ve belgenin fotoğraflarını çekmeye başladım...

Ev görevlisi Mustafa kapıyı açtı, kendilerine "Böyle buyurun, efendim" diyerek içeri konuklar aldı.

Tümü bıyıklı, üçü ayrıca sakallı da olan altı konuk bana "Merhaba" dediler, ben onlara "Merhaba" dedim ve odadaki koltuk ve kanepelere otururlarken onlar bana "Bu adamın burada ne işi var?" diye soran meraklı ve hatta kuşkulu gözlerle baktılar, ben de onlara "Bu adamların bu evde ne işleri var?" merakı ve hayretiyle baktım.

İsmet İnönü'nün ve **Metin Toker**'in evde olmadıklarını biliyordum. **Özden Toker**'in ise biraz önce çocuklarla birlikte dışarı çıktığını gözlerimle gördüm. **Mevhibe İnönü**'nün konukları olabileceklerini ise aklımdan bile geçiremeyeceğim görünümdeki bu kişiler, ev görevlisi Mustafa'nın konukları da değillerdi elbette. Peki kimdi bu kişiler ve şimdi burada neyi bekliyorlardı, kimi bekliyorlardı? Kafamın bu sorularla karmakarışık olduğu o anda oda kapısı yine açıldı ve içeri **Mevhibe İnönü** girdi.

"Şaşkınlıktan küçük dilimi yutabilirdim" deyiminin, böylesi bir durumun sonucu oluşmuş olabileceğine o an inandım.

Kapıdan giren **Mevhibe Hanım**, o güne değin gördüğüm, tanıdığım **Mevhibe Hanım** değildi. Kendi gözlerimle görmeme karşın, gördüklerime yine de inanamıyordum. Adı **Mevhibe İnönü** olan, kendi **Mevhibe İnönü** olan, fakat sanki bambaşka bir kişi olan bir hanımdı şu anda odaya giren kişi.

Onu ilk kez, başı örtülü olarak görüyordum. Bembeyaz bir başörtüsü vardı başında. Başörtüsünün çene yanına sıkıştırılan kenarından artan bölümü ise, giysisinin omuzlarını örtüyor, beline doğru uzanıyordu.

Kapıdan girer girmez yerlerinden yay gibi fırlayan ve karşısında teftiş kıtası erleri saygınlığında kıpırdamadan dimdik duran konuklarına doğru yürüdü. Onların tek tek ellerini sıktı ve...

Her birine tek tek önce, "Hoşgeldiniz" dedi, sonra "Kandiliniz mübarek olsun" dedi; daha sonra da "Lütfen rahatsız olmayınız... Rica ederim, ayakta kalmayınız" deyip, onların yeniden oturmalarını sağlarken...

Odanın, girişte arka bölümündeki beni gördü birden.

O an onun da, benim de gözlerimiz, sözcüğün tam anlamıyla "birbirlerine kilitlendiler". İkimiz de bir süre karşılıklı, hareketsiz kaldık. Benim elimde kocaman bir fotoğraf makinesi, **Mevhibe Hanım**'ın başında da kocaman bir başörtüsü vardı. Onun gözleri bir ara benim fotoğraf makineme gitti, geldi; benim gözlerim ise onun başörtüsüne takıldı, kaldı.

Yaşamımda ilk ve son kez işte o an, karşımdaki bir kişinin söylemediği sözleri kulaklarımda duydum; ağzımdan çıkmayan sözlerle ise karşımdaki kişiye yanıtımı duyurdum:

"Elinizdeki o fotoğraf makinesini kaldırıp, benim başörtülü fotoğrafımı çekmeniz için şu an aramızda hiçbir engel yok ama... Sizin, bunu yapmayacağınızı biliyorum. Çünkü sizi, kişilerin özel yaşamlarına ve inançlarına saygılı bir kişi olarak tanıyorum. Yanılmıyorum, değil mi?"

Mevhibe İnönü'nün ağzından çıkmayan fakat benim kulaklarımla duyduğum onun bu sözlerine ben ise, bu kez benim ağzımdan çıkmayan fakat onun kulaklarıyla duyduğunu çok iyi bildiğim şu karşılığı verdim:

"Hayır, yanılmıyorsunuz, hanımefendi... Başka kişiler tarafından görülmesini istemediğiniz bu görüntünüzün fotoğrafını çekmeyeceğimi bildiğinizi de, ben zaten biliyorum."

Bu sessiz konuşmamızdan sonra **Mevhibe İnönü**'ye, onun sessiz bile sormadığı "Niçin buradasınız?" sorusunun yanıtını bu kez sesli olarak verdim:

"Sayın Paşamın müsaadeleriyle bir belgenin fotoğrafını çekiyordum, efendim" dedim. "Özden Hanım da yardımcı oldu bana. Fakat kendisi biraz önce çocuklarla çıktı. Sinemaya gideceklerdi. Ben de bu belgenin fotoğrafını çektikten sonra hemen gideceğim efendim."

Mevhibe Hanım, yine tek sözcük kullanmadan fakat o unutulmaz zariflikteki gülümsemesiyle, yine söylemeden söyledi söyleyeceklerini:

"Konuklarım ve ben, işinizi bir an önce bitirmenizi ve bizi bir an önce biz bize bırakmanızı sabırla bekleyeceğiz..."

Onun ağzından tek hecesinin bile çıkmadığı bu sözleri de kulaklarımla duyduğuma yemin ederim.

Elimden gelebildiğince çabuk davrandım, işimi bir an önce bitirdim. Fotoğraf makinemi çantasına koyup, göz önünden kaldırdıktan sonra gitmek için izinlerini istedim. **Mevhibe Hanım**, elini uzattı. Eğildim, elini öperken kandilini de kutladım:

"Kandiliniz mübarek olsun, efendim" dedim.

O zarif gülümsemesi yine belirdi yüzünde:

"Sizin de kandiliniz mübarek olsun, Mete Bey" dedi. "Güle güle."

Ondan o gün duyduğum ilk söz de, son söz de, tek söz de bu oldu. Odadan çıkar çıkmaz koridorda Mustafa'yla karşılaştım:

"Kim o içerdekiler Allahaşkına, Mustafa?" dedim.

Mustafa bilmediğime şaşırdığını belirten gözlerle baktı:

"Bilmiyor muydunuz?" diye sordu ve sonra da sorumu yanıtladı:

"Hoca efendiler, onlar..."

Bu kez ben şaşırdığımı belirten gözlerle baktım Mustafa'ya:

"Ne hoca efendisi, Mustafa?" dedim. "Ne işleri var bu adamların hanımefendiyle?.."

Mustafa, dalgınlığımı yüzüme vurmaktan özel zevk alırcasına konuştu:

"Unuttunuz galiba, Mete Bey" dedi. "Bu gece Regaip Kandili değil mi?"

Bir süre durduktan sonra da ekledi:

"Hanımefendi davet etti onları... Kuran okuyacaklar..."

Nasıl bakmış olmalıyım yüzüne ki, gülerek sürdürdü konuşmasını:

"Niye şaşırdınız öyle, Mete Bey?" dedi. "Bu evde ilk kez oluyor değil ki bu... Her kandilde, her mübarek günde gelir bu hocalar, Kuran okurlar..."

Ayrılırken Mustafa'ya elimi uzattım. O benden önce davrandı:

"Kandiliniz mübarek olsun" dedi.

Ben de onun kandilini kutladım:

"Senin de kandilin kutlu olsun, Mustafa" dedim. "Haydi Allahaısmarladık..."

Bizim mesleğimizin tadına doyulmayan anlarından biri, objektifimizin ya da kalemimizin karşısındaki kişi tarafından mesleksel oluşumumuza güven duyulacak denli tanındığımıza tanık olmamızdır...

Biri de, yaşam boyu savunduğumuz inanç ve ilkelerin, yaşam boyu saygı duyduğumuz kişiler tarafından özel yaşamlarında da özenle ve ısrarla savunulduğuna tanık olmamızdır.

"ALLAH'IN DEDİĞİ OLUR"

"Haydi **İnönü**'ye gidelim. Aday listesini imzalayacak..."

Bir an düşündüm, hemen dudaklarımı büktüm:

"Dokunma bana, sen kendin git Hüseyin Abi" dedim. "Aday listesini imzalaması o kadar önemli bir olay değil ki... Bizim gazeteye girmez... Boş yere rahatsız etmeyeyim Paşa'yı..."

Cumhuriyet Halk Partisi'nin o günlerdeki yayın organı *Ulus* gazetesinin foto muhabiri rahmetli **Hüseyin Ezer** koluma girdi, beni sürüklercesine otomobile götürdü.

"Ben bir fotoğraf çeker, işimi bitiririm" dedi. "Ondan sonra da oturur, Paşa'nın sütlü kahvesini içeriz."

İsmet Paşa'nın sütlü kahvesi, **İsmet Paşa**'nın kendi gibiydi. Sıcaklıkları, yumuşaklıkları ve tatlarından başka dördüncü ortak yanları, ikisinin de "dayanılmaz" olmalarıydı. Yine dayanamadım:

"Haydi gidelim" dedim.

Onunla, Pembe Köşk'ün kapısına vardığımızda **Ali İhsan Göğüş** ve **Nizamettin Neftçi**'nin, "*Ulus*'tan gelecek fotoğrafçıyı" beklediklerini gördük.

Ali İhsan Göğüş o günlerdeki CHP'nin Merkez Yönetim Kurulu üyesi, **Nizamettin Neftçi** ise parti hukuk danışmanı idiler.

Ali İhsan Göğüş, Pembe Köşk'ün kapı ziline bastı. Kapıyı, **İsmet İnönü**'nün kızı **Özden Toker** açtı ve **Ali İhsan Göğüş**'e, hiç de hoşuna gitmeyecek bir haber verdi:

"Paşa babam uyuyor, Ali İhsan Bey" dedi. "Sizi maalesef kabul edemeyecek."

Ali İhsan Göğüş, randevusu olduğunu hatırlattı ve Paşa'yla mutlaka görüşmesi gerektiğini söyledi.

"Fakat Paşa babam sizi galiba saat 2'de bekliyordu" dedi **Özden Toker**. "Kararlaştırdığınız saatte gelmediğinizi görünce de 'Ben yatmaya gidiyorum. Beni saat beşe kadar uyandırmayın' diyerek, yatak odasına çekildi."

Saat tam iki buçuktu. **Ali İhsan Göğüş**, "Elimizde olmayan nedenlerden ötürü geç kaldık, Özden Hanım. Paşamızdan özür dileriz. Fakat bu listeyi saat beşten önce kesinlikle imzalaması gerekiyor" dediyse de **Özden Toker**, Paşa kızı gibi değil, Paşasının bir eri gibi karşılık verdi:

"Paşa babamın emrine karşı hareket edemem" dedi. "Saat 17'den önce kendisini asla uyandıramam..."

Partinin hukuk danışmanı **Nizamettin Neftçi** girdi araya:

"Özden Hanım, Sayın Paşamıza imzaya getirdiğimiz liste, partimizin aday listesidir" dedi. "Sayın Paşamız, partimizin Genel Başkanı olarak bu listeyi saat 5'ten önce imzalamazlarsa, biz de partimizin bu aday listesini Yüksek Seçim Kurulu'na teslim edemeyiz. Biliyorsunuz, seçimlere katılacak partiler, aday listelerini bugün en geç saat 5'e kadar Yüksek Seçim Kurulu'na teslim etmezlerse, önümüzdeki senato yenileme ve ara seçimlerine giremezler."

Özden Toker, işin ciddiyetini anlayınca, "Biraz bekleyin bakalım" diyerek kapı önünden ayrıldı ve kısa bir süre sonra yeniden göründü kapıda. "Paşa Babam çok sinirlendi. Tavsiyem, listeyi hemen imzalatıp yanından bir an önce ayrılmanızdır" dedi ve bizi içeri aldı.

Üst kata çıkıp yatak odasına girdiğimizde **İsmet İnönü**'yü yatak odasındaki bir sehpanın karşısındaki koltukta, pijamasının üstüne geçirdiği "oda ceketi" ile gördük.

Kızgınlık ve kırgınlık şimşekleri fışkıran gözleriyle partisinin "randevu saatine uymayan" bu iki yöneticisini tokatlıyor gibiydi.

"Getir bakayım, **Göğüş**" dedi sert bir sesle ve kendinde özür dileyecek kadar bile kuvvet ve cesaret bulamayan **Ali İhsan Göğüş**'ün elleri titreyerek uzattığı dosyayı aldı.

1968 Senato üçte bir yenileme ve ara seçimine katılacak senatör ve milletvekili adaylarının listesinin bulunduğu dosyayı alır almaz imzalayıp, "Haydi bakalım, tamam..." demesini beklediğimiz **İsmet İnönü**, dosyayı açtı, listedeki adayların isimlerini tek tek denetlemeye başladı.

Ali İhsan Göğüş ve **Nizamettin Neftçi**'ye, yanına yaklaşmaları için arada bir işaret ediyor, sonra da listedeki aday isimlerinden birine parmağını basıp, o kişi hakkında ek bilgi istiyordu. **Hüseyin Ezer**, fotoğraf üstüne fotoğraf çekiyor, ben de o güne kadar ilk kez girebildiğim "**İsmet İnönü**'nün yatak odası"nı göz ucuyla seyrediyor, kendi kendime de söyleniyordum.

"Büyük adamların yatak odaları, galiba, kendi büyüklükleriyle ters orantılı oluyor" diyordum. "Koskoca **İsmet Paşa**'nın şu yatak odası, birinci dereceden emekli bir memurun bile yatak odasından daha mütevazı döşenmiş..."

Karyolasının ayak ucu yönünde, duvarın iki pencere arasında kalan bölümü önündeki iki çekmeceli, iki kapaklı ve yan yatırılmış yumurta biçimli orta boy bir aynadan oluşan eski bir, sözümona tuvalet masası vardı ve...

"Hışt, hışt, Hüseyin Abi... Baksana şuraya... Tuvalet masasının üstüne baksana... Aynanın üst tarafına baksana bir..."

Hüseyin Ezer, aynanın üst tarafında, duvara asılı çerçeveli yazıyı görünce, elinde olmadan sadece gözlerini açmakla kalmadı, ağzını da açarak biraz yüksekçe bir sesle okudu gördüğünü:

"Allah'ın dediği olur."

Dirseğimle karın boşluğuna vurup onu uyarmak istedim:

"Sus... Paşa duymasın" dedim.

Hüseyin Ezer, Paşa'nın duymayacağı bir sesle konuştu bu kez:

"Ben bu yazının fotoğrafını çekerim arkadaş" dedi.

Hüseyin Ezer'i bir kez daha uyarmak gereği duydum:

"Dikkat... Paşa görmesin" dedim.

Fotoğraflarını genellikle flaş ışığı yardımıyla çeken **Hüseyin Ezer**, Paşa'nın hiç de hoşlanmayacağını bildiği bir fotoğrafı çekmek niyetinin verdiği çekingenlikle, bu kez flaşını kullanmadan çekti, istediği fotoğrafı. Mesleğin kırk yıllık ustası **Hüseyin Ezer**'in, o an, mesleğin ilk basamağındaki bir turfanda gazeteci heyecanıyla titrediğini gördüm.

"Bizim işimiz tamam" dedi. "Gel çıkalım."

Biz, Paşa'nın huzuruna çıkacağız ve elini öpmeden ayrılacağız oradan ha? Pöf!..

"Sabret biraz, Hüseyin Abi" dedim. "Elini öpmeden çıkacak değiliz ya..."

İsmet İnönü, Yüksek Seçim Kurulu'na verilecek aday listesini imzaladı. Önce **Hüseyin Ezer**, sonra ben elini öptük, yatak odasından ayrıldık. Birlikte *Ulus* gazetesine doğru giderken, otomobilde bana dert yandı **Hüseyin Ezer**.

"Parti gazetesinde çalışmanın pisliği de işte böyle anlarda ortaya çıkıyor" dedi. "Yıllardan beri, karşısındaki politikacıların bilir bilmez bir biçimde ona 'dinsiz' diye, 'Allah'ı tanımaz' diye dil uzattıkları **İsmet Paşa**'nın, gece yatarken son gördüğü, sabah kalkınca ilk gördüğü yerde, koskoca bir 'Allah'ın dediği olur' levhası asılı duruyor. Uçan sineğin bile giremeyeceği bu odada ben bu yazının fotoğrafını çekiyorum ve gelip gazetemde yayımlayamıyorum bu fotoğrafı. Nasıl yanmayayım şimdi, bir parti gazetesinde çalıştığıma..."

Ulus gazetesinin fotoğraf odasında **Hüseyin Ezer**, filmini banyo edip fotoğrafı kâğıda basınca gözleri dolu dolu oldu:

"Bu fotoğrafı *Ulus* gazetesinde yayımlayacak bir kişi elbette bulunmaz ya, bulunsa bile ertesi gün onu da, beni de kovarlar gazeteden" dedi. "Biliyorsun, dinsel inancının sadece Allah'la kendi arasında olduğunu savunur ve bu inancının kendinden başka kimseyi ilgilendirmediğini söyler hep Paşa... Ben bu fotoğrafı yayımlarsam, başta ben olmak üzere *Ulus* gazetesinin tüm sorumlularını keser Paşa, kıtır kıtır keser..."

Hüseyin Ezer'in yakınmasını dinledikten sonra, elimi uzattım:

"Haydi ben gidiyorum artık" dedim. "Ver o fotoğrafı da gideyim."

Hüseyin Abi, yüzüme hayretle baktı:

"Niye verecekmişim bu fotoğrafı sana?" diye sordu.

İstifimi bozmadan sürdürdüm:

"Hadi Hüseyin Abi, ver şu fotoğrafı da gideyim..." dedim bir kez daha. "*Ulus* nasıl olsa yayımlayamayacak bu fotoğrafı... Ver de biz yayımlayalım..."

Elindeki fotoğrafı birden geri çekti:

"Sende makine yoktu ki bugün orada" dedi. "Bu fotoğrafı benim çektiğimi hemen anlar, Paşa... Keser beni sonra..."

Yine dayattım:

"Paşa bir şey sorarsa, benim gelip fotoğrafı odandan gizlice aldığımı yani Türkçesi, çaldığımı söylersin" dedim. "Sen bütün suçu bana at..."

Hüseyin Ezer'i güçlükle razı edebildim ve elinden alabildiğim fotoğrafı ilk uçakla İstanbul'a *Milliyet*'e postaladım. Bir gün sonra *Milliyet*'in en göze çarpan yerinde bu fotoğraf yayımlanınca, **Hüseyin Ezer** soluk soluğa bana geldi.

"Paşa beni köşke çağırtmış, şimdi oraya gidiyorum" dedi. "Niye çağırdığını söylemediler ama gerek de yok zaten söylemelerine... Hadi sen de gel."

Hüseyin Ezer'le birlikte, **İsmet İnönü**'nün Pembe Köşk'üne gittik. Cumhurbaşkanlığı'ndan ayrıldığı gün bile **İnönü**'nün yüzü herhalde böyle asık, böyle kızgın, böyle üzgün değildi.

Hüseyin Ezer'i "özel" olarak azarlamak istiyor olmalıydı ki, yanında beni görünce hoşlanmadı:

"Sen niye geldin?" diye sordu bana, sert bir sesle. "Ben onunla hesaplaşacağım. Onun suçunu mu hafifleteceksin sen şimdi?"

Sigara içerken babası tarafından yakalanmış bir delikanlı gibi başımı öne eğdim, ellerimi önümde birbirine kavuşturdum:

"Hüseyin Abi'nin bir suçu yok, Sayın Paşam" dedim. "Bütün suç bende... İzin verirseniz her şeyi kendi anlatsın da, asıl benim suçumu o hafifletsin..."

Hıh... Kandırabildik sanki, Paşa'yı... **İsmet Paşa**'nın, ona da bana da o gün orada neler söylediğini, bizi nasıl utandırdığını, şimdi burada tekrarlamaktan utanıyorum. Taa o günden bu yana, kulaklarımda birer küpe zerafetiyle değil, birer pranga ağırlığıyla asılı durdu onun, o gün bize söylediği sözler.

İsmet İnönü'nün, tüm yaşamı süresince, bir kıskançlık duygusu bağışlamazlığıyla ve üzerine toz kondurmaktan sakındığı bir özenle koruduğu dinsel inancının, yıllar sonra bu ülkede yönetime bile gelebilen kimi kişilerin kulaklarının ötesinden birer sinek vızıltısı hafifliğinde gelip geçtiğini gördükçe, kulaklarımdaki prangaların ağırlığını daha çok duyumsadım.

İnanç özgürlüğüne onun duyduğu saygıyla ve onun duyduğu kıskançlıkla ve onun dinsel inancının toz kondurulmamış berraklığıyla ve içtenliğiyle bugün, biz de aynı sözü yineliyoruz:

"Allah'ın dediği olur..." diyoruz ve bu sözün kendi taşıdığı öz anlamı dışında, siyasal anlamlar ve amaçlar için kullanıldığını gördükçe de, aynı sözü bir kez daha tekrarlıyoruz, öz anlamının yüceliğini bir kez daha savunmak gereksinimi sorumluluğumuzla:

"Allah'ın dediği olur..."

İsmet Paşa'nın yatak odasında, 1968

İHTİLALE BEŞ GÜN KALA, BAŞBAKAN ADNAN MENDERES'LE SON BULUŞMA

İki perdelik yaşamımın, öğrencilikten oluşan ilk perdesinin son anlarıyla, tümüyle gazetecilikten oluşan ikinci perdesinin ilk anları, 1960 yılında üst üste geldiler. O yıl gazetecilik yaşamımın ilk yılıyla, öğrencilik yaşamımın son yılını birarada yaşadım.

O yıl ben öğrencilik dönemimin son perdesini yaşarken, Demokrat Parti ise iktidarının ve hatta yaşamının son perdesini yaşıyordu.

"Bambaşka bir Türkiye"nin başlatıldığı o 1960 yılının baharında Türkiye'de "manzara-i umumiye" şöyleydi:

İktidardaki Demokrat Parti, ters çıkışlarıyla demokrasiyi zedeliyor, muhalefetteki Cumhuriyet Halk Partisi ise sert çıkışlarıyla Demokrat Parti'yi zedeleyerek, demokrasiyi Demokrat Parti'den kurtarmaya çalışıyordu.

Bugünkü gibi televizyonlar olmadığı için o yıllarda en etkin "demokratik silah" olarak bu savaşta üniversite öğrencileri kullanılıyordu.

Bu silahı da kullanmak için özel bir eğitim ya da deneyim gerekmiyordu. "Akıl" yerine "duygu"yu tetikleyebilen hemen her kişi ya da kuruluş, bu silahı da kolaylıkla, hem de alev alev ateşleyebiliyordu.

Tetiğimiz çekilir çekilmez atıyorduk kendimizi ya İstanbul'da Beyazıt Meydanı'na ya da Ankara'da Kızılay Meydanı'na ve başlıyorduk hep bir ağızdan protestolarımıza.

Demokrasi uğruna Türk üniversite gençliği olarak üniversiteyi bitirmeyi bir kenara bırakmış, Demokrat Parti iktidarını bitirmeyi kafamıza koymuştuk.

Aslında Demokrat Parti'yle pek bir alıp veremediğimiz yoktu da, onun genel başkanı Başbakan **Adnan Menderes**'le pek çok alıp veremediğimiz vardı.

Hem, yalnızca bizim değil, galiba Amerika'nın da bir alıp veremediği vardı **Menderes**'le.

28 Nisan 1960'ta İstanbul'da, 29 Nisan 1960'ta Ankara'da üniversite bahçelerinde başlattığımız, sonra da Beyazıt ve Kızılay meydanlarında sürdürdüğümüz protestolarımızdan tam iki hafta önce, 12 Nisan 1960 tarihli gazetelerde, Amerika'nın hiç de hoşuna gitmeyecek manşetler yer alıyordu. Amerika'nın hiç de hoşuna gitmeyecek bu manşetler, Amerika'nın hiç de hoşuna gitmeyecek bir olayı haber veriyordu. Bu manşetler üstelik, o günlere değin adını bile ağzımıza almaktan çekindiğimiz "Rusya" sözcüğünü, gazetelerin tepelerinden hem Amerika'nın, hem de bizim gözlerimize sokuyorlardı.

Haber şuydu:

"Menderes Rusya'ya Gidiyor."

Amerika'nın bu haberden hoşlanmayacağını biliyorduk ama hoşlanmadığı olaylar ve yöneticiler konusunda Amerika'nın ne düşüneceğini o günlerde elbette bilemiyorduk. Bizi, özellikle son iki haftadan bu yana kafalarımıza iyice kazınan "**Menderes**'in demokrasiyi zedelediği" ve "**Menderes**'in diktatörlüğü" konuları ilgilendiriyordu.

"**Adnan Menderes** bir diktatördü" ve "Bu dünya da diktatörlere bırakılmazdı"...

Her akşamüstü meydanlarda "**Menderes** istifa, **Menderes** istifa" diyerek, protesto gösterileri yapmamızın nedeni de, amacı da, yalnızca ve yalnızca işte bu saf demokrasi aşkımıza sahip çıkma sorumluluğumuzdan başka bir şey değildi.

Ya da bizim, olayın yalnızca bu kadarını bilmemiz istendiği için biz tüm nedenin ve amacın bu olduğunu sanıyorduk; buna inandırıldığımız için doğal olarak böyle düşünüyorduk.

Özetle, demokrasimizin başında bir diktatör istemiyorduk ve demokrasimizi başındaki diktatörden kurtarmak için Başbakan

Menderes'in, demokratik bir yöntemle diktatörlükten istifa etmesini istiyorduk.

Fakat ortalığı ne denli birbirine katarsak katalım, gırtlaklarımızı ne denli parçalayarak "**Menderes** istifa, **Menderes** istifa" diye bağırırsak bağıralım, sesimizi iktidara da, onun başındaki "diktatör" **Adnan Menderes**'e de bir türlü duyuramıyorduk.

Başbakanlık binası merdivenlerinde, ilerideki yıllarda Başbakanın ayakları dibine yazar kasa fırlatılabildiği demokrasi cenneti yurdumun, böylesi sınırsız bir özgürlük ikliminde yetişmiş insanını inandırmak biraz zor olacak ama yine de deneyelim:

O yıllarda Türk halkının bir bölümü Başbakanının yüzünü, seçimden seçime miting alanlarında uzaktan görebilir, kendisini ancak gazetelerdeki fotoğraflarından ve karikatürlerinden tanıyabilirdi.

Böylesi bir "yaklaşılmazlık" konumundaki Başbakan **Adnan Menderes**'in çevresindeki "polis çemberi"ni yarıp, onun yanına dek sokulmak ve "İstifa, istifa" seslerimizi duymayan Başbakana, "İşte siz, aslında böyle korunuyorsunuz... Bu denli çok güvendiğiniz çevreniz bile sizi ancak bu kadar koruyabiliyor" demek için bir "açık kapı" aradım, aradım ve... Sonunda buldum.

Öğrenciliğim yanısıra aynı anda da gazeteciyim ya... İşte gazetecilik görevimle, üniversite öğrencisi sorumluluğumu birleştirip, bu "açık kapı"dan içeri başımı sokuverdim.

Ankara Emniyet Üçüncü Şube Müdürü **Kenan Koç**'a gittim, ondan kişisel bir istekte bulundum:

"Kulüp 47'nin şefi **Hidayet Bey**'i tanırsınız" dedim. "Basit bir işim var onunla... Bir telefon ederseniz ve bana yardımcı olmasını söylerseniz çok memnun olurum."

Kenan Koç, her zamanki nezaketiyle, işimin ne olduğunu bile sormadı. Telefonu açtı, **Hidayet Bey**'i buldu:

"Sana, Mete isminde bir arkadaşımı gönderiyorum" dedi. "Kendisine yardımcı olursan, memnun olurum."

Yarım saat sonra Kulüp 47'nin girişinde, şef **Hidayet Bey**'e tanıttım kendimi:

"Emniyet Müdürlüğü'nden geliyorum" dedim. "Sayın müdürüm **Kenan Koç** gönderdi beni."

Hidayet Bey, yarım saat önce müdür beyin kendisine telefon ettiğini söyledi:

"Sizi bekliyordum" dedi. "Sayın müdür beyin emrini yerine getirmek vazifemizdir. Hangi konuda yardımcı olmamı istiyordunuz?"

Ellerimi ovuşturarak ve sesimi biraz alçaltarak, isteğimi tüm ayrıntısıyla anlattım:

"Haftaya, yani ayın 21'inde, biliyorsunuz, Hindistan Başbakanı Sayın **Nehru** geliyor Ankara'ya" dedim. "Kendilerinin kalacağı Hariciye Köşkü'nde tüm hizmetler ve ziyafetler, malumunuz, sizin restoranınız tarafından karşılanmaktadır."

Hidayet Bey, yüzüme merakla bakıyor, sözü nereye getireceğimi, merakın da ötesinde, kuşkuyla bekliyordu. Onun yüzündeki ifadeye aldırmadan, sakin sakin sürdürdüm diyeceğimi:

"Sayın **Nehru** geldiğinde, Hariciye Köşkü'nde görevlendireceğiniz garsonlar arasında ben de olacağım."

Hidayet Bey, hele o yıllarda pek de genç olan yüzüme bu kez daha bir dikkatle baktı:

"Bugüne kadar nerelerde çalıştınız, yavrum?" diye sordu.

O dakikaya değin olduğu gibi, o dakikada da yalan söylemedim:

"Ben garson değilim, efendim" dedim.

Hidayet Bey, ani bir hareketle elini uzattı, hafifçe sırtımı sıvazladı:

"Çok affedersiniz, birden uyanamadım" dedi. "Şimdi anladım... Kulüp 47, ben ve arkadaşlarımız emrinizdeyiz. Emniyetimize yardımcı olmak, hepimizin ulusal görevidir... Hele memleketimizin böyle hassas günlerinde..."

Ve hemen, iş konumuza girdi:

"Biz ayın 20'sinde ekibimizi köşke yerleştirmiş olacağız" dedi. "Siz, isterseniz aynı gün, isterseniz ertesi gün katılabilirsiniz bize."

Smokinim olup olmadığını sordu. Ezile büzüle "Maalesef, yok" diyebildiğimi görünce de, sırtımı bir kez daha sıvazladı:

"Siz merak etmeyin" dedi. "Ekibe katıldığınız gün, ben sizin için bir smokin temin etmiş olurum."

Devlet konuklarımızın konuk edildikleri Hariciye Köşkü'nde, **Nehru**'nun gelmesinden bir gün önce başladım göreve. Aslında o günümün büyük bir bölümü, benim için bulunan smokinin üzerime oturtulması provaları ile, garsonluğun püf noktalarını uygulama provalarıyla geçti. Konuğumuz Hindistan Başbakanı **Nehru**, ertesi gün akşamüstü geldi Köşk'e. Fakat o gelmeden önce, onun nasıl gelmekte olduğu haberi geldi Köşk'e.

"Harp Okulu öğrencileri Kızılay'da yürüyüş yapmışlar... Başlarında da yüksek rütbeli bir subay varmış hem de..."

Köşk'e, bu haberden yarım saat kadar sonra gelen **Nehru**'yu, ikinci kattaki odasının önünde bekliyordum.

Onun gelmesiyle, benim de özel görevim başlamış oldu. Devletin resmi konuk evi Hariciye Köşkü'nde, devlet konuğumuz bir yabancı Başbakanın kaldığı odaya kadar neredeyse ellerimi kollarımı sallayarak girip, konuğumuza ellerimle portakal suyu ikram ederken, her şeyin böylesi yolunda gitmesi karşısında ürküyordum. Hele ertesi akşam alt kattaki salonda ev sahibi Başbakan **Menderes** tarafından konuğumuz Başbakan onuruna verilen "Hoş geldiniz" davetinde, ülkenin tüm yöneticileri arasında yine böylece serbest bir biçimde dolaşırken de aynı ürküntü içindeydim.

O davette, bir de buluşma gerçekleştirecektim. Dostum ve foto muhabiri arkadaşım **Asaf Uçar**, özel konumu nedeniyle bu davette fotoğraf çekmesine izin verilen tek gazeteci idi. Yemek öncesi kokteylde onunla buluşacaktım. Asaf'ın özel konumu, babasının "özel konumu"ndan kaynaklanıyordu. Babası merhum **İsmail Uçar**, Cumhurbaşkanı **Celal Bayar**'ın makam otomobili şoförüydü ve bu nedenle Asaf'lar, Çankaya'da, Cumhurbaşkanlığı Köşkü bahçesindeki evlerinde kalıyorlardı. Bu da demek oluyordu ki, gerek Cumhurbaşkanlığı Köşkü'ndeki, gerek iki adım ötede Hariciye

Köşkü'ndeki polislerden garsonlara, bahçıvanlardan şoförlere dek tüm görevliler, "İsmail Amca'larının oğlu" Asaf'ı, yakından tanıyorlar ve ondan hiçbir zarar gelmeyeceğini biliyorlardı.

Davetliler gelmeye başlayınca, **Nehru** da odasından çıktı ve bir kat aşağıdaki resepsiyon salonuna indi. Onun arkasından da ben indim aşağıya ve doğruca mutfağa girdim.

Şimdi görevimin ikinci bölümü başlıyordu. Kokteylde, konuklar arasında kanepe tepsisi dolaştıracaktım. Bir gün önceki provalarda tepsideki içki bardaklarından ikisini devirdiğim için, kalabalık salonda konuklar arasında içki tepsisiyle dolaşmam sakıncalı bulunmuş, bana kanepe tepsisi dolaştırma görevi verilmişti.

Elimde tepsiyle resepsiyon salonuna girer girmez, gözlerimle önce Başbakan **Adnan Menderes**'i, sonra da bizim **Asaf Uçar**'ı aradım. Tamam, gördüm onu. Asaf, konuğumuz Başbakan **Nehru**'nun birkaç adım ötesinde bekliyor ve fıldır fıldır dört bir yana dönen gözleriyle o da beni arıyordu.

Yanlarına gittim, önce Asaf'ın hazırlanmasını bekledim, sonra karşısına geçtim, daha sonra da elimdeki tepsiyi Başbakan **Nehru**'ya uzattım:

"Sayın Başbakan, bu nefis yiyeceklerden tatmak ister misiniz?" dedim.

Başbakan **Nehru**, bizim Dışişleri Bakanı **Fatin Rüştü Zorlu**'nun eşi **Emel Zorlu**'yla hararetli bir görüşme yapıyordu. Konuşmasının kesilmesine pek aldırmadı. Önce tepsideki çeşit çeşit kanepelere baktı, sonra da elini havaya kaldırdı ve... "Acaba hangisini alayım?" dercesine bir süre düşünürken de, kaşla göz arasında Asaf'ın flaşı parlayıp, sönüverdi.

Asaf'ın açısından da, benim açımdan da "işlem tamam"dı...

Şimdi sıra, "büyük balık"ta idi. Büyük balık ise, elbette Başbakan **Adnan Menderes**'ti.

Kalabalık arasından güçlükle sıyrılarak ve bir o yana giderek, bir bu yana gelerek, salonda Başbakan **Adnan Menderes**'i aramaya başladık. Sonunda Asaf, kaş göz işaretiyle Başbakanı gördüğü yeri işaret etti. Başbakan **Menderes**, salonun bir kenarında, İngiliz ve Irak Büyükelçileri ile neşeli bir biçimde konuşuyordu.

Mete Akyol garson kılığında Nehru'ya hizmet ediyor, Mayıs 1960

Önce Asaf gitti, karşılarında yerini aldı; sonra da ben, yandan "sahneye girdim."

Günü gününe tam bir aydır meydanlarda "İstifa, istifa" diye bağırarak, kendisine sesimizi duyurmaya çalıştığımız "diktatör" Başbakan **Adnan Menderes**'le şimdi yan yana, karşı karşıyaydık.

Dahası var: Şimdi de göz gözeyiz işte...

Bir aydır tüm gösterilerde bağıra bağıra istifasını istediğim Başbakan **Adnan Menderes**'le göz göze geldiğim bu anda her şeyi unutuverdim ve karşısında saygıyla eğilerek elimdeki kanepe tepsisini uzattım:

"Sayın Başbakanıma bu tepsiden bir ikramda bulunabilir miyim?" dedim.

Bir garsonun, hem de böyle bir günde, kendisine böyle içtenlikle ve sıcacık konuşması, **Menderes**'i hem biraz şaşırttı, hem de fazlasıyla memnun etti:

"Senin ne tatlı dilin varmış böyle" dedi.

Onun bu sözüne verebilecek bir karşılık bulamadım. Bir aydır belki bin kez, belki on bin kez "**Menderes** istifa, **Menderes** istifa" diye meydanlarda bağırıp duran ben, şimdi onun karşısında kıpkırmızı kesilmiş, başımı eğmiş, önüme bakıyordum. İçimden de, "İyi ki bizim sınıf arkadaşları burada değiller de görmüyorlar bu halimi" diye geçiriyordum ki...

Menderes, elindeki kadehin dibinde kalan içkisini bir yudumda içti ve boş kadehi bana uzattı:

"Sen bana onlardan değil de, hadi bakiiim, bundan bir tane daha getir" dedi.

Tam o anda Asaf'ın flaşı bir kez daha yanıp, söndü.

Sahi, Asaf karşımızdaydı ve fotoğrafımızı çekiyordu...

Yine "işlem tamam"dı ama... I-ıh... Ayrılamıyordum ki oradan. Başbakan bir de kadehini uzatmış, duruyordu. Kendimi yine toparladım ve saygılı bir davranışla, Başbakanın elindeki kadehi

Aynı resepsiyonda Adnan Menderes ile

aldım. Bir dakika, bir dakika... Sayın Başbakanım benden bir tane daha içki istemişti ama... Hay Allah, istediği içki neydi ki? Sahi, ne içiyordu Sayın Başbakanım?

Kendisine sormaktan başka çarem yoktu:

"Çok afedersiniz, Sayın Başbakanım" dedim. "İçtiğiniz içkinin adını da emrederseniz, hemen gidip getireceğim, efendim..."

Sayın Başbakanım keyifli ve son derece zarif bir kahkaha attı. Önce, "Sen yenisin galiba yavrucuğum" dedi, sonra da, ömür boyu unutmayacağım bir "küpe" taktı kulağıma:

"Bir içkiyi, renginden, tadından, adından ve kokusundan önce, içildiği kadehinden tanımayı öğrenmelisin" dedi. "Elinde tuttuğun kadehim, bir martini kadehidir. Hadi bakiiim, şimdi bana bir martini daha getir."

Yine kıpkırmızılara büründüm ve saygıyla eğilip, "Emredersiniz Sayın Başbakanım" diyerek birkaç adım geri atıp oradan uzaklaştım.

Soluğu, şef **Hidayet Bey**'in yanında aldım hemen.

"Sayın şefim" dedim. "Sayın Başbakanım martini emrediyorlar."

Sayın şefim, sözümü ağzıma tıkadı:

"Kimseler görmeden önce şu kadehi kaldırayım buradan" dedi ve tepsideki martini kadehini aldı. Sonra bir ders de o verdi bana:

"Her zaman aklınızda bulunsun" dedi. "Hiçbir kanepe tepsisine kadeh konulmaz... Hele boş bir kadeh, asla..."

O gece kokteylden sonra verilen yemek ziyafetinde de garsonluk yaptıktan sonra gece bir bahane uydurdum, Hariciye Köşkü'nden ayrıldım.

Bir gün sonra, o zamanki bizim *Milliyet*'in birinci sayfasında yayımlanan "garson röportajım"ın girişinde, **Nehru**'ya kanepe ikram ederken çekilen fotoğrafım yayımlanmıştı. Röportajımın ertesi gün yayımlanan ikinci bölümünde ise, Başbakan **Adnan Menderes**'in kadehini uzatıp, benden bir içki daha istediği an çekilen fotoğrafım yer alıyordu.

24 Mayıs 1960 tarihli *Milliyet*'te yayımlanan ve şimdi de bu yazının satırları arasında gördüğünüz o fotoğraf, yayımlandıktan üç gün sonra bambaşka bir özellik kazandı.

O özellik ise, bu fotoğrafın, "**Adnan Menderes**'in Başbakan olduğu sırada çekilen ve Başbakan olduğu sırada yayımlanan son fotoğrafı" olması idi.

Bu fotoğrafından sonra çekilen ve yayımlanan ilk fotoğrafı ise, iki gün sonra *Yeni Sabah* gazetesinde, birinci sayfanın tümünü kaplayan büyüklükte yayımlandı. O fotoğrafta **Adnan Menderes**, ellerinde sten tabancalar olan iki subayın ortasında, Etimesgut Havaalanı'nda görülüyordu.

Kütahya yolunda yakalandıktan sonra önce Eskişehir Askeri Havaalanı'na, sonra da bir askeri uçakla Etimesgut Askeri Havaalanı'na getirilmişti ve şimdi de, gözaltında tutulacağı Harp Okulu'na götürülüyordu.

O günün tarihi, 27 Mayıs 1960'tı.

O gün yalnızca Demokrat Parti'nin iktidarı sona ermekle kalmıyordu, Türkiye'de çok çok çok şey daha sona eriyordu ve...

O tarihe kadar bambaşkalaşmakta olan Türkiye, o tarihten sonra ise giderek daha da bambaşka bir biçimde bambaşkalaşmaya başlıyordu.

CEMAL GÜRSEL'İN MAAŞINDAN ELİNDE KALAN SON BİN LİRASI

Bugün "akıl almaz" bir olay gibi geliyor kişiye ama... Acı da olsa olay gerçek.

1963 yılında Türkiye'nin o günlerdeki 67 ilinin 14'ünde **Atatürk** anıtı yoktu. Gazetem bu eksikli illerin birer **Atatürk** anıtına kavuşturulmasını mesleksel bir ödev saydı ve bu amaçla o yıl "**Atatürk Anıtı Kampanyası**" açtı.

Ülke çapında içten bir ilgiyle karşılanan bu kampanyaya yurttaşlar, parasal olanaklarının elverdiği ölçüde bağışlarla katılıyorlardı. **Atatürk** anıtından yoksun illerimizin birer **Atatürk** heykeline kavuşturulabilmesi için gerekli parasal kaynak, bu "damla"larla oluşuyor, her geçen gün giderek büyüyen bir göle dönüşüyordu.

Kimi yurttaşların on lirayla, kimi yurttaşların yüz ya da iki yüz ya da beş yüz lirayla katıldıkları kampanyaya, parasal olanakları daha geniş kimi yurttaşlar ise, bin ya da bin liranın üstünde bağışlarıyla katılıyorlardı.

"Bin lira" sözcüklerinin anlamını bilmeyenler için açıklayayım: O yıllarda "bin lira", müdür maaşıydı. En büyük "memur" Cumhurbaşkanının aylık maaşı ise, kişinin düşünde görse inanamayacağı denli yüksekti: Tam on beş bin liraydı.

Atatürk anıtı yaptırma kampanyasına katılan yurttaşların adları ve yaptıkları bağışların tutarları, gazetenin iç sayfalarında her geçen gün daha da uzayarak yayımlanan listelerle açıklanıyor, o günlerin önemli tutarı olan beş bin, on bin liralık bağışta bulunanların adları ise birinci sayfada özel bir çerçeve içinde duyuruluyordu.

Adları birinci sayfada duyurulan bu "büyük bağışlar"ın sahiplerinin sayısı altı ya da yediyi ancak buluyordu. Listenin ilk iki sırasında, en büyük bağışı yapan iki ses sanatçısının adları vardı. Bu sanatçılar, halk müziği sanatçısı **Muzaffer Akgün** ve ünlü **Zeki Müren**'di.

Her iki ses sanatçısı da kampanyaya onar bin liralık bağışlarla katılmışlardı.

"Cumhurbaşkanımızın da katılmasıyla kampanya büyük bir önem ve hız kazanır" dedim ve kendisiyle bu konuda görüşmek üzere Çankaya Köşkü'ne başvurdum.

Elli yaşın az altındaki ve çok üstündeki okurlarımızın hoşgörülerine sığınarak, genç okurlarımızdan zahmeti küçük, fakat anlamı büyük bir istekte bulunacağım. Onlardan, toplumsal bir olgunun saptanmasında bana yardımcı olmaları için, şu an çevrelerindeki dört ya da beş kişiye, "**Cemal Gürsel** kimdir?" diye sormalarını isteyeceğim. Bakalım kaç kişi bu sorunun doğru yanıtını bilecek; ya da kaç kişi, bu adı yaşamında ilk kez duyduğunu söyleyecek?

"Bin lira"nın ne olduğunu açıklama gereği duyduğumuz bu okur kesimine, izin verirseniz "**Cemal Gürsel**" adını da duyuralım:

Cemal Gürsel, o yıllarda, Türkiye Cumhuriyeti Cumhurbaşkanıydı.

27 Mayıs 1960 tarihinde bir ihtilal yapan Türk Silahlı Kuvvetleri tarafından, rütbesinin yüksekliği ve ordu içindeki özel saygınlığından ötürü Devlet Başkanlığına getirilmiş, demokratik yaşama geçildikten sonra ise 1961 yılında TBMM tarafından Cumhurbaşkanlığına seçilmişti.

Demokrasimiz henüz bugünkü hukuksal ve de uluslararası yörüngesine oturmamış olmasına karşın o yıllarda bir gazeteci, Cumhurbaşkanıyla görüşmek istediğinde, bir ya da en geç iki gün içinde bu olanağa kolaylıkla sahip olabiliyordu.

Kendisiyle görüşme isteğimin Cumhurbaşkanımız **Cemal Gürsel** tarafından kabul edilmesi de, bu nedenle, değil bir sorun olmak, üstelik çok da kolay oluverdi.

Görüşme isteğimi Çankaya Köşkü'ne ilettikten tam bir gün sonra, Çankaya Köşkü'ndeydim. Hem de Cumhurbaşkanımızın makam odasında, onun karşısında oturuyordum.

Cumhurbaşkanı **Gürsel**'le aramızda, onun sedef işlemeli çalışma masası vardı.

"Sayın Cumhurbaşkanım, bizim gazetenin açtığı **Atatürk Anıtı Kampanyası**'na on bin liralık bir bağışla katılmanızı rica edecektim" dedim. "Sizi bu nedenle rahatsız ediyorum, efendim."

Cumhurbaşkanı **Gürsel**, hiç beklemediği bu isteği duyunca birden gözlerini açtı:

Önce "Ne?" diye hayretini bildirdi, sonra duyduğunun yanlış olup olmadığını anlamak için bu kez kendisi bana sordu:

"On bin lira mı?"

Süt dökmüş kedi örneği başımı öne eğdim ve ağzımdan "Evet" sözcüğü çıkmasına gerek kalmadan, bu davranışımla sorusunu "Evet" diye yanıtlamış oldum.

Sanki ben "Evet" demişim de, kendisi de bunu duymuş gibi karşılık verdi:

"Fakat benim o kadar param yok ki" dedi.

Anısına saygıda kusur etmemek için onun bu sözüne "inanmadım" diyemiyorum şimdi. Galiba "inanmak istemediğim" için biraz da ısrar edercesine konuştum:

"Fakat kampanya, **Atatürk Anıtı Kampanyası**, Sayın Cumhurbaşkanım" dedim.

Ellerinin ikisini birden kaldırdı, bu hareketiyle sözüme devam etmemi önledi:

"Anlıyorum yavrum, anlıyorum" dedi. "Sen de beni anlasana. On bin lira param yok diyorum sana. Olmayan bir şeyi nasıl bağışlayayım, nasıl vereyim?"

Ve beni sözlerine inandırmak için, sedef işlemeli masasının sol gözünü çekti, içinden orta boy bir karton çorap kutusu çıkardı.

Cumhurbaşkanı **Gürsel**, kutunun kapağını açtı, içinden uzun bir liste çıkardı. Bu liste beş-altı adet daktilo kâğıdının uç uca yapıştırılmasıyla oluşmuştu.

"Kalk şimdi oradan da buraya yanıma gel, sen de gör" dedi ve listeyi masasının üzerine serdi:

"İşte bu liste, bu ayki tüm paramı harcadığım yerleri gösteriyor" dedi. "Bak bakalım, ne kadar harcamışım, elimde ne kadar param kalmış?"

Oturduğum sandalyeyi, masanın öteki yanına, Cumhurbaşkanının koltuğunun yanına çektim, oraya oturdum.

Cemal Gürsel, listede harcamaların belirtildiği satırları işaret parmağının ucuyla göstererek tek tek açıklama yapmaya başladı:

"Bu ayki ilk harcamam dört bin lira. İşte listenin başında yer alıyor. Nereye, ne maksatla yaptığım da, burada karşısında yazılı."

Sonra yüzünü bana çevirdi, listede gösterdiği satırları okuyup okumadığımı görmek istedi.

"Okuyorsun, değil mi?" dedi. "Bak, Mersin'den mektup yazıp, eşi ve beş çocuğuyla aç kaldığını bildiren S.M.'ye göndermişim bu dört bin lirayı. Şimdi ikinci sırayı oku bakayım... İkinci sırada, Gölbaşı'ndaki atın fiyatıyla, yaptırdığım at arabasının fiyatı var. At ve araba için 1.500 lira ödemişim."

Gölbaşı'ndaki atın ne olduğunu, arabacının kim olduğunu sordum.

"Geçen ay arabayla kentte gezerken, bir ara Gölbaşı'na gitmiştim" dedi. "Orada vatandaşlarla konuşurken, bir adam yaklaştı. At arabacısıymış. Atının öldüğünü söyledi. Başka bir at alacak parası olmadığından işini yapamadığını, eşi ve üç çocuğuyla perişan kaldığını anlattı. Benden bir at istedi. Ona bir at aldırdım. Atı görünce, çok sevdim. Güzel bir attı. 'Bu atı göndermeyin, birkaç gün burada tutun' dedim. 'Bu güzel at, eski bir arabaya koşulmaz. Bu güzel ata, bir de güzel araba yaptıralım.' Araba bitince, atla birlikte, Gölbaşı'ndaki arabacıya gönderdim. Çok makbule geçmiş. Adamcağız, üç çocuğu ve hanımıyla birlikte geçen gün elimi öpmeye geldi. Çocukları pek sevimli şeylerdi."

Cumhurbaşkanı **Gürsel**, bu olayı anlattıktan sonra listenin en altındaki rakamı gösterdi.

"Bak, iyice bak şuraya" dedi. "Ne yazıyor burada, bak. Bin lira. Demek ki bin liram kalmış. Yok bundan başka param."

Atatürk Anıtı Kampanyası için ondan on bin lira bağış almayı unuttum, listenin devamını görmek istedim.

Listedeki öteki harcamalar konusunda da kısa açıklamalar yaptı **Gürsel**:

"Şu sekiz yüz lirayı, Erzurum'da bir astsubaya gönderdim. Gereksinimi varmış ki mektup yazmış, istemiş. Bin lirayı ziyaret ettiğim bir gecekondunun sahibine yolladım. Pek perişandı durumları... İnşallah işlerine yaramıştır. Onun altındaki beş yüz lirayı, Çankırı'nın Çukurören Köyü İlkokulu'na gönderdim. Öğretmenleri, çocukların kitap-defter alacak paraları olmadığını yazıyordu mektubunda."

Listeyi okumayı bıraktım, Cumhurbaşkanı **Gürsel**'den başka bir istekte bulundum:

"Ben bu listeyi sizden alacağım, Sayın Cumhurbaşkanım" dedim.

Gürsel, parmağını yüzüme doğru uzattı:

"Bu listeyi unutacaksın" dedi. "Ne istersen yaz ama bu listeden söz etmek yok."

İsteğimi birkaç kez yinelememe karşın **Gürsel** yine karşı koyunca, bu kez, nasıl olduysa oldu, karşısında bulunduğum kişi sanki Cumhurbaşkanı değilmiş gibi konuşmaya başlayıverdim birden:

"Mecbursunuz bana bu listeyi vermeye, Sayın Cumhurbaşkanım" dedim. "Ben de, bu listeyi yayımlamaya mecburum."

Gürsel gülmeye başladı:

"İşte ben de bunun için vermiyorum" dedi. "Yayımlamanı istemiyorum da onun için vermiyorum."

Israr üstüne ısrar ettim, kırk dereden su getirdim, ancak "koşullu" olarak kabul etmesini sağlayabildim.

"Sağlığımda yayımlamamaya söz verirsen, o zaman olur" dedi. "İnsanların başka türlüleri de oluyor. Bakarsın benim için 'kendini methediyor' diyenler çıkabilir sonra."

Söz verdim, listenin bir kopyasını aldım.

Bir kez daha anımsattı:

"Sağlığımda kesinlikle olmayacak tamam mı?" dedi.

Cemal Gürsel, 1960

Cumhurbaşkanı **Cemal Gürsel**, **Atatürk Anıtı Kampanyası** için ancak bin lira bağışta bulunabileceğini söyledi.

"Ben şimdi şu kâğıda yazayım, sen çıkarken Kadri Binbaşı'ya verirsin bu kâğıdı" dedi. "Benim hesaptan o verir sana bin lirayı."

Huzurundan ayrılmama izin vermesinden sonra Cumhurbaşkanı **Gürsel**'in elini öptüm ve sonra Başyaver makamına gittim.

Başyaveri Binbaşı **Kadri Erkek** ve doktoru Prof.Dr. **Reşat Yaşat** birlikte çay içiyorlardı. Bir çay da bana söylediler.

Cebime koyduğum kâğıttan söz etmedim Binbaşı **Kadri Erkek**'e:

"Bin lira vermenizi emrettiler" dedim.

Gazetede ertesi gün Cumhurbaşkanı **Cemal Gürsel**'in **Atatürk Anıtı Kampanyası**'na bin liralık bir bağışla katıldığını okuyan okuyucularımız, Cumhurbaşkanlarının neden fazla bir bağışta bulunmadığının gerçek nedenini, o yaşadığı sürece öğrenemediler.

Yalnızca bu gerçeği mi?..

Cemal Gürsel'in inanılmayacak yücelikteki "alçakgönüllüğü" nedeniyle Türk halkı, onunla ilgili daha birçok gerçeği öğrenemedi ve...

Galiba biraz da bu nedenden, onun gerçek değerini de öğrenebilmek olanağı bulamadı, sağlığında...

Dördüncü Cumhurbaşkanımız **Cemal Gürsel**'i kaybettiğimiz 1966 Eylülünden yıllar sonra şimdi onu yalnızca anmakla yetinmeyi yeterli görmedik...

Toplumumuzun, bireyleri giderek azalan belirli bir kuşağına onu bir kez daha anımsatmak ve toplumumuzun, bireyleri giderek artan belirli bir kuşağına ise onu tanıtmak, kimilerine de hiç olmazsa adını duyurmak istedik...

CUMHURBAŞKANI SUNAY TERS BİR SÖZ SÖYLEYİNCE... RÖPORTAJ YOK OLUVERDİ!

Bir ülkenin en üst sorumluluk yörüngesinde oturan bir kişi, o ülke halkının gözbebeği gibi sakındığı bir kurum hakkında, kulağa da, akla da, gönüle de hiç de hoş gelmeyen bir söz söylediğinde, ne yapardınız?

Size o kişinin Cumhurbaşkanımız olduğunu söylesem, duymak istemediğimiz o sözü Türk Silahlı Kuvvetlerimiz hakkında söylediğini söylesem, üstelik bu sözü televizyon kameraları önünde söylediğini söylesem... O an sorusuna hiç de beklemediği böylesi bir yanıt alan benim yerimde olmayı elbette istemezdiniz de... Ya olsaydınız o an benim yerimde... Sahi, ne yapardınız?

Hiç uzun uzun düşünmeyin. Siz de kestirmeden gider, o an benim yaptığımı yapardınız:

"Askerlik, elbette şimdi de çok şerefli bir meslek, Sayın Cumhurbaşkanımız" derdiniz ve...

Onun "Evet, öyle" demesinden sonra da bambaşka bir konuya geçer, bu sözü söylendiği o noktada noktalardınız.

Ama ben o an, o noktayı, o noktada koyamadım. Çünkü Cumhurbaşkanımız, benim düzeltme çabası içinde söylediğim "Askerlik, elbette şimdi de çok şerefli bir meslek, Sayın Cumhurbaşkanımız" sözümden sonra, "Evet, öyle" demedi.

Öyle demediği yetmemiş gibi üstelik, sözünün üstüne üstüne gitti, kulağa da, akla da, gönüle de, bir önceki sözünden daha da çok hoş gelmeyen başka bir söz söyledi:

"Şimdi de öyle gibi görünüyor ama..." dedi ve... Sözünü tamamlayıp, sonuna nokta, benim de kafamın tepesine bir balyoz indirdi:

Cevdet Sunay ve Ayla Erdemli ile Çankaya Köşkü'nde, Ocak 1970

"Şimdi de öyle gibi görünüyor ama... Şimdikileri geç" dedi.

İçimden kendi kendime konuşmaktan başka yapacak bir şey kalmadı:

"İstediği kadar böyle söylesin" dedim kendi kendime. "Allah'tan makas diye bir alet var... Basarız makası, keser atarız o bölümü..."

Cumhurbaşkanımız şimdi başka bir sorumu yanıtlıyordu ama ben onu dinlemiyor, kendi kendime konuşuyordum:

"Ne işin vardı da kalkıp buraya geldin?" diye suçluyordum kendimi. "TRT televizyonunun ikinci yaşını kutlamak sana mı kalmış?.. Nasıl olsa televizyoncular geçen yıl yaptıkları gibi yine bir gazino kapatırlar, üstelik ekrana çıkaramadıkları bir dansözü masalarının üstüne çıkarırlar, yer, içer, güler, oynar, eğlenirler..."

Televizyoncular birinci yaş günlerini bir yıl önce böyle kutlamışlardı ama bu yıl ayrıca ekranda önemli bir program yayımlayarak da kutlamak istiyorlardı. O yıllarda yalnızca Ankara'da yayın yapan ve adı *TRT Ankara Deneme Televizyonu* olan televizyonda, cumartesi geceleri yarım saat süreli bir röportaj programım vardı. Televizyonun ikinci yaş günü nedeniyle bu programımda Cumhurbaşkanı **Cevdet Sunay**'la bir röportaj yaparak, günün "mana ve ehemmiyeti"ne katkıda bulunmayı önerdim.

Önerim kabul edildi, ben de kollarımı sıvadım.

Tümü, Cumhurbaşkanımızın insansal özellikleriyle ilgili sorularımı, istek üzerine, çekimden bir hafta önce Çankaya Köşkü'ne verdim. Çekim günü, TRT'nin tarihinde hiçbir yapıma nasip olmayan kalabalıkta bir teknik kadro yanısıra bir de kalabalık bir yönetim kadrosuyla Çankaya Köşkü'ne gittik. Cumhurbaşkanı **Sunay** ve ben, büyük bir yuvarlak masanın çevresindeki koltuklara oturduk. Karşımıza iki kamera ve kimbilir kaç açıdan ışık veren projektörler yerleştirildi.

Cumhurbaşkanımız önceden gönderdiğimiz sorularımıza yanıtlarını, Arap harfleriyle küçük kâğıt parçalarına yazmıştı. Masanın çevresindeki yerlerimizi alınca bu kâğıt parçalarını çıkardı, masanın altında kaldığı için kamera tarafından görülmeyecek biçimde, dizinden başlayıp, kasıklarına doğru bacağının üst bölümünün üstüne özenle sıraladı. Ben sıradaki sorumu sordukça o da, dizinin üstündeki kâğıda baktığını belli etmemeye çalışarak, sorunun oradaki yanıtını okuyor, yanıt bitince o kâğıt parçasını yere atıyordu.

Cumhurbaşkanımız, çok iyi niyetle sorduğum kimi sorulara, hiç de beklemediğim katılıkta hazırladığı yanıtlarını okudukça, onun bu yanıtlarını birazcık olsun yumuşatabilmek için araya girmeye çalışıyordum ama bu girişimim onun sert bakışlarıyla başladığı yerde durduruluyordu.

Bu iyi niyetli sorularımdan biri, "Hafta sonlarında torunlarınız sizi ziyarete geldiklerinde, kendileriyle oyunlar oynar mısınız?" idi.

Bu soruma Cumhurbaşkanı **Sunay**, sanki beni dövüyormuşçasına şöyle yanıt verdi:

"Torunlarımla oynamaya yaşım da, başım da ve şu an işgal etmekte olduğum makamım da müsait değildir. Bu makam, torunlarla oyun oynanacak makam değildir."

Böyle durumlar karşısında çok etkili bir ilacım vardır:

Dudaklarımı oynatmadan içimden kendi kendime, çocukluk günlerimin kulaklarımdan gitmeyen türküsünün, o anki duruma uygun bir bölümünü söylemeye başlarım. Yine öyle yaptım. Kendi kendime birkaç kez, "Ordu'nun dereleri aksa yukarı aksa" diye söylendim ve kuzu kuzu aşağı doğru akan derelerin neden yukarı akmalarının istendiğine o yaşımda da yine bir anlam veremedim.

Bir-iki soru sonra ise durum, bu ilacım türkünün "Vermem seni ellere, Ordu üstüme kalksa" bölümünü de söylemek zorunda bıraktı beni.

O durumu yaratan sorum, "Sizde askerlik sevgisi ne zaman ve nasıl başladı?" idi.

Cumhurbaşkanı **Sunay**, bu sorumu da, önceden hazırladığı biçimde, dizinin üstündeki kâğıt parçalarından birine bakarak okumaya başladı:

"Çocukluğumda Erzincan'daydık... Askerler borazan ve davullara ayak uydurarak yürürlerken ben de taburun arkasına takılır ve adımlarımı askerlerin adımları gibi borazan ve davulun sesine uydurarak atardım, onların arkasından ben de asker gibi yürürdüm. Bir de bizim çocukluğumuzda paşaların pantolonlarının yanlarında, paçadan bele kadar kırmızı şerit uzanırdı. Onları da çok severdim. Bende askerlik sevgisini ilk başlatan bunlar olmuştur."

Cumhurbaşkanı **Sunay** bunları okuduktan sonra, kâğıtlarda olmayan fakat o an aklına gelen bir bölüm daha ekledi yanıtına:

"Hem bizim zamanımızda askerlik çok şerefli bir meslekti" dedi.

Böylesi bir yanıtla karşılaşan röportajcının o an, "acil olarak" hemen yapması gereken mesleksel ve ulusal bir görevi vardır. Yanıtın böylesini önce tül perde yumuşaklığındaki, daha sonra ise şayak kalınlığındaki kumaşlara sarıp yumuşatmak ve yok etmektir. Ben de bu görevimi yerine getirdim:

"Askerlik, elbette, şimdi de çok şerefli bir meslek, değil mi Sayın Cumhurbaşkanım?" dedim.

Sayın Cumhurbaşkanım o an "Elbette", "Tabii ya", "Orası muhakkak" gibi bir yanıt verse, sorun kalmayacak, ben de sıradaki bir başka soruma geçeceğim. Ben bu üç yanıttan birini olsun beklerken, Sayın Cumhurbaşkanımdan, üstelik bir de, havada yarım daire çizercesine bir el işareti destekli şu yanıt gelmez mi?

"Şimdi de öyle gibi görünüyor ama... Şimdikileri geç."

Cumhurbaşkanımızla röportajımız bittikten sonra, TRT Televizyon Dairesi Başkanı merhum **Mahmut Tali Öngören** beni bir kenara çekti:

"Bir Cumhurbaşkanının sözleri sansür edilemez, anladık ama..." dedi.. "Söylesene, onun askerlikle, askerlerle ilgili bu sözlerini nasıl yayımlayabiliriz?"

Birlikte bir formül bulduk.

Filmi hemen yıkayıp, montajını yapacaktık ve yayından önce Çankaya Köşkü'ne getirip, Sayın Cumhurbaşkanımıza gösterecektik. Kendisi filmi seyrederken, nasıl olsa bu dil sürçmesinin farkına varacak ve o bölümü çıkarmamızı emredecekti.

31 Ocak 1970 Cumartesi günü yıldönümü nedeniyle televizyonda yayımlanacak röportajın 26 Ocak Pazartesi günü çekilen filmi, 29 Ocak Perşembe günü yayına verilebilecek biçimiyle hazırdı.

Cumhurbaşkanının beğenisine ve tabii gerçekte denetimine sunulmak üzere, önceden saptandığı gibi, filmi o günün akşamı Köşke götürdük.

Çankaya Köşkü'nün büyük salonu o akşam için, bir sinema salonuna dönüştürülmüştü. Salonun ortasında, röportajın filminin oynatılacağı bir sinema makinesi, koltukların tam karşısında da üzerine görüntünün yansıtılacağı portatif bir beyaz perde vardı.

Yan yana ve arka arkaya dizilmiş sandalyelerin oluşturduğu sıraların en önünde, Cumhurbaşkanımız **Cevdet Sunay** ile eşi **Atıfet Sunay** ve aile yakınlarından birkaç kişi oturdular. Onların hemen arkasındaki sırada ise **Mahmut Tali Öngören**, Televizyon Program Müdürü **Meral Savcı**, benim programın yapımcısı **Ayla Erdemli** ve ben yerlerimizi aldık. Daha arkalardaki sıralarda ise, Başyaver Albay **Turgut Bahadır**, Köşkte görevli havacı, karacı ve denizci yaverler, Milli İstihbarat Teşkilatı'nın Köşkteki temsilcisi ile Köşkün öteki görevlileri yerlerini aldılar.

Röportajın görüntüsü, karşımızdaki beyaz perdeye yansıyacak, sesi ise, bir teknisyen arkadaşımızın kucağında taşıdığı ses alma aygıtından gelecekti.

Sesçi arkadaşımızı bizim oturduğumuz sıraya ve tam Cumhurbaşkanımızın arkasındaki sandalyeye oturttuk.

"Malum bölüm" geldiği zaman bu arkadaşımızın "özel görevi", ses alma aygıtının ses düğmesini biraz daha açmak ve "kendi malum sözlerini", Cumhurbaşkanımızın kolaylıkla duymasını sağlamaktı.

Sesçi arkadaşımız, üzerine düşen görevi hakkıyla yerine getirdi. Perdedeki görüntüde Cumhurbaşkanı **Sunay** dudaklarını bükerek eliyle havada yarım daireler çizerken, sesçi arkadaşımızın kucağındaki ses aygıtında özellikle yükseltilen ses, tüm salonu çınlatıyordu:

"Hem bizim zamanımızda askerlik çok şerefli bir meslekti..."

"Askerlik, elbette, şimdi de çok şerefli bir meslek, değil mi Sayın Cumhurbaşkanım?"

"Şimdi de öyle gibi görünüyor ama... Şimdikileri geç."

Filmin gösterimi bittikten sonra Cumhurbaşkanımız **Sunay**'ın filmden bu bölümü çıkarmamızı emretmesini bekledik. Fakat o arka sıraya döndü, **Mahmut Tali Öngören**'in, **Meral Savcı**, **Ayla Erdemli** ve benim ellerimizi sıktı ve tümümüze bakarak şöyle dedi:

"Tebrik ve teşekkür ederim... Çok güzel olmuş." **Sunay** salon kapısından çıkarken arkasından yetiştim:

"Sayın Cumhurbaşkanım, bir maruzatımız var, efendim" dedim. "Yayına daha iki gün var. Bu arada filme eklememizi ya da filmden çıkarmamızı emrettiğiniz bölümler varsa, lütfen şimdi emir buyurursanız, biz de bu değişiklikleri iki gün içinde rahat rahat yaparız, efendim."

Cumhurbaşkanımız, röportajı çok sevmişti. Buyruğunu kesin olarak bildirdi: "Ellerinize sağlık, çok güzel olmuş" dedi. "Bir milimetrosuna dokunmanızı istemiyorum. Bir milimetro ilave yapmanız da yasak, bir milimetro çıkarmanız da yasak. Anlaştık mı? Tamam mı?"

Haftanın yalnızca üç gecesi yayın yapan Ankara Deneme Televizyonu, 29 Ocak 1970 gecesi yayınını kapatırken, iki gün sonraki yayının programını da açıklıyordu: "Saat 21.05: Televizyonun kuruluş yıldönümü nedeniyle Çankaya Köşkü'nde Sayın Cumhurbaşkanımız **Cevdet Sunay**'la özel olarak yapılan röportaj." İki gün sonra, 31 Ocak 1970 akşamı saat 19.30'da televizyon o geceki yayınına başlarken, aynı "müjde", gecenin programı açıklanırken de verildi. Ve saat 21.05'e geldiğinde, ekrana Cumhurbaşkanı **Cevdet Sunay**'ın yerine, ses sanatçısı **Nesrin Sipahi**'den şarkılar geliverdi.

Televizyonun ikinci doğum gününü, **Nesrin Sipahi**'yi seyredip, **Nesrin Sipahi**'nin şarkılarını dinleyerek kutladık.

Peki Cumhurbaşkanımız Sayın **Cevdet Sunay**'la özel olarak yapılan röportaja ne oldu? O röportajın filmine ne oldu? **Mahmut Tali Öngören**, çok özel bir giz olarak açıkladı:

"O gece yayın saatinden önce iki albay geldi, filmin Genelkurmay tarafından istendiğini söylediler ve..."

Galiba biraz da askerce bir güçle, filmi almışlar, götürmüşler.

Çok kişi, TRT yapımı yalnızca *Yorgun Savaşçı* filminin yakıldığını duymuştur ama... *Yorgun Savaşçı*'dan yıllar önce, bir başka TRT yapımının, "Cumhurbaşkanı **Cevdet Sunay**'la özel röportaj"ın filminin "yok ediliş"inin öyküsünden, olayın üzerinden yıllar geçip dumanının da, kokusunun da yok olması beklenene değin, beş-on kişinin dışında, kimseciklerin haberi bile olmamıştı, bu anının bu son tümcesinin sonundaki bu noktaya değin...

TÜRK LİRASI'NIN İLK BÜYÜK AMELİYATINDAN SONRA...

Şimdi uluslararası memurluk yapmakta olan, o günlerdeki kurtarıcı memurumuz **Kemal Derviş**'in altı-yedi yıl önce hepimize bir gece ansızın, kaşla göz arasında bir çırpıda yapıverdiği bir sürprizin aynını, otuziki yıl önce, yine bir gece ansızın ve yine kaşla göz arasında bir çırpıda, **Süleyman Demirel** yapıvermişti.

Soluk soluğa acil servise yetiştirilen bir hastaymış gibi, o da bir gece ansızın, kaşla göz arasında bir çırpıda ameliyat masasına yatırıvermişti Türk lirasını.

Sonra o da kaptığı gibi neşteri, "Ağzına mı gelir, burnuna mı?.. Kaşına mı gelir, saçına mı?" demeden tutup, eline geldiği yerinden Türk lirasını kesip biçip budayıvermişti.

Sabah gözlerimizi açtığımızda da, bu ameliyat haberini asil ve necip Türk Milleti'ne, hepimizin alıştığı kendi üslubuyla, fakat ne olduğunu hiçbirimizin kolay kolay kavrayamadığımız şu sözcüklerle müjdelemişti:

"Dolar karşısında şişenin darboğazına gelen paramıza, acilen ihtiyaç duyduğu operasyon icra edilmiş ve Türk lirası dolar karşısında yüzde 66 devalüe edilmiştir."

Bu Demirelce'nin Türkçe'si şöyleydi:

"Bir dolar, 9 liradan 15 liraya çıkarılmıştır."

İlk günlerin şokunu atlattıktan sonra anlayabildik ki, doların 9 liradan 15 liraya çıkarılmasıyla, cebimizdeki paramızın yarısından fazlası, "yandı, bitti, kül olduuuu" kazasına uğramıştı.

"Operasyon" ise, bu işin ya da işlemin bir çeşit kod adıymış, meğer.

"Her keder, mutlulukla sona erer" güzelliğine inanan bir kişi olarak, paramızın başına gelen bu kederli ameliyatın bile bir yerlerinde kesinlikle belki bir gülümseme, belki bir güzellik kırıntısı bulabilirim umudumla, Başbakan **Süleyman Demirel**'le bir röportaj yapmak istedim.

Özel Kalem Müdürü **Muammer Ekonom**, makam odasında beni karşısında görünce çok şaşırdı. "Sayın Başbakanla yedi dakikalık bir görüşme yapmak istiyorum" dediğimi duyunca daha da çok şaşırdı. İçeri girdi, isteğimi **Süleyman Demirel**'e bildirip çıktıktan sonra ise, bu kez de Sayın Başbakanın çok şaşırdığını söyledi.

"Neden beş dakika değil, on dakika değil de yedi dakika görüşmek istiyormuş acaba?" dedikten sonra, **Muammer Ekonom**'a bir göz işaretiyle yeşil ışık yakıvermiş:

"Hadi söyle de gelsin" demiş.

Başbakanlık makamına girdiğimde Başbakan **Demirel**, makam koltuğunun önündeki büyük sehpayı çevreleyen dört ya da beş Bakanıyla oturuyordu.

"Arkadaşlarınızla çalıştığınızı bilmiyordum, Sayın Başbakanım" dedim. "Çok çok özür dilerim."

Başbakan **Demirel**, yanındaki koltuğa oturmamı işaret ederken, önce merakını gidermek istedi:

"Allahaşkına, ilk iş olarak şu yedi dakika meselesini bir açıklığa kavuşturalım" dedi. "Beş dakikalık görüşmeyi anlarız, on dakikalık görüşmeyi anlarız, yarım saatlik hatta bir saatlik görüşmeyi de anlarız da, bu yedi dakikalık görüşmenin altında ne var? Onu bir öğrenelim önce..."

Süleyman Demirel, ilerideki yıllarda söylediği ve duyduğum andan bu yana da kulağımdan bir türlü gitmeyen "Meseleleri mesele yapmazsanız, mesele kalmaz" sözünü o günlerde henüz söylememişti. Sorusunu, çaresiz, kendi sözümle yanıtlamak zorunda kaldım:

"Size sormak istediğim tam yedi sorum var, Sayın Başbakanım" dedim. "Bu sorularıma da bir ya iki sözcükle yanıt vereceğinize göre, en çok yedi dakikanızı alacağım. Daha fazla zamanınızı almak istemiyorum, o nedenle yedi dakika görüşmek istedim sizle..."

Başbakan **Demirel** bu kez, sorularımın sayısının neden yedi olduğunu merak etti.

"Neden mesela altı soru değil de, sekiz soru değil de, yedi soru?" dedi.

Ben de işte o ânı bekliyordum. Elimi cebime soktum ve cebimdeki tüm banknotları çıkardım, gösterdim.

"Şu an tedavülde bulunan tam yedi adet banknotumuz var, Sayın Başbakanım" dedim. "İşte hepsi de burada... Beş liralık, on liralık, yirmi liralık, elli, yüz, beşyüz ve bin liralık banknotlar... Her biriyle ilgili olarak bir soru soracağım, bir-iki sözcüklük de yanıt alacağım, o kadar..."

Başbakan **Demirel** önce, elimdeki renk renk, boy boy banknotlara baktı, sonra da birlikte olduğu dört Bakana baktı:

"Sonumuz hayırlı olsun arkadaşlar" dedi gülerek. "Bakalım ne var bu işin ucunda?.."

Aslında bu işin ucunda da, ortasında da, öteki ucunda da öyle korkulacak bir şey yoktu; iki ucunda da, bir ortasında da, masum bir "Bu banknotun arkasında ne var?" sorusu vardı.

Elimdeki banknotlardan en küçüğünü, **Demirel**'in önündeki sehpaya koydum ve damdan düşercesine sordum:

"Bir ay önce ağır bir operasyondan geçirdiğiniz bu parayı tanıdınız mı, Sayın Başbakanım?" dedim.

Demirel, benden beklediği sorunun böylesine kolay olduğunu görünce rahat bir nefes aldı:

"Tanımaz olur muyum, canım?" dedi. "Gösterdiğin para, beş liralık bir banknottur. İstersen milliyetini de söyleyeyim: Beş Türk lirasıdır bu."

Banknotu ters çevirmesin diye elimi paranın üstüne bastırdım ve asıl sorumu sordum:

"Bu beş liralık banknotun arkasında ne resmi var, Sayın Başbakanım?" dedim.

Başbakan **Demirel**, tam karşımızda oturan Maliye Bakanı **Mesut Erez**'e aktardı sorumu:

"Siz biliyor musunuz, Mesut Bey?" dedi.

Süleyman Demirel'le Başbakanlık Makamında, 1961

Mesut Erez, mutfaktaki kavanozdan reçel çalarken annesi tarafından suçüstü yakalanan bir çocuk gibi kızardı:

"Neyi, beyefendi?" dedi.

Başbakan **Demirel**, benim kendisine sorduğum soruyu, kendi Maliye Bakanına sordu:

"Beş liralık banknotun arkasında ne resmi vardır?" dedi.

Maliye Bakanı **Erez**, "cehaletini" gülümsemeyle örtmeye çalıştı:

"Özür dilerim, beyefendi" dedi. "Maalesef bilemeyeceğim."

Sehpada işi biten beş lirayı kaldırdım, onun yerine sıradaki on liralık banknotu koydum.

Büyük para operasyonunun başoperatörü **Süleyman Demirel**, on liralık banknotun arkasında ne resmi olduğunu da bilemedi. Ve cankurtaran simidi niyetine, yine Maliye Bakanına sarıldı:

"Bunu bilebilirsiniz herhalde, Mesut Bey" dedi. "Siz söyleyin."

S. Demirel, Hasan Dinçer, Mesut Erez, Nahit Menteşe
ve Sabit Osman Avcı, 1970

Mesut Bey'in, Alp Dağları'nın hangi kıtada olduğunu bilmeyen üniversite mezunu bir televizyon yarışmacısı gibi ezilip büzüldüğünü gören Enerji Bakanı **Sabit Osman Avcı**, hemen söze karışarak arkadaşının imdadına yetişti:

"Ankara'daki Gençlik Parkı'nın resmi var, beyefendi" dedi.

On liralık banknotun arkasını Başbakan **Demirel**'le birlikte çevirdik ve... Ankara'daki Gençlik Parkı'nın yerine, İstanbul'daki Kız Kulesi'yle karşılaştık.

Sıra yirmi liralık banknota geldiğinde Başbakan **Demirel**, yine Maliye Bakanına baktı:

"Soru bana sorulmadan ben size sorayım, Mesut Bey" dedi. "Bu yirmi liralığın arkasında ne resmi var?"

Maliye Bakanı **Mesut Erez** yine "Özür dilerim, beyefendi" diye başlarken, **Demirel** bu kez Ulaştırma Bakanı **Nahit Menteşe**'ye döndü:

"Siz biliyor musunuz, Nahit Bey?" dedi.

Nahit Bey soruyu, içtenlikli bir gülümsemeyle geçiştirdi:

"Maalesef beyefendi... Çok özür dilerim..."

Sıra, Enerji Bakanına geldi. Başbakan, yirmi liralık banknotun arkasında ne resmi olduğunu ona da sordu.

Sabit Osman Avcı bu soruyu, "İki kere iki dört eder" yanıtı verircesine bir kesinlikle ve özgüvenle yanıtladı:

"Ankara'daki **Gençlik Parkı** vardır, beyefendi" dedi yine.

Yanıtın böylesine kesin verildiğini gören Başbakan, büyük bir merakla yirmi liralığın arkasını çevirdi ve... Bu kez **Anıtkabir** görüntüsüyle karşılaştı.

Sabit Osman Avcı kendi kendine "Hay Allah" diye söylenirken, ben elimdeki banknotlardan dördüncüsünü ayırdım, Başbakan **Demirel**'in önüne serdim.

Demirel yine atik davrandı ve benim kendisine sormak üzere olduğum soruyu ağzımdan aldı, yine kendi Maliye Bakanına sordu:

"Mesut Bey, elli liralık banknotun arkasında ne resmi olduğunu bilecek misiniz acaba?" dedi.

Önceki üç sorunun yanıtını bilemediği için üç kez kızarıp bozaran Maliye Bakanı, bu soru üzerine dördüncü kez kızardı, bozardı;

"Maalesef, beyefendi" dedi. "Onu da bilemeyeceğim..."

Demirel bu kez, Devlet Bakanı **Hasan Dinçer**'e döndü:

"Hasan Bey, bari siz kurtarın bizi" dedi.

Hasan Bey değil onları, kendini bile kurtaramadı:

"Maalesef, beyefendi" dedi o da. "Ben de bilemeyeceğim..."

"Nahit Bey, siz?"

"Maalesef, beyefendi... Özür dilerim..."

"Sabit Osman Bey, siz?"

"Ankara'daki **Gençlik Parkı** vardır, beyefendi..."

Demirel yine heyecanla çevirdi önündeki banknotu ve... Sonra da uzun uzun **Sabit Osman Avcı**'nın yüzüne baktı.

Sıra şimdi yüz liralık banknota gelmişti. **Demirel**'in de, makamındaki tüm Bakanların da gözleri, sehpaya yatırmakta olduğum bu yüz liralığın üstündeydi. Tümünün umudu, ucundan kenarından da olsa, banknotun arkasındaki resmi görebilmekti.

Arka yüzünün bir milimetresini bile hiçbirine göstermeden yüz liralığı masanın üstüne serdim ve zaten ne olacağını bildiği sorumu, **Demirel**'e sordum:

"Sayın Başbakanım" dedim. "Hiç olmazsa bu yüz liralığın arkasındaki resmi anımsayınız..."

Enerji ve Tabii Kaynaklar Bakanı **Sabit Osman Avcı**, bakanlığının adına yaraşır bir enerjik hareketle koltuğunda doğruldu ve **Demirel**'le aramıza girdi:

"Ankara'daki **Gençlik Parkı** var, beyefendi" dedi. "Yüz liralığın arkasında Ankara'daki **Gençlik Parkı** var..."

Bakan **Avcı**'nın bunları böylesine bir heyecanla ve böylesine inanarak söylediğini görünce **Demirel**, yoğurdu üfleyerek yemek istercesine bir önlemle kulağıma eğildi ve ancak benim duyabileceğim bir sesle fısıldadı:

"Galiba bu kez tutturdu" dedi. "Sanırım bu kez doğru söylüyor, değil mi?"

Haklının hakkını vermek gerekti:

"Evet beyefendi, bu kez doğru" dedim. "Sayın Bakan bu kez tutturdu Ankara'daki **Gençlik Parkı**'nı..."

"Türk lirası ağır bir hastalığa yakalandı" deyip, onu Bakanlar Kurulu masasına yatıran ve ciddi bir "operasyon"dan geçiren baş operatörün de, başasistanın da, ameliyat ekibinin öteki üyelerinin de, ameliyat ettikleri hastayı tanımadıklarını böylece kanıtlamış olduk.

Bu ameliyat Türk lirasını tutulduğu hastalıktan kurtardı mı, kurtaramadı mı, o günlerde ve o yıllarda onu tam olarak anlayamadık.

Fakat yıllar birbirini kovaladıkça, dolar başını alıp yüksek yüksek tepelere çıktıkça, Türk lirasının hastalığının öyle ameliyatla filan iyi edilemeyeceğini hep birlikte gördük.

Yakalandığı amansız hastalık, Türk lirasının tüm bedenini sarmıştı. Bu hastalığın belirtisi rakamlar, o günlerin on beş liralık basamağından, önce yirmi liralık basamağına, sonra yirmiden kırk liralık basamağına derken... Yaşamın ilerleyen yıllarında, taksimetre rakamları örneği, birbirleriyle yarış ederlercesine bir telaşla yükselmeye başladılar. Doların değeri yükseldikçe, bizim liranın da dolar karşısındaki "değer rakamları" yükseliyordu.

Gün geldi, ameliyatların da, ilaçların da artık çare olmaktan çıktığı anlaşılınca, bizim kara gün dostumuz lira da doktorun "Ne yerse yesin" dediği hastalardan biri oldu ve... Kendi başına, kendi haline, kendi keyfine başıboş bırakıldı.

O da, "Yükselmek için gün, bu gündür" deyip, on on, yüz yüz diyerek başladığı tırmanışını, daha sonra bin bin, daha daha sonra on bin, on bin, daha daha daha sonra da yüz bin, yüz bin rakamlarıyla sürdürerek sonunda "milyonlar çıtası"nı aştı, gitti.

Otuziki yıl önce "Ameliyat edenler, hastalarını tanımıyorlar" diyerek, başına gelenleri, azı şaka, çoğu ciddi yollu eleştirilerimize söz konusu ettiğimiz Türk lirası, gün geldi, kendisine sahip olanlar tarafından bile tanınmaz durumlara düştü.

"Hadi canım sen de..." mi diyorsunuz?.. "Bu kadar da haksızlık etme Türk lirasına" mı diyorsunuz?..

Geliniz bir iddiaya tutuşalım öyleyse...

Türk lirasından "on lira, yirmi lira, elli lira, yüz lira" sözcükleriyle söz ettiğimiz günlerde Başbakana ve Bakanlara sorduğumuz soruyu, şimdi de size soralım:

"Söyleyin bakalım... Ne resmi var bugünün 10 YTL'lik banknotunun arkasında?.. Ya da yirmilik banknotun arkasında?.."

Var mısınız iddiaya girmeye, iki yeni Türk lirası elli yeni Türk kuruşuna?

TÜRKİYE'DEKİ TÜM SEÇİMLERİ KAZANAN TEK ADAM: İSMET İNÖNÜ

Seçimleri demokratik yöntemle yapmaya başladığımız 1946 yılından 23 yıl sonra Türk siyasal yaşamında sağlanan bir seçim sonucu, hiçbir partinin bundan böyle düşünü bile görebilmeyi aklından geçiremeyeceği bir ulaşılmazlığa ulaşmıştı.

Bugünün ortamından bakıldığında kolay kolay inanılır bir sonuç gibi görünmese de, 1969 yılında yapılan milletvekili seçiminde ortaya çıkan gerçek şuydu: Türkiye Büyük Millet Meclisi'ndeki 450 sandalyenin 256'sını, hem de tek başına, bugünkü emekli cumhurbaşkanı, o zamanki genç Genel Başkan **Süleyman Demirel**'in, Adalet Partisi kazanmıştı.

Gerçek ortadaydı ama o gerçeğe o gece inanabilmek gerçekten inanılır gibi değildi. "O gece", 1969 yılının 10 Ekim gecesiydi.

Sonucuna kolay kolay inanılamayan seçim, o gecenin gündüzünde, 10 Ekim gününde yapılmıştı ama...

Sandıkların açılıp, içlerindeki oyların sayımına başlandığı saat, üzerinden geçen her saatle bir saat daha ilerleyerek önce 18.00'e, sonra 19.00'a, sonra 20.00'ye geldiğinde, işin rengini anlayabilmek için gecenin daha ilerideki saatlerini beklemeye gerek kalmamıştı.

Adalet Partisi Genel Merkezi, odalarını, salonlarını, koridorlarını ve merdivenlerini dolduran partililerin, "Biz neymişiz meğer, be abi" coşkusu ve şaşkınlığıyla, önce, en eğlenceli kentlerin en eğlenceli eğlence merkezlerinden daha eğlenceli olmaya başlamış, saatler ilerledikçe, o en eğlenceli eğlence merkezlerini bile gerilerde bırakan bir "coşku, sevinç, hatta çılgınlık" merkezine dönüşmüştü. Demokrasi yaşantımızda bir tarihin yaşandığı o 10

Ekim gecesinde, 6 yaşındaki TRT'nin yaşamında da bir tarih yaşanıyor, henüz emekleme dönemindeki birkaç aylık Ankara Deneme Televizyonu, suya sabuna dokundurmamaya özel bir özen gösterdiği elini ilk kez o gece, siyasete sokuyordu. Tüm gece soluk almaksızın, Muş'tan Çankaya'ya, Denizli'den Rize'ye değin yurdun tüm köşelerinden, "açılan sandık sayısı, kullanılan oy sayısı" haberleri veriyordu televizyon. Cumhuriyet Halk Partisi'nin Genel Başkanı **İsmet İnönü** de seçim sonuçlarını, büyük bir olasılıkla televizyondan izliyordu.

Adalet Partisi'nin "ortalığı silip süpürdüğü" günün gecesinde, ekrandaki bu kolay kolay inanılamayan sonuçları **İsmet İnönü**, acaba yüzünde nasıl bir ifadeyle izliyordu? Böylesi bir gecede **İnönü**'yle ilginç bir röportaj yapabilirdim. Hemen evine gittim. Pembe Köşk'ün kapısını açan hizmetkâr, "Paşa'nın tüm ailesiyle birlikte yemek yemekte olduğunu" söyledi.

"Sen git haber ver benim geldiğimi" dedim. "'Aileden birini çağırmayı unutmuşsunuz yemeğe' dersin..."

Sonra birden kendime geldim:

"Bırak böyle bir şey demeyi" dedim. "Karıştırırsın, yanlış bir şey söylersin, sonra ikimiz de altından kalkamayız..."

Kartvizitimi verdim hizmetkâra:

"Sofrada kimseyi rahatsız etmeden bu kartı İsmet Paşa'ya göster, gerisini ona bırak" dedim.

Hizmetkâr, yarım dakika kadar sonra, beklediğim yanıtla döndü:

"Buyurun içeri" dedi. "Paşa sofrada sizi bekliyor..."

Atatürk tarafından özel olarak yaptırılan ve İnönü Ailesi'ne "Yeni ev armağanı" olarak gönderilen yemek masası, kalabalık davetlerin verildiği akşamlarda olduğu gibi, şimdi de kanatları açılarak uzatılmıştı. Masada, İnönü'lerin İstanbul'da oturan oğulları **Ömer İnönü** ve **Erdal İnönü** ile eşleri de vardı. Ankara'daki kızları **Özden Toker**, damatları **Metin Toker** ve torunlarının da yer aldıkları masada ailenin tüm bireyleri, **Mevhibe** ve **İsmet İnönü**'yle birlikte masanın çevresinde, imrenilecek bir İnönü Ordusu oluşturmuşlardı.

Önce **Mevhibe Hanım**'ın, sonra **İsmet Paşa**'nın elini öptüm, ailenin tüm bireylerini başımla selamladım ve **İsmet İnönü**'nün eliyle işaret ettiği yanındaki sandalyeye oturarak, aile sofrasındaki yerimi aldım. Masanın, **İsmet Paşa**'yla benim oturduğum yerinin tam karşısında, kocaman bir televizyon vardı.

Ekrana şöyle bir göz atayım dedim ve pişman olup gözümü de, başımı da başka yöne çevirdim. Çünkü ekranda, hem de tam o an, bu masaya hiç de yakışmayan şöyle bir sonuç yer almıştı:

"Açılan sandık sayısı 15. Oyların partilere göre dağılımı: Adalet Partisi 2.825, CHP 137."

İsmet Paşa da görmüştü o sonucu ama yüzünde nedense hiç de üzüntülü bir görünüm oluşmamıştı.

Ekranda gördüklerine aldırmadan, bir yandan tabağındaki üzümü yemeyi sürdürdü, bir yandan da garsona, bana da üzüm getirmesini söyledi. Sonra da önüme konulan tabaktaki üzümü işaret ederek, hücum emri verircesine, bana üzümümü yeme emri verdi:

"Onu yiyeceksin" dedi.

Üzümü yemeye dünden hazırdım ama gözlerimi televizyondan bir türlü ayıramıyordum ki...

Ben de ona ekranı işaret ettim:

"Sonuçları nasıl buluyorsunuz, Sayın Paşam?" dedim.

Bir eliyle tuttuğu üzüm salkımından, öteki eliyle taneler koparıyor, tek tek ağzına atıyordu **İsmet Paşa**:

"Yarış yapılıyor" dedi. "Her yarışta olduğu gibi, bu yarışta da kazanan olacak, kaybeden olacak..."

Sonra durdu, kendi bana bir soru sordu:

"Soruna cevap verdim mi?" dedi.

Soruma bir yanıt vermişti ama benim beklediğim yanıt bu değildi ki... Bir gazeteciye verilecek yanıttan çok, bir diplomata verilecek yanıttı bu.

Bir gözüm ekrandaki sonuçlarda, bir gözüm **İnönü**'nün yüzündeki ifadedeydi.

Ekranda yeni bir sonuç veriliyordu:

"Filanca yer: Açılan sandık sayısı, diyelim, 500... Oyların dağılımı: Adalet Partisi: 15.000, Cumhuriyet Halk Partisi: 1.350."

İsmet Paşa'nın yüzüne bakıyorum, en küçük bir üzüntü yok. Az da olsa, arada sırada birkaç yerde Cumhuriyet Halk Partisi 300, belki de 500 oy farkla önde gidiyor.

Paşa'ya bakıyorum; bu kez bir sevinç belirtisi, bir tebessüm kırıntısı arıyorum yüzünde ama... I-ııh. O da yok.

Adalet Partisi'nin büyük farkla önde olduğu sonuçlarda da, "CHP'nin kalesi" diye bilinen birkaç ilde Cumhuriyet Halk Partisi'nin, az farkla da olsa, yarışı önde götürdüğü sonuçlarda da **İsmet İnönü**'nün fotoğraflarını çekiyorum; ne birinde fazladan bir sevinç, ne ötekinde fazladan bir üzüntü ifadesi var.

Aynı amaçlı üç-dört sorumu daha ben sanki bir diplomatmışım gibi yanıtladıktan sonra **İnönü**, birden konuyu değiştirdi, oğlumun adını sordu.

"Ufuk, Sayın Paşam" dedim.

Yaşını da sordu:

"Üç buçuk oldu, Sayın Paşam."

Atlı Spor Kulübü'nde iki hafta önce onu kucağına oturttuğunu, sevdiğini, okşadığını, kulağını çektiğini anımsadı:

"Resimlerimizi çekiyordun o gün" dedi. "Nasıl olmuş, bari iyi çekebilmiş misin?"

Yanıtımı beklemeden, bir soru daha sordu:

"Elektrikli tren aldın mı Ufuk için?" dedi.

Bir yandan içimden, "Sırası mı şimdi oğluma elektrikli oyuncak tren alıp almadığımın, Paşam?" diye geçirirken, bir yandan da "Bu soruların altından bakalım kuş mu çıkacak, civciv mi çıkacak?" diye meraklanmaya, hatta kuşkulanmaya başladım.

Oğluma elektrikli oyuncak tren almamıştım ama ne olur ne olmaz deyip, almışım gibi yaptım, Paşa'nın sorusunu beyaz bir yalanla yanıtladım:

"Aldım, Sayın Paşam" dedim.

İsmet İnönü'nün soruları bu kez, makineli tüfek ateşi gibi birbiri ardı sıra gelmeye başladı:

"Rayları evde yere dizip, üstünde trenlerinizi yarıştırıyor musun oğlunla?"

Evde tren yok ki yarıştıralım. Fakat bir kez "var" dedik ya... Bakalım hangi istasyonda duracağız! Çaresizlikten, beyaz yalanımı sürdürmek zorunda kaldım:

"Yarıştırıyoruz, Sayın Paşam."

"Pekiii... Oğlunun treni senin trenini geçince kızıyor musun?"

"Hayır, Paşam..."

"Pekiii, senin trenin onun trenini geçince, sevincinden havalara zıplıyor musun?"

"Hayır, Paşam..."

İsmet Paşa'nın yüzünü birden, kişilere bir şeyler öğrettiği o unutulmaz anlarındaki, o unutulmaz ifadesi kapladı:

"Senin için gerçek kazanmak, bir evinin olmasıdır, bir ailenin olmasıdır, bir oğlunun olmasıdır ve onunla sağlıklı ve mutlu bir ortamda oynayabiliyor olmandır" dedi.

Sustum ve dersimin devamını bekledim. **İsmet Paşa**, şöyle devam etti:

"Bu seçim yarışında Adalet Partisi'nin önde koşması beni üzmeyeceği gibi, geride kalması da sevindirmeyecektir" dedi. "Cumhuriyet Halk Partisi'nin önde koşmasıyla, arkada kalması da benim için fark etmiyor..."

İçimden tir tir titrememe karşın, **İsmet İnönü**'nün karşısında kıpırdamadan durduğumu biliyordum.

O ise, imrenilesi bir rahatlık içinde, görüşlerini açıklıyordu:

"Benim için gerçek kazanmak, memlekette bir demokrasi nizamı içinde, demokrasinin gerekli terbiyesine uygun bir biçimde bir seçim yapılmış olmasıdır."

Sözü oğluma ve trenine getirdi:

"Oğlunla tren yarıştırdığında, hanginizin treninin ötekinin trenini geçmesi önemli değilse, aynı biçimde, bir seçimde de herhangi bir partinin öteki partiyi geçmesi o kadar önemli değildir" dedi. "**Demokrasi kuralları zedelenmeden yapılan her seçimde asıl kazanan, gerçek kazanan, memleketin kendisidir.**"

Mete Akyol'un oğlu Ufuk, Mevhibe ve İsmet İnönü ile, 1969

Tabağımdaki üzümün yarısından fazlası duruyordu. İçtenlikle söyleyeyim, Paşa'nın sofrasındaki üzümümü de, onun yanıbaşındaki yerimi de olduğu gibi bırakıp, kendimi hemen o an dışarı atmak istedim.

"Aşkım, gazeteciliğim"in böylesi anlarında kendimi hep, denizde yakalanabilecek en büyük balığı yakaladıktan sonra sırtını denizin tüm balıklarına çevirip, kendini en kısa sürede "karaya atmaya can atan" bir balıkçıya benzetiyorum.

O gece de öyle yaptım. Yine önce **Mevhibe Hanım**'ın, sonra **İsmet Paşa**'nın ellerini öptüm, ailenin, masanın çevresindeki tüm bireylerini başımla selamladım ve...

Kendimi en kısa sürede karaya attım.

Soluk soluğa bir heyecanla kucağına atladığımız bizim "kara parçamız", yazı makinemizin tuşlarıdır.

11 Ekim 1969 günü tüm gazeteler, bir koro düzeni ve bir koro uyumu içinde, "Adalet Partisi'nin ezici zaferini ve TBMM'de 256 sandalye kazandığını" müjdeliyorlar iken...

Bizim gazetenin bir bölümünde **İsmet İnönü**, yemek sofrasında "gerçek kazanmak" deyiminin anlamını açıklıyor ve... Seçimin gerçek sonucunu, gerçek kazananını bildiriyordu...

“ATATÜRK BENİM MESAİ ARKADAŞIMDI”

Her yılın 10 Kasımında, **Atatürk**'le ilgili olarak bir dizi yayımlamak o yıllarda *Milliyet*'te gelenek idi. 1968 yılının Kasıma yaklaşan günlerinden birinde, Yayın Genel Yönetmeni **Abdi İpekçi,** pırıl pırıl bir fikirle geldi Ankara'ya:

“**İsmet İnönü,** bizim gazeteye 10 Kasım için **Atatürk**'ü anlatacak” dedi. “Çok nefis bir dizi olacağına inanıyorum. Yarın saat 14.00'te randevumuz var. İkimizi de bekliyor.”

Taşınabilen türde bir ses alma aygıtına sahip olmak, bir gazeteci için o yıllarda, “bulunmaz Hint kumaşı” değerinde bir ayrıcalık oluşturuyordu. Yayın genel yönetmenim, Ankara'da devletin ve partilerin ileri gelenleriyle görüşmelerini, bu ayrıcalığım nedeniyle bensiz yapmıyordu. **İsmet İnönü**'ye de yine, bu ayrıcalığım nedeniyle birlikte gidecektik.

Pembe Köşk'te **İsmet İnönü,** o gün öğleden sonra **Abdi İpekçi**'ye büyük bir özenle **Atatürk**'ü anlatıyor, ben de aynı büyüklükteki bir özenle, birinin sorularını, ötekinin ise her biri tarihsel bir belge değerindeki açıklamalarını ses alma aygıtıma kaydediyordum.

Abdi İpekçi, anlayabildiğim kadarıyla bu konuda konuşmaya güçlükle razı edebildiği **İsmet İnönü**'yü kızdırmamak, üzmemek, hatta bu görüşmeye “Evet” dediğine onu pişman etmemek için sorularını, gazeteci kimliğinin ötesinde, bir diplomat dikkatiyle, yetkinliğiyle ve kıvraklığıyla soruyordu. **İsmet İnönü** ise, yanlış bir yoruma neden olmaması özeniyle, **Atatürk**'le ilgili her sözcüğünü kafasında birkaç kez süzgeçten geçiriyor, ancak ondan sonra tek tek "dudaklarından çıkabilir" vizesi veriyordu sözcüklerine.

İpekçi, **İnönü**'ye saygısını eksiksiz koruyabilmek için, **İnönü** ise **Atatürk**'ün anısına saygısını eksiksiz koruyabilmek için, birbirleriyle sanki "karınca ezmeden yürüyebilme" yarışı yapıyorlardı.

Onların karşılıklı konuşmalarını can kulağıyla dinleyebilmek için başımı bir o yana, bir bu yana çevirirken zaman zaman, iki tenis ustasının bir dünya şampiyonasındaki final karşılaşmasını izliyormuşum gibi bir duyguya kapılıyordum. Her ikisinin yan yana oturdukları kanepenin tam karşısına yerleştirdiğim mikrofon, gerek **İpekçi**'nin sorularını, gerek **İnönü**'nün yanıtlarını, aygıtın ağır ağır dönen makaraları arasındaki bandlara gönderirken gerçekte, ulusal tarihimizin arşiv raflarına yeni yeni tarihsel belgeler depolanıyordu.

İsmet İnönü'nün, gazetede onbeş gün boyunca büyük bir ilgiyle izleneceğinden emin olduğu açıklamalarını dinledikten sonra **Abdi İpekçi**, almak istediklerini almış olmanın verdiği bir rahatlıkla, konuyu çok özel bir noktaya getirmek istedi. **İsmet İnönü**'ye, **Atatürk**'le arasında var olduğu ileri sürülen fakat doğruluğu kanıtlanamamış bir konuda da soru sordu. Amacı, yakın tarihimizin karanlıkta kalmış bir sayfasını daha aydınlığa çıkartmaktı.

Bir devlet kuran bu iki büyük adam arasındaki bir anlaşmazlık ya da bir kırgınlık konusunda, bu nedenle, taraflardan birinin ilk kez konuşmasını sağlama girişiminde bulundu.

İsmet İnönü'nün işitme aygıtındaki pillerin başına, işte hep böyle anlarda teknik arızalar geldiğine bir kez daha tanık olduğumu sandım önce...

İnönü, soruyla uzaktan yakından en küçük bir ilintisi bile olmayan bambaşka bir konuda açıklama yaptı çünkü. Koskoca **Abdi İpekçi**, koskoca **İsmet İnönü**'nün "konuyla uzaktan yakından ilgisi olmayan" bu yanıtı karşısında "Paşam, Paşam... Ben o konuyu değil, bu konuyu öğrenmek istemiştim" demedi. **İnönü**'nün, başka bir konudaki açıklamasını, tam bir İngiliz centilmeni nezaketi sergileyerek, sonuna dek sabırla dinledi.

Peki, **İsmet İnönü** soruyu niçin anlayamamış ya da duyamamıştı?.. Ve niçin, hiç de ilgisi, ilintisi olmayan bir biçimde yanıtlamıştı?..

Aslında **İnönü**'nün işitme aygıtının başına bir teknik arıza gelmiş değildi... Ayrıca **İnönü**, **İpekçi**'nin nezaketinin sürekliliğini ölçmek istemiş de değildi. **İsmet İnönü**'nün şu anda uyguladığı gerçek, diplomatik bir nezaketle topu saha dışına atmaktı yalnızca.

Bir ömür süresince hemen her gün antrenmanını yaptığı "karşılıklı konuşma" tekniğini kullanmadaki üstün yeteneğiyle **İnönü**, hem kendisine sorulan bir soruyu duymazlıktan gelerek, hem de duymazlıktan geldiği soruya bambaşka bir konuda yanıt vererek karşısındaki kişiye gerçekte, bu konuda konuşmak istemediğini anlatmak istiyordu.

Görüşme tekniğinin böylesi üstün bir düzeyde karşılıklı uygulandığı bir ortamda taraflardan birinin verdiği mesajı, öteki taraf da aynı nezaketle alıyordu ve...

Milliyet Yayın Genel Yönetmeni Abdi İpekçi, İnönü ile Pembe Köşk'te, Ekim 1968

Karşılığında da, yine aynı nezaketle o da kendi mesajını veriyordu: Aynı soruyu yeniden sorarak, "Siz topu taca atsanız da, ben topu alacağım ve yine oyuna sokacağım" demek istiyordu.

Diplomatlar ve politikacıların oluşturdukları ikili taraflar arasında eksiksiz uygulanan bu görüşme tekniği, taraflardan birinin gazeteci olduğu bu ikili görüşmede biraz değişik bir biçimde uygulanıyordu. Taca atılan topu oyuna yeniden sokmak görevi, "gazeteci taraf"ın üstüne düşüyordu hep.

Bu nedenle de **Abdi İpekçi**, nezaketinin inceliğini göstermekten kaçınmadığı **İsmet İnönü** karşısında, mesleğinin inceliğini de göstermekten kaçınmadı ve... Biraz önce sorduğu sorusunu, birkaç sözcüğünü değiştirip bir kez daha sordu:

"**Atatürk**" dedi... "Aranızdaki anlaşmazlıklar" dedi... "Birbirinize kırgınlığınızın nedenleri" deyip topu yeniden oyuna soktuktan sonra sabırla beklemeye başladı. **İnönü** gözlerini **İpekçi**'nin gözlerine dikti ve dikkat çekici bir süre konuşmadan öyle hareketsiz kaldı.

Yeniden konuşmaya başladığında, yeniden konu değiştirdiği izlenimi uyandırdı:

"Sizin gazetede kaç kişi çalışıyor?" diye bu kez kendisi bir soru sordu.

Abdi İpekçi, beklemediği bu soru karşısında önce şaşırdı, sonra da hafif bir gülümsemeyle yanıt verdi:

"Dörtyüzkırk kişi çalışıyor, Sayın Paşam" dedi.

İsmet İnönü, bu kez hesap sorarcasına bir ısrarla işaret parmağını **Abdi İpekçi**'nin yüzüne doğru sallayarak bir soru daha sordu:

"Bu dörtyüzkırk kişinin hepsiyle, her konuda, her zaman, hemfikir misiniz?" dedi.

Abdi İpekçi, yine konu değiştirilmek için sorulan bir soru sanarak, bu soruyu da gülümsemeyle karşıladı:

"Aman Sayın Paşam, mümkün mü bu?" dedi ve gözü birden bana takıldı.

Ve sanki işaret ediyormuşçasına değil de, şikâyet ediyormuşçasına bir tavırla uzattığı parmağıyla beni hedef gösterdi:

"Başta Mete'yle anlaşamıyoruz, Sayın Paşam" dedi. "Hemen her konuda beni eleştiriyor, benimle tartışıyor."

İnönü, **Abdi İpekçi**'nin parmağının ucundaki hedefe bakmadı bile. Kaşlarını çattı, yüzündeki tüm yumuşak ifadelerini bir yana attı ve sözlerinin çok iyi biçimde anlaşılmasını istediğini vurgularcasına bir ses tonuyla ve hemen her heceyi değil, hemen her harfi tane tane belirtircesine özenli bir diksiyonla, **Abdi İpekçi**'ye beklediği yanıtı verdi.

"**Atatürk** benim mesai arkadaşımdı" dedi. "Kendisiyle her konuda, her zaman, hemfikir olmam, tabii ki mümkün değildi."

Yakın tarihimizin bu çok önemli olayı konusunda **İsmet İnönü**, ilk ve son kez o gün konuştu ve sözümona bu olay üzerine kurulan yarım yüzyıllık "kuşku"ları, kendine özgü ifade yalınlığıyla ve kendine özgü ifade gücüyle o anda ortadan kaldırdı. Ve o anda **Abdi İpekçi**'nin dudaklarının kıvrımlarında, çok özel mutluluk çizgileri belirdi. Bu çizgiler, mesleğinin sorumluluğunu başarıyla yerine getirme zaferinin yanısıra, mesleğinin ancak ustalara özgü bir gizini zerafetle uygulamasının mutluluğunu da simgeliyordu.

Ortaokul yıllarımda çevirmenlikle başladığım, lise yıllarımda taşra muhabirliğiyle, üniversite yıllarımda foto muhabirliğiyle sürdürdüğüm, muhabirlikten, röportaj ve köşe yazarlığına, matbaa işçiliğinden yayın genel yönetmenliğine değin tüm basamaklarını adım adım inip çıktığım mesleğimde o gün, gazeteciliğin ender tanık olunan bir yönünü de tanıyabilme ayrıcalığına sahip oldum.

Bir kuyumcu sanatçısının, elindeki mücevheri mesleksel ve sanatsal bir yetkinlikle ve sorumlulukla işleyişindeki özeni gördüm o gün, mesleğimizin ustasının mesleğini benzer bir yetkinlik, sorumluluk ve özenle uygulayış yönteminde...

Ve hep "zor zanaat" diye tanımlanan gazeteciliğin, bir usta yetkinliğinde uygulandığında, meğer ne denli zarif bir meslek olabildiğini de gözlemledim o gün...

Ve bu ayrıcalığımı da içtenlikle özümsedim o günden sonra.

İNÖNÜ'DEN DOĞRAMACI'YA "500 MİLYARLIK" SORU: "BAŞ NAKLİ DE YAPACAK MISINIZ?"

Dünya 1968 yılına, Afrika'nın taaa en dibinden gelen ve sevinçten herkesi göklere uçuran bir yeni yıl armağanıyla girmişti.

Cape Town'lı cerrah **Christian Barnard**, insandan insana ilk kalp naklini gerçekleştirmiş ve bu başarısıyla tümümüzün kalplerine uzun yaşama umudu yanısıra, yaşama sevinci ve heyecanı da serpmişti.

Onun bu başarısı, eşi bulunmaz değerde bir yeni yıl armağanı olarak tüm dünyada sevinçlerin en güzelini oluştururken, Türkiye'de ise daha da büyük bir etki yapmış, "Tıp artık ölüme de çare buluyor galiba" önsevinci ve önyargısı sonucu kimi yüreklerde, umutların kişiyi en mutlandıranını uyandırmıştı.

Cape Town'da Dr. **Barnard**'ın yaptığı ameliyatın "faturası", Ankara'da Hacettepe Üniversitesi Rektörü Prof.Dr. **İhsan Doğramacı**'ya çıkarılıyordu.

Dr. **Barnard**'ın başarısının ne anlama geldiğini ve bunun gerçekte neyin müjdesi olduğunu Ankaralılar, ayaküstü de olsa, her gördükleri yerde, Prof.Dr. **İhsan Doğramacı**'ya soruyorlardı.

"Tıp ölüme gerçekten çare buluyor muydu?.." "Bu yalnızca bir başlangıç mıydı da bunu, insandan insana acaba akciğer nakli de izleyecek miydi?.." "Mide ya da karaciğer nakli de yapılabilecek mi?.." "Arabamızın bozulan parçasını yedeğiyle değiştirdiğimiz gibi, ileride acaba insan yedek parçaları da satışa çıkarılır mı dersiniz?"

Bu soruların Prof.Dr. **İhsan Doğramacı**'ya sorulmasının tek nedeni ise, "tıp" ya da "sağlık" denilince o yıllarda Ankara'da akla ilk onun adının gelmesiydi.

O yıllarda Prof. **Doğramacı**, kurucusu olduğu Hacettepe Üniversitesi'nin rektörüydü ama Ankaralılar onu, rektörlüğünden de önce, üniversitenin çekirdeği olan Hacettepe Çocuk Hastanesi'ni kurduğu günlerinden tanıyorlardı. Onun, çocuk hastanesinden sonra kurduğu Hacettepe Hastanesi'nin de, daha sonra da kurduğu uluslararası düzeydeki Hacettepe Üniversitesi'nin de büyüyüp, gelişip, serpilmesinin en yakın tanıdığıydılar, Ankaralılar.

O nedenle Prof. **Doğramacı** o yıllarda, Ankaralıların gözünde ve gönlünde, deyim yerindeyse, yalnızca bir "Tıp Sihirbazı" değil, aynı anda bir "Tıp Marko Paşası" idi de. Tıp konusundaki her şeyi, hem de o her şeyin en iyisini, en doğrusunu onun bildiğine inanılırdı Ankara'da.

Prof. **Doğramacı**'nın "Marko Paşa"lığını **İsmet Paşa** da kabul etmiş olmalıydı ki, Ankara'nın unutulmaz Bulvar Palas salonlarındaki bir davette onu bileğinden yakaladı, dünyanın ve Türkiye'nin gündemindeki "insandan insana organ nakli" konusunda kendisiyle "paşa paşa" bir görüşmeye girişti.

İsmet İnönü'nün ilk sorusu, Marko Paşa'yı bile şaşırttı:

"Hacettepe'de insandan insana baş nakli konusunda çalışmalar yaptığınızı duydum, **Doğramacı**" dedi. "Doğru mu bu duyduklarım?"

Prof. **Doğramacı** bu soruyu duyunca, **İsmet İnönü**'nün şaka mı yaptığını yoksa bunu ciddi olarak mı sorduğunu anlamak için küçük bir deneme yaptı, soruyu politik bir gülümsemeyle karşıladı. **İsmet İnönü**'nün tebessümlü yanıt değil de sözlü yanıt beklediğini görünce de, bu kez küçük bir bölümü ciddi, daha büyük bir bölümü şaka olan sözlü bir yanıt verdi:

"Duyduklarınız tamamiyle doğrudur, Sayın Paşam" dedi. "İnsandan insana baş nakli konusunda çalışmalarımız var ama..."

Prof. **Doğramacı** bir süre durdu, yutkundu, "Bu çalışmalarımız doktorlarımız arasında henüz sohbet aşamasından öteye geçebilmiş değildir, Sayın Paşam" diyemedi de, "Bu çalışmalarımız henüz çok erken bir aşamada, Sayın Paşam" deyiverdi.

Çalışmaların hangi aşamada olması **İsmet İnönü** için önemli değildi... Bu konuda çalışmayı düşünmek bile onun için yeterli bir umut nedeniydi.

"Nasıl yapacaksınız bu işi, **Doğramacı**?" diye sordu. "Yani bir tarafta işe yaramayan bir vücut var; onu atacaksınız, başını alacaksınız ve... Öte tarafta sağlam bir vücudun işe yaramayan başının yerine koyacaksınız... Öyle mi olacak bu iş?"

Prof. **Doğramacı**'nın bu soruya verebileceği tek yanıt vardı. O da o yanıtı verdi:

"Evet, Sayın Paşam" dedi. "Aynen öyle olacak... Aynen, buyurduğunuz gibi olacak..."

İsmet İnönü, bu haberi sanki kendisi değil de ben bekliyormuşum gibi, duyduklarını bana müjdeledi:

"Duydun mu, bak?" dedi. "Yani şimdi bir adamın kafası çürük fakat vücudu sağlam ise, o adamın sağlam vücuduna, vücudu çürük fakat kafası sağlam öteki adamın kafası takılacak."

Bunları söylerken **İsmet İnönü** yüzüme değil de, vücuduma bakıyordu. Kafam karışıverdi birden.

Mete Akyol, İnönü ve Doğramacı ile Bulvar Palas'ta, 1968

"O zaman kim kimdir nasıl bileceğiz, Sayın Paşam?" dedim. "Mesela diyelim, sizin başınızı benim vücuduma nakletmiş olsalar, ben mi İsmet Paşa olacağım yoksa İsmet Paşa mı ben olacak? Kim hangi kimliği alacak?"

Benim sorum da **İsmet Paşa**'nın kafasını karıştırdı. "Bu müşkülünün hallinde" o da Marko Paşa'ya başvurdu:

"Önemli bir mesele bu" dedi. "Nakil ameliyatından sonra kimin hüviyeti geçerli olacak?"

Prof. **Doğramacı**, sorunun böylesini hiç beklemiyordu. Çünkü bu bölüm tıp bilimini aşıyor, onun alanından çıkıyor, hukuk alanına giriyordu.

İsmet Paşa, Marko Paşa'ya paşalararası bir yardımda bulundu:

"Hiç yorma kendini, **Doğramacı**. Ben buldum çaresini" dedi ve bulduğu çareyi açıkladı:

"Ameliyattan sonra o kişiye gidersiniz, 'Sen kimsin?' diye sorarsınız. Vereceği yanıta göre, onun kim olduğu anlaşılır. 'Ben filancayım' derse, o kişinin 'filanca' olduğunu kabul etmeliyiz..."

İsmet İnönü'nün kafasında bir de, "Beyin nakli" sorusu vardı. Onu da sordu Prof. **Doğramacı**'ya:

"Anladığıma göre bu baş nakli meselesinde önemli olan beyindir" dedi. "Siz bu baş naklini, beyni tek başına nakledemediğiniz için yapıyorsunuz, değil mi?"

Prof. **Doğramacı**, vazgeçtik "Evet" demesinden, "Hı" dese, soru orada yanıtlanmış, sorun orada bitmiş olacak ama... Bir türlü "Hı" diyemedi, "Tıpta çareler tükenmez" anlamında bir karşılık verdi:

"Beyni de nakletmek mümkündür, Sayın Paşam" dedi.

İsmet İnönü'nün pek hoşuna gitmedi bu perakende nakil konusu:

"Bence başın toptan nakledilmesi daha iyi olur" dedi. "Baş nakledilince yalnızca beyin değil, çok şey aynı anda nakledilmiş olur."

Prof. **Doğramacı** baktı ki "Battı fish yan going", hemen o nabza da bir şerbet buluverdi:

"O da mümkün olacak, Sayın Paşam" dedi. "Her ikisi de mümkün olacak... İsteyen yalnızca beyin nakli yaptırabilecek, isteyen işi toptan hallettirecek, baş nakli yaptırabilecek... Yeter ki onbeş-yirmi yıl daha sabredebilsin insanlar..."

"Onbeş-yirmi yıl" sözcüklerini duyduğu anda **İsmet İnönü** önce uzun bir "Oooooo..." çekti, arkasından da kendine özgü kahkahalarından birini attı.

İsmet İnönü'nün o "Oooooo" hecesini siz de görmeliydiniz... "Kim bekleyecek o kadar yıl..." sözcüklerini siz de harf harf görebilirdiniz o "Oooooo"nun, kişiye bitmezmiş gibi gelen ezgisinde...

İsmet İnönü, güzeller güzeli o 1968 yılından sonra ancak beş yıl daha yaşayabildi.

Prof.Dr. **İhsan Doğramacı** ise, Allah daha da uzun ömürler versin, yılların üstüne yeni yeni yıllar ekleme işini kararlılıkla ve başarıyla sürdürüyor.

Onunla hazır bu sayfalarda yeniden biraraya gelmişken, haydi hep birlikte bir soru da biz soralım "hocaların hocası"na:

"1968'den bu yana, kafalarını değiştirebildiğiniz ya da kafalarının içine beyin koyabildiğiniz kişiler oldu mu bari, Sayın **Doğramacı**?.."

TARİHİN BUNLARI BİLMESİ GEREK

Türkiye Büyük Millet Meclisi eski başkanı **Ferruh Bozbeyli**, **İsmet İnönü**'yle ilgili anısını anlatmaya başlamadan önce kısa bir açıklama yaptı:

"**İsmet İnönü**'yle ilgili bu anımı naklederken Türk milleti ve Türk tarihi karşısında bir görevimi yerine getirmiş olacağıma da inanıyorum" dedi. "Rahmetli **İsmet İnönü** bu anısını emanet ederken, kendisinin sözlerinden, bana bu anıyı uygun bir biçimde Türk milletine ve Türk tarihine nakletmem görevini de verdiği anlamını çıkardım."

İsmet İnönü'nün, kendisine güvenerek anlattığı ve emanet ettiği bu "tarihsel anı"yı şöyle aktardı **Ferruh Bozbeyli**:

"Türk Tarih Kurumu her yıl, **Atatürk**'le ilgili bir konferans düzenler ve bu konferansta işlenen konuları, *Belleten* adlı dergisinde yayımlardı.

1969 yılındaki konferansın **İsmet İnönü** tarafından verileceğini duyduğumda, bunu özellikle kaçırmamaya dikkat ettim. Konferans günü Türk Tarih Kurumu salonuna gittim, büyük bir dikkatle **İsmet İnönü**'nün, **Atatürk** konusunda anlattıklarını dinledim.

Konferanstan sonra Türk Tarih Kurumu Başkanı, salondaki birkaç milletvekilini, **İsmet İnönü**'yü ve beni odasında kahve içmeye davet etti."

Türkiye Büyük Millet Meclisi başkanı olduğu sürece **Ferruh Bozbeyli**'ye özel görüşmelerinde hep "Genç Başkan" diye hitap eden **İsmet İnönü**, yine aynı biçimde hitap etmiş:

"Bugünkü konuşmamı nasıl buldunuz, Genç Başkan?" demiş.

Genç Başkan, konuşmasından edindiği izlenimlerini, gençliğine yaraşır bir doğrulukla açıklamış:

"Paşam, iki konu dışında hep dinlediğimiz sözlerden ibaretti konuşmanız..." demiş. "Dikkatimi çeken bu iki konudan biri, **Damat Ferit**'le ilgili sözlerinizdi. '**Damat Ferit** bir hain değildi' dediniz. Bu çok önemli bir şeydir. Senelerdir biz, **Damat Ferit**'i hain olarak tanıdık, hain olarak bildik. Fakat siz dediniz ki '**Damat Ferit** hain değildir. O sadece Anadolu harekâtına inanmamış bir insandır' dediniz."

Ve **Ferruh Bozbeyli**, **İsmet İnönü**'nün biraz önceki konuşmasında ilk kez duyup, şimdi öğrendiklerini yinelemiş:

"Aynen şunları anlattınız, Sayın Paşam" demiş. "**Damat Ferit**'in bir hain olmadığını onun sadece Anadolu harekâtına inanmamış bir insan olduğunu söylediniz ve 'Anadolu harekâtına inanmamış insan zaten yalnız **Damat Ferit** değildi' dediniz. 'Birçok insan vardı bu harekâta inanmamış olan... Onlar, böyle bir maceranın, elimizdeki toprakların kâmilen elimizden gideceği kaygısını taşıyorlardı. Onun için bir manda idaresinin, hiç değilse, istikbalde bütünlüğümüzü koruyabileceğini, meselenin istikbalde de halledilebileceğini düşünüyorlardı. Ama giderek Anadolu harekâtıyla çatışmaya girdiği bu anda, bize karşı gelmiş durumuna girdi. Bu nedenle kendisine hain damgasının vurulması yanlıştır. Hainlik damgası tamamen yanlıştır' dediniz. Bu çok önemli bir açıklamadır."

Ferruh Bozbeyli, konferansta **İsmet İnönü**'nün söylediği ve kendisine çok ilginç gelen ikinci konuyu da belirtmiş:

"Dikkatimi çeken ikinci önemli husus da şudur, Sayın Paşam" demiş. "Sanki bir noktayı yarım söylediniz gibi geldi bana."

Bu kez **İnönü** sormuş:

"Nedir o yarım söylediğim konu?" demiş.

Ferruh Bozbeyli, tane tane açıklamış:

"Konuşmanızda dediniz ki, paşam, 'Birinci Büyük Meclisi, zaman zaman kapanma tehlikesine maruz kalmıştır' dediniz. Cümleniz aynen böyleydi. Ama ne oldu da Meclis kapanma tehlikesine maruz kaldı? Neydi konu? Meclisi kapanma noktasına getiren tehlikeler nelerdi? Bunları anlatmadınız."

İsmet İnönü yanıt vermek yerine **Ferruh Bozbeyli**'ye ilgisiz bir soru sormuş ve "Giderken beni arabanıza alır mısınız?" demiş.

Ferruh Bozbeyli, bu konudaki anısını anlatmayı şöyle sürdürdü:

"'Başüstüne paşam' dedim... Toplantıya eşiyle gelmişti. **Mevhibe Hanımefendi** paşanın arabasına, **İsmet Paşa** da benim arabama bindi.

Arabada ikimizden başka bir şoför ve bir de özel kalem müdürüm Hamdi Bey vardı."

İsmet İnönü öndeki bu iki kişiyi görünce **Ferruh Bozbeyli**'ye sormuş:

"Senin arabanda, ön bölümle irtibatı kesen cam yok mu?" demiş.

Olmadığını öğrenince bu kez, "Özel kalem müdürünüze güvenir misiniz?" diye bir soru sormuş.

Ve özel kalem müdürüyle ilgili olarak Bozbeyli'den aldığı "garanti"den sonra, konuşmaya başlamış:

"Öyleyse şimdi dikkatli dinle" demiş.

Anısının bu noktasında **Ferruh Bozbeyli**, zarif bir açıklama yapmak için durdu:

"**İsmet İnönü**'nün söylediklerini aynen nakletmiş olmak için bu kelimeyi kullanıyorum" dedi ve şöyle devam etti:

"Bana, 'Sen ahlaklı adamsın. Onun için anlatıyorum bunu sana' dedi."

İsmet İnönü, bunları söyledikten sonra, Birinci Büyük Millet Meclisi'nin kapanma tehlikesiyle karşı karşıya geldiği olayı anlatmış:

"Olay şöyle cereyan etti: Meclis'te **Atatürk**, cevabı verilmesi güç birçok soruya muhatap oluyordu. Mecliste, harp içindeki devletin harp gücüyle ilgili sorular soruluyor, bunlara cevap verilemediği için de asabi bir hava meydana geliyor. Bir gün yine böyle, cevap verilmesi güç sorulara muhatap oldu. Çok bunalmıştı.

Meclis o gün çalışmasını tamamladıktan sonra bana dedi ki, 'Ben Çankaya'ya gidiyorum, hemen gel.'

Atatürk'ten kısa bir süre sonra ben de gittim Çankaya'ya... Çok öfkeliydi, ayakta konuşuyordu. Bana dedi ki 'Bu meclisle bu harp kazanılmaz' dedi. 'Bu meclisi kapatacağız.'

Ben **Atatürk**'ün yakın arkadaşı olduğum için onun huyunu suyunu çok iyi bilirdim. Böyle sinirliyken, öfkeliyken onun söylediği bir şeye karşı gelmek mümkün değildir. Onun için hiç cevap vermedim. Bekledim, uzun uzun başka şeyler konuştuk, hükümetin bazı meselelerini anlattım.

Daha sonra onu biraz yumuşamış görünce dedim ki 'Paşam, **Sultan Abdülhamid** de meclis açan adamdır. Ama tarihe, meclis kapayan adam olarak geçmiştir. Ben, sizin tarihe meclis kapayan adam olarak geçmenize razı olamam.' **Atatürk** o zaman bana, 'Paşa doğru söylüyorsun. Senin dediğini yapacağız' dedi. İşte Birinci Meclis'in geçirdiği kapanma tehlikesinin içyüzü budur."

Ferruh Bozbeyli, **İsmet İnönü**'nün bu anısını dinledikten sonra biraz da sitemli bir biçimde sormuş:

"Paşam, bu kadar güzel bir şeyi bugüne kadar neden anlatmadınız?" demiş. "Bu tarihi gerçeği hiç değilse bugünkü konuşmanızda niçin açıklamadınız?"

İsmet İnönü, **Bozbeyli**'nin bu sitemine karşı çıkmış:

"Anlatamam" demiş. "Sen ahlaklı adamsın. Onun için sana anlatıyorum bunu" demiş.

Ve hemen arkasından eklemiş:

"Bu anlatılacak. Bunu millet de öğrenecek, tarih de bilecek" demiş ve şu açıklamayı yapmış:

"Biz **Atatürk**'ü o kadar kusursuz göstermişiz ki... Onu böylesine gösterdiğimiz için de onun hakkında her şeyi olduğu gibi anlatamamışız. Ben siyaset yapan bir adamım. Bunu herkesin içinde anlatsam, 'Bak **İsmet Paşa Atatürk**'ü idare etmiş, onun yanlışlarını o düzeltmiş' diyecekler. 'Bak kendine pay çıkarıyor, onu bile beğenmiyor' gibi yorumlara gireceklerdir. Ben böyle yorumları kendim için de, **Atatürk** için de doğru bulmuyorum. Ama bunlar, mutlaka anlatılacak. Millete de, tarihe de anlatılacak bunlar."

Ferruh Bozbeyli bunları söyledikten sonra bir süre durdu:

"**İsmet Paşa**'nın bu cümlesindeki 'anlatılacak' sözünü ben, 'Bunu anlat' manasında aldım ve bunu bana emanet edilmiş, bana verilmiş bir görev olarak benimsedim yıllarca. Bunu şimdi ilk kez size anlatarak, milletimize ve tarihimize olan bir görevimi yerine getirdiğime inanıyorum. Onun için anlattım size bunu..."

Ferruh Bozbeyli bu ülkede uzun yıllar İsmet İnönü ile birlikte hizmet etmiş olmanın mutluluğuna benzer bir mutluluğu o an, ondan aldığı bir görevi yerine getirirken yaşıyordu.

İsmet İnönü'nün kendisine "Sen ahlaklı adamsın" diyerek güvenip emanet ettiği bu görevi **Ferruh Bozbeyli**'nin bana güvenerek, benim aracılığımla yerine getirmeye karar vermesi karşısında şimdi de ben, onun bu görevi **İnönü**'den alırken duyduğu düzeyde bir gurur ve mutluluk duyduğumu, kendisine teşekkürlerimle bildirmek istiyorum.

İNÖNÜ'DEN SUNAY'A DERS: "BİZ YERİMİZİ SİZE GÖRE TAYİN EDERİZ, SAYIN CUMHURBAŞKANI!"

Görmüş geçirmiş bir Cumhurbaşkanı'nın, görmeye geçirmeye henüz zaman bulamamış" deneyimsizlikteki" bir Cumhurbaşkanı'na verdiği "Cumhurbaşkanlık dersi", Cumhurbaşkanı olmayan kişilere de yararlı oldu.

Cumhurbaşkanı'na verilen Cumhurbaşkanlığı dersi, onlar için ise bir nezaket dersi, hatta bir görgü kuralı hatırlatması oldu... Kullanma fırsatları olmayan kişiler için de, hiç değilse, kulaklarında bulunması gereken bir çift küpe oldu.

Bir çift kulağın, hem de yalnızca tekinin duyabileceği cılızlıktaki bir fısıltıyla ve de "tek kişiye özel" olarak verilmesine karşın bu ders, ertesi gün Mısır'daki sağır sultanın kulağına kadar gitmedi ama... Ankara'daki galiba tüm politikacıların kulaklarına da girdi, kafalarının içine de girdi.

O yılların elektronik harikası, dillere destan ses alma aygıtımla saptadığım bu "ders"i, 1967 yılının 31 Ağustos günü başlayan ve aralıksız bir hafta süren yoğun bir "umumi arzu" üzerine, sanırım en az iki yüz politikacıya dinletmek zorunda kaldım.

"Şu meşhur dersi ben de dinleyeyim" diyerek büroya gelen politikacılar, odamda dörder beşer kişilik gruplar oluşturuyorlar, zaman zaman toplu olarak da dinliyorlardı ses alma aygıtımdaki dersi.

"Siz bir Cumhurbaşkanısınız" diye başlıyordu ders ve şöyle sürüyordu:

"Cumhurbaşkanı olmanız hasebiyle bir toplulukta, önce sizin oturmanız gerekmektedir. Etrafınızdakilere aldırmayacaksınız... Onların nereye oturacakları sizin meseleniz olmayacaktır... Önce siz oturacaksınız... Siz yerinizi alacaksınız, ondan sonra etrafınızdakiler, oturacakları yerlerini kendileri, size göre tayin edeceklerdir. Haydi bakalım şimdi dediğimi aynen yapınız... Siz bir Cumhurbaşkanı olarak oturunuz., yerinizi alınız... Biz kendi yerimizi, size göre tayin ederiz."

Ve bu dersten sonra aygıttan, "dersi alan öğrenci"nin şu sorusu duyuluyordu:

"Peki önce ben oturacağım Paşam, söz... Fakat lütfen emir buyurunuz, nereye oturayım?"

Ders veren ses, bu kez daha da sert bir biçimde karşılık veriyordu:

"Oturun da, nereye oturursanız oturun, efendim..." diyordu. "O bir mesele değildir... Mühim değildir nereye oturduğunuz. O kadar mühim değildir..."

Kimin kime hem de ne dersi verdiği gerçi fotoğraflardan da biraz anlaşılıyor ama...

İsterseniz geliniz, ben sizi öykümüzün kare köküne götüreyim de, oradan gelelim birlikte, buraya doğru... Nasıl olsa dersimizin sonuna yetişiriz.

1967 yılının 30 Ağustos Zafer Bayramı Ankara'da, öteki yıllarda olduğundan daha görkemli ve daha anlamlı bir biçimde kutlanmıştı.

Kurtuluş Savaşımızın yaşayan komutanları da davet edilmişlerdi o yıl Ankara'ya.

Başta **İsmet İnönü** ve "İstanbul Fatihi" **Fahrettin Altay Paşa** olmak üzere, "Zafer Bayramı'nın Onur Konukları", Hipodrom'daki Şeref Tribünü'nden izlediler geçit törenini.

Her yıl güven duygularıyla ordumuzun gücünü alkışlayan Ankaralılar o talihli yıl, şükran duygularıyla da, ordumuzun temelindeki komutanları da alkışlayabilme olanağı buldular.

O bayram gününün gecesinde, Ankara Orduevi'nde görkemli bir davet de verildi konuk komutanlara.

Erkeklerin papyon kravat ve smokinle, hanımların ise uzun tuvaletle katılmak zorunda oldukları davette gerek komutanlar, gerek eşleri hanımefendiler, birbirleriyle gerçekten bir şıklık yarışı içindeydiler.

Özellikle **Mevhibe İnönü**'nün zerafetini unutamam. Eşi **İsmet İnönü**'nün kolunda salona girerken, fotoğrafına bakın, yargıma siz de katılın, bir Pamuk Prenses idi, rahmetli **Mevhibe İnönü**.

Bugüne değin nasıl olduysa içine girebildiğim, içinin nasıl olduğunu görebildiğim dört orduevinde de bulunan "Paşalar için özel" bölüm, Sıhhiye'deki o günlerin Ankara Orduevi'nde de vardı.

Salon kapısından girip, dört-beş, belki de altı-yedi adım attıktan sonra, galiba mimari bir hata nedeniyle sola dönülüyordu ve iki basamaklı bir platforma çıkılıyordu. Ön bölümü ayrıca iki karış yükseklikte bir parmaklıkla süslendirilen "Paşalar için özel" bu bölüme o akşam, büyük bir yarım daire yuvarlaklığında bir masa oturtulmuş, çevresine yerleştirilen koltuklarda ise, konuklar yerlerini almışlardı.

Bayan **İsmet İnönü** ile Ana Muhalefet Partisi Genel Başkanı, iki basamaktan çıkıp, bu yüksek bölüme ulaştıklarında, masanın çevresindeki koltuklarda oturan tüm konuklar, mandalından kurtulmuş birer yay örneği, hızla yerlerinden fırladılar, ayağa kalktılar.

Başta Cumhurbaşkanı **Cevdet Sunay**, Cumhuriyet Senatosu Başkanı **Şevki Atasagun** ve işgalden kurtarılan İstanbul'a 6 Ekim günü ilk giren komutan **Fahrettin Altay Paşa** olmak üzere, özel bölümündeki tüm konuklar, önce **İsmet İnönü**'ye, sonra eşine

"Hoşgeldiniz" dediler, daha sonra da her biri, kendi seçtiği koltuğa oturması için "Paşaların Paşası"na koltuk ikramı yarışına giriştiler.

Cumhurbaşkanı **Cevdet Sunay**, Cumhurbaşkanı ağırlığını koyarak bu yarışa bir son verdi ve **İsmet İnönü**'ye koltuk ikramı görevini, tek başına kendi üstlendi:

"Böyle buyursunlar, Muhterem Paşa Hazretleri" dedi:

İsmet İnönü, sakin bir sesle ve saygılı bir tavırla karşılık verdi:

"Önce siz buyurunuz lütfen, Sayın Cumhurbaşkanı" dedi.

Cumhurbaşkanı **Cevdet Sunay**, asla kabul etmedi **İnönü**'nün bu önerisini:

"Olur mu hiç öyle şey Paşa Hazretleri?" diye diretti. "Önce siz buyuracaksınız."

İsmet İnönü, aynı noktada takılmış bir plak düzeniyle, biraz önce söylediklerini hecesi hecesine yineledi:

"Önce siz buyurunuz lütfen, Sayın Cumhurbaşkanı" dedi bir kez daha.

Cumhurbaşkanı **Sunay**, **İnönü**'nün önerisini kabul etmemeyi kafasına koymuştu. Yine karşı çıktı:

"Yooo... Vallahi olmaz, Muhterem Paşam" diyerek dayattı. "Lütfen siz buyurun önce... Ve şöyle buyurun..."

Karşıdan, yine aynı karşılık geldi:

"Önce siz buyurun lütfen, Sayın Cumhurbaşkanı."

İsmet Paşa ısrar ederdi de, Cevdet Paşa ısrar etmez olur muydu? O da ısrar etti bir kez daha:

"Bakınız and veriyorum Paşam..." dedi. "Allahaşkına önce siz buyurun... Bizi mahcup etmeyin... Lütfen..."

Birbirlerine, fısıltıyla denilecek denli yavaş sesle söyledikleri bu sözlerini, birbirleri dışında çevrelerindeki kişilerden hiçbirinin duymadığını biliyorlardı.

Fakat tam ikisinin arkasında dizlerini bükerek "arazi" olmuş, yalnızca elindeki mikrofonu arkalarından omuz hizalarına kadar uzatmış bendenizin, ikisi de ayırdında değillerdi.

Dersin sonuna şimdi yetiştik.

Sunay: "Lütfen siz buyrun Paşam!" 30 Ağustos 1967, Ankara Orduevi.

Kendilerini kimsenin duymadığına ve duymayacağına güvenen **İsmet İnönü**, Cumhurbaşkanı **Cevdet Sunay**'ın kulağına biraz daha yaklaşarak... Görmüş geçirmiş bir Cumhurbaşkanı olarak, henüz görmeye de, geçirmeye de zaman bulamamış "deneyimsizlikteki" Cumhurbaşkanı'na bir "Cumhurbaşkanlık dersi" verdi.

"Siz bir Cumhurbaşkanısınız" diye başladı ders ve şöyle sürdü:

"Cumhurbaşkanı olmanız hasebiyle bir toplulukta, önce sizin oturmanız gerekmektedir. Etrafınızdakilere aldırmayacaksınız... Onların nereye oturacakları sizin meseleniz olmayacaktır... Önce siz oturacaksınız, siz yerinizi alacaksınız, ondan sonra etrafınızdakiler, oturacakları yerlerini kendileri, size göre tayin edeceklerdir. Haydi bakalım şimdi dediğimi aynen yapınız... Siz bir Cumhurbaşkanı olarak oturunuz, yerinizi alınız... Biz kendi yerimizi, size göre tayin ederiz."

Cumhurbaşkanı **Cevdet Sunay** yarı hipnotize, yarı şoke ve bloke olmuştu. Bir telaşın aceleciliğiyle, söyleyeceklerini önce karıştırdı, sonra toparlamaya çalıştı:

"Peki emredersiniz... Önce ben oturacağım. Paşam... Lütfen emir buyurunuz, nereye oturayım?"

Ders veren görmüş geçirmiş Cumhurbaşkanı, bu kez daha sert biçimde karşılık verdi:

"Oturun da, nereye oturursanız oturun, efendim... O bir mesele değildir... Mühim değildir nereye oturduğunuz. O kadar mühim değildir..."

Cumhurbaşkanı **Sunay**, kendine en yakın koltuğa oturdu demeyeyim de, işin doğrusunu söyleyeyim:

Cumhurbaşkanı **Sunay**, en yakınındaki koltuğa döndü ve sanki gökten iniyormuşçasına kendini bıraktı, o koltuğa çöktü. **İsmet İnönü**, onun sağındaki koltuğun arkasında durdu, eşi **Mevhibe İnönü**'yü sağına oturttu, öteki hanımefendilerin oturmasını bekledi ve...

Cumhurbaşkanı'na göre kendi için tayin ettiği yere, onun sağındaki koltuğa oturdu sonunda.

Galiba pek keyif alamadı o özel geceden, **İsmet İnönü**...

Zaman zaman kendi kendini meşgul etti, zaman zaman da sağındaki hanımefendilerle ilgilendi, bir centilmen olarak...

O akşam yalnızca bir kulağa fısıldadığını sandığı ders ise, ertesi günden sonra Ankara'nın kimi politikacılarının dilinde, dostlara nakledilen bir nezaket ve görgü dersi oldu... Gazete bürosundaki odama gelip, ses alma aygıtımdaki bu dersi dinleyen hemen her politikacı, meclise gittiğinde oradaki arkadaşlarına, eve gittiğinde evde "hane halkı"na, seçim bölgesine gittiğinde ise oradaki dostlarına bu dersi, üzerine birkaç sözcük de kendinden katarak anlattı.

Ve bu olay, kulaklarına fısıldanan kişilerin, başka kişilerin kulaklarına fısıldadıkları "kıssadan hisse"li bir anekdot olarak yıllardır dolaştı durdu, kulaktan kulağa...

"BİR ZAMANLAR"IMIZIN KAVRAMLARI VE DEVLET ADAMLARI

Önce, yaşları belirli bir çizginin üstündeki okurlarımızın iznini isteyerek, genç okurlarımıza bir-iki ön bilgi verelim:

Bugünlerden bakıldığında "evvel zaman içinde" denilebilecek denli uzaklarda kaldığını kabullenmek zorunda olduğumuz o unutulmaz 1960'lı yıllarda Türkiye'de, meclisteki siyasal partiler arasında bir de "sol" parti vardı.

Türkiye Büyük Millet Meclisi'ndeki "tarihsel iki büyük parti"nin arasında yer alan bu "sol" parti, ülkede yasaların "Bu çizgiden daha solu yasak" dediği duvarın dibinde konuşlanan, üstelik adında "işçi" sözcüğü de bulunan, Türkiye İşçi Partisi idi.

İşte, toplumun en solundaki o partinin milletvekili seçilebilmiş ve meclise girebilmiş genel başkanı ise, gençliğinde atlet olan **Mehmet Ali Aybar** adında bir eski sporcu, bir eski aydın, bir yeni milletvekili ve bir yeni genel başkandı.

200 metre koşuda Türkiye şampiyonu unvanı sahibi **Mehmet Ali Aybar**, 1936 yılında Atina'da yapılan Balkan Ülkeleri Atletizm Şampiyonası'na hem yarışmacı olarak, hem de Türkiye Ulusal Atletizm Takımı kaptanı olarak katılmıştı.

Yarışmaların yapılacağı gün sporcular pistte yerlerini almadan önce, ev sahibi Yunanistan'ın Başbakanı **Venizelos** ile özel konuğu Türkiye Başbakanı **İsmet İnönü**, şeref tribününde yerlerini almışlardı. Kısa bir süre sonra atletler piste çıktılar, yarış öncesi hazırlıklarını tamamladılar ama...

Nedense yarışa bir türlü başlayamıyorlardı.

Çünkü Türkiye Ulusal Takımı, "yarışa katılmayı" kabul etmiyordu.

Takımımızın kaptanı **Mehmet Ali Aybar**, "Bu konudaki kararımızı size geçen yıl bildirmiştik" diye çıkışıyordu görevlilere ve şöyle sürdürüyordu sözlerini:

"Bu hakemin geçen yıl nasıl taraf tuttuğuna hepimiz tanık olduk. Takımımız, rahatlıkla alabileceği yarışı, onun taraflı tutumu nedeniyle kaybetmişti ve biz de size, bu hakemin bundan böyle görev alacağı hiçbir yarışmaya katılmayacağımızı, daha o zaman bildirmiştik."

Ev sahibi Yunanlı görevliler, geçen yılda olanların, geçen yılla geçip gittiğini anlatmaya çalışıp, geçen yılın şampiyonasındaki bu olayı unutmasını ve takımını yarışlardan çekmemesini bir kez, üç kez, beş kez rica üstüne rica ediyorlar, Kaptan **Mehmet Ali Aybar** da bir kez, üç kez, beş kez dayatıyor, Nuh da demiyor, peygamber de demiyor, yalnızca "O hakem" diyordu.

"O hakem var ya, o hakem..." diyordu. "O hakemin görev alacağı hiçbir yarışa katılmayacağımızı geçen yıl açık açık ilan etmiş, bu konudaki kararımızı değiştirmeyeceğimizi size kesin olarak bildirmiştik."

Kaptan **Mehmet Ali Aybar**, bunları söyledikten sonra kararını bir kez daha yineliyordu:

"Kararımız kesindir: O hakemin yöneteceği bir yarışa, Türkiye Ulusal Takımı asla katılmayacaktır."

Ev sahibi görevliler, kendi elleriyle görevlendirdikleri bir hakemi, yarışacak takımlardan biri itiraz ediyor diye görevden alamıyordu. O hakem görevden alınmadığı için de, yarışacak takımlardan biri, hem de Türkiye Ulusal Takımı yarışmaya katılmıyordu.

Ortada kilitlenmiş bir durum vardı. Ve bu kilitlenmiş durum, en kısa sürede çözüme kavuşturulması gereken bir müşkül durum yaratıyordu.

Yunanlılar o gün, galiba ilk ve son kez **Atatürk**'ün izinden gittiler, onun bir sözünü dinlediler. Müşküllerinin hallinde onlar da **İsmet Paşa**'ya başvurdular.

Şeref tribününde, kendi Başbakanları **Venizelos**'un yanındaki Türkiye Başbakanı **İsmet İnönü**'ye, Türkçesi "Kurtar bizi İsmet Paşa" anlamına gelen yakarışlarını ilettiler.

İnönü, kendi kulağına dek gelebilen bu tatsız duruma, "paşaca" el koydu.

Türk kafilesi başkanı **Burhan Felek**'i yanına çağırttı ve ona buyruğunu verdi.

Burhan Felek, yarış pistine indi ve hâlâ umutla hakemin değiştirileceğini bekleyen Kaptan **Mehmet Ali Aybar**'ın yanına gitti, Başbakanın buyruğunu bildirdi:

"Muhterem Başvekilimiz **İsmet İnönü** Hazretleri sureti mahsusada emrediyorlar" dedi. "Yarışmalardan çekilmeyeceksiniz. Koşacaksınız."

Mehmet Ali Aybar, biraz delikanlılığının verdiği cesaretle, birçok da sporculuğunun verdiği özgürlükle kafile başkanı **Felek**'e de karşı çıktı:

Mehmet Ali Aybar

"Muhterem Başvekilimiz hükümette ya da mecliste yapsın başvekilliğini" dedi. "Burası spor sahasıdır. Burada onun hükmü değil, takım kaptanının hükmü geçer. Takım kaptanı da, hakem değiştirilmediği takdirde takımını yarışlardan çekmeye karar vermiştir. Muhterem Başvekilimize hürmetlerimle arzederim..."

Yunanlı görevliler, "Dediğim dedik, çaldığım düdük" deyip, dediklerini yapıp, "o hakem"i yarışmadan çekmeyince, **Mehmet Ali Aybar** da "Dediğim dedik, çaldığım düdük" deyip, o da dediğini yaptı ve... Türkiye Ulusal Atletizm Takımı'nı geri çekti, yarışmaya sokmadı.

"Bu olaydan on yıl sonra, Türkiye'de çok partili yaşam başladı" diye sürdürdü anlatmasını **Mehmet Ali Aybar**. "Ben o yıllarda üniversitede asistandım. **Ahmet Emin Yalman**'ın *Vatan* gazetesinde de zaman zaman yazılarım yayımlanıyordu.

Yazılarımda ise, dönemin Cumhuriyet Halk Partisi Genel Başkanı ve Cumhurbaşkanı **İsmet İnönü**'ye çok ağır eleştirilerde bulunuyordum."

Genel Başkanı olduğu Türkiye İşçi Partisi (TİP), 1965 seçimleri sonunda onbeş milletvekiliyle Türkiye Büyük Millet Meclisi'ne girince **Mehmet Ali Aybar**, tüm sevinci yanısıra yüreğinde bir de ürperti duyduğunu söyledi:

"Meclis'te **İsmet İnönü**'yle karşılaşırsam ve o da yirmi yıl önce *Vatan* gazetesinde kendisi aleyhine yazdığım yazıları anımsar da bana sitem ederse..." diye geçirmiş içinden. Sonra da, yine kendi kendine teselli bulmuş:

"Yirmi yıl geçti aradan" diye bir düşünce daha geçirmiş içinden. "Neler geldi, neler geçti başından bu arada... Benim yazılarımı da, beni de nereden hatırlayacak **İsmet Paşa**?.."

TİP Genel Başkanı **Mehmet Ali Aybar**, bunları düşündüğü günlerden birinde, TBMM Başkanından bir davetiye almış.

"Başkan, yeni milletvekillerinin birbirleriyle tanışmalarını sağlamak amacıyla meclis binasında bir davet veriyordu ve çok önemli mazereti olanların dışında tüm üyelerin katılmalarını istiyordu" dedi. "Bir milletvekili olarak, hatta bir partinin genel başkanı olarak bu davete katılmamam düşünülemezdi."

Tüm milletvekilleri gibi o da katılmış o akşam meclis başkanının davetine.

"Davette partili arkadaşlarım bir ara yanıma geldiler ve beni **İsmet İnönü**'ye takdim edip, kendisiyle tanıştırmak istediler" dedi.

Bu tanışmadan biraz tedirginlik duyduğunu saklamadı **Mehmet Ali Aybar**.

"**İsmet İnönü**'nün yanına giderken, açıkça söyleyeyim, *Vatan* gazetesinde yirmi yıl önce yazdığım yazılarım geldi aklıma bir kez daha" dedi.

Sonra yine kendi kendini teselli etmeye çalışmış:

"Ben de pireyi deve yapıyorum" demiş. "Yirmi yıl önceki yazılarımı nerdeeen anımsayacak? Adımı bile anımsarsa şaşarım..."

Mehmet Ali Aybar içinden bunları düşüne düşüne arkadaşlarıyla birlikte **İsmet İnönü**'nün yanına gitmiş.

Bu bölümden sonrasını hece hece **Mehmet Ali Aybar**'dan dinleyelim:

"Arkadaşlar beni **İsmet Paşa**'ya takdim ettiler: 'Türkiye İşçi Partisi Genel Başkanı **Mehmet Ali Aybar**, Sayın Paşam' dediler.

İsmet İnönü gözlerini hafifçe kıstı, yüzüme dikkatle baktı, sağ elini sol omzumun üstüne koydu ve sert bir ses tonuyla bana şöyle dedi:

'1936'da Atina'da niçin koşmadın?'"

Mehmet Ali Aybar bu anısını anlattıktan sonra ekledi:

"Devletine sahip çıkan, tam bir devlet adamıydı, **İsmet Paşa**" dedi. "Tümüyle haklı olduğumuza inandığım bir nedenden ötürü 1936 yılındaki şampiyonada takımımızı yarışmaya sokmamıştım. Kendisi, yarışmaya katılmamız ve koşmamız için ülkemizin Başbakanı olarak emir vermişti. Fakat ben, onun emrini bile dinlememiş, takımımızı yarışmalardan çekmiştim. O ise Başbakanının sözünü dinlemeyen beni bir türlü bağışlamamıştı."

Kişide, İstanbul'un Bebek koyuna uçak penceresinden bakıyormuşçasına bir duygu oluşturan yüksek konumdaki evinde **Mehmet Ali Aybar** bu anısını anlattıktan sonra bir kez daha yineledi:

"Devletine sahip çıkan, tam bir devlet adamıydı, **İsmet İnönü**" dedi. "Üzerinden otuz yıla yakın bir süre geçtikten sonra bile bana o gün orada, otuz yıl önceki davranışımın hesabını soruyordu, o devlet adamı kimliğiyle. Devlet adamlığı işte budur, devlete sahip çıkmak işte budur..."

Devlet adamlığı, devlete sahip çıkmak, devlete ters düşen bir davranış ve devlet adına hesap sormak...

Bugünlerden bakıldığında "Evvel zaman içinde" diyebileceğimiz denli uzaklarda kalan günlerimizin, bugün bir bölümümüze yabancı gelebilecek kavramlarından birkaçını ve olaylarından birini sunduk size.

Bir de masal dünyasının kahramanlarının oldukları denli bizim bugünkü dünyamızın çok çok uzaklarındaki devlet adamlarımızdan ikisini andık, bir gariplik, bir sahipsiz kalmışlık duygusuyla...

Mehmet Ali Aybar'ın Balkan Şampiyonası'nda bitiş ipini göğüslediği an, 1932

BİR "SAYIN BAKANIM" GERÇEĞİ

Şanlıurfalı dostum **Nuri Okutan**'ın, Başkanla tanıştırmak üzere beni götürdüğü belediye binasına ilk adımımı attığımda, ne olduğunu anlamama zaman kalmadan, bir anda bir çift kol dolanıverdi boynuma.

"Vay gurbaaaan" diye bir ses duydum kulağımın birinin içinde. Öteki kulağımın içine ise, Urfalıların yaşamım boyunca hiç unutmadığım, hiç de unutmak istemediğim sevgi sözcükleri doluverdiler:

"Uy babana rahmet... Hoş gelmişsin... Başım gözüm üstüne... Hoş gelmişsin, sefalar getirmişsin..."

Yüzündeki tebessümünü göremedim ama içinin en içinden gelen sevgi sözcüklerini duydum, kollarının boynumun çevresine yansıyan içtenlikli sımsıcaklığını duyumsadım.

Ben işte böyle tanıştım Urfa Belediye Başkanı **Mustafa Kılıç**'la...

Bir kolunu benim koluma, öteki kolunu Nuri'nin koluna soktu ve bizi kollarında taşırcasına merdivenden çıkardı, sırtımızdan itercesine makam odasının kapısından içeri soktu.

"Kayıtsız şartsız Şanlıurfa protokolü"nün birinci maddesi gereği makamda çaylarımızı içtik, ikinci maddesi gereği kebaplarımızı yemek üzere Belediye'nin bahçesine inmeye hazırlandık. Fakat Başkan bir süre daha yerinden kalkmadı; bir açıklama yaptı:

"Adım **Mustafa Kılıç**'tır" dedi. Sonra da ellerini oturduğu koltuğun yanlarına bastırarak sürdürdü açıklamasını:

"Şu anda burada bulunmamın nedeni, Başkan oluşumdandır" dedi. "Şanlıurfa beldesinin Belediye Başkanı seçilmiş bulunmaktayım."

Başkan, pek bir anlam veremediğim bu açıklamasının gerisini de getirdi:

"Ben, kendi köyümüzün ilkokulunu bitirmişimdir" dedi. "İlkokul beşi bitirip Şanlıurfa'ya Belediye Başkanı olabildiğime göre, bu hesaba göre, ortaokulu okusaymışım, demek ki milletvekili bile olabilirmişim..."

Hafifçe tebessüm ettim ve açıklamanın burada noktalandığını sandım. Yanılmışım.

Başkan, tüm içtenliğiyle sürdürdü açıklamasını:

"Şayet liseyi bitirmiş olsaydım, bu hesaba göre şimdi muhakkak bakandım" dedi ve hızını alamadı, daha da ileri gitti:

"Olacak şey değil ya, hele bir de, mesela dedik yani, üniversiteyi bitirmiş olsaydım, işte o zaman muhakkak, Başbakan olurdum bu benim hesaba göre..." dedi.

Şanlıurfa Belediye Başkanı **Mustafa Kılıç**, bu şakasını kendinin de çok beğendiğini belli etmek için eliyle birkaç kez dizinin üstüne vurup kahkahalar attıktan sonra, konuşabilmek için kahkahalarının tonunu alçaltmaya çalıştı ve bir yandan yine kahkahalar atarak, şöyle noktaladı açıklamasını:

Mustafa Kılıç, Bakanlıktan ayrıldıktan sonra Mersin'de, 1981

"Hele hele bir de kazara mesela Harbiye'yi bitirmiş olsaydım" dedi. "Bir düşünsene, aynen Sayın Cumhurbaşkanımız Orgeneral **Cevdet Sunay** gibi, şimdi ben de garanti Sayın Cumhurbaşkanıydım bu memleketin..."

Bu kez ben tutamadım kendimi, üst üste kahkahalar atmaya başladım.

Başkan koltuğundan kalktı, yanıma geldi, avcunun içiyle sırtıma birkaç kez vurdu:

"Şimdi tanımış oldun mu beni gurban?" dedi.

Ve kahkahalarımın arasından güçlükle geçit bulup çıkabilen "Evet, evet"imden sonra, Şanlıurfa protokolünün ikinci maddesini uygulamaya başladı:

"O zaman bahçeye inelim, Allah ne verdiyse yiyelim" dedi. Sonra da, kapının arkasından kolaylıkla duyulması için sesini biraz yükseltti:

"Şeyhmuuuz!" diye bağırdı.

Kapı yıldırım hızıyla açıldı, eşikte iri yarı bir kişi belirdi:

"Emrin başım gözüm üstüne başkan" dedi. "Buyur, hele."

Başkan, Şeyhmuz'un önce gönlünü aldı, sonra da buyruğunu bildirdi:

"Başın gözün var olsun, gurban" dedi. "Hele bir yol koşuver bahçeye de, haber salıver... Ateşe koysun çocuklar, Allah ne kebabı verdiyse bugün..."

Şanlıurfa Belediye Başkanı **Mustafa Kılıç**'la tanıştığımız o günün üzerinden oniki yıl geçtikten sonra onun adını, 1977 yılını 1978 yılına bağlayan yılbaşı gecesi radyo ve televizyonda duydum. Ankara Milletvekili **Mustafa Kılıç**'ın adı, yılın son günü akşama doğru açıklanan İkinci **Ecevit** Hükümetinin listesinde yer alıyordu.

Aradaki oniki yılda **Mustafa Kılıç**'ın önce Urfa Milletvekili, sonra Ankara Milletvekili seçildiğini biliyordum. Onun bu süre içinde, ortaokulu da, liseyi de bitirmediğini de biliyordum.

Dostluk tazelediğimiz anlarımızda söz bu konuya geldiğinde, "Bizim hesaplarda biraz şaşma oldu" diyerek bu duruma kendisinin de güldüğünü biliyordum.

O yılbaşı gecesi **Mustafa Kılıç**'ın Devlet Bakanlığına getirildiğini duyunca, elimde olmadan, kendi kendime sordum:

"**Mustafa Kılıç** Devlet Bakanlığında ne yapabilir ki?.."

O yılbaşı gecesi kendi kendime sorduğum bu soruyu, birkaç ay sonra Devlet Bakanlığı görevi bittikten sonra **Mustafa Kılıç**'ın kendine sordum.

"Devlet Bakanlığında ne yapabildiniz, Sayın **Kılıç**?" dedim.

Kumkapı'da bir balıkçı lokantasında öğle yemeğinde başlayıp, akşam yemeği müşterilerinin gelmeye başladıkları saate değin onun o gün anlattığı "Devlet Bakanlığındaki günleri", sözcüğün tam anlamıyla, "gerçekten" ve "gerçek" bir roman olacak zenginlikte ve öğretici özellikteydi.

Mustafa Kılıç, o gün orada bana anlattığı romanın yalnızca "birinci sayfası"nı, yani Bakanlıktaki ilk gününü şimdi burada size de anlatacak.

Yalnızca anlattıklarını değil, anlattıkları arasındaki anlatılmayanları da ilgiyle dinleyeceğinize inanıyorum:

"Besmelemi çekip, sağ ayağımla içeri girdikten sonra makam odamdaki masama oturdum ve Allah'a önce şükrettim, sonra da vatana ve millete hizmetimde bana yardımcı olması için dua ettim."

Koltuğuna oturalı yarım dakika geçmiş, geçmemiş ki, odacı girmiş içeri:

"Buyurun, emredin Sayın Bakanım" demiş. "Ne arzu edersiniz?"

Mustafa Kılıç'ın aklına o an, ilk günün heyecanından sabah çayını bile içemediği gelmiş:

"Bana bir çay getiriver, oğlum" demiş odacıya. "İyice demli olsun ama..."

Odacının bir-iki dakika sonra getirdiği çayı içtikten sonra **Mustafa Kılıç** koltuğunda hafifçe kaykılmış, ayaklarını masanın altına doğru uzatmış ve tam biraz kendi kendine düşünmeye başlayacağı sırada, makam odasının kapısı yeniden açılmış, odacı yeniden belirmiş kapıda:

"Buyurun, emredin Sayın Bakanım" demiş. "Ne arzu edersiniz?"

Mustafa Kılıç'ın bir şey arzu ettiği falan yok ama... "Peki bu adam ne demeye girdi odaya o halde?"

Odacının kendi kendine ne demeye geldiğini düşünürken, gözü birden, masanın üstündeki boş çay bardağına ilişmiş:

"Şu boşu kaldır oğlum" demiş.

Odacı, boş çay bardağını götürdükten bir, bilemediniz iki dakika sonra yeniden açmış kapıyı, yeniden dikilmiş **Mustafa Kılıç**'ın karşısına:

"Buyurun, emredin Sayın Bakanım... Ne arzu edersiniz?"

Sayın Bakan bir orta kahve arzu etmiş.

"Kahvem geldi, içtim. Odacı yine geldi, boş fincanı aldı götürdü. Ayaklarımı yine uzattım, koltuğumda yine hafifçe kaykıldım ki..."

Kapı yine açılmış, odacı yine dikilmiş karşısında:

"Buyurun, emredin..."

Gerisini getirtmemiş, odacının laflarının:

"Tamam, tamam, anladık oğlum" demiş ve... Ne isteyeceğini bir süre düşündükten sonra bulmuş:

"Ihlamurun var mı, ıhlamurun?" diye sormuş.

"Emriniz olur, Sayın Bakanım..."

"Sıcak bir ıhlamur getir, oğlum..."

Odacı ıhlamuru getirip, daha sonra da boş bardağı götürdükten sonra yine içeri girip, sayın bakandan ne emri olduğunu sorunca **Mustafa Kılıç** bu kez düşünmüş, "Bari bir tarçın içeyim" demiş ve odacıya "tarçın" ısmarlamış. "Tarçından sonra, bari soğuk bir şey olsun deyip, bir limonata sıktırdım, onu içtim. Limonatadan sonra içecek bir şey bulamadım, aklıma soda geldi, bir soda içtim... Odacı bir kez daha kapıyı açıp, karşımda dikilince..."

İşte o an tepesinin tası atmış **Mustafa Kılıç**'ın:

"Oğlum sen içeride kendi kendine iki dakika yalnız başına kalamaz mısın?" diye kükremiş. "Nedir be, deminden beri cırt cırt içeri giriyorsun, durup durup ne içeceğimi soruyorsun?.. Fıçı mı bu, mide mi, ha?.. Rahat bırak da bir nefes alalım..."

Sayın Bakan, bu bağırması karşısında odacının ezilip büzüleceğini, kendisinden kırk kez özür dileyeceğini beklerken, adamcağız ellerini bile ovuşturmaya gerek duymamış, üstüne üstlük, bir de karşılık vermiş:

"Benim ne suçum var, Sayın Bakanım" demiş. "Siz emrediyorsunuz, çağırıyorsunuz, ben de geliyorum..."

"Ne emretmesi, ne çağırması, oğlum?.. Kendi kendine kapıyı açıp, giriyorsun... Bir kez olsun çağırdım mı ben seni?"

Odacı, yine ezilmeden büzülmeden karşılık vermiş:

"Siz odacıyı çağırma ziline basıyorsunuz, ben de zili çaldırdığınızı görünce, başka ne yapabilirim, Sayın Bakanım?.. Kalkıp geliyorum..."

Mustafa Kılıç, odacının bu "ithamı" karşısında hepten şaşırmış, kalmış:

"Ne zile basması, oğlum?.." demiş. "Ben zil mil görmedim bile burada... Hani neredeymiş bu zil?.."

Odacı, makam masasının öte yanına dolanmış, yere çömelmiş ve makam koltuğunun az ötesinde, masanın alt bölümündeki odacı zilini göstermiş:

"İşte buradadır zil, Sayın Bakanım" demiş. "Koltuğunuzda otururken ayağınızı hafifçe uzatıp, bastığınızda, içeride odacı odasındaki çağırma zili çalar..."

Mustafa Kılıç, Devlet Bakanlığındaki ilk gününün ilk saatini anlatırken, birden katıla katıla gülmeye başladı. "Ayaklarımızı uzatalım, koltuğumuzda biraz kaykılalım derken meğer, masanın altındaki odacı ziline dokunuyormuş ayağımız" dedi. "Bizim her dokunuşumuzda gariban odacı da 'Bakan Bey beni yine çağırıyor' deyip, odama girip, karşımda dikeliyormuş... Biz de boşu boşuna adamcağıza bozuluyor, günahını alıyormuşuz meğer garibin..."

Mustafa Kılıç'a yıllar önce Şanlıurfa belediye binasındaki "özel hesabı"nı hatırlattım.

"Hani, ilkokulu bitirip, Şanlıurfa'ya belediye başkanı olduğunuza göre, ortaokulu bitirince milletvekili, liseyi bitirince de bakan olmanız gerekiyordu bu özel hesabınıza göre" dedim ve sordum.

"Sonunda bakan da olduğunuza bakıp, bu arada acaba dışarıdan sınavlara girerek, liseyi de bitirmiş olabileceğinizi de kabul edebilir miyiz?"

Yıllar önce yaptığı o "özel hesabın" şimdi artık hükmü kalmadığını söyledi **Mustafa Kılıç**:

"Şanlıurfa belediye başkanlığı koltuğundan başımı kaldırıp da yukarılara baktığımda o zamanlar öyle zannediyordum ama..." dedi. "Daha sonraları aralarına karışıp da, sağına soluna bakındığında ancak anlayabiliyor insan ne üniversiteyi, ne liseyi, hatta ne de ortaokulu bile bitirmeye gerek olmadığını, bakan koltuğunda kaykılıp, ayaklarını uzatabilmek için..."

Aralarındaki diplomalılardan çoğunu görüp tanıdıktan sonra, bakanın diplomasızı olmasından ötürü, diplomasız bakanın kendi bile rahatsızlık duymaz oluyormuş, düzenin böylesinde...

"Yeter ki, odacı çağırma zilinin nerede olduğunu çok iyi bileceksin ve yanlışlıkla basmayacaksın o zile..."

Diplomasızlığının bile rahatsız etmediği bir bakanı o zaman, odacısı bile rahatsız etmezmiş gereksiz yere...

BİR BAKANLA BAŞBAKAN AYNI KONUDA AYRI DÜŞÜNDÜKLERI ZAMAN...

Düşünce yapılarının sınırları biraz fazlaca geniş kişiler tarafından "incir çekirdeğini bile doldurmayacak denli" küçük görülen bir olay, onur terazisinin "hassas"lığında tartılıp değerlendirilince, bir anda gerçek kimliği ve gerçek anlamıyla kendini belli etti ve... Kimi kişilerin gözünde "yapışık kardeşler" gibi ayrılmaz sanılan bir Bakan ile Bakanlık koltuğunu, kaşla göz arasında bir çırpıda birbirlerinden ayırıverdi.

Farklı yapıdaki cephelerde, o cephelerin farklılığı oranındaki boyutlarında, doğal olarak farklı ağırlıklarla değerlendirilen bu olay, bir "açılış konuşmasını kimin yapması gerektiği" tartışmasından başka bir şey değildi.

Kurulduğu 1936 yılından o yana İzmir Uluslararası Fuarı'nın iki "değişmez" özelliğinden biri, o yıl nedense değiştirilmek istenmişti. Fuarın iki "değişmez"inden biri, açılış tarihinin 20 Ağustos olmasıydı. Fuar, yıllardır koruduğu bu "değişmez" özelliğini 1966 yılında da koruyordu ama öteki "değişmez"inin başında, iki gün önceden dolaşmaya başlayan kara bulutlar karşısında pek bir şey yapamayacağını da biliyordu.

Başbakan **Süleyman Demirel**, 18 Ağustos 1966 tarihinde siyasal kulislerde serbest dolaşıma çıkardığı bir haberle önce nabız yokladı, bir gün sonra da gazetelerin üç-dört sütunluk haberleriyle kararını açık açık duyurdu:

"20 Ağustosta İzmir Uluslararası Fuarı'nın açılış konuşmasını ben yapacağım" dedi.

Başbakanın bu kararı, kimi partililerde, birkaç hükümet üyesinde ve İzmir'in iki ya da üç yerel yöneticisinde özel bir sevinç yarattı ama bu "görev"in gerçek sahibi kişide ise büyük bir düş kırıklığı ve üzüntüye neden oldu. Çünkü fuarın o yıl açılış konuşmasını yapmak görevinin gerçek sahibi Ticaret Bakanı **Macit Zeren**'di.

Başbakan ise, yapmaya hazırlandığı açılış konuşmasıyla, onun "Bakanlık görev ve yetkisine müdahale" etmiş oluyordu.

Macit Zeren daha fazla üzülmekle zaman yitirmedi, bu "müdahale" karşısında gerekeni yapıp, bu kez başka bir görevini yerine getirdi. Onun bu başka görevi, öncelikle Bakanlık makamının, sonralıkla ise kendinin onurunu korumaktı.

Böyle bir durumda yapılması gereken, iki satırlık bir istifa mektubu yazmak ve altına da bir imza atmaktı.

Macit Zeren, çok kişinin gözünde çok zor olan, hatta kimi kişilerin gözünde olanaksız olan bu görevi kolaylıkla yerine getirdi, Ticaret Bakanlığından istifa etti.

Bakan **Zeren**'in istifa mektubu Başbakan **Demirel**'in masasına gitmeden önce, istifa haberi hükümetteki Bakan arkadaşlarının kulağına gitti. Bakanlar, birbirlerine danışmaya gerek bile duymadan **Macit Zeren**'e koştular ve bu "istifa meselesi konusu"nda birbirleriyle görüşmemelerine karşın, sanki sözleşmişler ve ortak bir metin kaleme almışlar da, o metni harf harf, hece hece ezberlemişler gibi, aynı sözcükleri kullanarak, aynı sözleri söyleyerek onu kararından vazgeçirmeye çalıştılar: Önce, "Dosta düşmana karşı, partimizin içinde bölünme başladı izlenimi yaratmış oluruz" dediler; "Muhalefet, hükümette çatlaklar başgösteriyor dedikodularına başlayabilir" dediler; sonra daha gerçekçi oldular, "Canım, incir çekirdeğini bile doldurmayan bir meseleden dolayı Bakanlıktan istifa edildiği de nerede görülmüştür?" dediler; "Sen de pireyi deve yapıyorsun" dediler ve... Tüm bu girişimlerinin işe yaramadığını görünce de, bu kez baklayı ağızlarından çıkardılar, arkadaşlarını "Kötü örnek olmakla" suçladılar.

"Yani bu durumda biz de, en ufak bir görüş ayrılığımızda hükümetten istifa etmek zorunda mı kalacağız?" dediler.

O gün Ticaret Bakanının istifa mektubu Başbakana giderken, Başbakan da, kendisini Varto'ya götürecek olan askeri uçağa binmek üzere Etimesgut Askeri Havaalanı'na gidiyordu. Bir saat önce Varto'da büyük bir deprem olmuş, kentin büyük bir bölümü yıkılmış, ilk belirlemelere göre iki binden fazla kişi yaşamını yitirmişti. Başbakan **Demirel**, şu anda kendisini deprem bölgesine götüren uçakta yalnızca deprem felaketini düşünüyordu ama İzmir Uluslararası Fuarı'nın açılış konuşması işini de unutmamıştı. Konuşmasının metnini, Varto'ya hareket etmeden önce Devlet Bakanı **Cihat Bilgehan**'a göndermiş ve kendisinden, ertesi gün İzmir'e gitmesini, fuarın açılış konuşmasının metnini, kendi adına okumasını istemişti.

Devlet Bakanı **Bilgehan**, Başbakan **Demirel**'in isteği üzerine ertesi gün İzmir'e uçtu ve fuarın açılış töreninde Başbakan adına, onun açılış konuşmasını okudu. Başbakan **Demirel** iki gün sonra Ankara'ya döndüğünde, hükümetinin iki Bakanına teşekkür ediyordu.

İzmir Uluslararası Fuarı'nın açılışında yapmak üzere hazırladığı konuşmasının metnini, açılış töreninde kendi adına okuyan Devlet Bakanı **Cihat Bilgehan**'a, bu zahmetinden ötürü teşekkür ederken... Bir yandan da, görevinden istifa eden Ticaret Bakanı **Macit Zeren**'e, Bakanlıkta bugüne dek yaptığı değerli ve unutulmaz hizmetlerinden ötürü teşekkürlerini bildiriyordu.

Ticaret Bakanı **Macit Zeren**'in, Başbakan tarafından teşekkürle anılan "Bakanlıkta yaptığı değerli ve unutulmaz hizmetleri"nin başında onun, "Bakanlık makamının ve kişisel onurunun korunması" hizmeti vardı.

Süleyman Demirel kabinesinin Ticaret Bakanı Macit Zeren, 1966

BİR AYAKLANMA GECESİNİN SABAHI

Dünyanın hiçbir ülkesinin tarihinde yaşanmamış bir olay, 22 Şubat 1962 gününün gecesi, Ankara'da yaşandı.

Altlı üstlü birer daireden oluşan iki katlı bir evde oturan iki komşudan biri, o gece devlete karşı ayaklandı, ihtilal yapmaya kalkıştı... Aynı evin üst kattaki dairesinde oturan öteki komşu ise, önce ordunun başına geçti, sonra da alt kattaki komşusunun karşısına geçti, onun bu ihtilal girişimi karşısında devlet adına yer aldı.

Aynı çatı altındaki bu evin, altlı üstlü iki dairesinde komşuluk yapan bu iki kişiden biri, Genelkurmay Başkanı Orgeneral **Cevdet Sunay**'dı, öteki ise, Kara Harp Okulu Komutanı Albay **Talat Aydemir**'di.

İki komşunun 22 Şubat 1962 gecesi karşılıklı yaptıkları "bilek güreşi" o gece sabaha doğru sonuçlandı ve... Bileği üstte kalan üst kattaki komşu, Genelkurmay Başkanlığı binasında arkadaşlarıyla zafer kutlaması yaparken, bükülen bileği altta kalan alt kattaki komşu ise, kendisini yıldırım hızıyla Paşalar Sokağı'ndaki evine getiren askeri araçtan, bir çekirge çevikliğiyle atladı ve 23 Şubat sabahının ilk ışıklarından saklanmak istercesine bir telaşla, koşar adımlarla evinin ana kapısından girdi. Onu getiren araç evinin önünde durduğu an, o aracı izleyen bizim araç ise o evin bulunduğu sokağa giriyordu.

Albay **Talat Aydemir**'in birbuçuk ya da iki dakika önce girdiği ana kapıdan, biz de girdik ama... İçerde, o kapıdan birkaç adım ötedeki evin kapısında, nazik bir biçimde durdurulduk.

"Gelir gelmez yatağa girdi ve uyudu" dedi eşi. "Tüm gece uyumamış... Çok yorgundu..."

Sonra da, sözlerinden hiç de farklı olmayan bir nezaketle kapıyı yavaşça yüzümüze kapadı.

Asaf Uçar, boynundaki fotoğraf makinelerine öfkeli bir tokat attı:

"Şansa bak, iki dakika farkıyla kaçırdık" diye pofladı. "Şoför biraz daha hızlı sürebilseydi arabayı, eve girmeden yakalayacaktık Aydemir Albay'ı..."

Asaf'a gazeteye dönmesini önerdim:

"Sen git, geceki filmleri yıka, fotoğraflarını bas" dedim. "Ben bu merdivenin başında oturup, bekleyeceğim... Nasıl olsa günün bir saatinde uyanacak albay..."

Sabahın tam altı buçuğundan, öğleden sonranın tam üç buçuğuna değin, Albay **Talat Aydemir**'in dairesinin kapısı önündeki merdivende oturdum.

Sabah kahvaltısı sandviçlerimi orada yedim, öğle yemeği sandviçlerimi orada yedim, arkadaşlarımın termos içinde üç-dört kez getirdikleri çaylarımı orada içtim.

Ve kapı önüne gelen, zili çalan ve kapı açıldıktan sonra da içeri alınan hemen her kişinin arkasından, bir de ben çaldım kapının zilini ve kapıyı açan kimi zaman eşi **Şadan Aydemir**'e, kimi zaman kızı **Tülin Aydemir**'e, toplam olarak galiba yirmi kez, "Albayımın acaba uyanıp, uyanmadığını" sordum.

Tümü sivil giysileriyle gelen bu "silah arkadaşları"nın, öğleden sonra saat üçbuçukta geleninin de arkasından zili çaldığımda, bu kez beklenmedik bir olay oldu. Gömleğinin üstüne üçgen yakalı, kolsuz bir kazak giymiş olan ortadan kısa boylu, sarışın ve uykusuzluktan gözlerinin çevresi şiş şiş ve kırmızı kırmızı olmuş bir kişi hırsla geldi, bana kapıyı açan **Şadan Aydemir**'i yana itti ve bir eliyle kapının kenarını tutarak, bir eliyle de burnumun ucunda, havada aceleci daireler çizerek bağırdı:

"Sabahtan bu yana bin kez kapıyı çalıp, ne rahatsız ediyorsun bizi?" dedi. "Seni içeri almak isteseydik, birinci seferinde alırdık... Kimseyle görüşmeyeceğim... Kimseyi içeri almayacağım... Tamam mı?.. Anlaşıldı mı?.."

Albay Talat Aydemir

Bir askere, askerce bir gösteri yapmanın tam yeriydi, tam sırasıydı. O hakkımı ve tabii, bu kafamı kullandım:

"Şu andan sonra zaten davet etseniz de girmem içeri, beyefendi" dedim. "Ben burada sabahın altı buçuğundan bu saate dek, bir ihtilal komutanıyla röportaj yapabilmek için bekliyordum... Fakat şu anda karşımda, gözü yaşlı bir baba var... Benim de onunla konuşmaya ne zamanım var, ne niyetim var..."

Elindeki iki papazına kare süsü vererek önündeki tüm varlığını masanın ortasına süren bir poker blöfçüsü ciddiyetiyle bunları söyledikten sonra sırtımı döndüm ve tam merdivenin ilk basamağını indim ki...

Kelepçe gücüyle bir el sarıldı bileğime.

Albay **Talat Aydemir**, sıkıca tuttuğu bileğimi yukarı doğru çekti:

"Gel içeri" dedi. "İstediğin her şeyi sor bana... Ben de her şeyin doğrusunu anlatacağım sana..."

Tek tek tümünün içeri girişlerine tanık olduğum arkadaşları, yemek masasının çevresinde ya da küçücük salonun orasında burasında oturuyorlardı.

Talat Aydemir bir koltuğu işaret etti, benim oraya oturmamı istedi. Kendi de, yanımdaki koltuğa oturdu:

"Bu not defterine ne sığar ki?" dedi. "Yok mu daha başka kâğıdın?"

Benim üstümde yoktu... Onun da evinde yoktu.

"Emir verirseniz gazeteye bir telefon edeyim, hemen bir paket kâğıt getirteyim, Albayım" dedim.

Ve telefonu elime alır almaz, telefonun işlemediğini fark ettim.

"Biraz öncesine dek çalışıyordu" dedi. "Yeni kestiler galiba..."

Sonra gözleri birden pencerenin dışına takıldı. Ayakları demir kıskaçlı bir er, evin önündeki telefon direğinin en üst bölümüne çıkmış, büyük boy bir bahçe makasına benzer makasla, direkten uzayıp giden telefon tellerini kesiyordu.

Aydemir, şiş ve kıpkırmızı gözleriyle fotoğrafının çekilmesini istemediği için kullanmama izin vermediği fotoğraf makinemi sehpanın üzerinden aldı, eliyle bana getirdi:

"Çek şunun resmini" dedi. "Çek ve hemen yarınki gazeteye bas... 'Evinin tüm telefonlarını işte böyle kestiler' diye de yaz altına..."

Direğin tepesindeki erin fotoğrafını pencerenin içinden çektikten sonra hemen gitmek istedim:

"Ben şimdi bu filmi gazeteye bırakayım, arkadaşlar yıkasınlar, bassınlar ve bir an önce İstanbul'a yetiştirebilsinler, Sayın Albayım" dedim. "Hem gitmişken, bol bol kâğıt da alırım gazeteden..."

Bir taksiye atladım, gazeteye geldim, filmi Asaf'a verdim, kalınca bir tutam kâğıt aldım ve...

"O kâğıtların yerine ince kâğıt alsan daha iyi edersin..."

Tanıdık bir sesti bu... A-a-a... Genel Yayın Yönetmenimiz **Abdi İpekçi** de gelmiş meğer.

"Hoşgeldiniz, Abdi Bey" dedim. "İnanın görmedim sizi..."

Abdi Bey gülmeye başladı:

"Yalnızca beni değil, hiçbir şeyi görecek halin yok" dedi. "Pantolonunun fermuarını çekiver istersen..."

Bir paket pelür kâğıt, bir kutu karbon kâğıt ve bir de daktilomu aldıktan sonra, soluğu da Albay **Talat Aydemir**'in evinde aldım.

Yalnızca yirmi saat kadar önce başlattığı ve başarısızlıkla sonuçlanan ihtilal girişiminin, yıllar öncesine uzanan öyküsünü anlatmaya başladı **Aydemir**. Onun tüm anlattıklarını, yedi kopya taktığım yazı makinemle kaydediyordum. Bir ara onun ağzından adımı soyadımı duydum.

"Bana galiba bir şey söyleyecek" diye geçirdim içimden ve yazmayı bıraktım, durdum, yüzüne baktım.

"Niçin durdun?" diye sordu Aydemir.

"Bana bir şey söyleyeceksiniz galiba, Albayım" dedim. "Adımı duyunca, yazmayı o nedenle durdurdum."

Anlatacaklarını aynen yazmamı sürdürmemi istedi:

"Bir gece önce, yani 18 Şubatı 19 Şubata bağlayan gece garip bir düş gördüm. Düşümde üniformalı iki Hava Harp Okulu öğrencisinin ortasındaydım. Benim üstümde ise pijamalarım vardı. Hava Harp Okulu öğrencilerinin ellerinde birer sten vardı. Beni tevkif etmişlerdi ve şimdi de aralarına almışlar, bir yere götürüyorlardı. Sıkıntı içinde uyandım ve 'Hayırdır inşallah' dedim. O günüm, bu düşümün etkisi altında sıkıntılı geçti. Akşam saat sekiz dolaylarında *Milliyet* gazetesinden **Mete Akyol** telefon etti. 'Albayım, tevkif edildiğiniz haberleri dolaşıyor. Kusura bakmayın, doğru olup olmadığını araştırmak için evinize telefon etmek zorunda kaldım' dedi. Bu telefon haberiyle bir gece önceki düşümü birleştirdim ve... 'Bir şeyler dönüyor ortada... Bu denli de tesadüf olamaz' dedim kendi kendime. Ve o an karar verdim. Pijamalarımı aldım ve Harp Okulu'na çıktım. O gece ve onu izleyen geceler Harp Okulu'nda yattım."

Albay **Talat Aydemir**'in anlattığı o 19 Şubat akşamı benim de gözlerimde canlandı:

Bizim gazetenin yazı işleri müdürlerinden ve yazarlarından **Ömer Sami Coşar**, Harp Akademisi'nde hocalık da yapardı. Bu nedenle birçok kurmay subayla "hoca-öğrenci" yakınlığı içindeydi.

"Darbe söylentileri"nin zaman zaman 'tedavüle' çıktığı günlerde kapağı Ankara'ya atar, Harp Akademisi'ndeki eski öğrencilerini arar, onlarla bir yandan özlem giderir, bir yandan da onlardan, "cihet-i askeriye"nin havasını alırdı.

19 Şubat 1962 akşamı bizim Ankara bürosuna geldiğinde, beni bir kenara çekti:

"Ne yap yap, Harp Okulu Komutanı Albay **Talat Aydemir**'in evinin telefonunu bul" dedi.

Üç yere sordum, beş yere başvurdum, sonunda istenen telefon numarasını buldum.

"Şimdi o numarayı çevir ve..."

Ömer Sami Coşar abimizin dediğini yaptım... O numarayı çevirdim ve... Telefonda çalma sesini duyunca ahizeyi kendisine uzattım:

"Tamam, abi çalıyor" dedim. "Buyur..."

Ömer Sami Coşar, kendisine uzattığım ahizeye bakmadı bile:

"Telefon açılınca sor: 'Tevkif edildiğiniz haberi geldi... Doğru mu?' diye sor..." dedi.

Telefon, her an patlamaya hazır bir bomba gibi elimde kaldı:

"Ömer Ağabey!" dedim. "Evinde telefonu açan adama 'Tevkif edilmişsiniz, doğru mu?' diye nasıl sorarım, ağabey?.."

Tam o sırada telefon açıldı ve karşıdan gür bir ses geldi:

"Alo... Kimsiniz?.."

"Sayın Komutan Sayın Albay **Talat Aydemir**'le görüşmek istemiştim, efendim..."

Aynı ses, karşıdan yine gürledi:

"Kimsin?.. Sen kimsin?.."

"Efendim, burası *Milliyet* gazetesi... Ben, **Mete Akyol**..."

"Evet, ne istiyorsun?"

"Sayın Albayımla mı konuşuyorum?"

"Evet, benim... Ne istiyorsun?.."

"Sayın Albayım... Kusura bakmayın... Tevkif edildiğinize dair haberler dolaşıyor da... 'Doğru mu acaba?' diye öğrenmek için rahatsız edeyim dedim... Fakat siz şu anda evinizde olduğunuza göre kusura bakmayın, tabii ki doğru değilmiş bu haberler, Sayın Albayım..."

Karşıdaki ses bu kez, daha başka bir gürledi:

"Her kim çıkarıyorsa bu haberleri, söyle ona... Beni tevkif etmeyi düşlerinde bile göremez onlar... Anlaşıldı mı?.."

"Anlaşıldı" diyebilmeme bile fırsatım olmadı, elimdeki telefondan kocaman bir "çat" sesi duyuldu.

Tüm heyecanımı ve öfkemi **Ömer Sami Coşar**'a patlattım:

"Yahu Ömer Ağabey..." dedim. "Akşam akşam bir de asker fırçası yedirttin bana..."

Evinde **Talat Aydemir**'in anlattıklarını yazarken bir ara doğruldum, belimi tuttum.

"Yoruldun, değil mi?" dedi.

"Sizin yüzünüzden tüm gece uyumadım, sabahtan akşama dek de kapınızın önünde beton merdivende oturdum" diyemezdim ya...

Nazlı gelin gibi mırın kırın ettim, bir şey diyormuş gibi yaparak, hiçbir şey demedim.

"Kaç sayfa oldu?" diye sordu **Aydemir**.

Daktilonun üstündeki kâğıdın sağ üst köşesindeki rakama baktım:

"Tam otuzüç sayfa olmuş, Albayım" dedim.

Eliyle dizime vurdu:

"Bu akşamlık bu kadar yetsin" dedi. "Yarın devam edcriz..."

Ertesi gün saat 16.00'da gidecektim **Aydemir**'in evine. Saat 13.00'te gazeteye telefon etmiş, beni evinde çok acele beklediğini söylemiş.

Kâğıtları ve daktilomu yeniden yüklendim, bir gün önceki randevu saatinden ikibuçuk saat önce gittim evine.

"Bırak daktiloyu, kâğıtları" dedi **Aydemir**. "Başka şey konuşacağız... Onun için çok acele rahatsız ettim seni..."

"Estağfurullah, Sayın Albayım... Rica ederim, buyurun..."

Eliyle tavanı işaret etti:

"Bizim üst kattaki tutturmuş, 'İlle de çıksın evden' diyormuş" dedi.

Evinin tavanını işaret ederek Albay **Aydemir**'in "Bizim üst kattaki" dediği kişi, Genelkurmay Başkanı Orgeneral **Cevdet Sunay**'dı.

Ağzımı kapadım, gözlerimi ve kulaklarımı açtım.

"Kırksekiz saat süre tanıdılar bana..." diyerek sürdürdü sözlerini. "Bu süre içinde evi boşaltmam gerekiyormuş... Arkadaşlar sabahtan bu yana tüm Ankara'da benim için kiralık ev arıyorlardı. Biraz önce geldiler. Güzel bir ev bulmuşlar... Gençlik Caddesi'nde... Apartman sizinmiş... Ablanla konuşmuşlar, fakat 850 lira kira istemiş... Senden ricam, ablanla bir konuşuver, şunu 800 liraya indirsin... Bu sabah emekliye sevkedildik ya... Biz de emekliyiz artık... Bundan sonra ömrümüz Sıhhiye Orduevi'yle evimiz arasında geçecek demektir... Aradaki o 50 lira fark, zaten oturacağımız evle orduevi arasındaki dolmuşlara gidecek..."

Albay **Talat Aydemir**, bir kez daha yineledi isteğini:

"Senden ricam, ablanla bir an önce konuşman" dedi. "50 lirayı kessin, 800 lira olarak toparlayıversin kirayı..."

Kafamın içinde bir anda oluşan birbirlerinden farklı sözler, düşünceler, olaylar, göz açıp kapayıncaya değin geçen sürede birbirlerini kovalamaya başladılar. Bu olayların, bu sözlerin, bu düşüncelerin tümünü bir yana ittim, o an öne çıkan görüşümü, kararım olarak bildirdim:

"Ablamla konuşmama gerek yok" dedim. "Şu andan sonra ev, emrettiğiniz kiraya, emrinizdedir, Sayın Komutan..."

Elini uzattı, karşılıklı el sıkıştık. Sonra bırakmadı elimi, beni kendine çekti ve... Yanaklarımı öperken hafifçe fısıldadı kulağıma:

"Komutan, ha?" dedi. "Hani, gözü yaşlı babaydım?"

Ben de onun kulağına fısıldadım:

"Kusura bakmayın, Sayın Albayım" dedim. "O söylediklerim, evinizin kapısını açmak için bir anahtardı, yalnızca..."

BAŞBAKAN İNÖNÜ, KOMUTANININ YÜZÜNE BAKMADIĞI KARA HARP OKULU'NDA

Cumhuriyet Halk Partisi'nin yalnızca altı okuna değil, ilk iki Genel Başkanına da âşık olan CHP eski milletvekili rahmetli babam, **Talat Aydemir**'e ev kiralayan ablamı da, bu konuda aracılık eden beni de evlatlıktan aforoz etmedi ama... İkimize de uzun süre kırgın kaldı:

"İsmet Paşa'ya karşı ayaklanan bir kişiye, kala kala bizim aile mi kaldı kucak açacak, ev kiralayacak?" diye sitem etti bize.

Talat Aydemir yalnızca kiracımız olmakla kalmadı, aman rahmetli babam duymasın, benim ayrıca dostum da oldu. Bir akşam eve dönerken "halini hatırını sormak için" evine uğramıştım. **İsmet İnönü**'nün şimdi bu yazıyla birlikte size de sunduğum, onu "alnını avcunun içine dayamış uyuyor" gibi gösteren fotoğrafını gördü elimde.

"Tam da '**İsmet İnönü** tükenmiştir' başlıklı bir demeç hazırlıyordum" dedi. "Şu fotoğrafı bana versene."

Fotoğrafı vermem şöyle dursun, daha fazla seyrettirmedim bile.

Şimdi anımsamak bile istemediğim sözler söyledi **İsmet İnönü** hakkında da, ona inananlar, onu sevenler için de...

Aramızda giderek yükselen ve giderek bizi birbirimizden daha da uzaklaştıran bir duvarın, en alt sırasının taşları oldular o günler, bu sözler. Duvar yükseldikçe, dostluğumuzun ilk günlerinin sıcaklığı da, giderek soğudu, kayboldu.

Talat Aydemir dostluklarını çabuk kurar, çabuk yıkardı. O nedenle çok yeni dostu vardı, hemen hiç eski dostu yoktu.

Yaşamda varlığına dayanamadığı tek kişi ise **İsmet İnönü** idi.

Sahi... **Talat Aydemir** niçin sevmezdi **İsmet İnönü**'yü?

Nedeni o denli basittir ki... Çünkü **İsmet İnönü** onu sevmezdi de ondan.

Pekii... **İsmet İnönü** niçin sevmezdi **Talat Aydemir**'i?

Onun da nedeni basittir: Çünkü **Talat Aydemir** demokrasiye son vermek, onu başaramasa bile, en azından demokrasiye zarar vermek için hazırlık yapıyordu da, ondan.

İsmet İnönü uyuyor sanıyorsunuz!
Avucunun içindeki mendille terini siliyor, 1963

İsmet İnönü'nün zekâsının ne denli keskin olduğunu anlatmak için "Kafasında dokuz tilki dolaşır, dokuzunun da kuyruğu birbirine değmez" derler ya...

Aslında eksiktir o söz.

İsmet İnönü ayrıca, karşısındaki kişinin kafasında dolaşan tilkileri de izler, gerektiğinde o tilkilerin tümünün kuyruklarını birbirine sıkı sıkı düğümlerdi de. 1962 yılının 31 Ocak akşamı, Özel Kalem Müdürü **Necdet Calp** aracılığıyla Kara Harp Okulu Komutanlığı'na, "Yarın saat 12.30'da Harp Okulu'nu ziyaret edeceğini" ve... "öğrencilerle öğle yemeği yiyeceğini" bildirdiğinde **İsmet İnönü** gerçekte, "ihtilal hazırlığı yaptığını bildiği"

Harp Okulu Komutanı **Talat Aydemir**'in kafasında dolaşan tilkileri kuyruklarından yakalamayı planlıyordu.

Harp Okulu Komutanı Albay **Talat Aydemir**, şubatın birinci günü Başbakan **İsmet İnönü**'yü, Harp Okulu'nun girişinde karşıladı.

Bir protokol genel müdürüne hocalık yapabilecek denli protokol konusunda uzman olan Başbakan **İnönü**, Albay **Aydemir**'in uzanan eline kendi elini zoraki bir biçimde uzatırken, başını başka bir yöne çevirdi, bakışlarını başka noktalara uzattı. **İsmet İnönü** birkaç adım ötede, son sınıf öğrencilerinin oluşturdukları şeref kıtasını teftiş etti. Sonra da, "ev sahibi" komutanların gösterdikleri yolu izleyerek şeref salonuna gitti.

Ev sahibi komutanlar burada, bir "Hoş geldiniz" kahvesi ikram etmek istediler konuklarına. **İsmet İnönü**, ilk kez o an baktı Komutan **Aydemir**'in yüzüne:

"Yemeğinizi yemeğe geldim" dedi. "Önce yemeğimizi yiyelim..."

İnönü, Komutanlığını Talat Aydemir'in yaptığı Kara Harp Okulu'nu ziyaretinde, 1 Şubat 1962

Başta **Aydemir**, arkada Harp Okulu'nun öteki yetkilileri ve öğretmenleri, **İnönü**'yü üst kata çıkardılar, yemek salonuna aldılar.

İnönü başını arkaya çevirdi ve kime konuştuğuna aldırmadan sordu:

"Bu ne böyle?" dedi. "Ben yemeğimi öğrencilerle birlikte yemek istemiştim."

İsmet İnönü'nün asker kimliği ve asker ses tonuyla sorduğu sorusunu Komutan **Talat Aydemir**, bir politikacı kimliğiyle ve bir politikacı ses tonuyla yanıtladı:

"Bugün, ders programındaki bir düzenleme nedeniyle yemeklerini bir saat erken yedi öğrenciler, Sayın Paşam" dedi. "Zatıâlilerinizle birlikte yemek şerefi, bu suretle arkadaşlarıma ve bendenize kalmış oldu."

Yan odadaki biz gazeteciler, baş konuktan ya iki ya da en fazla üç dakika sonra başladık yemeğimize.

Ve çorbalarımızı henüz bitirmiş, patatesli köftemize yeni başlamıştık ki, yan odadakilerin yemeklerini bitirip, odadan çıktıklarını gördük. Konuklar ve ev sahiplerine, alt kattaki şeref salonuna gitmek üzere merdivenleri inerken yetiştik. Başbakanlık Özel Kalem Müdürü **Necdet Calp**'e sokuldum:

"Sayın Paşamız ne kadar da çabuk yedi yemeğini, Necdet Bey?" dedim.

Necdet Calp, "Şimdi yeri değil, sonra konuşuruz" anlamında bir işaret yaptı:

"Bir şey yemedi ki, çabuk yemiş, yavaş yemiş olsun" dedi. "Bir çorba içti, 'Herkese afiyet olsun' deyip, ayağa kalktı."

Şeref Salonu'nda **İsmet İnönü**, kimsenin ev sahipliği ikramını beklemeden bir kanepeye oturdu, kahvesini, Özel Kalem Müdürü **Necdet Calp**'ten istedi. Biraz sonra kahvesi geldiğinde, karşısında oturan tüm komutanlar ve öğretmenler arasından yaşça en gencini ve rütbece en tazesini yanına çağırdı:

"Gel bakalım yanıma, binbaşı" dedi.

Salondaki en genç subay, arkalardaki yerinden fırladı, **İsmet İnönü**'nün karşısında topuklarını birbirine vurdu:

"Emredin, Sayın Paşam" dedi.

İnönü, en babacan ses tonuyla sordu:

"Adın ne senin bakim, binbaşı?"

Yanıt, "Emredersiniz" der gibi geldi:

"**Bahtiyar Yalta**, Sayın Paşam."

İnönü, yine babacan bir tavırla sordu:

"Sen sigara içiyorsun değil mi, Yalta Binbaşı?"

Binbaşı **Bahtiyar Yalta**, birden kıpkırmızı kesildi:

"Hayır, içmiyorum Sayın Paşam" dedi.

İsmet İnönü, eliyle birkaç kez kanepeyi okşar gibi yaparak, işaret etti: "Gel şuraya, yanıma otur ve bir Yeni Harman sigarası yak" dedi. "Sonra da dumanı burnuma doğru üfle... Hadi bakiim..."

Binbaşı **Bahtiyar Yalta**, kanepede **İsmet Paşa**'nın yanına oturdu, cebinden bir paket Yeni Harman sigarası çıkardı, yaktı ve... Utancından kat kat kıpkırmızı kesilerek sigarasının dumanını, **İsmet İnönü**'nün burnuna doğru üfledi.

"Günde kaç paket içiyorsun, Yalta Binbaşı?

Bahtiyar Yalta, ilk yalanında ısrar etti:

"Sigara içmiyorum, Sayın Paşam."

"İki paketi hiçbir zaman bulmuyorsun, değil mi?"

"Hayır, Sayın Paşam..."

"Aman, aman, sayısına çok dikkat etmek lazım... Aynı günde ikinci pakete başlamamak lazım..."

Bugünkü gençlerin "geyik muhabbeti" dedikleri türden bir muhabbet başladı **İnönü Paşa** ile **Yalta Binbaşı** arasında.

İnönü aslında **Bahtiyar Yalta** Binbaşıyla konuşmuş olmak için onunla konuşuyor değildi... Başta Komutan Albay **Talat Aydemir** olmak üzere, karşısındaki komutan ve öğretmenlerle konuşmuş olmamak için, hatta onların yüzlerine bakmış olmamak için yalnızca Binbaşı **Bahtiyar Yalta** ile konuşuyordu.

Tam o sırada pencerelerden büyük bir gürültü geldi.

Bu sesin ne olduğunu sordu **İnönü**.

Albay **Aydemir** yanıt verdi:

"Arazide tatbikat var bugün, Sayın Paşam" dedi. "Öğrenciler araziye çıkıyorlar."

Harp Okulu'nun giriş katındaki Şeref Salonu'nun pencereleri, arkadaki avluya bakıyordu. Avluda ise Harp Okulu'nun tüm öğrencileri, "battle dress" denilen tatbikat kıyafetlerini giymişler, sırt çantalarından mataralarına değin tüm donanımlarını kuşanmışlar, düzenli bir biçimde yürüyüşe geçmişlerdi. Postallarının tabanlarını kaplayan "kabara" adlı ve leblebi büyüklüğündeki demir parçalar, avlunun beton zeminine bölük bölük indikçe, gök gürültüsünü bastırabilecek yoğunlukta bir gürültü çıkıyordu ortaya.

İsmet İnönü elindeki kahve fincanını hızla ve hırsla önündeki sehpaya bıraktı, ok gibi yerinden fırladı ve bir anda yalnızca görünümüne değil, davranış biçimine de egemen olan garip bir öfkeyle kapıya yürüdü, koridora çıktı.

Necdet Calp, portmantodaki paltosunu güçlükle yetiştirdi, hatta tam kapıdan çıkarken güçlükle giydirebildi **İnönü**'ye.

İnönü, çevresindekilerin arasından binanın arka bölümüne geçti. Avluda öğrencilerin büyük bir bölümü yürüyüşe geçebilmek için sıranın kendilerine gelmesini bekliyor, yürüyüş sırası gelenler ise, bir tank ya da bir lokomotif gücüyle avludan çıkıyorlardı.

İsmet İnönü şapkasını sallayarak ve sesinin var gücünü kullanarak "Merhaba asker!" diye bağırdı. Fakat öğrencilerden karşılık alamadı. Çünkü kabaraların betonda çıkardığı gürültü, başka bir sesin duyulmasına olanak vermiyordu.

Bir kez daha "Merhaba asker!" diye bağırdı **İnönü** ve... Yürüyüş halindeki öğrencilerden yine bir karşılık gelmedi.

Kenarda, bir adım arkasında duran Komutan **Talat Aydemir**, **İnönü**'nün yanına sokuldu, kulağına yaklaştı:

"Sizi duymuyorlar, Sayın Paşam" dedi. "Çok gürültü var... Sizi duymuyorlar..."

İnönü başını çevirip de, sağ kulağının dibinde **Talat Aydemir**'i görünce, sağ elini, başparmağı aşağı gelecek biçimde ters çevirdi, avucunu **Aydemir**'in göğsüne yapıştırdı ve tüm gücüyle onu arkaya itti:

"Çekil bakiim sen yanımdan" dedi.

Talat Aydemir, birinci derece göz ve kulak tanığıyımdır, sendeleyerek arkaya çekildi.

İnönü ise kendini, tankın ya da lokomotifin önüne atarcasına bir cesaretle, öğrencilerin önüne attı, bir elini havaya kaldırarak "dur" işareti yaptı.

Bölük, çakı gibi durdu **İnönü**'nün karşısında.

"Merhaba asker."

Öğrencilerin "Sağ ol" yanıtı, dört yanı binayla kapalı avluya açılan tüm pencerelerin camlarını şıngırdattı.

"Nasılsınız?"

"Sağ ol."

"Siz de sağ olun."

İnönü yana çekildi ve biraz önce durdurduğu bölüğü yeniden harekete geçirdi:

"Bölüüüük, ileriiii, marş."

Ve önünden geçen tüm öğrencilerin saygı selamlarını, şapkasını havada tutarak karşıladı, onları arazideki tatbikatlarına uğurladı.

İnönü, son sıranın arkasından kendi de çıktı avludan ve...

Tek kişiye veda etmeden, Başbakanlık makam otomobili olarak kullandığı küçücük Opel'ine doğru yürüdü. Opel'in tam kapısından girerken, koşarcasına kendisine yaklaştım, Harp Okulu'na yaptığı ziyaretinin izlenimlerini öğrenmemizin olanaklı olup olamayacağını sordum.

"Kâğıdın kalemin hani nerede?" diye sordu.

Zati Sungur'un tavşan çıkaran maharetiyle cebimden bir anda kâğıdımı kalemimi çıkardım.

"Harp Okulu'nda bugün, vaktiyle Harp Akademisi'nde yaşadığım günlerimi yaşadım" dedi ve söylediklerini not aldığımı gördükten sonra döndü, Opel'ine girdi.

Harp Akademisi'ndeki günleri ihtilal planları hazırlamakla geçen **İnönü**, o gün o sözünün anlamını kavrayabilenlere, Harp Okulu'nda ihtilal planları hazırlandığının ön haberini vermiş oldu.

İnönü'nün Harp Okulu'nda verdiği haber, o günden tam üç hafta sonra, 22 Şubatta patladı Harp Okulu'nda.

İsmet İnönü'nün **Talat Aydemir**'i sevmemesi için geçerli nedeni vardı.

Talat Aydemir ve arkadaşları, cezaların en büyüğünü gerektirecek "başarısızlıkla sonuçlanan ihtilal" suçunu işlemelerine karşın, yalnızca orduyla ilişkilerinin kesilmesiyle kaldılar, bu işin içinden hiçbir ceza almadan sıyrılabildiler. Çünkü 22 Şubat gecesi Başbakan **İsmet İnönü**, ihtilalcilere iki "babalık" birden yaptı.

Önce bir "baba nasihatı"nda bulundu:

"Kan dökmeyiniz" dedi.

Sonra, bir "baba büyüklüğü" gösterip, bir "baba bağışlaması" yaptı, ardından da bir "baba sözü" verdi:

"Kan dökmeden bu işten vazgeçerseniz, orduyla ilişkilerinizin kesilmesi dışında, hakkınızda hiçbir yasal işlem yaptırmam."

Dünyada hiçbir başarısız ihtilalciye nasip olmayan bu hoşgörü sayesinde **Talat Aydemir** ve arkadaşları, başlattıkları fakat başaramadıkları bir ihtilal sonunda ellerini kollarını sallayarak serbestçe evlerine döndüler.

Bir ihtilal başlatmasına ve başarısızlıkla sonuçlandırmasına karşın hiçbir ceza görmeyen **Talat Aydemir** ve arkadaşları, daha sonra demokratik yöntemlerle sürdürmeyi denedikleri savaşımlarında cezaevini tanıdılar.

Demeçlerinden birinin hakaret taşıdığı saptanınca **Talat Aydemir**, savcı nedir tanıdı, yargıç nedir tanıdı, demir parmaklıkların arkası nedir, onu tanıdı.

Talat Aydemir, Harp Okulu Komutanlığı'ndan da, ordudan da ayrılmasına karşın, beraberliğini hep koruduğu arkadaşları ve ilişkisini hep sürdürdüğü Harp Okulu öğrencileriyle 21 Mayıs 1963 tarihinde, bir ihtilal girişiminde daha bulundu.

Emekli Albay **Talat Aydemir** bu kez de karşısında yine, eski üst kat komşusunu buldu. Harp Okulu öğrencilerinden oluşan "başkaldırıcılar cephesi"nin karşısına, yine Genelkurmay Başkanı Orgeneral **Cevdet Sunay**, emrindeki Türk Silahlı Kuvvetleri'yle çıktı.

Bu tablo, **Aydemir**'in beklemediği bir tablo değildi.

Emekli Albay **Talat Aydemir**, çok yakından tanıdığı karşısındaki bu gücün, arkasındaki Harp Okulu öğrencilerine kurşun atmayacağını çok iyi biliyordu. Çünkü o gece de Türk Silahlı Kuvvetleri'nin gerçek komutanı olduğunu bildiği Başbakan **İsmet İnönü**'nün, Türk askerinin Türk askerine karşı silah çektirmeyeceğini de çok iyi biliyordu.

Aydemir bildiğinde yanılmadı. Türk Silahlı Kuvvetleri'nin başına geçerek karşısına çıkan Genelkurmay Başkanı Orgeneral **Cevdet Sunay**, o gece kendi başına geçen komutan **İsmet İnönü**'nün, "Kesinlikle kan dökülmeyecek" politikasını ya da emrini bir asker sadakatiyle uyguladı ve tek askerine, tek kurşun attırmadı.

Karşısındaki "başkaldırıcılar cephesi"ni ise, kurşundan daha etkili olan bir virgül işaretiyle bozguna uğrattı.

Harp Okulu öğrencilerinin denetimindeki Ankara Radyosu'na gönderdiği bir albaya, radyoda okuması için bir not vermişti. Albay **Ali Elverdi**, yayının yapıldığı stüdyodaki Üsteğmen **İlhan Baş**'a, "albayca" bir emir verdi:

"Elimdeki bu notu okuyacağım... Mikrofonu açtır" dedi.

Üsteğmen **İlhan Baş**, "Emredersiniz Komutanım" diyerek mikrofonu açtı ve Albay **Elverdi**'ye, yayın masasındaki sandalyeyi işaret etti.

Albay **Ali Elverdi**, Genelkurmay Başkanı'nın Türk Ordusu'na duyurusunu okudu. Sabahın ilk ışıklarıyla birlikte radyodan yayılan bu duyuruda Genelkurmay Başkanı Orgeneral **Cevdet Sunay**, "başkaldırıcılar cephesi"nden söz ederken "Talat'ın üçbuçuk askeri" deyimini kullanıyordu. O güne değin hiçbir yerde duyulmamış bu "üçbuçuk asker" deyimi, Aydemir yanlısı askerlerin üzerinde çok olumsuz bir etki yaptı.

Ve önce radyodan, sonra da asker ve hatta komutanların birbirlerinin ağızlarından kulaklarına yayılan "Talat'ın üçbuçuk askeri" deyimi, **Talat Aydemir**'in ikinci "ihtilal girişimi"nin de başarısızlıkla sonuçlanmasında hiç de küçümsenmeyecek etkinlikte bir rol oynadı.

Yıllar sonra Orgeneral **Cevdet Sunay**'ın, arkadaşım olan oğlu Dr. **Atilla Sunay**'dan dinledim şu "gerçeği":

"O gece radyoda 'Talat'ın üçbuçuk askeri' sözünü duyunca, herkes gibi babam da çok şaşırmış" dedi. "Radyoda bir an önce okunması için acele olarak eliyle kaleme aldığı duyurusunu yazarken babam, rakamla üç ve beş yazmış, iki rakamın arasına da tire işareti çekeceği yerde, dalgınlıkla virgül koymuş. Babam 'Talat'ın üç-beş askeri' diye bir ifade kullanmak istemiş ama... Bildiriyi radyoda okuyan **Ali Elverdi**, üç ve beş rakamları arasındaki virgülü görünce bunu, 'Talat'ın üçbuçuk askeri' diye okumuş."

Talat Aydemir'i o geceden sonra Mamak'taki Askeri Mahkemede, sanık olarak gördük. Kendisine sorulan tüm sorular ve yapılan tüm suçlamalar karşısında, aleyhinde olacağını bilmesine karşın, tek sözcük yalan söylemeyi hiçbir zaman kendine yediremedi, böyle korkak bir davranışı, hiçbir zaman onuruyla bağdaştıramadı.

İhtilal girişimlerinin ikisinde de "örnek asker" başarısı gösteremedi ama... İhtilallerin başarısız olanlarının kaçınılmaz sonunu, "örnek asker" onuruyla noktaladı. İdam sehpasına, örnek asker adımlarıyla gitti.

Talat Aydemir yargılanıyor

OSMAN BÖLÜKBAŞI'YLA GÖLBAŞI'NDA

Merhum politikacı **Osman Bölükbaşı**, siyasal inancına sadakati yanısıra kişisel dürüstlüğüyle de Türk siyasal yaşamında özel bir saygınlığın simgesiydi. Kartvizitinde, herkesin bildiği yasal unvanını kullanmak zorunda olmasaydı, ancak çok yakın dostlarının bildiği özelliğiyle tanıtmak isterdi kendini.

Adının altında "Millet Partisi Genel Başkanı" yerinde, şu tanımını görmek istediğini söylerdi:

"Kendini hürriyete, hürriyetini ise milletine adamış bir vatan evladı."

Türkiye'de şimdi birçoğu, günlük yaşantımızın doğal bir uzantısı konumuna gelebilmiş siyasal özgürlüklerimize, insansal haklarımıza ve demokratik davranış biçimlerimize kavuşabilme mutluluğumuzun köklerinde, **Osman Bölükbaşı**'nın hayranlıkla, saygıyla ve hatta özlemle anımsanacak bir inanç düzeyindeki siyasal savaşımı, siyasal yaşamı ile kişisel özverisi de yatmaktadır.

Osman Bölükbaşı, bir siyasal partinin genel başkanı olmasına karşın "zindan" ya da "demir parmaklıklar arkası" diyerek söz ettiği cezaevlerinde zaman zaman, demokrasimizin ergenlik çağının sıkıntı sivilcelerini patlatmak zorunda da kalmıştır...

İsmet İnönü'nün Cumhuriyet Halk Partisi, **Adnan Menderes**'in Demokrat Partisi, daha sonra ise **Süleyman Demirel**'in Adalet Partisi karşısında yıllarca aynı inanç doğrultusunda sürdürdüğü "tek adam particiliği"ndeki başarısını ilerideki yıllarda ise, yalnızca radyodaki onar dakikalık propaganda konuşmalarıyla partisine 35 milletvekilliği kazandırarak kanıtlamıştır.

Türkiye'nin "Demokrasiyi beklerken" öyküsünün giriş bölümünde **Osman Bölükbaşı** ve onun "tek adam savaşımı ve başarısı" her zaman yerini koruyacaktır.

Osman Bölükbaşı zaman zaman, "kavun ve karpuz seçmeyi pek beceremediğini, fakat gazeteci seçmeyi çok iyi becerdiğini" söyler, olanak buldukça anılarını anlattığı, görüşlerini açıkladığı, kimi zaman da fıkra değiş tokuşu yaptığı az sayıdaki gazeteci dostunu zarif bir biçimde, sevgisiyle, sözleriyle okşardı. Onu bir gün yine böyle tatlı tatlı, dalgın dalgın dinlerken içtenliğimle sordum: "Millet Partisi'nin yalnızca genel başkanlığını değil, afedersiniz ama tüm hamallığını siz yapıyorsunuz, Osman Bey" dedim. "Üstelik bir de milletvekilliği gibi ayrıca yorucu bir işiniz daha var. Siz hiç yorulmuyor musunuz? Dinlenmek gereksinimi duymuyor musunuz hiç?"

O da içtenliğiyle yanıtladı:

"Yorulmaz olur muyum?" dedi. "Allah'tan arada sırada Gölbaşı'na ava gidiyorum da, ancak öyle atabiliyorum üstümden yorgunluğumu..."

Onu Millet Partisi ne denli çok yoruyorsa, av partisi de o denli çok dinlendiriyormuş.

Bunları söylerken birden gözleri parıldadı, aklına ertesi gün ava gitme düşüncesi geldi. Bu düşünce yetmedi, onun ardından bir düşünce daha geldi aklına:

"Var mısın benimle gelmeye?" dedi. "Var mısın birlikte gitmeye ava?"

Şimdi de parıldama sırası, benim gözlerime geldi. O an filozoflaştım ve içimden "Madem ki **Osman Bölükbaşı**'yla ava gitmeyi istiyorum..." dedim, sonra da yanıtımın gerisini sesimi yükselterek, **Descartes**'ca verdim:

"O halde varım..."

Ayak bileklerimizin boyunda karlarla kaplı Gölbaşı'na yaklaştığımızda **Osman Bölükbaşı** otomobili durdurttu, penceresinin camını indirdi ve namlusunu dışarı çıkarttığı av tüfeğinin dipçiğini omuzuna yaslayıp, gözünü namlunun ucuna dikti:

"Şu kuşlara bak şimdi, şu kuşlara" dedi.

Kuşlar, telefon tellerine konmuşlardı Gölbaşı yolunda. Kimi alttaki telde, kimi bir üstteki telde ve biraz solda, üçü, dördü iki tel yukarıda ve biraz sağda...

"Aynen do re mi fa gibi duruyorlar değil mi, Osman Bey?" dedim.

Osman Bölükbaşı, nişan aldığı gözünü geri çekti, tüfeğin dipçiğini omuzundan indirdi, namlusunu otomobilin içine soktu.

"Oldu mu şimdi bu yaptığın?" diye sitem etti. "Ava çıkmışız, tellerdeki sığırcıkları gözümüze kestirmişiz, nişanımızı almışız, tam tetiğe basacağız, sen kalkıyorsun, do re mi fa'lara benzetiyorsun kırk yıllık sığırcıkları..."

Osman Bölükbaşı avda, 1968

Siteminin nedenini o an anlayamadım:

"Bunda yanlış ne var, Osman Bey?" dedim. "Telefon telleri bir porte gibi, çizgi çizgi duruyor... Kuşlar da altlı üstlü, sağlı sollu dizilişleriyle, aynen notalar gibi duruyorlar bu çizgilerin üzerinde..."

Yarıya yakın şaka, yarıdan fazla ciddiyetle azarladı beni **Bölükbaşı**:

"Portelerden, nota çizgilerinden söz ediyorsun, do re mi fa'lardan, notalardan bahsediyorsun, sonra da benden, o besteye ateş etmemi bekliyorsun..." dedi. "Avcıyız dedikse katiliz de demedik ya..."

Osman Bölükbaşı, "hatta iki ayaklı olanları da dahil" tüm hayvanları gerçekten seviyormuş ama...

"Bir tanesi hariç..." dedi.

"Hangisi o hariç olan?..."

Yılanmış.

"Yılanı hiç sevmem" dedi. "Sevmedim, sevemedim onu bir türlü..." Sonra da nedenini açıkladı:

"Çünkü siyaset yaşamımda benzerlerini bağrımda çok besledim ve acısını tattım" dedi. "Onların siyaset pazarında satılmaları ve ihanetleri bana çok dokunmuştur. Yılan sokması acısını bana onlar tattırdılar, beni yılandan onlar soğuttular. Onun içindir ki, kendime ait şu sözü daima tekrar ederim:

'Hasmın güllesi tesir etmez, dostun fiskesi yıkar beni.'"

Politikada gördüğü bunca ihanete ve tattığı bunca acıya karşın, politikadan bir türlü neden kopmadığını, kopamadığını da sordum **Bölükbaşı**'ya:

"Bu politika, kaypaklar için rahat bir yoldur ama namuslu 'baş'lar ve liderler için bir işkence ve ıstırap ocağıdır" dedi. "Başların başına çok şey gelir bu politika hayatında..."

Ve konu tam "baş"tan açılmışken, Yozgatlı bir ozanın "baş"la ilgili bir dörtlüğünü hatırladı:

"Baş olanlar övünmesin,
Ne gelirse başa gelir
Diz toprağa yaslanır da
Baş düşerse taşa gelir."

Okuduğu dörtlüğün yorumunu yapmak üzereyken **Osman Bölükbaşı**, birden tüfeğini kaptı ve heyecanla Asaf'a seslendi:

"Hemen şurada durdur arabayı" dedi.

Meslekteki sağ kolum, foto muhabiri arkadaşım **Asaf Uçar**, bizi konuk ettiği otomobilini karlı yolda güçlükle durdurabildi.

Osman Bölükbaşı, kapıyı açıp, elinde tüfeğiyle dışarı çıkarken, bu kez aynı heyecanla bana seslendi:

"Sakın herhangi bir şeye benzetmeye kalkma sığırcıkları" dedi. "Ağzını açma, yeter..."

Ancak, "çifte"sinin iki "bum"undan sonra konuşma hakkıma kavuşabildim:

"İkisi kurtuldu, dördü yengen" dedim kendi kendime.

Günlük konuşmaların bugün tadı tuzu olarak kullanılan "yengen" ya da "yengen olur" sözcükleri, merhum **Öztürk Serengil** tarafından "Şepke" ve "Yeşşe"nin ardından o yıl tedavüle çıkarılmıştı. Bu sözcükler **Osman Bölükbaşı** için belli ki yabancıydı.

Tüm dikkatlerimiz ve tüm heyecanımız av ve sığırcıklar üzerindeyken, Asaf'la "yengen"li, "yengen olur"lu konuşmamızı bambaşka bir biçimde anladı **Bölükbaşı:**

"Bırakın şimdi yengelerinizi, aile meselelerinizi burada konuşmayı" dedi ikimize birden. "Haydi hanginiz daha gençseniz, şuradaki dört sığırcığı getirin bakalım..."

Nüfus cüzdanımın eskimişliği orada da işime yaradı.

İleride, karların içindeki dört sığırcığı bir solukta gidip getirmek görevi Asaf'a düştü.

"Buyurun Osman Bey" dedi.

Osman Bölükbaşı, "Aman bana değmesin" dercesine bir hareketle ellerini havaya kaldırdı, kendini geriye çekti:

"Beni karıştırmayın, beni karıştırmayın" dedi. "Sizin olsun, ikinizin olsun... Benim evimin kapısından da, kendimin boğazından da bugüne dek av hayvanı geçmemiştir."

"Peki avladığınız hayvanları ne yaparsınız?"

Osman Bölükbaşı, yine kendine özgü bir anlatımla yanıt verdi:

"Av hayvanını vurmak Müslümana, yemek gâvura kısmet olur" dedi.

Asaf'la birbirimize bakıştık. Yengeniz olmuş dört sığırcığı, o bana vermek istedi, ben ona ikram etmek istedim.

Dağarcığımızda daha çok sığırcığımız olması için **Bölükbaşı** bizi, Gölbaşı'nın uçsuz bucaksız düzlüklerine götürdü. O, tüfeğinin dipçiğini omuzuna dayayıp, gözünü "gez, göz, arpacık" düzenine uydurdukça ben de, bir silah görünümündeki teleobjektifli fotoğraf makinemi kaldırıyor, gözüme getiriyor ve... Deklanşöre basmak için onun, tetiğe basmasını bekliyordum. Ecelleri gelmiş sığırcıkların, yaşamdaki son fotoğraflarını çekmeye çalışıyordum, böylece.

Osman Bölükbaşı tetiğe basıyor, Mete Akyol deklanşöre

Bir ara, damdan düşercesine sordum:

"Anılarınızı yazmayı düşündünüz mü hiç, Sayın Bölükbaşı?" dedim.

Beni o babacan tavrıyla yine azarladı:

"Yine başladın TRT gibi konuşmaya" deyip bir de öğüt verdi:

"Konuşmanın anlaşılır olanını konuşacaksın, anlaşılır olanını" dedi.

Sonra da, "anı" sözcüğümü düzeltti, "anlaşılır" olanını kullanmamı önerdi:

"Hatıra diyeceksin, hatıralar diyeceksin" dedi. "Unutma, bunu..."

Ve anlaşılır gibi konuştuğumu varsayarak, sorumu yanıtladı:

"Kızlarım pek küçükler henüz" dedi. "Biraz büyüseler kızlar..."

Anılarını yazmasıyla kızlarının henüz pek küçük olmalarının arasındaki bağı anlayamadım.

"Hatıralarımı yazmaya başlasam, onları sevmeye zaman bulamam ki" dedi. "Hele biraz büyüsünler... Aklı aklımıza uygun, gönlü gönlümüze uygun damatlar da bulayım onlara... Ancak ondan sonra düşünebilirim hatıralarımı yazmayı..."

Osman Bölükbaşı bunları söyledikten sonra birden durgunlaştı:

"Çok küçük çocuklar, çok küçükler ama... Yine de benim istediğim denli küçük değiller" dedi.

Sonra durgunluğu gitti üzerinden, o coşkulu tavrı yeniden geldi:

"Bilir misin, ben çocuklarımı çok severim, ayrıca çok da özlerim" dedi. "Evde bir odadan bir odaya geçtikleri zaman bile özlerim onları... Sık sık yolculuklara çıkıyorum ya... Her seferinde yolculuğa çıkmadan diyorum ki çocuklara, 'Ne olurdu ufak olsaydınız da, cüzdanımın içine koyup, sizi de birlikte götürseydim' diyorum. Diyorum ama nerdeee?.. Oğlan iki metreye ulaştı. Cüzdana değil, eve zor sığıyor. Kızlar da daha şimdiden bir altmışı geçtiler."

Gölbaşı'ndan ayrıldık, Balâ'ya doğru yola koyulduk. Yol üstündeki Oğulbey köyünden geçtiğimiz sırada iki vatandaş, otomobilin penceresinden görüp tanıdıkları **Osman Bölükbaşı**'yı alkışladılar, arkasından el salladılar.

"Gördün vatandaşların sevgisini, değil mi?" dedi **Bölükbaşı** ve iki vatandaş tarafından tanınıp alkışlanmasını şöyle yorumladı:

"Politikada acıları teskin ettiren, unutturan, yaralara merhem olan, işte böyle temiz vatandaşların sevgileri ve bağlılıklarıdır. Biz dert ile dolarız, böylelerinin muhabbetiyle boşalırız."

Bir halk ozanının, bir dörtlüğü daha geldi aklına. Onu da okudu:

"Bazı bahar, bazı kış gibi,
Gündüz hayal gibi, gece düş gibi,
Şahin pençesinde yavru kuş gibi,
Çığırta çığırta yedi dert beni."

Hani seçimlerden sonra hemen her parti, seçimden kendini kârlı çıktı sayar ya... Av partisinden dönüşümüzde de bizim hesap aynen öyle oldu. **Osman Bölükbaşı** da, **Asaf Uçar** da, bendeniz de, en kârlı kendimizin döndüğüne inandık av partisinden.

Asaf bu işten en çok kendisinin kârlı çıktığına inanıyordu, çünkü... Fotoğraf makinesinde, birkaçını şimdi bu yazıya ek olarak gördüğünüz ilginç "genel başkan fotoğrafları" vardı.

Osman Bölükbaşı av partisinden en kârlı kendisinin döndüğüne inanıyordu, çünkü... Hem ava çıkmış, bol bol dinlenmişti, hem de "partisinin genel başkanı"nın çok başarılı bir halkla ilişkiler olayını gerçekleştirmişti.

Av partisinden kârlı döndüğüne inananlar listesinin başına ben ise kendimi yerleştirmiştim. Telefon tellerinde sıralanmış kuşları bir besteye benzetip, elini tetiğe götüremeyen... Bir odadan bir odaya geçtiklerinde bile özlediği kızlarını, oğlunu cüzdanına sokup, seyahatlerinde yanında götüremediğine üzülen... Kimi insanlara benzettiği için sevemediği yılan dışında "iki ayaklıları da dahil" tüm hayvanları seven... Ve kendini tanıyıp alkışlayan, arkasından el sallayan iki vatandaşının bu sevgisiyle bile tüm dertlerinden bir anda kurtulabilen... Bambaşka bir **Osman Bölükbaşı**'yı tanımış olarak dönmüştüm av partisinden çünkü...

"Kendini hürriyetine, hürriyetini ise milletine adamış bir vatan evladı"ndan da çok, öz bir **Bölükbaşı** tanıdım o gün Gölbaşı'nda... O gün o öz **Bölükbaşı**'yla döndüm avdan. O günden sonra ise hep o öz Bölükbaşı'yı gördüm seçim meydanlarındaki kürsüde de, TBMM'deki kürsüde de...

EN BÜYÜK BÜYÜKELÇİ BÜYÜK BÜYÜK DERSLER VERDİ AMA...

Amerika'nın "Ortadoğu sorunu", Ortadoğu'nun ise "Amerika sorunu" dediği sorunlar ve olaylar zincirinin ilk halkalarında, Ortadoğu'nun Filistin'inden, Suriye'sinden, Irak'ı ve İran'ından önce "Türkiye'nin Ortadoğusu" yer almaktadır.

Irak'ta bugünlerde hemen her gün yakılan, patlatılan Amerikan askeri araçlarının başına gelen olayların "dedesi" konumundaki ilk olay, yıllar önce "bizim Ortadoğu"da, o kez Amerikan büyükelçisinin makam otomobilinin başına gelmişti ve...

Koskoca Amerika'nın, koskoca büyükelçisinin, hem de önü Amerikan bayraklı koskoca Cadillac marka otomobili, Ortadoğu'nun ortasında yakılmış, bitirilmiş, yarım saat içinde kül ediliver-mişti.

Büyükelçinin makam otomobilini ve o otomobilin önündeki bayrağını yakarak, Amerika'ya açıkça savaş ilan eden kişilerin kim olduklarını ne halk merak etti, ne polis aradı.

Çünkü halk da, polis de, bu işi Ortadoğuluların yaptıklarını çok iyi biliyorlardı.

Ankara'da, kısaca "Ortadoğu" sözcüğüyle anılan ve öyle bilinen o yılların Orta Doğu Teknik Üniversitesi ile, bugünkü herhangi bir Ortadoğu ülkesi arasında yalnızca ad benzerliği değil, her an patlamaya hazır bir "kaynayan kazan" benzerliği de vardı.

O yıllarda da Ortadoğu sözcüğü, başarıyla karıştırılmışlığın ve tüm büyük gözlerin üzerine dikilmişliğin simgesi bir sözcüktü.

Amerikan Büyükelçisi **Kommer**'in makam otomobilinin yakıldığı Ortadoğu Teknik Üniversitesi, bu özel özelliği nedeniyle, bir üniversiteden çok, bir "Amerika karşıtı merkez karargâhı" konumundaydı.

Uzun yıllar Vietnam'da CIA sorumlusu olarak görev yapan Amerikan Büyükelçisi **Kommer**'in, şimdi bu "Ortadoğu karargâhı"nın hem de tam ortasına geleceği haberi duyulunca, Amerikan karşıtı bu cephede çok amaçlı bir sevinç başladı.

Cephedeki "eylemci" öğrenciler, adı hem "Amerika", hem "Vietnam", hem de "CIA" sözcükleriyle birlikte anılan Büyükelçi **Kommer**'in Ortadoğu'ya geleceğini duyunca, sofrasına gümüş tepsi içinde kızarmış tavuk getirilen tilki gibi ellerini ovuşturmaya başladılar; "suyla sabunla ilgisi olmayan" öğrenciler ise, "Büyük şenlik başlıyor" sevinciyle, yerlerinde zıplamaya başladılar.

Boş zamanlarını kendi aralarında savaşarak ya da birbirlerine küsüp bölüne bölüne sol cephecikler kurarak geçiren ve çoğu, bugünlerin başarılı iş adamı ya da holding yöneticisi olan o günlerin "solcu eylemci" öğrencileri, kucaklarında bulunmaz Hint kumaşı değerinde bir hedef bulunca, birbirleriyle savaşmayı bıraktılar, bölünmez bir bütün oluverdiler ve birlikte, Amerika'ya savaş ilan ettiler.

Üst kattaki makam odasında Orta Doğu Teknik Üniversitesi Rektörü Prof.Dr. **Kemal Kurdaş**'ın ikram ettiği limonlu çayını içmekte olan Amerika Büyükelçisi **Kommer**'in, binanın önünde duran önü Amerikan bayraklı Cadillac'ına karşı ilk hücum emrini verdiler:

"Tüm ilerici solcular, ileri" deyip, aynen çocuk masallarındaki "Biri tutmuş, biri kesmiş, biri pişirmiş, biri de afiyetle yemiş" özetlemesinde olduğu gibi, biri Cadillac'ın üzerine elindeki benzin bidonunu boşalttı, biri bir kibrit çaktı, beşi havaya yumruk kaldırdı, on beşi slogan attı, bu eyleme yürekleriyle katılan pasif solcu öğrenciler ile "suyla sabunla ilgisi olmayan" öğrenciler ise "Oldu da bitti maaşallah" deyip, seyircilik görevlerini yerine getirdiler.

Koskoca Amerika'nın koskoca büyükelçisinin, koskoca Cadillac'ı, kaşla göz arasında yandı, bitti, kül olduktan ve... Onu yakan "eylemci takım" mensubu on öğrenci ise Amasya dağlarında düzenledikleri basın toplantısına değin ortalıktan bir hafta toz olduktan sonra...

ABD Büyükelçisi Kommer'in Cadillac arabası ODTÜ öğrencileri tarafından yakılıyor, 1969

Amerika Büyükelçisinin yakılan makam otosu, bizim yetkili makamların, içinden kolay kolay çıkamayacaklarını anladıkları bir baş sorun oldu.

O güne değin yapılan hiçbir sol eylemin hiçbirine benzemeyen bu olayın başrolündeki kişi, üstelik Amerika Büyükelçisiydi.

Tüm yetkililerimiz, işin içinden nasıl çıkacaklarını kara kara düşünürlerken... Tanrı'ya binlerce şükürler olsun, hiç de beklemedikleri bir anda ve hiç de beklemedikleri bir biçimde bizimkilerin imdadına bir anda, Amerika Başkanı **Nixon** yetişiverdi.

"Hey ekselans... Come home" dedi Büyükelçisine.

Büyükelçilik yaptığı bir ülkede makam otomobili yakılan Büyükelçisini Başkan **Nixon**, hiç de umulmadık bir kararla, görevden aldı ve Amerika'ya geri çağırdı.

Bu davranışıyla **Nixon**, Amerika'da hangi geleneği uyguladı, neyi kanıtladı bilinmez ama Türkiye'de, "Amerika'nın varlığından doğan sakıncaları gidermenin yegâne yolu, yine Amerika'dır" sözünü bir kez daha kanıtlamış oldu.

Görev yaptığı her ülkeden kulaklarında "Go home" yankılarıyla ayrılmak zorunda kalan **Kommer**, ilk kez "Come home" çağrısıyla kesin dönüş yapacağı memleketine gitmeden önce, Türkiye'yi şöyle doya doya, bir de turist gözüyle görmek istedi.

İsveç asıllı eşiyle birlikte İstanbul'dan kalkan bir vapura bindi ve... Türkiye'yi doya doya görebilmek için, kıyıdan kıyıdan İskenderun'a doğru yola çıktı.

İstanbul'dan hareket ettikten bir gün sonra **Bay** ve **Bayan Kommer**'li vapura İzmir'den binen yolcular arasında ben de vardım.

Vapur İzmir'den hareket eder etmez **Bay Kommer**'in yanına gittim, kendimi tanıttım. **Bay Kommer** de beni **Bayan Kommer**'e tanıttı.

Güvertede, viski bardakları ve kavrulmuş fındık tabakları çevresinde başlayan **Kommer**'lerle tanışıklığımız, vapur güneye indikçe sıcaklaştı, sıcaklaştı ve hele son gün sıcağın da sıcağı sımsıcaklıkta bir sımsıcaklıkta dostluğa dönüştü.

Ve bu sımsıcak dostluğun, sımsıcak ikliminde, **Bayan Kommer**'i eşine karşı kışkırttım:

"Eşinize 'CIA ajanı' dediler, 'Vietnam Kasabı' dediler, o hiç sesini çıkarmadı" dedim. "Üstüne üstelik makam otomobilini bile yaktılar, ondan yine tek ses çıkmadı. Bu konularda görüşlerini açıklamaya neden cesaret edemiyor, Büyükelçi Kommer?"

Kadıncağızın "bam teli"ne ayağımı basarken, **Bay ve Bayan Kommer**'in ise, aile içi bir sorununa parmağımı basmışım, meğer. Kadıncağız birden yerinden fırladı:

"İnan, kaç zamandır aynı şeyi söylüyorum kendisine" dedi. "Bir türlü ağzını açıp, tek kelime konuşmuyor bu konularda... 'Bunca iftiraya karşılık vermeyip, tümünü kabullenerek eve dönmek sana hiç ağır gelmiyor mu?' diyorum, bana da karşılık vermiyor."

Bayan Kommer'le kafa kafaya verdik, bir anlaşma yaptık. Akşam yemeğinden önce eşine bu konuyu açacaktı ve "Nasıl olsa onbeş gün sonra Türkiye'den ayrılıyoruz... Hazır Mete de burada... Sana yapılan ithamlar konusundaki görüşlerini açıklasana ona" diyecekti.

Bayan Kommer'le yaptığımız plan, kusursuz işledi. Beşinci ve sonuncu akşam yemeğine indiğimizde, **Bayan Kommer** "her şey tamam" anlamında bir göz attı bana. **Kommer** ikna olmuştu... Bana yapacak pek bir iş kalmamıştı. Yemekten sonra bir köşeye çekildik ve... Birlikte "çalışmaya" başladık.

Büyükelçi **Kommer** anlatıyor, ben ise onun tüm anlattıklarını bir yandan ses alma aygıtıma kaydediyor, bir yandan da kalemle kâğıdıma döküyordum.

"Ben bir diplomat değilim, bir entelektüelim" diye başladı **Kommer**. "Ben Türkiye'nin sorunlarına bir Amerikan diplomatı gözüyle bakmadım, bir entelektüelin evrensel düşünce boyutuyla yaklaştım. Türkiye benim bu yaklaşımımdan çok yararlanabilirdi. Fakat hiç yararlanmadı."

Söz "CIA ajanı" suçlamasına gelince **Kommer** gülmesini tutamadı ve "Ben asla bir CIA ajanı olmadım; fakat emrimde yüzlerce CIA ajanı çalıştırdım" dedi. "CIA'de çok üst makamlarda görev yaptım çünkü..."

Mete Akyol, Bay ve Bayan Kommer Akdeniz gezisinde, 1969

Ve bir de öğüt verdi:

"Ben bir Amerikan vatandaşıyım, CIA de bir Amerikan kuruluşudur" dedi. "CIA'nin görevi haber almak, bilgi toplamak ve bunları değerlendirmektir. Bir ülkede bu hizmet yapılamıyorsa eğer, ileride o ülkenin başına çok dertler açılacağından kuşkunuz olmasın. Ülkem için böylesine yararlı bir kuruluşta hem de sorumlu makamlarında görev yaptım diye niçin suçlanıyorum, onu anlayamıyorum... Ya da beni suçlayanlar neyin ne olduğunu anlayamıyorlar."

Ya Türkiye'deki sol tehlikeye nasıl bakıyordu **Kommer**?

"Türkiye'de asla bir sol tehlike yoktur" dedi. "Çünkü Türkiye'de, sol diye bir şey yoktur."

Yıl 1969... Ülkenin hemen her üniversitesinde işgaller, boykotlar oluyor... Dövülen, hatta vurulan öğrenciler var...

"'Türkiye'de sol diye bir şey yoktur' sözünü nasıl söyleyebilirsiniz, Bay Büyükelçi?" dedim. "İki-üç ay önce otomobilinizin yakıldığını da görmezlikten gelemezsiniz ya..."

Yine gülümseyerek yanıtladı **Kommer**:

"Türkiye'de yalnızca, kimi heyecanlı, kimi saf, kimi de hem heyecanlı hem de saf öğrenciler var" dedi. "Onlar kendilerini solcu sanıyorlar. İki gün sonra önlerine, ilgilerini başka bir yöne çekecek başka konular gelince, solcu olmadıklarını o zaman kendileri de göreceklerdir."

"Ya yazarlarımız?.."

"Yazarlarınız da Batı'nın anladığı anlamda solcu değiller" dedi. "Çoğu kendini solcu sanıyor ama... Biraz derinlerine inerseniz görürsünüz... Kimi hümanist, kimi milliyetçi, kimi faşist... Kendini solcu sananların çoğu, aslında ne olduklarının ayırdında bile değiller."

İçime bir kuşkudur düştü:

"Fakat hiç değilse politikacılarımız arasında solcu olanlar vardır, değil mi?" dedim.

Kommer yine gülümsemeyle karşıladı sorumu:

"Bırakın solculuğu, politikacılarınız, politika biliminin bile ayırdında değiller henüz" dedi. "Bir **İsmet İnönü**'nüz vardır politikacı olarak. O da yalnızca Türkiye'de değil, dünya politikasında bir kişiliktir. Ondan başka önemli bir politikacınız daha vardır ki, o aynı zamanda gerçek ve önemli bir solcunuzdur. Ona çok dikkat etmeniz gerek..."

Adını sordum, onu da söyledi:

"**Mihri Belli**" dedi.

Türkiye'de görev yaptığı sürece **Kommer** hemen her gün umutla beklemiş ki, bir gazeteci, bir yazar gelsin, kapısını çalsın ve kendisiyle görüşsün de, Türkiye'de hemen herkesin görüş ileri sürdüğü bir konuda kendisinden rakamlar istesin.

Bugünün "sakız" konumuz nasıl Avrupa Birliği konusu ise, o günlerin "sakız" konusu "yabancı sermaye" idi.

"'Yabancı sermaye Türkiye'yi sömürüyor' diye yazarlarınız da politikacılarınız da konuşuyorlar, yazıp çiziyorlar; fakat hiçbiri de bu konudaki rakamlar nedir, onları öğrenmek istemiyor" dedi **Kommer**. "Herkes, yabancı sermayenin kâr olarak Türkiye'nin dışına büyük paralar çıkardığını söylüyor; fakat kimse gerçek rakamların ne olduğunu merak etmiyor, gelip öğrenmek istemiyor. Yugoslavya bir komünist ülkedir. Oradaki yabancı yatırımların tutarının, Türkiye'dekinin kaç yüz misli olduğunu belgeleriyle bir gazeteciye anlatabilmeyi çok isterdim ama buna fırsatım olmadı. Çünkü kimse merak etmedi bu soruların yanıtlarını..."

Türkiye'deki sanayiden söz açacak oldum, sözümü, üçüncü sözcüğümden sonra ağzıma tıkadı **Kommer**:

"Ne sanayiinden söz ediyorsunuz Türkiye'de?" dedi. "Bir-iki tane montaj atölyeniz var, onu sanayi sanıyorsunuz. 'Türkiye'de sanayi vardır' diyebilmeniz için, var olduğunu ileri sürdüğünüz sanayinizin ürünlerini uluslararası alanlarda rekabete çıkarabilmeniz gerekmektedir. Hem kalite açısından rekabet, hem de fiyat açısından rekabet... İçine yağmurlukla binilen bir Anadol yapıp, bunu Batı'nın lüks otomobilleri fiyatında satmaya kalkışmak sanayicilik değildir. Türk sanayiinin ne düzeyde olduğunu anlayabilmek için, yalnızca gümrük duvarlarını kaldırmanız bile yeterli olacaktır."

Kommer, Türkiye'deki demokrasiye de verdi, çattı:

"Siyasal partilerin sayılarının çokluğu, o ülkedeki demokrasinin göstergesi değildir" dedi. "Demokrasilerde önemli olan özellik, değişik görüşlerin örgütlenebilmesi özelliğidir. Bu konuda da aşamaya gereksiniminiz var..."

Yalnızca demokrasi konusunda değil, Türkiye'nin hemen her konuda büyük bir gereksinim içinde olduğunu söyledi. Neye gereksinimimiz olduğunu da açık açık söyledi:

"Değişime, değişime, değişime" dedi. "Hemen her konuda değişime gereksiniminiz var..."

Amerika'nın Türkiye Büyükelçisi **Kommer**'in 1969 yılında açıkladığı bu görüşleri o yıl, başını kimi politikacı ve köşe yazarlarının çektiği çok kişinin öfkelenmesine neden oldu.

O günlerin üzerinden şimdi kırk yıla yakın süre geçti. O süre içinde Türkiye'de değişik değişik partiler kuruldu, değişik değişik görüşler, kendilerine özgü değişik değişik cephelerde, değişik değişik biçimlerde örgütlenebildiler; değişik değişik görüşleri savunan, değişik değişik politikacılarımız çıktılar sahneye... Yalnızca politikacılarımız ve partilerimiz değil, gazetelerimiz de değişik değişik oldular, gazetecilerimiz de değişik değişik oldular, kentlerimiz, kaldırımlarımız bile, o kentlerimizde yaşayan, o kaldırımlarımızda yürüyen insanlarımız bile değişik değişik oldular, konuştuğumuz dilimiz, aldığımız, verdiğimiz selamımıza değin hemen hemen tüm "hal ve gidiş"imiz de değişik değişik oldu ama...

Gerçek anlamda bir değişiklik olmadı, olamadı, değişiklik gereksinimimizde...

DENİZ GEZMİŞ "ÇİFTE TABANCALI POLİS"LE...

Emniyet Genel Müdür Yardımcısı **Halit Elver**'in, bir koltuğunda üç karpuz vardı.

Genel müdür yardımcılığından başka, Uluslararası Polis Örgütü Interpol'ün Türkiye temcilciliği ile, Narkotik Büro daire başkanlığı, onun hem koltuğunda taşıdığı üç önemli karpuzu, hem de omuzlarında taşıdığı üç önemli görevi idi.

Halit Elver, özelikle son iki görevi nedeniyle, uluslararası mesleksel toplantılara ve çalışmalara katılmak için sık sık yurtdışına giderdi. Büyük bir bölümü, "Uluslararası polis yöneticileri arasındaki bilek güreşi" niteliğindeki bu toplantılardan, çoğu zaman mesleksel zafer, zaman zaman da mesleksel şampiyonluk kazanarak dönerdi yurda.

Yurtdışından her dönüşünde, o gidişinde kazandığı başarısının ödülü olan kimi zaman bir rozeti, kimi zaman bir madalyayı, kimi zaman da bir şildi "ıslatmak" için birlikte bir öğle yemeği yer, şerefe ayran bardaklarımızı tokuştururduk.

Bir yurtdışı dönüşü yemeğimizde **Halit Elver**, son zaferinin ödülünü lokantada göstermek istemedi.

"Yemekten sonra Genel Müdürlüğe gideriz, kahvelerimizi benim odada içeriz" dedi. "Orada gösteririm sana yeni cicimi..."

Halit Elver'in son Avrupa seferinin ve son Avrupa zaferinin ödülünü, Emniyet Genel Müdürlüğündeki odasında gördüm.

Kabzası sedef mi, fildişi mi desem, en az bu maddeler denli zarif bir maddeyle kaplanmış, Smith Wesson bir tabancaydı, bu son ödülü.

Yeni doğmuş torununu elleriyle havaya kaldırıp, hayranlıkla seyreden bir dede sevecenliğiyle tanıttı tabancasını:

"Duruşundaki şu zerafete bak, Allahaşkına" dedi. "Kuğu gibi değil mi, ha?"

Askerlik görevimin bile bana sevdiremediği silahı kuğuya benzetip, üstüne üstlük bir de "duruşunda zerafet görmesi" **Halit Elver**'in bir ölüm makinesini değil, mesleğini sevmesinin işaretleriydi.

O mesleksel sevgisi nedeniyle de, o "zarif" Smith Wesson'unu, görev süresince resmi tabancasının komşusu yaptı, belinin öteki yanında da onu sürekli olarak taşımaya başladı.

Bu sevgisi nedeniyle ise meslektaşları ve dostları arasında adı, "Çifte tabancalı polis"e çıktı, hep de öyle kaldı.

Halit Elver'in sekiz-on adım ötesinde, **Deniz Gezmiş**'le burun buruna geldiğimde aklıma birden onun, belinin sağındaki ve solundaki bu iki tabancası geliverdi. Ense kökümde o an bir ürperti belirdi.

"Bir bahane uydur, hemen ayrıl yanımdan" dedim **Deniz Gezmiş**'e. "**Halit Elver**'le birlikteyim..."

Deniz Gezmiş, bir sağa, bir sola çevirdi başını, kimseyi göremedi:

"**Halit Elver** mi?" dedi ve sorusunu, onun takma adıyla pekiştirdi:

"Çifte tabancalı polis, yani... Hani, nerede?"

Gözlerimi, kolunun yanından, arkasına doğru kaydırmamaya özen gösterdim, sesimi de biraz hafiflettim:

"Sakın başını arkana çevirme" dedim. "Yanımıza geliyor ama merak etme, nasıl olsa seni şahsen tanımıyor... Gelince de bir bahane uydurursun, yanımızdan ayrılırsın... Ben idare ederim gerisini..."

Deniz Gezmiş, birkaç saniyelik fırsatı değerlendirdi:

"Orta Doğu (Teknik Üniversitesi) ne zaman açılacak, abi?" dedi. "Bir bilgin var mı?"

Ben de saniyelerle yarışarak yanıt verdim:

"İstanbul'dan geliyorum" dedim. "Üç-dört gündür Ankara'da olup bitenlerden haberim yok."

Biraz öteye park ettiği otomobilinden çıkıp, şimdi **Deniz Gezmiş**'in arkasından bana doğru gelen **Halit Elver**'in birkaç adım ötesinde ise, sokak lambasının oluşturduğu gölgelik yerde, iki kişinin siluetini gördüm.

"Yalnız değilsin galiba?" dedim.

"Hayır, yalnız değilim" dedi Deniz. "Arkadaşlarla beraberiz."

Eskişehir'de, Orduevi'nin karşısındaki kafeteryanın kapısı önündeydik. Yanlamasına esen sert rüzgâr, kar tanelerini de yanlamasına savuruyordu.

Yıllardan 1971, aylardan Şubat, günlerden ayın üçü, saatlerden ise akşamın sekizi idi.

İş Bankası'nın Ankara Emek Mahallesi'ndeki Emek Şubesi'nin soyulması olayının üstünden tam yirmiüç gün, dört saat geçmişti.

Deniz Gezmiş, **Yusuf Aslan** ve **Hüseyin İnan**'ın, tümüyle siyasal nedenlerle gerçekleştirdikleri bu banka soygununu, 1960'lı yılların balayı sarhoşluğundan yeni yeni uyanmaya başlayan o günlerin basını, "Dört gangsterin banka soyması" sanmıştı ve okurlarına da olayı o biçiminde duyurmuştu.

12 Ocak 1971 tarihli gazeteler, "Ankara'da silahlı dört gangster İş Bankası'nı soydu" başlıklarının altında, "Soygunda kullanılan otomobilin, Eskişehir yolunda terk edilmiş vaziyette bulunduğunu" da bildiriyorlardı.

Polisler de aynı yanılgı içine düşmüşler, ancak bir gün sonra "kendilerine gelebilmişler" ve önce banka soygununun gerçek nedeniyle, soyguncuların kimliklerini saptamışlar, sonra da olayın, hemen her öğrenci olayında tanıştıkları ve bu nedenle kendileri için hiç de "meçhul" olmayan "failler"ini, "Ya şurdadır ya burda, helvacının dükkânında" yöntemiyle aramaya koyulmuşlardı.

Polislerin, Ankara'yı kazan, kendilerini kepçe yaptıkları bu çalışmalarda "arayıp da bulamadıkları banka soyguncusu" **Deniz Gezmiş**, şu anda Eskişehir'de benim karşımda, "çifte tabancalı polis" **Halit Elver**'in ise, beş adım önündeydi.

AYDIN

PAY KUPONU PAY KUPONU

★ 12 OCAK 1971 SALI ★ 50 KURUŞ

Ankara'da dört silâhlı gangster İş Bankasını soydu

Dün saat 16 sıralarında Ankara'nın göbeğindeki İş Bankası Emek Şubesine otomobille gelen soyguncular vezneden 124 bin lira alıp kaçtılar

● Gangsterlerin önceki gece çaldıkları ve soygun sırasında kullandıkları 06 EF 109 plakalı 1958 model Pontiac marka otomobili polis Eskişehir yolunda terkedilmiş vaziyette buldu...

12 Ocak 1971 tarihli manşet

Beş adımlık uzaklık dört adım oldu, üç, iki, bir adım oldu ve... **Halit Elver** de yanımıza geldi, bize katıldı.

"Ne o, burada da mı bir tanıdık buldun?" dedi bana.

Ben ise, "Ankara'dan tanıyormuş beni... Buraya teyzesinin yanına gelmiş de... Tesadüf..." derken, **Halit Elver** elini uzattı, **Deniz Gezmiş**'e döndü:

"Merhaba kardeşim" dedi. "Ben Halit Elver..."

Deniz Gezmiş kendini elbette tanıtmadı:

"Memnun oldum, efendim" dedi, sustu.

Tam bu sırada kafeteryanın kapısı açıldı, bir garson içeri buyur etti bizi:

"Donacaksınız tipide, beyler" dedi. "Buyrun, içeri buyrun... Nefis mercimek çorbamız var..."

Halit Elver'in aklı fikri Eskişehir'in meşhur salebindeydi.

"Burada en iyi salep nerede bulunur?" dedi garsona.

Belli ki kafeteryada salep yoktu:

"Bu saatte salebi ne yapacaksınız, beyim?" dedi garson. "Nefis mercimek çorbamız var... Şahane tas kebabımız da var..."

Halit Elver, nedense salebi takmıştı diline:

"Canım, önce çorbamızı içeceğiz, yemeğimizi yiyeceğiz, elbette" dedi. "Ben, yemekten sonra nerede bulabiliriz burada en iyi salebi diye soruyorum."

Sonra garsonu bıraktı, **Deniz Gezmiş**'e döndü:

"Madem buralısınız, siz de bilirsiniz" dedi. "Eskişehir'de en iyi salep nerededir?"

Deniz Gezmiş, kalın kumaştan yapılmış bir palto giymiş, özenle tıraş olmuştu.

Elini uzattı, kentin iç bölümlerine doğru koyulaşan karanlıkları işaret etti:

"Şu ilerideki ışıktan sağa dönünce, biraz ileride bir pastane vardır" dedi. "Oranın salebi çok iyidir."

Deniz Gezmiş'in bu yanıtına kafeteryanın garsonu çok şaşırdı:

"Senin o dediğin yerde pastane mastane yok, efendi" dedi ve yine **Halit Elver**'e döndü:

"Eskişehir'de yalnızca istasyonda satılır salep" dedi. "İstasyondan başka bir yerde salep bulunmaz burada."

Garsonun bu sözleri **Deniz Gezmiş**'in canını sıktı.

Lafa ben karıştım hemen:

"Yahu donduk burada, kapının ağzında" dedim. "İçeri girelim de, önce sıcak bir çorba içmeye bakalım."

Garson bir adım geri çekildi, kapıdan girişi kolaylaştırdı.

Ben elimle **Halit Elver**'e yol gösterdim:

"Sen önden buyur, abi."

Deniz Gezmiş'e döndüm, yanak yanağa öpüştüm:

"Haydi eyvallah, kardeş" dedim ona. "Ankara'da ara beni... Büroya gel, görüşelim..."

Halit Elver de vedalaştı **Deniz Gezmiş**'le:

"Allahaısmarladık kardeşim" dedi. "Tanıştığımıza memnun oldum."

Kafeteryada, garsonun da ısrarıyla önce birer mercimek çorbası içtik, arkasından yine garsonun ısrarı karşısında çaresiz kaldık, birer de tas kebabı yedik.

"Tatlı olarak ne yiyelim, garson bey?"

Garsonun isteği uyarınca tatlı olarak da sütlaç yedik.

Yarım saatlik yemek paydosundan sonra, Ankara'ya doğru yolumuza devam etmek üzere arabaya giderken, ben durdum, **Halit Elver**'e bir öneride bulundum:

"İstersen sen önden çık, arabayı ısıt, abi" dedim. "Sen arabayı ısıtırken ben boşu boşuna donmayayım. Araba ısınınca bir klakson çalarsın, tamam... Ânında oradayım."

Halit Elver'in aklı yattı bu önerime. Önden gitti, arabayı çalıştırdı. Bir süre sonra klakson çalıp, arabanın ısındığını bildirince, ben de yerimden kalktım, kafeteryanın kapısından çıktım ve o an yine burun buruna geldim **Deniz Gezmiş**'le:

"Deniz, kardeşim... Lütfen yok ol, kaybol, toz ol..." diye yalvardım. "Yanımdakinin kim olduğunu söyledim sana... Allah saklasın, bir terslik olacak, hayatım boyunca affetmeyeceğim kendimi... Lütfen..."

Deniz Gezmiş ise kafayı Orta Doğu Teknik Üniversitesi'nin ne zaman açılacağına takmıştı:

"Biraz önce dediğini tam olarak anlayamadım, abi" dedi. "Orta Doğu ne zaman açılacak? Bu konuda bir bilgin var mı? Buna çok ihtiyacımız var."

Bir çırpıda ve tane tane anlattım: "Bak, benim bir arkadaşımın düğünü vardı geçen hafta İstanbul'da" dedim. "Onun için bir haftadır Ankara'da değilim, İstanbul'dayım... Son bir hafta içinde Ankara'da ne oldu, ne bitti haberim yok... İki gün önce de Halit Abi geldi İstanbul'a... Orada buluştuk. Ankara'ya kendi arabasıyla birlikte dönmemizi önerdi. Bursa Emniyet Müdürü **Şükrü Balcı**'yla iki saatlik bir işi varmış; o nedenle de Bursa Eskişehir üzerinden dönüyoruz şimdi Ankara'ya."

"Halit Bey'in beni tanımadığından eminsin, değil mi?"

"Tabii eminim... Nereden tanıyacak?.. Nasıl tanıyacak?.. Son günlerde bir hayli fotoğrafın yayımlandı gazetelerde ama... Hepsi de eski fotoğraflardı. Parkalı fotoğrafların, üç-beş günlük sakallı fotoğrafların... Bu halin çok farklı o fotoğraflardan."

Deniz Gezmiş'in arkasında, sokak lambasının aydınlattığı sınırlı bölgenin bittiği yerin iki adım ötesinde, iki kişinin siluetini yine gördüm.

Koşa koşa arabaya girdim.

"Oh, fırın gibi ısınmış araba..."

Halit Elver, on dakika önceki **Halit Elver** değildi. Biraz donuktu şimdi.

Arabayı hareket ettirirken, umursamazmış gibi sordu:

"Senin deminki arkadaş değil miydi, o?" dedi.

"Evet, oydu."

"Ne istiyormuş?"

"Hiiiç..." dedim. "Bir yerden dönüyormuş da... Tesadüf işte... Ben tam kapıdan çıkarken o da lokantanın önünden geçiyormuş... Kendi de hayret etti bu tesadüfe..."

Yolda altmış-yetmiş metre kadar ilerledikten sonra, Ankara yoluna girebilmek için sola dönmemiz gerekiyordu.

Halit Elver dönmeden önce son bir kez daha baktı dikiz aynasından:

"Allah Allah" diyerek, hem kendi kendine söylenir gibi yaptı, hem de bana bir şeyler duyurur gibi yaptı.

"Allah Allah... Senin arkadaş elektrik direğinin dibinde dimdik duruyor, bizi seyrediyor... Bak, hâlâ kıpırdamıyor, olduğu yerde heykel gibi duruyor."

Halit Elver'in dikiz aynasından görüp naklettiklerini kendi gözlerimle görebilmek için arkaya döndüm, arabanın arka camından baktım:

Deniz Gezmiş, bir siluet olarak gerçekten kıpırdamadan öyle duruyordu.

"Yolcu yolunda gerek, Halit Abi" dedim. "Haydi bir bismillah çekiver de, Ankara'ya doğru gazla..."

Biraz günün yorgunluğunu bahane ettik, biraz sıcak çorbayla, tas kebabının rehavetini bahane ettik ve... Ankara'ya gelene dek ikimiz de pek konuşmadık galiba... Ben hatta, uyukladım ya da uyuklar gibi bile yaptım, bir ara.

O sabah biraz geç uyandım; gazeteye de biraz geç gittim. Masamın üstünde iri iri harflerle yazılmış bir not buldum:

"Sayın Halit Elver aradı. Gelir gelmez telefonunuzu bekliyor. Aceleymiş..."

Telefonu açtım, hal hatır sordum. **Halit Elver** hiç de oralı değildi:

"Gazeteleri gördün mü bu sabah?" dedi.

Çok geç uyandığımı, büroya ise biraz önce geldiğimi söyledim.

"Daha sabah kahvemi bile ısmarlamadım, abi" dedim. "Hele önce afyonumuz bir patlasın, sıra gazeteleri de okumaya gelir elbet."

Halit Elver'in şakadan da, sohbetten de nasibi yoktu bu sabah.

"*Günaydın* gazetesine bir baksana" dedi.

Gazeteleri karıştırdım, aralarından *Günaydın* gazetesini çıkardım, en üste koydum:

"Tamam abi" dedim. "*Günaydın* gazetesi önümde..."

"O halde birinci sayfadaki fotoğrafa bak."

Gazeteye dikkatle bakar bakmaz, **Deniz Gezmiş**'in basında yayımlanan ilk "doğru dürüst" fotoğrafıyla yüz yüze geldim.

Bu fotoğraftaki yüz ile dün gece Eskişehir'de görüştüğümüz kişinin yüzü aynıydı.

Söyleyecek bir sözüm olmadığı için, bir süre konuşmadım, konuşamadım.

Telefondaki sessizliği **Halit Elver** bozdu:

"Bak Mete" dedi. "Sen gazeteci olarak, ben de polis olarak dün gece, hayatımızın en önemli işini kaçırdık."

Ben yine bir şey söylemiyordum.

Halit Elver devam etti:

"Şimdi sen de söz ver, ben de söz vereyim" dedi. "Bu olaydan hiçbir yerde, hiçbir zaman, hiç kimseye bahsetmeyeceğiz... Tamam mı?"

Zar zor, "Tamam abi" sözü çıkabildi ağzımdan.

"Çifte tabancalı polis" Halit Elver (sağdan ikinci)

"Bir kişi duyarsa bu olayı..." diye sürdürdü konuşmasını, "sen basın camiasında, ben de emniyet camiasında bir numaralı aptal ilan ediliriz. Öyle değil mi ama?"

Sesimi yine zar zor çıkarabildim:

"Öyle, abi" dedim. "Haklısın."

Şimdi burada sizin için yeniden kaleme aldığım bu yazımı, yıllar önce yayımlanan *Hem Yaşadım Hem de Yazdım* kitabım için yazmaya karar verdiğimde, **Halit Elver**'i bizim eve davet ettim.

Olayı en ince ayrıntılarına dek birbirimize yineledik:

"Keşke onu o an tanıyabilseydim de, hemen oracıkta kıskıvrak yakalayabilseydim" dedi emekli **Halit Elver**. "Kendilerini idama götüren öteki olaylara karışmaktan kurtulmuş olurlardı... Ve şimdi, üçü de yaşıyor olurdu..."

Sözü değiştirdim, kendisinden isteyeceğim izne getirdim:

"İzin verirsen bu olayı şimdi yazmak istiyorum, abi" dedim. "Olayın üzerinden yirmi yıldan fazla süre geçtikten sonra, birbirimize o günlerde verdiğimiz sözü de, şimdi el sıkışarak bozabiliriz, değil mi?"

Saçları ak ak olmuştu **Halit Elver**'in.

"Tamam" dedi. "Sözümüzün geçerlilik süresi bitmiştir. Aradan geçen bunca yıldan sonra, bu olayı artık anlatabiliriz de, sen ise hatta yazabilirsin de..."

Bu anımı ilk kez, olaydan yıllar sonra, ancak o dost "vize"sinden sonra kaleme aldım.

Bu arada, kendisinden bile o güne değin saklı tuttuğum bir gerçeği ise, **Halit Elver** de o kitabımın okurlarıyla aynı anda öğrenebildi.

Eskişehir'de konuştuğumuz gencin kim olduğunu benim o akşam da bildiğimi, kitabım yayımlanıncaya dek bir türlü söyleyememiştim polis dostuma...

ERHAN'I ASKER VURDU, CUMHURBAŞKANININ OĞLU AMELİYAT ETTİ

Türkiye'nin darbeler tarihinde, sondan bir önceki sırasını koruyan 12 Mart 1971 olayından tam bir hafta önce, 5 Mart 1971 Cuma günü, Orta Doğu Teknik Üniversitesi öğrencileri ile, konuşlandırıldığı Nevşehir'den özel olarak Ankara'ya getirilen Türk Silahlı Kuvvetleri Komando Birliği arasında, o yılların günübirlik savaşlarından biri yapıldı.

Komando Birliği'ne, Türk Silahlı Kuvvetleri'nin "İsimsiz kahramanı" bir albay komuta ediyordu. Öğrenci cephesinin başında ise, ODTÜ Öğrenci Dernekleri Birliği Başkanı **Erhan Erdoğmuş** yer alıyordu. Gün doğumundan gün batımına değin süren savaşın bilançosuna göre, yaralılar dışında her iki taraf da birer kayıp vermişti.

Öğrenci cephesinde bir de ciddi boyutta yaralanma olayı vardı ama bu olay şimdilik bir sır olarak tutuluyor, komando cephesinin bilgisinden saklanıyordu.

Yaralanan, öğrenci cephesi komutanı, **Erhan Erdoğmuş**'tu. Bacağının "baldır" denilen, diz altındaki bölümünün arka tarafına iki kurşun saplanmıştı ve... İki kurşun da, bacağın girdikleri o yerinde saplanmış, kalmıştı.

"Amiral battı" oyununda, amiral gemisinin yara alması gibi bir olaydı bu. Yara alan amiral gemisinin onarılmak üzere kesinlikle tersaneye çekilmesi gereği gibi, yaralı komutanın da tedavi edilmek üzere, kesinlikle hastaneye kaldırılması gerekiyordu.

İlkokul çocuklarının "tavşan kaç" oynarken, omuzlarını birleştirip, el ele tutuşup oluşturdukları "geçit vermez daire" örneği, komando birliği erleri de omuz omuza değercesine bir sıklıkla oluşturdukları kendi "geçit vermez daire"leriyle, koskoca Orta Doğu Teknik Üniversitesi'ni kuşatmışlar, dışarıdan içeriye olduğu gibi, içeriden de dışarıya kuş uçurtmuyorlardı.

Peki, yara almış amiral gemisi, onarılmak üzere tersaneye nasıl götürülecekti? İlerideki yıllarda önce "zoraki" Parti Genel Başkanı, sonra "zoraki" Başbakan Yardımcısı olan Prof.Dr. **Erdal İnönü**, o yıllarda Orta Doğu Teknik Üniversitesi'nin rektörüydü.

Başbakan Yardımcılığı döneminde Fransa Cumhurbaşkanına, "Kürt halkı ve PKK iki ayrı unsurdur. Onları birbirinden ayrı tutmak gerekir" dedirtebilecek denli karşısındakine derdini anlatabilen Prof.Dr. **Erdal İnönü**'nün, o gün derdini kime anlattığını, nasıl anlattığını kimse bilmez ama...

Bir bacağında iki kurşun yarasıyla **Erhan Erdoğmuş**'un, komando kuşatması altındaki ODTÜ'den, nasıl olduğu bugün bile kesinlikle bilinmeyen bir biçimde çıkabildiğini hemen herkes bilir.

Komando kuşatmasından sıyrıldıktan sonra doğruca hastaneye gitmesi beklenen **Erhan Erdoğmuş**, hastane yerine o gün *Devrim* dergisinin bürosuna gitti ve... Orada kaşla göz arasında bir basın toplantısı düzenleyerek, bu kez polislerle "tavşan kaç, tazı tut" oyunu oynamaya başladı.

İki saat önce ODTÜ'den "kaçan", "komando çemberini aşan", üstelik bir de basın toplantısı yapan **Erhan Erdoğmuş**'u kıskıvrak yakalamak umuduyla *Devrim* dergisi bürosunu basan sivilli resmili polisler, büroda **Erhan Erdoğmuş** yerine, onun yarım saat önce biten basın toplantısındaki sözlerini yazan muhabirlerle karşılaştılar. **Erhan Erdoğmuş**'la polisler arasındaki oyun bu noktadan sonra "saklambaç"a dönüştü.

Bu oyuna gazeteciler de katıldılar. Onlar da arıyorlardı **Erhan Erdoğmuş**'u ama... Onlar, *Devrim* dergisine adlarını ve telefon numaralarını bırakıyorlardı ve sonra da dergideki arkadaşlarından, "Şayet Erhan herhangi bir yerden telefon ederse", görüşme istediklerini kendisine bildirmelerini rica ediyorlardı.

Devrim dergisine bırakılan ad ve telefon numaraları, uzun bir liste oluşturmuştu.

Listedeki tüm isimler kendisine bildiriliyor, fakat **Erhan Erdoğmuş**, o listedeki yerli ve yabancı gazetecilerin tümünün görüşme isteğini geri çeviriyordu.

İşte tam o günlerden birinde, *Devrim* gazetesi yazarlarından **Uluç Gürkan** telefonla aradı beni.

Önce "okul kardeşim" olmasından, daha sonra ise meslektaşım ve dostum olmasından gurur duyduğum, daha daha sonra ise, Türkiye Büyük Millet Meclisi'ndeki vekilim olmasından kat kat gurur duyduğum **Uluç Gürkan**, o gün adını yeni duyduğum, genç bir meslektaşımdı. Telefonda bana "Ağabey" diye seslenişini, mesleğimize çabucak ısınıvermiş olmasına yormuştum. Meğer okul ağabeyi imişim onun... Bana, o günlerde bir kardeşin, bir ağabeye verebileceği en güzel haberi verdi:

"**Erhan Erdoğmuş**, yalnızca sizle görüşmeyi kabul ediyor ağabey" dedi. "Şayet siz kendisiyle görüşmek isterseniz tabii..."

Okul ağabeyi olmamın verdiği "hesap sorma" hakkımı kullanarak, iki soru sordum **Uluç Gürkan**'a:

"**Erhan Erdoğmuş** neden yalnızca benle görüşmek istiyor ve senle onun arasındaki bu dostluk nereden kaynaklanıyor?" dedim.

Uluç Gürkan, bilmediğime hayret ettiği bir gerçeği açıkladı:

"Erhan benim sınıf arkadaşımdır ağabey" dedi. "Önce Talas Amerikan Ortaokulu'nda, sonra da Tarsus Amerikan Koleji'nde yıllardır aynı sıralarda dirsek çürüttük onla..."

Kafamda bir anda, şimşekler çaktı:

"Yani ben şimdi, **Erhan Erdoğmuş**'un da mı ağabeyi oluyorum?" dedim ve kafamda oluşan yeni bir soru sordum:

"O da biliyor mu benim, kendisinin okul ağabeyi olduğumu?"

Telefonun öteki ucunda bu kez **Uluç Gürkan** gülmeye başladı:

"Bilmez olur mu hiç ağabey?" dedi. "Zaten o nedenle yalnızca senle görüşmek istiyor..."

Uluç Gürkan'la konuştuğumuz günün akşam saatlerinde, bizim gazetenin bürosuna üniversite öğrencisi iki genç geldi:

"Sizi **Erhan Erdoğmuş** ağabeye götürmek üzere görevlendirildik" dediler. "Ne zaman hazırsanız, o zaman gidebiliriz ağabey."

"Ağabey" sözcüğü, kulaklarımı dikleştirmeme yetti:

"Siz de mi Tarsus Amerikan Koleji'ndensiniz yoksa?" dedim ve "Evet"lerini duyar duymaz, kısa bir denetimden geçirdim ikisini de:

"Öğrenciler arasında Haydar Hoca'nın takma adı nedir, söyleyin bakalım" dedim.

İkisinin de ağzından aynı anda, "Kabak" sözcüğü çıktı.

Yayımına başladığı günden bugüne değin *Bütün Dünya*'nın Türk dili danışmanlığı görevini üstlenen lise edebiyat öğretmenimiz Sayın **Haydar Göfer**'in öğrenciler arasındaki takma adı, saçsız başından ötürü "Kabak", tatlı dilinden ötürü de "Balkabağı" idi.

Erhan Erdoğmuş, Yeni Mahalle'nin girişindeki gökdelen bloklardan birinin dokuzuncu katındaki bir dairede saklanıyordu. Üzerinde bir pijama, koltukaltlarında da birer koltuk değneği vardı. İlk kez karşılaşmamıza karşın, bir okul ağabeyinden çok, "ana bir, baba bir" ağabeyine gösterebileceği bir sıcaklıkla boynuma sarıldı. Yanında, onbir kişi daha vardı. Onları da tanıttı, tek tek... Her biri "okul kardeşim"miş, meğer...

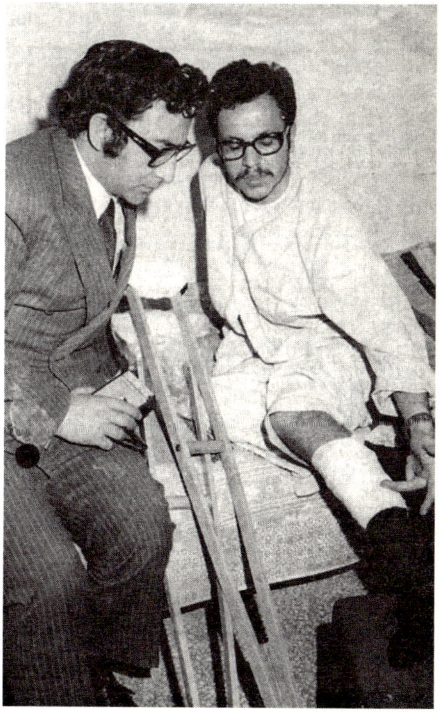

5 Mart 1971'de Komando Birliği ile öğrenciler arasındaki çatışmada yaralanan Öğrenci Dernekleri Birliği Başkanı Erhan Erdoğmuş saklandığı evde Mete Akyol ile

Erhan Erdoğmuş'la o gece saat ikiye dek görüştük. Öğrenci olaylarının nedenlerini bir sosyolog ve bir psikolog yetkinliğiyle değerlendirdi. Kimi çevrelerce "anarşist" sözcüğüyle anılıp küçümsenmek, hatta suçlanmak istenmelerinin nedenlerini de aynı yetkinlikle açıkladı. Onun o gece anlattıklarını, gazetede tam on beş gün süreyle yazdım.

Röportajımın gazetedeki yayımı bittikten iki ya da üç gün sonra gazetedeki odamda, Tarsus Amerikan Koleji'nin o yıllardaki müdürü Mr. **Wallace Robeson**'ı beni beklerken buldum.

Birlikte yediğimiz öğle yemeğinin ortasında, eski okulumun yeni müdürü, bana çok özel bir ödev verdi:

"Para sahibi mezunlarımıza git, gereken miktardaki parayı onlardan topla, sonra da Erhan'ı al götür, ameliyat ettir" dedi. "Bacağındaki iki kurşunun hâlâ durduğunu yazdın geçen gün. Senden, Erhan'ı bir doktora götürmeni ve bacağındaki o iki kurşunu kesinlikle çıkarttırmanı istiyorum. Zaten onun okul ağabeyi olman nedeniyle doğal görevindir bu..."

Mezuniyetimin üzerinden on altı yıl geçmişti o yıl. Eski öğretmenimin karşısında o gün kendimi, orgeneralin karşısındaki rütbesiz bir ere benzettim:

"Emredersin, **Mr. Robeson**" dedim. "Ben ne yapar yapar, Erhan'ın bacağını ameliyat ettirir, bacağındaki o iki kurşunu çıkarttırırım."

Ankara'daki Amerikan Askeri Hastanesi'nin operatörlerinden Dr. **Attila Sunay**, Cumhurbaşkanı **Cevdet Sunay**'ın oğlu, benim ise yakın dostumdu.

Amerikan askerlerine ve onların aile bireylerine hizmet veren bu Amerikan kuruluşundaki odasının duvarına, "Babamdır... Karışamazsınız!" deyip, Türkiye Cumhurbaşkanının büyük bir fotoğrafını asacak denli ve masanın üstünden ay-yıldız'lı Türk bayrağını eksik etmeyecek denli vatansever olan Dr. **Attila Sunay**, ayrıca içtenlikli bir insanseverdi de.

Bir sohbet sırasında lafı getirdim, getirdim, tüm içtenliğimle, onun insanseverlik duygusunun önüne seriverdim:

"Fidan gibi çocukcağız, ağabey" dedim... "Bacağında iki tane kurşun duruyor" dedim... "Allah göstermesin, belki de kangren olacak, kesilecek bacağı" dedim...

Dr. **Attila Sunay**, dostluğunu göstermekte gecikmedi:

"Tamam, tamam, anladık..." dedi. "Fazla uzatma, yoksa ağlatacaksın beni." Sonra da gülerek, yüreğime serin sular serpti:

"Getir çocuğu da, çıkarayım o kurşunları."

Bir konuyu peşinen sağlama almak gereksinimi duydum:

"Bir doktor, bir hastasının bedeninden kurşun çıkarırsa, bu durumu polise bildirmek zorunda değil midir, Attila Ağabey?" dedim.

Attila Ağabey bana, "lafı fazla uzattırmadı", bir de uyarıda bulundu:

"Kardeşini bir röntgenciye götür, bacağının röntgenini çektir önce" dedi. "Röntgen filmiyle birlikte gelin bana."

Cevdet Sunay'ın oğlu Operatör Doktor Attila Sunay, Ankara'da Amerikan Askeri Hastanesi'ndeki odasında

Dr. **Attila Sunay**'ın dediklerini yaptım. **Erhan Erdoğmuş**'u önce bir röntgen uzmanına götürdüm, baldır bölümünde iki kurşun olan bacağının röntgen filmini çektirdim.

Sonra Erhan'ı da, o röntgen filmini de aldım, birlikte Attila Ağabey'e gittik.

Dr. **Attila Sunay** içeride Erhan'ın bacağındaki kurşunları çıkarırken, ben de ameliyathanenin kapısında, kafamdaki ""siyah-beyaz"ları yerli yerine oturtmaya çalışıyordum:

Geliniz, siz de yardım ediniz bana da, bu "siyah-beyaz"ları birlikte oturtmaya çalışalım yerli yerine:

Prof.Dr. **Erdal İnönü**'nün rektörü olduğu, kendisinin ise Öğrenci Dernekleri Birliği Başkanı olduğu Orta Doğu Teknik Üniversitesi'nde, üç hafta önce Türk Silahlı Kuvvetleri Komando Birliği'yle girdiği silahlı çatışmada yaralanan ve üniversiteyi kuşatan komandoların çemberinden geçerek dışarı çıkabilen, Talas Amerikan Ortaokulu ve Tarsus Amerikan Koleji mezunu **Erhan Erdoğmuş**, yıllar önce mezun olduğu okulunun Amerikalı müdürünün görevlendirdiği bir okul ağabeyi tarafından doktora getiriliyor ve...

Ülkenin Cumhurbaşkanının oğlu olan doktor ise şu anda, görevli olduğu Amerikan Askeri Hastanesi'nde onu ameliyat ederek, bacağındaki asker kurşunlarını çıkarıyor...

Tüm bu "siyah-beyaz"lar tablosunun tek açıklaması vardı:

İnsana sevgi ve insana saygı...

Çünkü bu tabloda adı geçen kişilerin tümünün birbirlerine yaptıkları, birbirlerine olan sevgi ve saygılarını birbirlerine kanıtlamaktan başka bir şey değildi.

OLURDU BÖYLE VAKALAR, UNUTULASI O GÜNLERDE

Pazar sabahı evime telefon eden kişi, önce kendini tanıttı, "Ben bir babayım" dedi. Sonra da ben onun kendini daha ayrıntılı tanıtmasını beklerken, o bana beni anlatmaya başladı. Ve başladığı sözle bitirdi beni anlatmasını, "Size güveniyorum" dedi.

Bana telefon etmesinin nedeni de buydu. Kimseye söyleyemeyeceği çok önemli bir konuyu, bu güveni nedeniyle bana anlattı, sonra da benden, o çok önemli konuda yardım istedi.

"Oğlumu hangi nedenle arıyormuş polis, sizden onu öğrenmenizi rica ediyorum" dedi.

Dört gün fazlasıyla, tam dört ay geçmişti 12 Eylül 1980'in üzerinden... On beş gece önce "yeni yıl" özelliğiyle karşıladığımız 1981 yılını, bir önceki gece ülkenin tek televizyonu TRT'de, **Atatürk**'ün doğumunun 100'üncü yılı özelliğiyle kutlamış ve tümüyle **Atatürk**'ün yaşamının bilinmeyen yönlerine ayırdığımız "İşte Hayatınız" programımla, "Doğum Yılı Kutlamaları" dizisinin açılışını yapmıştım.

İlerideki yıllarda Ankara'nın önemli merkezlerinden biri olan Bulvar Palas Oteli'nin sahibi **Hasan Gültan**, **Atatürk**'ün hizmetinde bulunduğu yıllarda smokininin cebindeki Sürmene bıçağıyla **Atatürk**'ün "fedai"liğini nasıl yaptığını anlatıyor... Yıllardır dostun da, düşmanın da dillerinden düşürmedikleri "**Atatürk**'ün sofraları"nın sofracıbaşı **İbrahim Ergüven**, her birinde ülkenin ayrı bir konusunun ele alındığı o sofralarda gerçekte "eğitim ve öğretim" yapıldığını açıklıyor...

Yedi dil bildiği için Çankaya Köşkü kütüphanesinde görevlendirilen **Nazım Canca** ise, büyük boy bir Çin vazosunun içine düşen kanaryanın kurtarılması için **Atatürk**'ün, kendisine vazoyu kırması buyruğunu verdiğini, kendine özgü anlatım biçimiyle anlatırken hem kendi gözlerinin yaşını siliyor, hem televizyon seyircilerinin gözlerini yaşartıyordu...

"Dün gece televizyondaki '**Atatürk**'ün Hayatı' programınızı izlerken karar verdim size bu sabah telefon etmeye" dedi telefondaki kişi. "Emniyet Müdürü Sayın **Şükrü Balcı** beyefendiyi eminim tanıyorsunuzdur... Kendisine bir sorsanız da bir öğrenebilsek polisin oğlumu neden aradığını..."

"Baba"nın sesinin titrediğini kulaklarımda duydukça, gözlerimin önündelermişçesine görebiliyordum dudaklarının da titrememelerini...

Adını soyadını aldım oğlunun...

"Bugün pazar olmasına karşın arar, bulurum emniyet müdürünü" dedim ve... O dakikaya değin sormaya olanak bulamadığım sorumu sordum:

"Öğrendiklerimi nereye bildireyim?" dedim. "Hem siz kendi adınızı söylemediniz bana..."

Üst üste birkaç kez özür diledi, adını söylemediği için...

"Dalgınlıktan unutmuş değilim, özellikle söylemek istemiyorum adımı da, görevimi de" dedi. "Yerin kulağı var... Lütfen hak verin bana..."

Çok önemli bir genel müdürlükte, geniş çapta yetkiye sahip bir devlet görevlisi olduğunu söyledi.

"Size değil ama yerin kulağına daha fazla açıklama yapmamı beklemeyin benden, n'olursunuz" dedi. "Ben sizi akşam saatlerinde yeniden ararım, sorarım..."

İstanbul Emniyet Müdürü **Şükrü Balcı** o gün, görevle Adapazarı'na gitmiş. Emniyetteki nöbetçi polis söyledi. Sonra da adımı not aldığını söyledi:

"Siz hiç merak etmeyin efendim" dedi. "Sayın müdürüm gelir gelmez hemen arzedeceğim kendilerine sizin aradığınızı..."

Pazartesi sabahı ben evden çıkmadan, Emniyet Müdürü **Şükrü Balcı**'dan telefon geldi. Bir çırpıda anlattım isteğimi.

"Önümdeki listeye bir bakayım, ondan sonra söyleyeyim" dedi. Telefonun öteki ucunda ikimiz de bir ya da iki dakika sessiz bekledikten sonra, ortak sessizliğimizi **Şükrü Balcı** bozdu:

"Madem tanıyorsun çocuğun babasını..." dedi. "Hemen söyle, en kısa zamanda getirsin, kendi elleriyle teslim etsin oğlunu..."

Sonra da sözlerini, daha da korkutucu olduğunu sandığı bir ses tonuyla sürdürdü:

"Hakkında 'Vur emri' var" dedi. "Teslim olmazsa, polis onu ilk gördüğü yerde vuracak..."

Üç saat sonra "Baba", hem benle yüz yüze tanışmak, hem de Emniyetten bir haber olup olmadığını öğrenmek için gazeteye geldi. Özenle giyinmiş, simsiyah saçlarını da özenle arkaya taramıştı. Asla sonradan olma değil, kesinlikle doğuştan bir beyefendi kimliğinin sahibi olduğu konuşmasından da, oturmasından da ilk anda anlaşılıyordu. Telefonda söylemekten çekindiği adını ve bürokrasideki yerini bu kez açık açık söyledi.

Ben de ona, birkaç saat önce Emniyet Müdürünün söylediklerini açık açık ilettim.

"Oğlum hakkında 'vur emri' mi varmış?" dedi hayretle. "Kesinlikle bir yanlışlık olmalı... Benim oğlum hiçbir siyasal oluşuma, hiçbir siyasal olaya karışmamıştır ki..."

Şükrü Balcı'yı bir kez daha aradım, bu kez "Baba"nın sözlerini ona ilettim.

"Her anne, her baba aynı şeyi söyler" dedi umursamaz bir tavırla. "Hangi anne baba çocuğuyla birlikte olabiliyor üniversitede, sokakta, otobüste de, onun ne yaptığını, ne yapmadığını bilebiliyor?"

Sonra umursamazlık konumundan çıktı, bir anda işi alaya vurdu:

"Aynen kanser hastalığı gibidir bu iş" dedi. "Hani hiç kimse kanseri kendine yakıştırmaz, kendi üstüne almaz ya... Bu anarşistlerin anne babaları da aynen öyledir... Hepsi de 'Benim oğlum, benim kızım öyle şeyler yapmaz' der ama... Gelsinler de bir de bize sorsunlar bakalım, çocuklarının ne haltlar yediklerini..."

Ve sabah telefonda verdiği öğüdünü yineledi:

"Madem tanıyorsun çocuğun babasını..." dedi. "Söyle de zaman kaybetmeden alsın oğlunu, getirsin, teslim etsin bize..."

Birden, sözümona bir de dostluk yaptı:

"Söyle babasına, direkt bana getirsin oğlunu" dedi. "Kapıda senin adını versin, benle randevusu olduğunu söylesin, doğruca benim odama getirirler ikisini de..."

Şükrü Balcı'nın söylediklerini aynen kendi sözcükleriyle değil de, olabildiğince yumuşatarak ve olabildiğince özetleyerek ilettim "Baba"ya:

"Müdür bey, 'Yanlışlık yok' diyor" dedim ve biraz da abartarak, dostluk da önerdiğini bildirdim:

"Müdür bey 'Babası kendi getirsin oğlunu ve kapıda senin adını versin, benle randevusu olduğunu söylesin' diyor" dedim. "Bir polis sizi dış kapıdan alacak ve müdür beyin odasına götürecek... 'Direkt bana teslim etsin oğlunu' diyor..."

Fazla oturmadı benle "Baba".

"En iyisi, ben hemen kalkayım, oğlumu alayım ve götüreyim müdür beye" dedi. "Teslim ettikten sonra sizi ararım, durumu bildiririm..."

"Baba"dan o akşam beklediğim telefon, gece de gelmedi. Ertesi sabah dokuzbuçukta aradı beni. "Kusura bakmayın dün akşam telefon edemedim size" dedi ve sustu. Bir süre konuşmadı.

Sonra, büyük bir suçunu açıklıyormuşçasına, hemen her sözcüğünün sonunda bir süre durarak sürdürdü sözlerini.

"Bir gece daha evde birlikte olalım, sabah gideriz" demişler... Biraz önce de baba oğul el ele vermişler, Emniyet Müdürlüğüne gitmişler.

"Ellerimle teslim ettim oğlumu" dedi ve başladı içini çekerek ağlamaya "Baba"...

Şu anda bunları yazarken de yaşarıyor gözlerim, o an da yaşarmıştı.

Dudaklarımın titremesine engel olamayışıma aldırmadım, kesik kesik konuşarak rahatlatmaya çalıştım onu. Üzüldüğümü anladı; sesine bir canlılık ekleyerek o da beni rahatlatmak istedi:

"Müdür bey çok kibar davrandı bize" dedi. "Bir konuda ifadesini alıp, bırakacaklarmış Şiar'ı... 'En fazla iki gece konuk ederiz onu burada' dedi..."

İki gece bittiğinde henüz ifadesi alınmamıştı Şiar'ın.

"Müdür beyi göremedik ama dış kapıdaki bir polis tahminini söyledi" dedi "Baba". "Sırası gelmemiş olabilirmiş, o nedenle alınmamış olabilirmiş ifadesi..."

İkinci haftanın sonunda "Baba", "Beni rahatsız etmemeye daha fazla dayanamadığını" söyledi, bir istekte daha bulundu benden:

"Şiar'a iç çamaşırı, gömlek götürmek istiyoruz ama görüştürmüyorlar da, götürdüklerimizi almıyorlar da" dedi. "Sizden rica etsem, yarın size gömlek ve çamaşır getirsem, kendisine ulaştırabilir misiniz? Size kolay kolay 'Hayır' diyemiyorlar..."

"Baba"nın yarın dediği gün, **Abdi İpekçi**'nin vurulmasının ikinci yıldönümüydü.

"Yarın sabah kabri başında **Abdi İpekçi**'yi anacağız" dedim. "Saat ondan onikiye değin Zincirlikuyu Mezarlığı'nda olacağım. İsterseniz orada buluşalım."

Mezarlığın dış kapısından çıkarken bir beyefendi geldi yanıma. Elinde bir paket vardı.

"Merhaba"sı yabancı değildi ama kendi yabancıydı.

"Siz de tanımadınız beni, değil mi?" dedi, acı acı gülümseyerek. Sonra bir elinin içiyle saçlarını okşadı:

"İlk gün aynaya baktığımda, ben de tanıyamadım kendimi" dedi. "Bir gecede böyle oldu saçlarım... Gece yattığımda simsiyahtı, sabah uyandığımda ise işte böyleydi... Bembeyaz olmuştu her teli..."

Şükrü Balcı'ya gitmedim, Birinci Şube Müdürünün kapısını çaldım. Televizyon ekranında gördüğü yüzümü, hiç beklemediği bir anda karşısında canlı olarak görünce müdür bey yay gibi fırladı yerinden ve bir emrim olup olmadığını sordu.

"Yeğenim burada, elinizde" dedim. "Şükrü Bey iki gece konuk ederiz diye aldı, iki haftanın bitmesine iki gün kaldı, hâlâ sizde çocuk... Çamaşır getirdim... Umarım bir sakıncası yoktur. Verebilirim, değil mi?"

Birinci Şube Müdürü hemen bir polis çağırdı:

"Siz adını soyadını yazın, isterseniz kısa bir mektup bile yazabilirsiniz" dedi. "Kusura bakmayın, kesinlikle yasak olduğu için, siz de biliyorsunuz tabii, görüştüremiyoruz."

Şiar'ın adını ve soyadını yazdım ve bir de not: "Ben Mete dayın, Şiar'cığım... Sana gömlek ve çamaşır getirdim. Evde herkes iyi, umarım sen de iyisindir..."

Polis paketi aldı ve açık kapıdan gördüm, merdivenlerden indi, gözden kayboldu. Tam o sırada gözleri bağlı bir delikanlı, ayaklarını yere değdirir değdirmez yukarı kaldırarak, iki sivil polisin kolları arasında zorla yürütülerek, aynı merdivenlere götürülüyordu.

Şube Müdürü çay ısmarlamak istedi, ben içmek istemedim. Aslında ben değil, içim içmek istemedi. Tam o sırada karşı binadan bir genç kız çığlığı fırladı, oturduğumuz odanın penceresini delip geçti, tüm acılığıyla kulaklarıma saplandı. Müdür beyle göz göze geldiğimiz o an, ikinci bir çığlık daha fırladı aynı kaynaktan ve yine aynı yollardan geçerek bu kez geldi, en azından benim kalbime saplandı.

Yüzümün sapsarı olduğunu anlamam için aynaya bakmama gerek yoktu. Şube Müdürünün benim yüzüme bakan yüzünün ifadesinden, sapsarıdan da öte, bembeyaz olduğunu görüyordum yüzümün.

Kapıdaki polisi çağırdı müdür:

"Söyleyin şunlara, durdursunlar bağırmasını" dedi.

Haber gidene değin genç kızın birkaç kez daha fırlayan çığlıkları, bir süre sonra durdu, duyulmaz oldu.

Başka bir polis girdi içeri, müdüre bir kâğıt verdi.. Müdür o kâğıdı bana uzattı ve "Yeğeninizden" dedi. "Buyurun..."

Onun uzattığı kâğıdın ön yüzünde, birkaç dakika önce Şiar'a gönderdiğim not vardı. Kağıdın arka yüzünde ise, Şiar'dan bana yanıt vardı:

"Sayın Mete Bey dayıcığım, çok teşekkür ederim. Gömlek ve çamaşırları aldım. Ben burada çok rahatım. Bütün büyüklerimin ellerinden öperim. Yeğeniniz, Şiar."

Emniyet Müdürlüğü binasının dış kapısındaki kaldırımda, "Baba" bekliyordu beni. Kâğıdı ona uzattım:

"Çamaşırları ulaştırdım" dedim. "Bakın, burada notu da var... Çok rahatmış."

"Baba" kâğıdı aldı, oğlunun yazısını gördü ama... Galiba okuyamadı. Kâğıda bakar bakmaz hüngür hüngür ağlamaya başladı, o bembeyaz saçlı koca adam.

Olayın bundan sonraki bölümünü, birer tümcelik notlarla anlatayım:

O günden iki hafta sonra Şiar'ın, Metris Cezaevi'ne gönderildiği söylendi. Orada üç katlı ranzalarda yatıyorlarmış... Rahatı çok çok iyiymiş... Hiçbir derdi, şikâyeti yokmuş...

Bir ay kadar sonra "Şiar, Hastal Cezaevi'ne nakledildi" diye bir haber geldi. Hastal Cezaevi nedir, nerededir derken, başka bir cezaevine "sevki yapılmış."

"Baba" zaman zaman gazeteye geliyor, odamda önce derdini anlatıyor, önce içini boşaltıyor, sonra sarsıla sarsıla ağlayarak gözlerindeki tüm yaşları boşaltıyordu.

"Kendi ellerimle götürdüm teslim ettim" diyordu. "Hem de koskoca Emniyet Müdürünün kendisine teslim ettim" diyordu... "Bana 'İki gece konuk ederiz, ifadesini alır, serbest bırakırız' demişti" diyordu...

Şiar, babası tarafından polise, hem de polisin "en büyük müdürü"ne teslim edildikten üç yıl sonra, dört otobüs dolusu "suç ortakları"yla bir spor salonuna getirildi, ilk kez o gün, ilk kez orada yargıç karşısına çıkarıldı.

Ve duruşmada kimlik denetimi yapılırken yargıcın sorusu üzerine adını soyadını söyler söylemez, hiç de hak etmediği bir azar işitti yargıçtan:

"Burada kaçınızla başa çıkmak zorunda kaldığım yetmiyormuş gibi, bir de oradan oraya geçip, hepten karıştırmayın kafamı" diye bağırdı yargıç. "Ben sanıkların kimliğini saptıyorum şimdi...

Sen salonun şu tarafına geç ve ben çağırıncaya dek de o gruptan ayrılma... Tanıkların yeri orasıdır... Hadi çekil karşımdan, oraya, tanık yerine geç..."

İzleyiciler bölümünde "Baba", yine hüngür hüngür ağlamaya başlamıştı... Haksız da değildi elbette... Şiar, kendiliğinden karışmamıştı ki sanıkların arasına... Kimi yetkililer ona, "Buraya gel" demişler, o da oraya gitmişti... Kimi yetkililer ona, "Burada bekle" demişler, o da orada beklemişti...

Oğlu kendiliğinden karışmamıştı ki Dev Sol davasının sanıkları arasına...

Onun için hiç de hak etmiyordu şimdi Şiar, yargıcın kendisini böylesine acımasızca azarlamasını...

Yorgunluğundan mıdır, küskünlüğünden midir bilinmez, bir süre sonra "Baba" istifasını verdi, devletteki görevinden ayrıldı.

Şiar, zorunlu olarak bıraktığı öğrenimine kaldığı yerden devam etti, teknik üniversiteyi bitirdi, şimdi özel bir şirkette makine mühendisi olarak çalışıyor.

Şükrü Balcı ise, emekli olduktan sonra Amerika'daki çiftliğine gitti, orada yaşadı, orada öldü.

SIKIYÖNETİMDE, DOLMABAHÇE SARAYI'NDAKİ HİSSEMİ SAVUNURKEN...

Polis, benim o gece bir arkadaşımın oğlunun düğününde olduğumu öğrenmiş, düğünün yapıldığı yeri saptamış ve gelmiş, kapıya dayanmış, benim dışarı çıkmamı istiyormuş.

Böyle haberleri düğün ortasında da alsak, kimsenin şaka yaptığından kuşkulanmazdık o günlerde... O günler, 1980 yılının 12 Eylülünün üzerinden birkaç ay sonrasının o günleriydi.

"Önce şuraya bir imzanızı alalım" dedi, düğün salonunun kapısındaki polis, sonra da bir elindeki zarfı geri çekti, öteki elindeki kalın defteri ileri uzattı. Önce ben ona imza verdim, sonra o bana elindeki zarfı verdi.

Zarfın geldiği yer, Sıkıyönetim Komutanlığı idi. Bu, benim beklendiğim yerin de adresiydi.

Zarfı açmaya gerek duymadım, "Ne zaman ve nerede?" diye sordum polise.

"Yarın saat on birde" dedi. "Selimiye Kışlası'nda... Orada, Sıkıyönetim Komutanlığı Kurmay Başkanı **Sıtkı Aydınel Paşa**'yı göreceksiniz..."

Ertesi sabah Selimiye Kışlası'nın göklere uzanan sütunları arasında ve sağımdaki solumdaki iki erin ortasında az gittik, uz gittik, sonunda girdiğimiz büyük bir odada Tümgeneral **Sıtkı Aydınel** ile karşılaştık.

Sıtkı Paşa'nın oturduğu masanın karşısında, yan yana dizilmiş üç sandalye vardı.

Masasının solunda ve kendisinin bir adım gerisinde ama ayakta, sıkıyönetim yargıcı bir albay duruyordu.

Karşısındaki sandalyeleri işaret etti Sıtkı Paşa:

"Oraya oturun, lütfen" dedi.

O günlerde, hem de Sıkıyönetim Komutanlığı'nda görev yapan bir paşadan "lütfen" sözcüğü duymak, şaşırtıcı olmasının da ötesinde, çok çok yabancı geliyordu bize. O şaşırmışlığımı da, "lütfen" sözcüğünü yabancıladığımı belli etmemeye çalışarak paşanın dediğini yaptım, karşısındaki sandalyelerden birine oturdum. Gözlerim birden, odanın sol bölümüne kaydı. Birleştirilmiş üç masada birer yüzbaşı oturuyordu ve üçünün de önlerinde, birer yazı makinesi vardı.

Belliydi ki, ağzımdan çıkacak her sözcüğü, üçü de ayrı ayrı kaydedecekti. Tümgeneral **Sıtkı Aydınel**, üzerindeki üniforma ve omuzlarındaki yıldızlarla ters orantı oluşturacak bir yumuşaklık ve sıcaklıktaki ses tonuyla ilk sorusunu sorarak, hem kafamdaki "Neden, neden, neden?" kuşkuma, hem de günün "mana ve ehemmiyeti"ne bir açıklık getirmiş oldu:

"Bu yazıyı siz mi yazdınız?" diye sordu.

Elinde, yayımlandığı sayfadan kesilmiş bir köşe yazım vardı. Hangi yazım olduğunu anlayabilmek için gözlerimi kısıp, başımı hafifçe öne uzattığımı görünce de, yazının içeriğini iki-üç tümceyle anımsattı:

"Dolmabahçe Sarayı'nda turistler için kesilen biletlerin parasının nereye gittiğini soruyorsunuz bu yazınızda" dedi. "Ayrıca bir biletin resmini de basmışsınız. Amacınız nedir bu soruyu sormakta?"

Ortada bir yanlış anlama olduğu kesindi. Tümgeneral **Sıtkı Aydınel**'e o yanlışı göstermek istedim:

"Biliyorsunuz, saraylarımız Türkiye Büyük Millet Meclisi'nin sorumluluğundadır, Sayın Paşam..." dedim. "Fakat şimdi Meclis kapatılmış olduğuna göre..."

Paşa sözümü kesti:

"Türkiye Büyük Millet Meclisi kapatılmış olabilir; fakat bu, saraylarımızın sahipsiz kalması anlamına gelmez ki" dedi. "Şimdi de Meclis yok ama, Milli Güvenlik Konseyi var... Konseyin de çeşitli organları var... **Haydar Saltuk** Paşa'mız da, Meclisten ve Meclisin sorumluluğunda olan varlıklarımızdan sorumludur... Yani saraylarımız, sahipsiz bırakılmış değillerdir. Kesilen biletlerin parası da, dolayısiyle, sorumsuz kişilerin ellerine gitmemektedir."

Yerimden kalktım, önünde duran yazımdaki bilet resmini gösterdim paşaya:

"Sayın Paşam, resme dikkatlice bakınca görülüyor" dedim. "Bakınız, biletin üstünde 'Türkiye Büyük Millet Meclisi Vakfı' yazılı. Yani bu biletin parasının, Türkiye Büyük Millet Meclisi'ne değil, Türkiye Büyük Millet Meclisi Vakfı'na gitmesi gerekiyor. Ortada şimdi böyle bir vakıf olmadığına göre bu bilet paraları..."

Türkiye Büyük Millet Meclisi Vakfı'nın kuruluş senedindeki çok özel bir ayrıntıyı Tümgeneral **Sıtkı Aydınel**, doğal olarak bilmiyordu. Söylediklerini o nedenle, anlamadığımı varsaydı. Hafifçe sinirlenir gibi oldu, sesini biraz yükseltti:

"Neden ortada böyle bir vakıf olmasın?" dedi. "Vakıflar da kapatılmadı ya..."

Benim de, ancak konuyu inceledikten sonra öğrenebildiğim o çok özel ayrıntıyı, bilgiçlik taslamamaya özen göstererek açıkladım paşaya:

"Türkiye Büyük Millet Meclisi Vakfı'nın vakıf senedinde, öteki vakıfların yapısında olmayan çok özel bir madde vardır, Sayın Paşam" dedim. "Türkiye Büyük Millet Meclisi Vakfı'nın varlığı, bu maddeye göre, tümüyle Türkiye Büyük Millet Meclisi'nin varlığına dayanmaktadır."

Söylediklerimi paşanın dikkatle dinlemesinden aldığım güçle daha da ayrıntılı sürdürdüm açıklamamı:

"Vakfın başkanı, TBMM'nin başkanıdır ve vakfın yönetim kurulu üyeleri de, tümüyle Meclis Başkanlık Divanı üyelerinden oluşmaktadır. Şimdi ortada şöyle bir durum vardır: TBMM kapatılmıştır. Yani ortada bir TBMM olmadığı gibi, Meclis başkanı da yoktur, Meclis başkanlık divanı üyeleri de yoktur. Ve vakıf senedindeki söz konusu maddeye göre de, ortada şimdi yasal açıdan Türkiye Büyük Millet Meclisi Vakfı adında ve yapısında bir vakıf da yoktur."

Bu açıklamamdan sonra da, paşanın sorusunu yanıtladım:

"Ben de, yasal açıdan var olmayan bir vakıf adına kesilen bu biletlerin paralarının nereye gittiğini merak ettim doğal olarak ve ayrıca da yasal olarak... Amacım budur, Sayın Paşam... Onun için yazdım bu yazıyı..."

Solunda ayakta duran Sıkıyönetim Savcısı Yargıç Albay, benim bu açıklamam sırasında eğildi ve Tümgeneral **Sıtkı Aydınel**'in kulağına bir şeyler söyledi. Paşa onu dinlerken, benim bu açıklamama pek kulak vermedi. Ve yargıç albayın fısıldaması bittikten sonra bana döndü, başta sorduğu ilk sorusunu yeniden sordu:

"Amacınız neydi bu yazıyı yazmakta?" dedi. "Ne amaçla yazdınız bu yazıyı?.."

Bu kez sözü uzatmadan yanıt verdim:

"Bu yazıyı, sahibi olduğum hissemi korumak için yazdım, Sayın Paşam" dedim.

"Anlamadım."

Aynı kısalıkta sürdürdüm yanıtımı:

"Hissemin değerini savunmak, sanırım en doğal ve en yasal hakkımdır, Sayın Paşam" dedim. "Hissemi savunmak amacıyla yazdım bu yazıyı... Başka bir amacım yoktur."

Sıtkı Paşa'nın yüzündeki ifade birden değişti. Söylediklerimi yanlış anladığını sanarak, bir kez daha yinelememi istedi. Ben de aynı sözlerimi, bir kez daha söyledim.

Bu kez kafasının içi de karıştı paşanın:

"İyice anlamak istiyorum" dedi. "Tane tane sorayım da, tane tane anlatın..."

Ve tane tane sormaya başladı:

"Yani siz şimdi, 'Ben Dolmabahçe Sarayı'nın hissedarıyım' mı diyorsunuz?"

Onun tane tane sorduğu sorusunu ben ise, hecelerimi tane tane söyleyerek yanıtladım:

"E-vet, Sa-yın Pa-şam" dedim.

"Yani, 'Ben Dolmabahçe Sarayı'nın hissedarıyım' diyorsunuz, öyle mi?"

"E-vet, Sa-yın Pa-şam..."

Paşa, kendi sorularını ve benim yanıtlarımı yazı makinesiyle saptamak için birbirleriyle yarış edercesine daktilonun tuşlarına basan üç yüzbaşıya baktı. Sonra yine bana döndü ve bu kez, karşısında bir akıl hastanesi kaçkını varmışçasına gülümseyerek sürdürdü sorularını:

"Eee, söyleyin bakalım da biz de öğrenelim şu hisselerinizin kaynağını" dedi. "Anne tarafından mı, baba tarafından mı miras kaldı size bu hisseniz?.. Yoksa, kendiniz mi satın aldınız?"

Ceketimin sol iç cebinde nüfus cüzdanım, yüreğimin kıpır kıpırtısına ayak uydurarak kıpır kıpır hareket etmeye çoktan başlamıştı. Hemen çıkardım nüfus cüzdanımı ve paşaya uzattım:

"İşte hissemin tapusu, Sayın Paşam" dedim. "Ben o hisseme, bu ülkenin vatandaşı olmam nedeniyle sahibimdir... Bu nüfus cüzdanım da, o saraydaki bir bölü kırksekiz milyonluk hissemin tapusudur... Bu yazıyı yazmaktaki tek amacım da, işte bu hissemin hakkını korumaktır..."

Koskoca Sıkıyönetim Komutanı Kurmay Başkanı Tümgeneral **Sıtkı Aydınel**'in gözleri nemlendi bir anda:

"Benim de o kadar hissem var o sarayda" dedi, gür bir sesle. "Ben de bir bölü kırksekiz milyon hissedarıyım o sarayın."

Bu kez gülümseme sırası bana geçmişti:

"Bunu söylemenize ne gerek var, Sayın Paşam?" dedim. "Kırksekiz milyon Türk vatandaşının her biri gibi, elbette siz de bir bölü kırksekiz milyonluk hissesinin sahibisiniz Dolmabahçe Sarayı'nın..."

Sıtkı Paşa işaret parmağını büktü, parmağının ortasında, ikinci boğumun olduğu yerde oluşan sivri bölümle gözlerinin altını sildi.

Son bir saldırı daha yaptım:

"Zaten sizin şu anda burada bulunmanızın amacı da bu hissenizi korumak değil mi, Sayın Paşam?" dedim. "Siz de, ben de şu anda burada, aynı amaçla bulunmuyor muyuz?"

Sıtkı Paşa ayağa kalktı, sağındaki yüzbaşılara döndü:

"Çıkın siz dışarı" dedi. "Sizin işiniz bitti."

Masasının arka bölümünden ön bölümüne geçti, benim yanıma geldi. Ben de ayağa kalktım.

Paşa iki eliyle, iki omuzumu tuttu, uzandı, yanaklarımı öptü.

"Bu vatanın, vatansever gazetecilere çok ihtiyacı var, çoook" dedi. Sonra da bir okul arkadaşım içtenliğiyle koluma girdi, kendisiyle birlikte yürüterek beni odadan çıkardı.

Selimiye Kışlası'nın o uzuuuun uzuuuun sütunlu koridorlarında bir aşağı, bir yukarı birlikte yürümeye başladık.

"Şimdi sana, bir başka hissemizi daha korumak görevini hatırlatıyorum" dedi. "Şu vakıflar konusuna basının, çok kararlı bir el atması gerekiyor... Üç kuruş kiralarla, Yağma Hasan'ın böreği gibi yağmalanıyor bu ülkenin tüm vakıf binaları... Sahip çıkması gerekiyor basının, bu ülkenin varlığına, bu milletin servetine..."

O gün orada söz verdim Sıtkı Paşa'ya:

"Seve seve yerine getireceğim bu görevi" dedim.

Verdiğim sözü nasıl yerine getirdiğimi, bir sonraki sayfada başlayacaksınız okumaya.

Bu arada olur ya, belki biri çıkar da, "Şimdi durup dururken nereden geldi aklına bu anı?" diye bir soru soracak olursa, ben de izninizle, o kişiye şu soruyu sormak isterim: "Ülkenin can damarı kurumları birbiri ardısıra satışa çıkarılıp, güle oynaya, neredeyse bayramlar, düğünler yapılarak kapanın ya da kapatanın ellerine teslim edilirken... Göğsünüzün üzerinde bir bölü yetmiş milyonluk hissenizin tapusu, yüreğinizin kıpır kırpırtısına ayak uydurarak kıpır kıpır hareket etmiyor mu?.. Ey o kişi... Siz, nüfus cüzdanınızın da, yüreğinizin de o kıpır kıpırtılarını duymuyor da, bu anlattıklarıma bakıp, 'durup dururken' mi diyorsunuz hâlâ, o çıt çıkarmadan durduğunuz yerden?.."

"VAKIFLARIN MALI DENİZ..." İDİ

Askerliğimi yaptıktan onbeş yıl sonra, bir komutandan bir vatan görevi aldım. Bundan önceki birkaç sayfada o komutanı siz de tanıdınız:

12 Eylül 1980'de başlayan o günlerin, İstanbul Sıkıyönetim Komutanı Kurmay Başkanı Tümgeneral **Sıtkı Aydınel**'di, biraz önce tanıştığınız o komutan.

Gazetedeki bir yazım nedeniyle beni sorgulamak için çağırttığı Selimiye Kışlası'nda, üç-dört sorusundan sonra kendisine bu konuda verilen emrin anlamsızlığını görüp, koluma girmişti ve... Devleti yıpratıcı bir yazı yazdığım savıyla sorgulandığım Selimiye Kışlası'nda bana, devleti soyulmaktan kurtarmam için bir yazı yazmak görevi vermişti.

"Estağfurullah Sayın Paşam" dedim. "Devleti soyulmaktan nasıl kurtarabilirim bir yazıyla?"

Tümgeneral **Sıtkı Aydınel**, bunun hiç de olanaksız olmadığını söyledi:

"Bu devlet, yalnızca bir kanaldan değil, akla hayale gelmeyen yüzlerce kanaldan soyuluyor" dedi. "Bu soygunların ön sıralarında gelen bir soygun türü de, vakıflar aracılığıyla yapılan soygundur."

Devleti, bu soygundan benim nasıl kurtarabileceğimi sordum.

"Bu görev, sizin için çok kolaydır" dedi. "Basın bu soygunun üstüne giderse, biz de gerisini getirir, son darbeyi vururuz."

Tümgeneral **Sıtkı Aydınel** bu konuda meğer araştırmalar yaptırmış, sözleşmeler, kira kontratları, belgeler toplamış ve kalınca bir dosya oluşturmuş.

"Bu dosyayı da veririm size" dedi. "Dosyadaki belgelerden, bilgilerden de yararlanabilirsiniz."

Dosyasını görmeden, anlattıklarını dinledim Sıtkı Paşa'nın ve bu konuda kolları hemen sıvamak gerektiğini anladım.

Sıkıyönetim Kurmay Başkanlığı tarafından hazırlatılan dosya, bir değil, galiba iki tuğla kalınlığındaydı. Sözleşmeleri, kira anlaşmalarını, çeşitli bilgileri içeren belgeleri satır satır okuyup not almam üç günümü aldı. Sonra o belgelerde adları geçen yerlere gidip, o yerleri gözlerimle görünce, bu kez gördüklerim aklımı başımdan aldı.

Karşımda gördüğüm gerçeklerle, dosyada okuduğum bilgiler yan yana geldiklerinde, kişiye "Olamaz, buna inanılamaz" dedirten bir tablo çıkıyordu ortaya.

Örneğin, yüz yıl öncesinin mimari güzelliğinin süsünü, yapısal görkemiyle el ele vererek bugüne taşıyan ve İstanbul'un önde gelen otelleri arasında ön sıralardaki saygınlığını bugün de sürdüren Pera Palas Oteli o yıllarda meğer, adamını ve yolunu bulabilen herhangi bir kişinin eline kolaylıkla geçebiliyormuş.

Kira geliri, mal sahipleri olan Türkiye Çocuk Esirgeme Kurumu, Darüşşafaka ve Kızılay arasında bölüşülen bu otelin kira sözleşmesindeki yıllık kira tutarı kaç liraydı sanırsınız?

Pera Palas

Sözleşmeye bakarak oradan okuyayım: Yalnızca bir milyon lira!

Yıllık bu kira bedeli, otelin "çıplak" binasının da değil, içindeki halılardan tutun da, her biri paha biçilmez değerdeki antika eşyalarından, devasa avizelerinden tabak bardak takımlarına, çatal bıçak takımlarına, yataklarına, koltuklarına, masalarına değin otelin tüm eşyasını da kapsıyordu.

Bir milyon lira yıllık kira geliri her yıl üçe bölünüyor ve... Bütünün kimbilir kaç katı düzeyinde bir geliri fazlasıyla hak eden mal sahipleri Türkiye Çocuk Esirgeme Kurumu, Darüşşafaka ve Kızılay'ın kasalarına, üçte birin karşılığı olarak yalnızca 333'er bin lira giriyordu.

Başka bir deyişle, Çocuk Esirgeme Kurumu'nun "analık babalık" yaptığı binlerce çocuğun içmek zorunda oldukları sütün, yemek zorunda oldukları yiyeceklerin parası, Darüşşafaka'nın okullarında öğrenim yapan yüzlerce çocuğun eğitim ve öğretim giderleri ile Kızılay'ın dört yana açılan kucağına sığınan çaresizlerin korunma giderleri, bu kurumların kasalarına gireceği yerde, kimbilir kimlerin, kimbilir nerelerdeki dipsiz kuyularına boşaltılıyordu.

Tümgeneral **Sıtkı Aydınel**'in dosyasındaki öteki belgeler, vakıflar aracılığıyla yapılan soygunların Pera Palas örneğiyle sınırlı kalmadığını gösteriyordu. Bu belgeler, vakıf mallarının hemen hemen tümünün gelirlerinin, başka kişilerin de dipsiz kuyularına boşaltıldığının kanıtları olarak yer alıyordu dosyada.

İşte bir belge daha: İstanbul'un gözde semtlerinden Şişli'nin ana caddesi üzerindeki Darüşşafaka Cemiyeti'nin altı katlı binası, çoğu İstanbullular tarafından "Site Sineması'nın olduğu bina" olarak, kimi İstanbullular tarafından da "**İlham Gencer**'in Çatı adlı gece kulübünün olduğu bina" olarak tanınıyordu ama... Bu binanın geliri gerçekte, kendini görünürde film işlerine vakfetmiş, bu özelliğini soyadıyla da kanıtlamış ünlü bir İstanbul beyefendisinin dipsiz kuyusuna gidiyordu.

Bu kişi, bu koskoca binayı yıllık yalnızca ve yalnızca yüz yirmi beş bin lira karşılığı kiralamıştı. Bir bölümünde kendisi Site

Sineması'nı işletiyordu, çatı katını, orada "Çatı" adlı gece kulübünü açan sanatçı **İlham Gencer**'e kiralamıştı, öteki katlarını çeşitli firmalara, giriş katındaki dükkânları ise, başta kuyumcular olmak üzere, "elini öpen" esnafa kiralamıştı. Aslında kendisi kiracıydı ama binanın çeşitli bölümlerini, katlarını ve dükkânlarını kendisi başkalarına kiralıyordu. Anlaşıldığına göre, kendi açısından iyi de yapmıştı. Yıllık yüz yirmi beş bin liraya kiraladığı binadan her ay, kendisinin bir yılda ödediği kiranın seksen katını kira geliri olarak alıyordu.

Dosyadaki bir başka belgede gösterilen adres ise, İstanbul'un cıvıl cıvıl bir iş merkezi olan Çemberlitaş'taki "Çemberlitaş Sineması" olarak tanınan binaydı.

Bu binanın yıllık kira bedeli altmış bin liraydı ama... Binanın "yıllık kiracısı", kendi ödediği yıllık kiranın iki katını bir ayda, yalnızca giriş katını kiraladığı bir bankadan kira bedeli olarak alıyordu. Sonra bu paraları da o, sinema ve dükkânlardan aldığı kira bedelleriyle birlikte kendi dipsiz kuyusuna boşaltıyordu.

Ve... Sıra geldi, dosyadaki belgelerin önemli bir bölümünü oluşturan Kapalıçarşı'daki dükkânların kira bedellerine...

İstanbul'un orta yeri Taksim'deki on katlı bir apartmanla belki de aynı değerde olan Kapalıçarşı'daki bir dükkânın aylık kirası, çarşıda bulunduğu yere göre değişiyordu ama... Bu değişiklik, iki yüz liradan başlayıp, üç yüz liraya, dört yüz liraya çıkıyor, nadiren de beş yüz lirayla sekiz yüz lira arasında gidip geliyordu.

Kendi çapımdaki çalışmalarımı tamamladıktan sonra Tümgeneral **Sıtkı Aydınel**'e gittim ve "şaşkınlıktan söyleyecek söz bulamadığımı" söyledim.

"Bu kira bedelleri, milattan önce kimbilir kaç yılından kalmış acaba, Sayın Paşam?" dedim. "Dosyayı inceledikçe, inanın, söyleyecek söz bulamıyorum..."

Sıtkı Paşa, verdiği "vatan görevi"nin ayırdındaydı:

"İnsanın söyleyecek söz bulamadığı bu durumlarda görev size düşüyor" dedi. "Söyleyecek söz bulamamanız demek, yazacak çok şeyiniz var demektir..."

Ve bu görevi verdiği gün söylediklerini yineledi:

"İşte gördünüz, bu devleti, bu milleti nasıl bir de vakıflar aracılığıyla soyduklarını" dedi. "Görev size düşüyor şimdi..."

Sıtkı Paşa'nın bu son sözlerini, bir komutanın "marş marş" buyruğu olarak kabul ettim, kolları sıvadım.

Vakıf mallarının durumunu önce yazdım, sonra da yayımlamaya başladım.

Fakat üçüncü gün, yayını durdurmak zorunda kaldım.

Onun "neden"ini de anlatayım:

"Ankara'dan Sayın **Mehmet Özgüneş** arıyor sizi" dedi gazetenin santralındakı arkadaş.

Mehmet Özgüneş, vakıflardan sorumlu Devlet Bakanıydı. Onla, her karşılaştığımızda bir parola disiplini içinde birbirimize anımsattığımız ortak bir yanımız vardı: İkimiz de Talaslıydık. Kayseri'nin on kilometre yakınındaki Talas bucağında o dünyaya gelmişti, ben ise oradaki ortaokula gitmiştim. O nedenle birbirimizin, "Talaslı hemşehrisi"ydik. Bu özelliğimizi 1960'lı yıllardan o yana, "Merhaba"mız ile konuşacağımız konu arasına yerleştirmeden konuşmamıza başlamazdık.

Mehmet Özgüneş, yirmi yıllık dostluk ilişkimizde ilk kez, "Talaslı" ortak özelliğimizden yararlanmak istediğini söyledi:

"Senden, 'Talaslı hemşehrim' olarak bir isteğim var" dedi. "Lütfen vakıflarla ilgili şu yayını durdur."

Onun sesini duydum ya, söylediklerini dinlemedim bile:

"Değerli Talaslı hemşehrim, siz lütfen işi bırakın da, 'Talaslı hemşehrim' olarak bana, sağlık durumunuzu bildirin" dedim. "Kalbiniz ne durumda, siz nasılsınız? Yoksa doktorları dinlemeyip, göreve mi başladınız?"

Mehmet Özgüneş, üç-dört hafta kadar önce bir kalp krizi geçirmişti. Hastaneden çıktıktan sonra doktorlar, bir süre çalışmasını yasaklamışlar, evinde dinlenmesini söylemişlerdi. Son görüştüğümüzde evinde dinleniyordu.

"Doktorların sözünden de çıkmıyorum, evden de çıkmıyorum" dedi. "Seni Bakanlıktan değil, evden arıyorum. Bir gazeteciye 'Bunları yazma' denmez ama, ben senle 'Talaslı hemşehrin' olarak konuşuyorum şimdi. Lütfen bu yayını durdur."

İsteğine karşı gelmek için değil, merak ettiğim için "Neden?" diye sordum.

"Devlet çok yıpranıyor" dedi. "Devletin aymazlığı, saflığı çıkıyor ortaya..."

Sonra da, yine bir Talaslı hemşehrim olarak söz verdi:

"Doktorlar, 'On güne kalmaz, göreve başlayabilirsiniz' diyorlar" dedi. "Sana Talaslı sözü veriyorum: Evden çıkıp, Bakanlığa gittiğim ilk gün, bu vakıflar meselesini ele alacağım ve... Yeminle söylüyorum, vakıfların tüm kira sözleşmelerinin feshedilip, kiracılarla günün geçerli bedelleri üzerinden yeni kira sözleşmeleri yapılması için ne gerekiyorsa, o çalışmaları hazırlatacağım. Bu işi gerçekleştirinceye kadar da, yemin olsun, başka işe bakmayacağım, elimi başka işe sürmeyeceğim."

Vakıflar konusundaki yayınımızı o günden sonra sürdürmedik. Fakat o günün üzerinden geçen iki aydan az bir süre sonunda **Mehmet Özgüneş** dediğini yaptı, "Devletin aymazlığına, saflığına" son verdi.

Vakıflarla kim kira sözleşmesi yapmışsa, o günden sonra onların o sözleşmeleri iptal edildi, tek tek tümüyle, günün geçerli bedeli üzerinden yeni sözleşmeler yapıldı.

Vakıf mallarının kiralanması konusundaki yeni uygulama başladığında Tümgeneral **Sıtkı Aydınel**'e telefon ettim, hem böylesi önemli bir konuyu ortaya çıkardığı için, hem de bana bu konuda görev verip, üstelik yardımlarını da esirgemediği için kendisine içtenlikle teşekkür ettim.

Tümgeneral **Sıtkı Aydınel**, sırtındaki üniformasının görkemi ve omuzlarında taşıdığı yıldızların ışık saçan gücüyle ters orantılı bir alçakgönüllülük içinde karşılık verdi:

"Ben yalnızca görevimi yaptım" dedi gülümseyerek. Sonra da, birkaç gün önce karşısında benim kullandığım bir ifade biçimini kullanarak sürdürdü sözünü:

"Bu ülkenin mal varlığı üzerindeki kırk sekiz milyonda bir hisseme sahip çıktım, o hissemi korudum yalnızca" dedi. "Benim yaptığımın, sizin ve **Mehmet Özgüneş**'in yaptığınızdan farklı bir yanı yok ki..."

12 Eylül 1980'den sonrasının "o günler"inde, vatana millete sahip çıkan birçok generali medya sayesinde yakından tanıyabildik ama...

Vatana millete sahip çıkan birçok generali ise, yine medya sayesinde, uzaktan bile tanıyamadık, onlar medyatik olmayı önemsemedikleri için...

Siz, isterseniz yine de duymamış olun, Tümgeneral **Sıtkı Aydınel**'in adını...

DEVLET MALI DENİZ...

"Unvana, paraya ve evlada doyulmaz..."

Eski büyüklerimizden kalan bu söze, kimi yeni büyüklerimiz küçücük fakat kendileri için çok büyücük ve çok önemlicik bir ekleme de yapmışlar:

"Devlet malına da doyulmaz" demişler.

Hatta bu "keşif"lerinin temelindeki ve tepesindeki "suç" damgasını örtebilmek amacıyla, bu sözlerine akıllarınca bir "hafifletici neden" bile bulmuşlar:

"Devlet malı deniz, yemeyen domuz" demişler.

Yeryüzünde yalnızca bizim ülkemizde var olan ve yalnızca bizim insanlarımıza bir anlam ifade edebilen bu söze, iki kuşu birden vuran kurnaz taşın marifetini de eklemişler ve...

Yasa gücünde kabullendikleri "Devlet malı deniz, yemeyen domuz" sözüyle bir yandan "Devlet malını yeme" eylemini suç olmaktan çıkarmışlar, bir yandan da bu eylemin tam aksini suç sayarak "Devlet malını yemeyen" kişileri "domuz"lukla damgalamışlar, onları birer suçlu konumuna düşürmüşler.

1966 yılının unutulmaz uğursuzluktaki Ağustos ayında Varto'yu vuran o acımasız deprem, Muş'un bu şirin ilçesini sözcüğün tam anlamıyla "yerle bir" ederken ve üç bine yakın kişinin ölümüne neden olurken, karınlarını ve karılarını devlet malı denizle doyurmayı bir yaşam biçimi olarak benimseyebilmiş ahlaksızlıktaki kimi kişilerin önünde ise deriiin ve kocamaaan yepyeni bir "deniz" oluşturmuştu.

Üstelik bu "deniz", yalnızca devletin malından oluşmakla da kalmamıştı; deprem sonrası geride kalabilen Varto'nun ve Vartoluların imdadına koşan yedi düvelin yardımlarıyla daha da derinleşmiş, daha da zenginleşmişti.

Depremden kısa bir süre sonra Varto, tarihe "domuz" suçlamasıyla geçmekten kendilerini kurtarmak telaşına kapılan kimi devlet görevlilerinin saldırısına sahne oldu.

Bu yapıdaki görevlilerin, bu "deniz"den kaptıkları ilk lokma, nefis İtalyan reçelleri idi.

İtalyan hükümeti tarafından yiyecek yardımı olarak uçaklar dolusu gönderilen erik, şeftali, vişne, elma ve armut reçeli konserve kutularının üzerinde "**Confettura di frutta fresca**" yazısı vardı. Bu yazının "taze meyve reçeli" anlamına geldiğini halkın anlamayacağını bilen bu uyanık görevliler, Varto'ya bir dedikodu saldılar:

"Bu teneke kutuların içindekiler domuzdan yapılmış" dediler.

Bir başka ülkeden gönderilen yiyecek yardımı sığır eti konservelerinin "domuz eti" olduğu yalanıyla aldatılan halk, içinde reçel de olsa, konserve kutulu yiyeceklerden ürkmüştü bir kez.

Sırf konserve kutuları içinde oldukları için nefis Norveç balıkları, Danimarka peynirleri, Hollanda sığır etleri, tereyağları ve İtalyan meyve reçelleri artık, halkımızın hizmetine koşan kimi devlet görevlilerine kalmıştı.

Bu yiyecek yardımı malzemeleri, depremden canını kurtarabilmiş bir tavuğu on kişinin bölüştüğü Varto'dan, başta Ankara ve İstanbul'un olmak üzere birçok kentlerin şarküterilerine, lüks bakkallarına ulaştırıldı, yüksek fiyatlarla bu kentlerdeki ağızlarının tadını bilen kişilere satılmaya başlandı.

Yiyecek malzemelerine kısa bir süre sonra giyim malzemeleri de eklendi. İçi yün kabanlar, kalın kumaştan yapılmış ceketler, parkalar, Vartolulara dağıtılmak yerine, başka kentlerde satışa çıkarılarak, parası olanların beğenisine sunuldu.

Ve sıra, kutup çadırlarının el altından satışına geldi. Onu, o zamanki İmar ve İskan Bakanlığı'nın kimi görevlilerinin, yasalardaki boşlukları musluk yapıp, bu musluklardan ceplerine devlet parası akıtmalarına geldi.

Başta Bakanlık Müsteşarı olmak üzere kimi üst düzey bürokratlar, yasalardaki bu boşluklardan yararlanarak kendilerini "Afet bölgesinde saha görevinde" gösterdiler ve...

Örneğin müsteşar bey, Ankara'daki masasından bir gün bile ayrılmamasına karşın kendini bir yıl boyunca her gün Varto'da "saha görevinde" göstererek hem kat kat katlanmış "afet tazminatı" aldı, hem de müsteşarlık maaşını almayı sürdürdü..

Kış aylarında neredeyse, uçan kuşun kanadının donduğu denli soğuk olan Varto'da kimi müteahhitler, birkaç milimlik keresteden yaptıkları barakaları "deprem evleri" örneği adıyla ilgililere kabul ettirirlerken, kimi müteahhitler bu barakalar için gelişigüzel fiyatlarla keresteler getirtirlerken, kimi müteahhitler de devletin deprem yaralarını sarmak için biriktirdiği "Afet Fonu"nu, bu fondaki parayı kullanma yetkisine sahip görevlileri etkileyebildikleri oranda kemirmeye başladılar.

Özetle, yurtdışından gönderilen de, yurtiçinden gönderilen de, Ankara'dan gönderilen de tüm yardımların önemli bir bölümü, o yardımlara gereksinim içindeki Vartolulu depremzedelere ulaştırılmadı, devletin "depremzade" denilen görevlileri arasında kapışıldı.

Deprem günü "Yandık" diye feryat eden Vartolular, depremden bir ay sonra ve kışın kendini o yörede belli ettiği Ekimden bir ay önce bu kez, "Donuyoruz" diye feryat etmeye başladılar.

Vartoluların bu çağrısına kulak verip Varto'ya gittim ve onbeş gün süreyle orada, onlarla birlikte kaldım.

Ve gazetecilik değil, telsiz memurluğu yaptım Varto'da.

Batmakta olan bir geminin sulara serpilen yolcularını kurtarmak için yapılan telaşlı çalışmalar örneği, ben de batan bir kentin enkazı üstünde çaresiz kalan insanların seslerinden imdat çığlıkları oluşturarak, bu çığlıkları başta Ankara olmak üzere, tüm kentlere duyurma telaşına girdim.

Vartoluların "İmdat" çığlığı, o günlerin *Milliyet*'inin birinci sayfasının tepesinden yurda şöyle yayıldı:

"S.O.S... S.O.S... Burası Varto... Burası Varto... İmdat istiyoruz...

Hükümet ilgilileri, milletvekilleri, senatörler, sosyalist gençler, milliyetçi gençler, partililer, partisizler, ilerici gazeteciler, gerici gazeteciler, işçiler, bütün Türk ulusu...

Burası Varto... Biz Vartoluların... Size sesleniyoruz. İmdadımıza koşun...

Hükümetin günlerden beri yapmadığı ve bu gidişle yapacağına da inanmadığımız barakalarımızı yapmak için Varto'ya gelin. Bir çivi çakmak için de olsa, durmayın, Varto'ya gelin... Yalnızız, çaresiziz... Yağmurlar, fırtınalar, soğukları da beraberinde getirdiler. Yakında kar da düşecek... Çadırlarımızda şimdiden tir tir titremeye başladık. İmdadımıza yetişin..."

Vartoluların bu "S.O.S." çağrısına ilk yanıtı, "yapacağız, edeceğiz" lafları yerine, Ankara Yapı Enstitüsü'nün yüz öğrencisi ile Ankara Erkek Teknik Yüksek Öğretmen Okulu'nun elli öğrencisi, kendi varlıklarıyla verdiler.

Bu öğrenciler gönüllü olarak Varto'ya geldiler ve ikişer kişilik gruplara ayrılarak barakaları kendileri yapmaya başladılar.

Vartoluların bu çağrısına öğrencilerden sonra Başbakan **Süleyman Demirel**'den de yanıt geldi.

Başbakanlık binasının merdivenlerinden inerken kendisini sıkıştıran meslektaşlarımıza "Mete Varto'da çok üşümüş galiba" diyerek şaka yapan Başbakan, İmar ve İskan Bakanı **Haldun Menteşeoğlu**'yu ertesi gün Varto'ya göndererek, Vartoluların çağrısına asıl yanıtını vermiş oldu.

O zamanki adıyla Emlak ve Kredi Bankası'nın hizmetlerinin yapılması için kurulan büyücek bir barakada merhum **Menteşeoğlu**, Varto'nun tüm köylerinin muhtarlarıyla bir toplantı yaptı ve...

Gerek yurtiçinden, gerek yurtdışından gönderilen yardım malzemesinin gerçek gereksinim sahiplerine ulaştırılmadığı şikâyetleri üzerine önce hayretlere, sonra da öfkelere kapıldı.

"Size dağıtılması için yurtdışından bu kadar çok yardım malzemesi geldi, bu kadar yardım da Ankara'dan biz gönderdik, yine de gözünüzü doyuramadık mı?" diye öfkesinden küplere binen Bakanın karşısında köy muhtarları da ipin ucunu kaçırdılar, onlar da küplere bindiler:

"Köylerimize kadar geliniz de gözlerinizle görünüz perişan halimizi" dediler. "Şu anda bir tane çadır bile gitmemiş köyler var... Halk geceleri açıkta geçiriyor."

İmar ve İskan Bakanı **Haldun Menteşeoğlu**, Varto'da olup bitenlerin Ankara'dan görüldüğü gibi olmadığını anlayınca, daha da sinirlendi ve muhtarlardan **Nazım Han**'a şöyle bağırdı:

"Biz Allah'la mukavele mi yaptık gel de Varto'yu yerle bir et diye?" dedi. "Olan olmuş, felaket Allah'tan gelmiş... Biz de elimizden geldiği kadar size yardımcı olmaya çalıştık."

1966 Ağustos ayında Varto'yu yerle bir eden deprem sonrası, dönemin İmar ve İskan Bakanı Haldun Menteşeoğlu, Varto'nun Aydınpınar Köyü muhtarı Nazım Han'la tartışıyor

Muhtarlar topluluğunun arkalarından yüksek bir ses duyuldu:

"Elinizden geleni hepimiz gördük" diye bağırdı bir muhtar. "Depremin üzerinden iki aya yakın zaman geçti, millet hâlâ sefillik içinde..."

Zaten sinirli olan Bakan **Menteşeoğlu**, bu söz üzerine yerinden fırladı, muhtarların üzerine yürüdü:

"Bu devlet bu kadarını yapıyor" dedi. "Beğenmeyen gider, kendine başka bir devlet bulur..."

Bakanın bu öfkesi üzerine, Adalet Partisi'nin Varto ilçe başkanının da tepesi attı. Bakanın "Beğenmeyen gider, kendine başka bir devlet bulur" sözüne o da şöyle karşılık verdi:

"O halde bu dakikadan itibaren ben de koministem, kominis-tem..."

Bakan **Menteşeoğlu** bu sözü söyleyenin yüzünü gördü ama onun, AP Varto ilçe başkanı olduğunu tanıyamadı.

Yanındaki koruma polisine emir verdi:

"Derhal yakala, savcılığa sevket" dedi.

Bakanın koruma polisi olarak Erzurum'da görevlendirilen ve tüm gün yanından ayrılmayan koruma polisi dışarı çıktı, yere çömelip hüngür hüngür ağlamaya başladı.

"Ben buranın çocuğuyumdur, abi" dedi "Bakan beyin yakala dediği ilçe başkanı ise benim ağabeyim olur..."

1966 yılında Varto'da bir deprem oldu, üç bine yakın Vartoluyu canından etti, tüm Vartoluları kahretti, Varto'yu da yerle bir etti ama...

Sayısı pek bilinmese de, o kadar çok kişiyi de ihya etti o deprem.

Suratları kadar yürekleri de çarık yapılası camız derisinden olan kimi bürokratlar ve müteahhitler, kimsenin duymayacağını, görmeyeceğini bilselerdi, Varto depremi nedeniyle, inanın, neredeyse sevinçlerinden enkaz üzerinde çiftetelli bile oynarlardı.

Mete Akyol (sağda oturan), Vartolularla deprem enkazı üstünde, 1966

Onların ceplerine işte öylesine yaradı, onların ceplerini işte öylesine doldurdu çünkü Varto depremi...

Bu ve benzeri olaylarda "Devlet malı deniz, yemeyen domuz" sözünü yaşamlarının kutupyıldızı olarak bellemiş böylesi bürokratların ve böylesi müteahhitlerin, sırf kişisel çıkar sağlamak amacıyla yöre halkını aldatmaları ve soymaları sonucu onların güvenlerini sarsmış olmaları ise, bu devlete karşı yapılabilecek kötülüklerin, hırsızlıktan da ağırını ve bağışlanmazını oluşturdu.

Onlar o zaman oralarda "unvana ve paraya" doyamadılar, galiba biraz da bu nedenle; biz ise şimdi oralarda hemen her gün kaybettiğimiz "evlatlar"ımıza doyamıyoruz...

KAHROLASI GERÇEĞİMİZ: HIRSIZLIK

Bingöl'de deprem olduğu gece Diyarbakır'daydım. Biz de sallandık. Yanımda, foto muhabiri arkadaşım **Hüseyin Kırcalı** vardı. Geceyarısı bir arabaya atladık, sabah saat beşte, güneş doğarken ulaştık Bingöl'e.

Kentin girişinde, üst üste konulmuş ekmek dilimlerini çağrıştıran büyük bir bina enkazıyla karşılaştık. Yıkıntıların çevresinde, 14-16 yaşlarında çocuklar vardı. Ne yapacaklarını bilememenin çaresizliğiyle bir o yana, bir bu yana koşuşturuyorlar, kimileri kulaklarını enkazın aralarında bir yerlere dayıyor, kimileri ise ağızlarını, beton parçacıkları arasında bulabildikleri bir boşluğa uzatıyorlar ve var güçleriyle "Ahmeeeeeet", "Mehmeeeet", "Hüseyiiiiin" diye bağırarak seslerini, enkaz altındaki arkadaşlarına duyurmaya çalışıyorlardı.

Biz onları görünce durduk, onlar bizi görünce yanımıza koştular. Bir yandan ağlıyorlar, bir yandan da bizden yardım umuyorlardı.

"Sınıflararası masa tenisi turnuvası yapıyorduk" dediler. "Tam maçlar sırasında başladı deprem... Arkadaşlarımızın çoğu enkazın altında kaldılar."

Burasının ne binası olduğunu sordum.

"Bingöl Yatılı Bölge Lisesi" dediler.

"Yatılı Bölge Lisesi" sözcüklerini duyduğum o an gözlerimin önüne, beş yıl önceki Varto geldi.

Varto depreminde de böyle, ekmek dilimleri örneği, birbirlerinin üzerlerine yığılmıştı kat betonları. Sonra, yıllardır gözlerimin önünden gitmeyen kalorifer kazanının görüntüsü canlandı karşımda.

Kalorifer kazanının yanından çıkan ve ortasında saat biçiminde bir termometre olan "L" harfine benzer bir kol, üzerine çöken kat betonunu delmiş, onun üzerindeki kat betonuna dayanmış, sapasağlam duruyordu. Kat betonu ise, elimi dokundurduğumda, parmaklarımın arasında un ufak oluvermişti.

Şimdi Bingöl Yatılı Bölge Lisesi'nin görünümü de hiç farklı değildi beş yıl öncenin Varto Yatılı Bölge Lisesi'nin durumundan.

"Deprem felaketi arkadaşlarımızı altına aldı, ezdi" diyerek ağlaşan öğrencilere, iki-üç adım ötede yerde duran bir beton parçasını gösterdim. Orta boy bir bavul büyüklüğündeydi parça.

"Bakın bu kat betonu parçasını nasıl ikiye böleceğimi görün" dedim ve dizimi hafifçe büktüm, yerden kaldırdığım parçayı bacağımın üst bölümüne oturttum, sonra da betonun bir bölümüne dirseğimi dayadım, öteki bölümünü ellerimle kaldırdım ve... İki değil, üç parçaya bölünüverdi kat betonu. "Olayın suçlusu deprem felaketi değil çocuklar" dedim. "Gözlerinizle gördünüz, işte... Olayın suçlusu, hırsız müteahhit felaketidir..."

Kent içine girdiğimizde daha üzücü görüntülerle karşılaştık.

Bingöl'de ölü sayısı sabahın ilk saatlerinde yüzün üstündeydi. Bu rakam iki saat içinde bir kat, üçüncü saat içinde ise dört kat arttı.

Bingöl'de saat şimdi 11.00. Bu saatte ölü sayısı bine yaklaştı. Askeri birliklerle çeşitli sivil kuruluşlara ait araçlar ve kurtarma ekipleri çalışmalara her geçen saat sayıları daha büyüyerek katılıyorlar. Bu çalışmaların sonucu olarak da, enkaz altından çıkarılan cesetlerin sayısı gittikçe artıyor.

Bingöl, tamamen yıkılan Cumhuriyet Mahallesi, üstünden bastırılmışçasına yamru yumru olan dört katlı Yatılı Sağlık Okulu, katları üst üste yığılan Yatılı Lise binası ve yarısına yakın bir bölümü çöken Devlet Hastanesi ile kaderine yenilmiş olarak güneşle birlikte gözler önüne çıktı.

Burası Yatılı Lise binası. Saat sabahın beşi.

Okul bahçesinde öğretmenler ve öğrenciler bizi aldılar, dört katının dört dilim ekmek gibi birbirinin üstüne yığılmış lise binasının enkazına götürdüler.

"İşte biraz önce burada ayakları görünüyordu" dediler.

"İşte sesleri hâlâ geliyor" dediler.

Dört katın enkazı altından sızan iniltileri kulaklarımızla duyduk. Bu yığının altında hâlâ yaşayan öğrenciler vardı sabahın beşinde. Buldozerler, vinçler o saatte henüz ulaşamamışlardı Bingöl'e. Öğretmenler ve öğrenciler enkaz yığını arasından buldukları delikleri elleriyle genişleterek iniltilerin geldiği yere ulaşmaya çalışıyorlardı.

Burası Bingöl Yatılı Sağlık Okulu.

Üstünden kuvvetlice basılmış bir kartondan maket gibi yamru yumru olmuş bu sözde bina içinde 158 kız öğrencinin ebe olmak için çalıştığı, yattığı bir yer.

Buradan 100 kişi sağ olarak kurtarılmış, 3 kişinin de cesetleri çıkarılmış.

"Ötekiler?" Ya ötekiler?.."

Bingöllüler, çaresizlik içinde boyunlarını büküp konuşuyorlar:

"Hele bir gelsin kurtarma ekipleri" diyorlar. "Onlar da çıkar..."

Not defterimi cebime koyarken bir el bileğimi tuttu kuvvetlice.

"Bunları da lütfen kaydet" dedi bileğimi tutan kişi.

"Bu binanın temeli 1963 yılında atıldı, teslimi 1969 yılında yapıldı. Çürük olduğuna dair yapılan yüzlerce ihbarın toplandığı dosya bu kadar kalınlıktadır. Kimse kulak asmadı."

Eliyle dört-beş cilt kitap kalınlığı kadar bir yükseklik gösteriyordu.

11 YAKININI KAYBETTİ

METE AKYOL DEPREM BÖLGESİNDEN YAZIYOR

55 KIZ ÖĞRENCİ ENKAZ ALTINDAYDI

Fotoğraflar: HÜSEYİN KIRCALI

Cumhuriyet Mahallesi...

300 evden yalnızca biri sağlam duruyor. Cumhuriyet Mahallesi'nin öteki evleri şimdi, içinde oturanların üstüne birer mezar ağırlığıyla çökmüş duruyor.

Bu mahallede oturup da birden fazla ölüsü olmayan aile yok.

"Benim adım **Yusuf Bal**... Hamallık yaparım... Üç çocuğum, bir de anaları gitti. Ben şimdi ne yapacağımı bilemiyorum."

Hamal **Yusuf Bal**'ın durduğu yerde üç yorgan vardı.

"İşte hepsi buradalar" dedi ağlayarak.

Kurtarma ekiplerinin yetiştiği saate dek bu mahalle halkı, enkaz yığınlarını elleriyle kazıyarak ölülerini kendileri çıkardılar.

Biz gözlerimizle, **Hüseyin Kırcalı** da objektifiyle gördü.

Bir enkaz yığını altından 2 yaşındaki çocuğuna sıkı sıkı sarılmış bir anne çıkarıldı.

İki cesedi birbirinden ayırmak istediler, olmadı.

İki yaşındaki çocuğu, anasının katılaşmış kollarından koparmaya dört erkeğin gücü zor yetti.

Sonra anayı da yavrusunu da yine enkaz yığını altından çıkardıkları Suriye işi pırıl pırıl bir duvar halısına sardılar, yolun kenarına bıraktılar.

Bir başka evin önünde enkaz altında kalan üç çocuğundan birinin cesedini çıkarabilmiş bir ana-baba, yanlarında sağ kalabilen üç çocuğuyla oturuyordu. Ölü çocukları ortalarındaydı. Üstü bir yorganla örtülmüştü. Baba bu durumda bile kuvvetli olduğuna kendini inandırmak istercesine çevresine bakmıyordu ama ana, arada bir yorganın ucunu kaldırıp, üç yaşındaki çocuğunun kaskatı yüzüne bakmaktan kendini alamıyordu.

Anaları, yorganın ucunu her kaldırışta öteki çocukları da başlarını uzatıyorlar ve babalarına belli etmemeye çalışarak onlar da kardeşlerinin yüzlerine bir daha, bir daha, bir daha bakıyorlardı. Bu manzarayı galiba beş dakika süreyle seyrettim.

Yorganın ucunun kaç kez kaldırıldığını anımsamıyorum.

Cumhuriyet Mahallesi'nin meydanlık bir yerinde kadınlı erkekli bir kalabalık gördük.

Gittik baktık, kalabalık çemberinin ortasında, yerde, tam on iki kişinin cesetleri sıralanmıştı.

Beşi büyük, yedisi çocuktu yerde yatanların.

Sonra bir kamyon getirdi mahallelilerden biri.

Yerdeki cesetleri tek tek kamyona yüklemeye başladılar.

Önce büyükler alındı kamyona. Sıra çocukların cesetlerini yüklemeye gelince bir garip olay oldu.

Çocuğunu kucağına alan her kadın, birbirine dönerek "Önce sen ver" demeye başladı.

Biri, "Önce sen ver" diyor, öteki "Önce seninki gitsin" diyordu.

Uzun sürdü bu "Önce sen ver" sözleri.

Kamyondan erkekler, "Hadi, hadi, hadi" diye bağırdılar, ancak böyle alabildiler çocukları analarının kucaklarından.

Hüseyin Kırcalı fotoğraf çekmek için kamyona atlamıştı.

O görmüş, o anlattı:

"Kamyon tam kalkacakken, 8 yaşındaki bir kız çocuğu atladı, üç yaşlarındaki kardeşinin üstüne kapandı birden" dedi.

Kardeşinin son hatırası olarak, onun hırkasından bir kırmızı düğme kopardıktan sonra ancak indirebilmişler sekiz yaşındaki kızı ceset kamyonundan.

Anaları da ben gördüm, hareketi sırasında kamyonu elleriyle tutup geri geri çekmeye çalışırlarken...

Gediz... Burdur... Bu felaket bölgelerinin ikisine olaydan en erken beş saat sonra varabildik, Varto'ya ise haftalar sonra gittik.

Bingöl'de ise olaydan yine beş saat sonra ama olay gün ışığına çıktığında Bingöllüler ile birlikte tanık oldum. Deprem felaketinin üzeri kabuklaşmış yarasını değil, kanayan taze yarasını ilk kez gördüm.

Yarası kabuk bağlayan depremlerde yıkılan yapılar dikkatimizi çekiyordu öncelikle. Yarası kanamakta olan "taze" depremde ise "yıkılan insan"dan başka bir şey görmüyordu gözlerimiz...

"MAMUDİZM"E KARŞI SAVAŞIMIN KOMUTANI: RECEP YAZICIOĞLU

"Efsane Vali" **Recep Yazıcıoğlu**'nu ilk kez, 1987 yılı Kasımında, Tokat Valiliği sırasında valilik binasının önünde gördüm, orada tanıdım. Köylerdeki inşaatlara malzeme götürmek üzere hareket etmeye hazırlanan kocaman bir kamyonda, şoförün yanında oturuyordu. Konuğu olduğum için kapı yanını bana bırakmış, kendi, şoförle benim aramda kalmıştı. Birlikte, köyleri dolaşmaya gidiyorduk.

"Benle beraber geldiğiniz iyi oldu" dedi. "Yapılanları ve yapılmakta olanları sözle de anlatırdım ama bunlar aslında gözle görülerek daha iyi anlaşılır..."

Onun, kendine özgü kalkınma yönteminin başarılı sonuçlarını televizyonda açıklamak için gelmiştim Tokat'a ve bu yöntemin nasıl uygulanmakta olduğunu yerinde görmek için şimdi de, onunla birlikte köylere gidiyordum.

Tokat'ta halkın, "Vali **Recep Yazıcıoğlu** modeli" tanımıyla adlandırdığı, Vali **Recep Yazıcıoğlu**'nun ise "Tokat modeli" diye tanımını yaptığı bu "Toplum Kalkınması Yöntemi"nin bir adı da, "Mamudizm savaşımı" idi.

"'Mamudizm savaşımı', bu kalkınma yöntemine benim verdiğim bir addır" dedi yolda, Vali **Yazıcıoğlu**. "Hani buzullar çağında mamut denilen hayvanlar vardı ya... Bu adı, o hayvanın fillerden de iri gövdesi ve bir adımını neredeyse bir saatte atabildiği hantallığı nedeniyle seçtim."

Sonra da, "Mamudizm" konusundaki görüşünü özetledi:

"Devletin işletim sisteminin aşırı hantallığı, her yere ve her işe yetişeceğim iddiası, sonunda hiçbir şeyi yapamayan, kaynak, zaman ve insan tüketen bir sonuca getirmiştir bizi" dedi. "Devletle vatandaş barışık değildir, aksine sürekli kavga eden konumdadır. Birbiriyle çelişen, köprü görevini kaybeden, engeller ve setlerle vatandaşın yaratıcı ve üretici yeteneği, işe yaramaz duruma getirilmektedir." **Recep Yazıcıoğlu**, bu görüşünü açıklarken, bir yandan da, savaşımının nedenini açıklamış oldu.

"Burada bizim yaptığımız, vatandaşlarla el ele tutuşup, 'Mamudizm' dediğimiz bu canavarı boğazlamaktan başka bir şey değildir" dedi. "Birazdan bunu göreceksiniz gözlerinizle..."

İlk gittiğimiz köyde, köyün ortasından, aşağılarına doğru uzanan kocaman bir kanal çukuru çıktı karşımıza. Kanalın içinde otuz-kırk kişi, kazmalarla küreklerle çalışıyordu.

"Bunların okul derdi bitti, sağlık ocağı derdi bitti, öğretmene lojman derdi bitti, içme suyu derdi bitti, şimdi sıra buna geldi" dedi Vali **Yazıcıoğlu**.

"'İlle de kanalizasyon' diye tutturmuş köylüler. Ben de söz verdim, 'Sayınızın yarısı kadar kazma, yarısı kadar da kürek göndereceğim' dedim ve gönderdim. Şimdi köylerine kanalizasyon yapıyorlar. Çukuru açma işini tamamlasınlar, o zaman beton künklerini de göndereceğiz."

Biz kamyondan indik, çalışan köylüler kanalizasyon çukurundan çıktılar ve birlikte kahvede oturduk. Kahveci de çukurdan yeni çıkmıştı. Gitti, önce ellerini, yüzünü gözünü yıkadı, sonra yanımıza geldi, ellerimizi sıktı ve çayımızı demledi.

Vali **Recep Yazıcıoğlu**, ilerideki bir binayı gösterdi:

"Şu karşıdaki bina, okulumuzdur" dedi. "Yanındaki o şirin yapı da, öğretmen evidir. Şu tarafta gördüğünüz de sağlık ocağımızdır."

Kanaldaki işlerini bırakıp, bizle kahveye gelen otuzbeş yiğidini gösterdi gururla:

"Bütün bunlar, bu yiğitlerimizin eseridir" dedi. "Köylerinin neye gereksinimi varsa kendileri çalışmışlardır, hepsini kendileri yapmışlardır."

Köylüler, isyan ederlercesine gürültülü sesler çıkarmaya başladılar: "Siz bizi ateşlendirmeseydiniz, siz bütün malzemeyi getirmeseydiniz, biz nasıl yapacaktık ki bu işleri, Sayın Valimiz?" dediler.

"Efsane Vali" Recep Yazıcıoğlu

Yazıcıoğlu eliyle onları susturdu, sonra yine bana döndü:

"İşte mamudizm canavarıyla savaşıp onu boğazlamak budur" dedi. "Bu yiğitler de canavarı önce avladılar, şimdi de boğazlaya boğazlaya canını çıkarıyorlar. Baksanıza, köyde kanalizasyon yapmalarına geldi sıra..."

O köyde yalnızca bir örneğini gösterdiği mamudizmle savaşım olayının özünü ise şöyle anlattı:

"Ülkenin en uç köşesinde bile yapılacak kamu hizmetlerinin planlanmasını Ankara düzenler, bu hizmetler için gereken parayı yine Ankara saptar, Ankara gönderir" dedi. "Ben temelde, işte bu görüşe karşıyım. Vatandaşın gözünde bu sistemin adı 'Devlet pişirsin, ağzıma düşürsün'dür. Bu sistem nedeniyle hem vatandaşa doğru dürüst hizmet verilememekte, hem de vatandaş, göz göre göre tembelliğe itilmektedir."

Vali **Yazıcıoğlu**, bu görüşünü Ankara'ya bir türlü anlatamadığını görünce, "İş başa düştü" deyip, görüşünü halka anlatmaya karar vermiş.

"Vatandaşa, 'Haydi iş başına' borusu çalmak gerekiyordu" dedi. "Çektim ayaklarıma çizmelerimi, tüm köyleri adım adım dolaşarak gittiğim her köyde vatandaşlara, kelimesi kelimesine hep aynı şeyleri söyledim."

Tüm içtenliğiyle, tane tane açıklamış halka görüşünü:

"Size, gözlerinizin önünde olan ama bir türlü göremediğiniz bir ülke gerçeğini anlatacağım" demiş. "Ankara'da yapılan planlarla ve Ankara'dan gönderilen paralarla Tokat'ın köy okulları ve sağlık ocakları elbette yapılır ama okullar otuz yılda, sağlık ocakları ise kırk yılda yapılır."

Ülkenin bu gerçeğini anlattıktan sonra, ikinci bir gerçeğini de anlatmış:

"Fakaaat, köyünüzün okulunun ve sağlık ocağının yapımında siz de kollarınızı sıvar ve gönüllü olarak çalışırsanız, yani okulunuza da, sağlık ocağınıza da sahip çıkarsanız, Tokat'ın tüm köylerinin okul ve sağlık ocağı eksiğini elbirliğiyle en geç iki yıl içinde tamamlayabiliriz."

Ülkenin gözler önündeki bu gerçeğini de açıkladıktan sonra, köylülerin önüne bu kez iki seçenek sermiş:

"Köyünüzün bir an önce okul ve sağlık ocağına kavuşmasını isteyenler, kollarını sıvasınlar, benimle gelsinler... Bu hizmetlerin yapılması için otuz-kırk yıl beklemeye razı olanlar ise zaman geçirmeden kendilerine orta şekerli birer kahve daha söylesinler, kuzu kuzu beklemelerine devam etsinler... Köy de sizin, karar da sizin..."

Üç yıl önceki bu olayı o gün anlatırken Vali **Yazıcıoğlu**, gözlerinin yaşarmasını engelleyemedi:

"Bir anda arkamda, on binlerce kişilik dev gibi bir gönüllüler ordusu buldum" dedi.

"Köylüler, yapılarda gönüllü işçilik yapma kararlarından başka, okulları ve sağlık ocakları için hane başına bir de (1984 yılının parasıyla) 20 bin liradan 250 bin liraya kadar değişen tutarlarda aralarında para da topladılar."

Sıra şimdi, işin "Valilik cephesi"ne gelmiş:

"İlimizdeki çeşitli hizmetler için, çeşitli bakanlıklar tarafından Valiliğe gönderilen ödenekleri, 'Bu, milli eğitim hizmetleri için; bu, sağlık hizmetleri için' deyip, ayrı ayrı hesaplarda toplamak yerine, Ankara'dan gönderilen paraların tümünü, özel idarenin gelirleriyle birleştirip, bir 'torba bütçe' yaptık. Elde ettiğimiz bu parayı, 'toptan alış-peşin ödeme' yöntemiyle kullanarak, demir, çimento, kereste, çakıl, kum, tuğla ve kiremit gibi yapı malzemelerini yarı fiyatının da altında bir fiyata satın aldık.

"Sonra da bu malzemeyi, 'Her biriniz artık birer şantiye şefisiniz' dediğim kaymakamlara ve köylerde de muhtarlara göndererek, başta okul ve sağlık ocakları olmak üzere, köylerin tüm gereksinimlerinde kullanılmalarını istedim."

1984 yılında başlatılan bu savaşım sonunda Tokat, üç yıl içinde şunları kazanmıştı: Devletin gönderdiği bin derslik parasıyla, iki yıl içinde, üç bin derslik ve öğretmen evi yapıldı. 50 sağlık evi için gönderilen parayla, 176 sağlık evi yapıldı. Tüm köylerin içme suyu, Ankara'nın aklına bile gelmeyen genel hela ve kanalizasyon gereksinimleri karşılandı. Bunların dışında ilçelerde ve il merkezinde, üç bin yatak kapasiteli altı öğrenci yurdu, 124 yataklı dört yıldızlı bir otel, işhanları, dükkânlar ve başta tarım kuruluşlarına ait olmak üzere çeşitli kuruluşlara ait iki bin yeni yapı, ilkokullar için öğrenci sıraları üreten büyük bir atölye, ev kadınları için elişleri atölyesi, sakatlar için üretim atölyesi...

Vali **Recep Yazıcıoğlu**'nun Tokat'ta başlattığı ve Cumhuriyet tarihimizin en büyük toplum kalkınma projesi olan "Mamudizm savaşımı", ilerideki yıllarda Devlet Planlama Teşkilatı uzmanı Dr. **Güngör Erdumlu** tarafından "özel idare uygulaması" örneği olarak kitaplaştı. Akademik çevrelerde "Tokat modeli" adıyla anılan bu kalkınma yöntemi, üniversitelerde doktora tezi konusu yapıldı. Tokat modeli, Türkiye'nin birçok ilinde valileri etkiledi ve özellikle eğitim konusunda bu illerde örnek oluşturdu.

Recep Yazıcıoğlu, 1990 yılında Aydın Valiliğine atandığında, kendine özgü mamudizmle savaşım yöntemini orada da uyguladı. "Halk için, halkla birlikte" tanımlamasıyla da anılmaya başlayan bu hizmet yöntemiyle Aydın bir anda, 800 derslik ve öğretmen eviyle, beş devlet hastanesi ve 25 sağlık ocağı, 60 sağlık evi kazandı.

Recep Yazıcıoğlu, 1992 yılında "depremle buluşmak üzere" Erzincan'a atandı. Onun, yakın dostlarınca "ilahi bir buluşma" olarak adlandırılan bu görevi, Erzincanlılar için de bir "deprem tesellisi" olarak nitelendirildi.

Depremden kısa bir süre önce göreve başladığı Erzincan'da "Mamudizmle savaşım" yöntemini deprem sonrasında hemen uygulamaya başladı ve depremden üç yıl sonra, 1995 yılı sonunda tamamlanan "yeniden yapılanma" çalışmalarıyla, "deprem sonrası büyük boyutlu uygulama" örneği olarak uluslararası literatürde yerini aldı.

Deprem sonrası çalışmaları dışında Erzincan'da 351 köyde keşif tutarı 42 milyar lira olan içme suyu projesinin 14 milyar liraya gerçekleştirilmesi, 67 köyde keşif tutarı 25 milyar lira olan kanalizasyon projesinin 11 milyar liraya tamamlanması da hep, onun "halk için halkla birlikte" yaptığı mamudizm avı sonucu gerçekleştirdi.

Vali **Recep Yazıcıoğlu**, nedendir bilinmez, Erzincan cephesinden geri çağrılıp, beş yıl süreyle Ankara'da merkez valisi olarak "dinlendirildikten" sonra, "Denizli cephesi"ne gönderildi.

"Devlet piyangosunun büyük ikramiyesi bu kez Denizli'ye çıktı" diyerek öncelikle Denizliler adına, sonralıkla devlet adına sevindik ama... Sevincimiz uzun sürmedi.

Denizlilerin bir gereksinimi nedeniyle otomobille Ankara'ya gelirken karşısına trafik canavarı çıktı.

Ve mamudizm canavarının öcünü o trafik canavarı aldı, o "güzeller güzelim" Vali'den..

"O ŞEYTAN YOK MU, O ŞEYTAN!" DİYORDU KIBRISLI RUM YÜZBAŞI

Limasol'da hem cezaevi, hem karakol olarak kullanılan "Police Station" adlı merkez, subay olmamasına karşın "albay" rütbesi taşıyan bir üst düzey güvenlik görevlisi tarafından yönetiliyordu.

"Albay", bu merkezin hem "emniyet amiri"ydi, hem de "cezaevi müdürü"ydü. Bizi bir cezaevi arabasıyla Lefkoşe'den getiren ve kimliklerimizi saptarken kendisine çevirmenlik yaptığım Rum yüzbaşı, arkadaşlarımı tek tek "cezaevi müdürü albay"a teslim ederken beni bu kez, ikisinin arasındaki bu "alışveriş"te çevirmen olarak kullanıyordu. Arkadaşlarımın kimlikleri saptanırken, beraberlerindeki fotoğraf makineleri ve çantalarındaki eşyaların tümü de ayrı ayrı saptanarak, ayrı ayrı listeler yapılıyor, çantalardaki film kutularından Tat vişne suyu kutularına dek üzerlerimizdeki tüm mal varlıklarımız, en ince ayrıntılarıyla bu listelerde belirtiliyordu.

Kimliği ve mal varlığı saptandıktan sonra Rum yüzbaşının sorumluluğundan çıkıp, cezaevi müdürü albayın sorumluluğuna verilen her arkadaşım, kendisini teslim edenle teslim alan iki Rum sorumlunun karşılıklı imzaladıkları "alışveriş işlemi" tamamlandıktan sonra, subay mı, gardiyan mı olduğunu anlayamadığımız bir "üsteğmen" eşliğinde içeri götürülüyordu.

Arkadaşlarımın götürüldükleri bu "içeri"nin nasıl bir yer olduğunu çok merak ediyordum ama "eski dost" Rum yüzbaşıya da, yeni tanıştığımız cezaevi müdürü albaya da bunu sormaya pek cesaret edemiyordum.

Sonuncu arkadaşımın da teslim işleminin tamamlanmasından ve içeri gönderilmesinden sonra sıra bana gelince Rum yüzbaşı, ev sahibi albayla bir şeyler konuştu ve beni yandaki bir odaya aldı.

"İkimiz de bir saatten fazla ayaktayız, çok yorulduk" dedi. "Gel buraya karşılıklı oturalım da, senin evrakını rahat rahat hazırlayalım..."

Müdür albay da geldi ve ikimize de, kahve isteyip istemediğimizi sordu. Rum yüzbaşıya yapıldığını sandığım bu ikramın üstüne atılıyormuşum gibi görünmemek için sustum, yanıt vermedim.

Ev sahibi albay bu kez yüzüme bakarak aynı ikramı yineleyince, teşekkür ederek memnuniyetle kabul ettim.

Albay, benim biraz önceki davranışımı fark ettiğini nazik bir biçimde belirtti:

"İlk ikramımda size de sormuştum" dedi. "O nedenle İngilizce sormuştum kahve isteyip istemediğinizi..."

Cezaevi müdürünün bu zarif ve dostça yaklaşımı, içeride geçireceğimiz günlerimizin rahat olacağının bir işareti gibi geldi bana...

Kahvelerimiz gelinceye dek Rum yüzbaşı kimliğimi saptadı, sonra da çantamı boşaltarak içindekilerin listesini yapmaya başladı.

Dörde katlanmış bir gün önceki tarihli *Hürriyet* gazetesi çıktı önce. Gazetenin katlarını açtı, birinci sayfasını şöyle tepeden tırnağa süzdükten sonra, manşeti çevirmemi istedi.

16 Ağustos 1974 tarihli *Hürriyet*'in manşeti, tek kelimeydi:

"Magosa'dayız."

Biraz durakladığımı görünce, masanın öteki tarafındaki koltuğundan kalktı, yanıma geldi, omzumu dostça okşadı, "Bu bir savaştır ve bunların tümü de olağandır" dedi. "Bak, bu başlığın altındaki haritada gösterilen şu oklar, sanki harekâtı yöneten bir asker tarafından çizilmiş... Aynen böyle, bu oklarla gösterildiği biçimde oldu sizin ordunun harekâtı... Magosa'yı aldığınızı belirtiyor bu başlık değil mi?"

Onun bu sorusunu yanıtlamak yerine şimdi, anladığının doğruluğunu onaylamak kalıyordu bana. Bu iş için ise solgun bir gülümsemem yeterli oldu.

Çantamdan, Başbakan **Bülent Ecevit**'in bir deste fotoğrafı çıktı. Bir fotoğrafta mavi gömlekli **Bülent Ecevit**, içtenlikle gülüyordu.

Rum yüzbaşı, galiba biraz da ne diyeceğimi merak ettiğinden, şöyle bir soru sordu:

"Böyle sevecen bir pozunun yakalanabilmesi için kimbilir kaç yüz poz vermiştir fotoğrafçıya" dedi. "Sen de öyle düşünmüyor musun?"

Cezaevi müdürü albayın arkasından, elindeki neskafe tepsisiyle bir de gardiyan geldi odaya ve kahve fincanlarımızı önümüze koydu, süt isteyip istemediğimizi sordu. Üçümüz kahvelerimizi karşılıklı içerken, Rum yüzbaşı fotoğraflardan birini cezaevi müdürü albaya vererek bana sorduğu sorusunu yineledi:

"Onun böyle bir pozunu yakalamak fotoğrafçı için zor olmuştur, değil mi?" dedi.

Düşman ilinde ve düşman elinde olmama karşın öylesine rahattım ki... Aynı rahatlıkla yanıtladım Rum yüzbaşının sorusunu: "Fotoğrafçı için hiç de zor olmadı onun o pozunu yakalamak" dedim. "Yüzlerce fotoğraf arasından seçilmiş bir poz değildir o... Bu pozdan bir tane çekilmiştir, o da budur."

Rum yüzbaşı bu ayrıntıları nasıl bilebildiğimi sordu. Yanıtım yine pek rahat bir biçimde geldi:

"Çünkü ben çektim o fotoğrafı da, ondan biliyorum" dedim.

Bu kez cezaevi müdürü albay meraklandı. "Mister **Ecevit**'in çok özel bir ânında çekilmiş bir fotoğrafa benziyor bu" dedi.

Tahmininde haklı olduğunu söyledim. "Bir pazar günü ailece pikniğe gitmiştik" dedim. "O piknikte çekmiştim bu fotoğrafı."

Albayla Rum yüzbaşı birbirlerine baktılar. İkisi de pek inanmış görünmediler bu söylediklerime. "Bize şaka yapmıyorsun, değil mi?" dedi Rum yüzbaşı.

Ve Başbakan **Bülent Ecevit**'le aramda özel bir dostluk olduğuna inandıktan sonra, fotoğraflardan birinin arkasını imzalamamı ve kendisine vermemi istedi. Cezaevi müdürü albay da aynı istekte bulundu. Her ikisine de imzalı birer **Ecevit** fotoğrafı verdim.

Mete Akyol'un, ailecek gittikleri bir piknikte çektiği Ecevit fotoğrafı

Kahveler içildikten, kimliğimle çantamdaki mal varlığım saptandıktan sonra içeri girmek sırası bana gelmişti.

Rum yüzbaşıya veda etmek için elini sıkmak istedim. Fakat o, kendisine uzattığım elimi sıkmakla kalmadı, elimi kendisine çekti, boynuma sarıldı ve... Karşılıklı öpüştük.

"Sizin de, bizim de hiçbir kabahatimiz yok" dedi. "Kendisine 'Sam Amca' dedirten o şeytan Amerika var ya... Hep onun yüzünden oluyor her şey... O kapıştırıyor bizi, birbirimizle..."

Rum yüzbaşıya, gün boyunca birkaç kez gösterdiği dostluğundan ötürü bir kez daha teşekkür ettim ve kolunu boynumdan atıp, avucuyla omuzumu kucaklayan cezaevi müdürü albayla birlikte "içeri" girdim. Kısa bir koridoru geçtikten sonra, giriş bölümünde demir parmaklıklı bir kapı bulunan 20-30 metre uzunluğundaki bir başka koridora girdik. Bu koridorun her iki yanında, demir kapılar sıralanmıştı. Kapıların insan boyu hizasında ise, eni de boyu da beşer santim olan 25'er santimetrekarelik gözleme delikleri vardı. Kimi kapıların üzerindeki bu delikler camla kaplıydı, kimilerinin camları ise kırıktı.

Sağlı sollu üç-dört kapı geçtikten sonra cezaevi müdürü albay, açık duran bir kapı önünde durdu ve bu kez koluma girerek, kapıdan benimle girdi.

Tanrım... Hücre denilen şey, buymuş demek ki...

Tüm duvarları ikişer metre uzunluğundaki, tümü dört metrekarelik bu yerin yarısına yakın bir bölümü, yerden 50-60 santim yüksekliğindeydi ve üzeri tahtayla kaplıydı. Belli ki burada oturacaktım, burada yatacaktım...

"Bir sigara alsana" dedi cezaevi müdürü.

Uzattığı paketten bir sigarasını aldım, uzattığı çakmağıyla yaktım.

"Hiç merak etme, Mister Mete" dedi. "Tüm gardiyanlara emir verdim... Senin hücrenin kapısı hep açık kalacak... Yüzbaşı bana, senin kapalı yer korkusu hastalığından söz etti... Kapın hiç kapanmayacak, merak etme..."

Sigaralarımızı içtikten sonra cezaevi müdürü ayağa kalktı, elini birkaç kez sırtıma vurdu ve... "İyi geceler" diledi.

Pantolonumu çıkarttım, birkaç kez katladım ve yastık niyetine başımın altına koydum, boylu boyunca tahtaya uzandım ve... A-a-aaa... Uzay filmlerindeki kişiler gibi, bir anda ışınlandım, eve geldim. Ayrılalı iki gün olmasına karşın bizim evin çevresindeki bu süslü beyaz demir parmaklıklar ne zaman yapılmış böyle?..

Parmaklıklardan sarkan renk renk ortanca çiçeklerinin arkasında bizim ev de ne güzel, ışıl ışıl aydınlık... A-a-a... Ev de baştan aşağı bembeyaz boyanmış...

Bahçedeki havuzu nedense hiç de yadırgamadım. Sanki her zaman orada varmış gibi doğal geldi bana yüzme havuzu... Bir çırpıda soyundum, havuzun masmavi sularına bıraktım kendimi ama... Çıkmak istiyorum, çıkamıyorum... Yüzmek istiyorum, yüzemiyorum... Fakat denizin ortası burası... Denizin ortasında tutunacak dal mı olurmuş? Yorgunum... Kollarımı kıpırdatacak gücüm yok... Yavaş yavaş dibe doğru mu çekiliyorum, ne!.. Hem burası neresi?.. Akdeniz'de miyim, Atlas Okyanusu'nda mıyım, Büyük Okyanus'ta mıyım?.. Çevremde bir avuç kadar bile bir kara parçası yok ki, hem nerede olduğumu anlayabileyim, hem yönümü saptayayım...

Biraz daha hızlı bir biçimde aşağı doğru iniyorum. Başımı kaldırıyorum, denizin yüzeyi taa yukarılarda kalmış. Ben şimdi nasıl çıkacağım yukarı?.. Ha gayret... Biraz daha... Oh... Denizin üstüne çıkamadım ama nasıl olduysa oldu, soluk alabildim... Neredeyim?.. Burası neresi?..

İki omuzumdan tutan genç bir asker, "Lütfen sakin ol... Lütfen sakin ol..." diyerek beni yatıştırmaya çalışırken bir yandan da sorumu yanıtladı:

"Limasol'dasın" dedi "Limasol'dayız... Dostların arasındasın... Lütfen sakin ol..."

Çevreme bakındım... Bembeyaz duvarlar... Yalnızca bir duvarın tavana bitişik bölümünde demir parmaklıklı bir pencere var. Kapı ise, açık duran bir demir kapı...

"Sen kimsin?"

Genç asker, hücremin bir köşesine dayadığı boyu büyüklüğündeki bir tüfeği gösterdi:

"Burası cezaevi, ben de nöbetçi gardiyanım" dedi.

İçimden çocuğun saçlarını okşamak geldi:

"Ama sen bir gardiyan olamayacak denli gençsin" dedim. "Doğru söyle, öğrenci misin?"

Onyedi yaşında olmasına karşın askere alınmış. Sırtına bir üniforma geçirmişler, eline bir tüfek vermişler ve... Buraya göndermişler onu.

"Seferberlik ilan edildi" dedi. "Tüm erkekleri askere aldılar. Bizim gibi yaşı küçük olanları Limasol'da görevlendirdiler, büyükleri kuzeye gönderdiler."

Saate baktım, sabahın üçüne geliyordu.

"İki saate yakın uyumuşum" diye geçirdim içimden ve... Birden dünkü gün tek lokma bir şey yemediğimi anımsadım.

"Off... Amma da acıkmışım" dedim.

Genç askercik birden fırladı, eliyle beklememi işaret etti:

"Şimdi size yiyecek bir şeyler getireceğim" dedi ve yıldırım gibi çıktığı hücremden, yıldırım gibi bir hızla girdi biraz sonra... Kucağında salkım salkım üzüm ve bir hevenk muz vardı.

"Bugün Larnaka'dan annem beni ziyarete geldi, bunları getirdi" dedi. "Al, istediğin kadar ye..."

Bir muz ve bir salkım üzümü aldım, kıtlıktan çıkmışçasına bir iştahla yedim. Genç asker, ezile büzüle bir isteğini bildirdi:

"Kimse duymasın ama" dedi. "Mister **Ecevit**'in bol bol fotoğrafları varmış sende... Bir tane de bana verir misin, lütfen?"

Fotoğrafların, emanete alınan çantamda olduğunu söyledim.

"Aç çantamı, al bir resim" dedim.

Yine yıldırım gibi fırladı ve bu kez, elinde çantamla döndü:

"Buyurun siz açın, siz verin" dedi.

Ona da bir **Ecevit** fotoğrafı verdikten sonra merak ettim, sordum:

"Size savaş ilan eden bir yabancı ülke Başbakanının resmini niçin istiyorsun?" dedim.

Sesinin tonunu düşürerek yanıt verdi:

"Sizin ordu tüm Kıbrıs'ı alacakmış diye bir söylenti var" dedi. "Burada çok kişi, gazetelerden, dergilerden Mister **Ecevit**'in fotoğraflarını kesip, saklıyor. Türk askeri Limasol'a gelirse, bu fotoğrafları gösterip, kurtuluruz. Şimdi onun en güzel ve en özel fotoğrafı, bizim albaydan sonra bende var..."

Genç asker çantamı emanet odasına geri götürdükten sonra yeniden hücreme döndü:

"Siz herhalde uyumak istersiniz şimdi" dedi. "Ben izninizle içeri gideyim."

Yanıma yaklaşmasını işaret ettim. Yanıma gelince de bir ağabey öğüdü verdim ona:

"Bir nöbet sırasında bir daha asla silahını bırakıp da başka bir yere gitme" dedim.

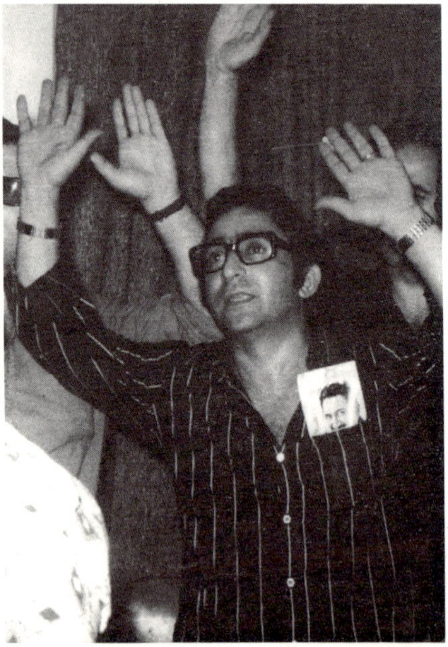

Cezaevinden bırakıldıktan sonra Türkiye'nin Lefkoşe Büyükelçiliği'nde, 1974

"Sonunda hem silahından, hem canından olursun..."

Ayağımın dibine bıraktığı tüfeğini alırken bir yandan özür üstüne özür diliyordu, bir yandan da teşekkür üstüne teşekkür ediyordu...

Mete Akyol, Kıbrıs'tan dönüşünde Esenboğa Havaalanı'nda
eşi ve ablası tarafından karşılanıyor, 1974

LİMASOL CEZAEVİ'NDE BİR SORUŞTURMA*

21 Temmuz 1974 tarihinde Kıbrıs'a yaptığı Barış Harekâtı'nın üzerinden üç hafta geçtikten sonra Türk Silahlı Kuvvetleri, başlatılan işi tamamlamak üzere 14 Ağustos 1974 tarihinde ikinci bir harekât daha yapmak zorunda kalmıştı. Bu ikinci harekâtı izlemekle görevli Türk gazetecilerden **Adem Yavuz** şehit olmuş, **Ergin Konuksever** sırtından vurularak yaralanmış, biz onbir gazeteci ise Rum Ulusal Muhafız Birliği tarafından tutsak alınarak Limasol Cezaevi'nde ikişer metrekarelik hücrelerimize kapatılmıştık.

22 Ağustos 1974

Günün, alışılmadık ve beklenmedik denli erken bir saatinde uyandırılmak, bir hücre mahkûmunun sabah mahmurluğu pusunda, "acaba"lı halkalı bir kuşkular zinciri oluşturuyor. Kıbrıs'ın Limasol Cezaevi'ndeki hücremde altıncı günüm, işte böylesi kâbus tablolarının göğsümde bir anda oluşturduğu yürek çırpıntılarıyla başladı.

Gardiyan Zeno'nun dostça gülüşü bile dindiremedi, erken sabahımın göğsümde başlattığı telaşımı...

"Haydi, iyi haberler var bugün galiba" dedi Zeno. "Müdür ve savcı geldiler, ifadeni almak için içeride seni bekliyorlar."

Önce saatine baktım; yediye bile gelmemişti saat. Sonra Zeno'nun yüzüne baktım; saklamaya çalıştığı bir ifade aradım gözlerinde.

---

*) **Mete Akyol**'un bu yazısı, Türk ve Yunan gazeteciler arasında 1981 yılında oluşturulan **Abdi İpekçi Barış Ödülü**'ne layık görülmüş ve yazara ödülü, 10 Mart 1981 tarihinde Atina'da, Yunan Gazeteciler Derneği Merkezi'nde yapılan törende verilmiştir.

"Hadi biraz çabuk ol da, hemen yüzünü yıka, saçlarını tara" dedi Zeno ve gülümsemeye çalışarak bir de şaka yaptı:

"Dünyanın yer yerinde aynıdır müdürler; bekletilmekten hoşlanmazlar."

Hücremde, beş günden beri topuklarına basarak, terlik niyetine giydiğim ayakkabılarıma uzattım ayaklarımı ve yüzümü yıkamak için koridorun ucundaki musluğa gittim. Gün yürek çırpıntılarıyla başlamıştı ama beraberinde umut kırıntıları da getirmişti.

İfademizin alınması demek, adlarımızın "Kayıplar Listesi"nden silinip, "Savaş Tutsakları Listesi"ne yazılması demekti. Bu da, "meçhul tutsak" kimliksizliğimizden kurtulup, hakkımız olan "savaş tutsağı" kimliğimizi kazanmamız ve dolayısıyla, "Cenevre Sözleşmesi" kapsamında güvenceye alınmamız anlamına geliyordu. Savaşta yakalanıp, bir hücreye atılan her "tutsak" için ifadesinin alınacağı haberi, bu nedenle, bir "müjde" değerindeydi.

Aynı koridor üzerinde sıralı ikişer metrekarelik hücrelerin her birinde benim gibi on gazeteci arkadaşım daha vardı. İfademin alınacağı müjdesini onlara duyurmak için koridorda Zeno'yla yüksek sesle konuşmaya başladım.

"Göreceksin bak, Zeno" dedim. "Madem şimdi ifademi alacaklar, o zaman bizim asker değil de gerçekten gazeteci olduğumuzu hemen anlayacaklar ve bizi, eminim hemen de serbest bırakacaklar..."

Hücrelerden birinden TRT'nin **Ertürk Yöndem**'inin, ötekinden **Hüdai Bayık**'ın seslerini duydum. Birbirimizle yasaklanan konuşmalarımızı, el yordamlarımızla bulduğumuz kendimize özgü yöntemlerle yapabiliyorduk. Onlar da böylesi bir özel yöntemle hücrelerin kapılarına vurarak şimdi bana, müjdemi aldıklarının bilgisini ulaştırıyorlardı.

Merdivenlerden çıkıp, üç koridordan geçtikten sonra Zeno beni bir odaya getirdi.

Odada iki kişi, uzun bir masanın arkasında yan yana oturuyordu.

Yalnızca birer karış asık yüzlerinden ve çatık kaşlarından değil, Limasol'un, ortalama 42 derece sıcağında bile ceket giymelerinden ve kravat takmalarından da anlaşılıyordu bu iki kişinin, ikisinin de çok çok önemli kişiler oldukları.

Onların tüm önemli ve sözümona ürkütücü görünüşlerine karşın, olabildiğince içtenlikli olmasına çalıştığım bir gülümsemeyle, ikisine de, hücremde öğrenebildiğim Rumcamla "Günaydın" dedim:

"Kalimera."

Müdür bey ve savcı bey, ciddi ve önemli kişi görünümlerini bozmamak için olacak, "kalimera"ma karşılık vermediler.

İkisinden biri, işaret parmağıyla, masanın karşısındaki sandalyeyi gösterdi:

"Oturun" dedi, İngilizce.

Gösterilen sandalyeye otururken, yine gülümsemeye çalıştım:

Mete Akyol, Atina'da "Yunanistan Gazeteciler Derneği" salonundaki törende "Abdi İpekçi Barış Ödülü"nü, jüri üyesi ünlü yazar Haldun Taner'den alıyor, 1981

"Gün güzel bir sabahla başladı" dedim. "İfadelerimizi alacağınıza göre, bize güzel haberleriniz var demektir."

O çok çok önemli iki kişiden öteki, yaramazlık yapan öğrencisini azarlayan sert bir öğretmen gibi konuştu:

"Lütfen ciddi olunuz" dedi. "Burasının ne olduğunun farkında değilseniz, anlatayım: Şu anda polis müdürü ve savcı karşısındasınız. Siz ise bir 'savaş tutsağı'sınız. Buraya, bu sıfatınız nedeniyle, ifadeniz alınmak üzere getirildiniz. Şimdi biz soracağız, siz yanıt vereceksiniz. Ve yalnızca, sorduklarımıza yanıt vereceksiniz. Başka herhangi bir konudaki görüşleriniz, bizi ilgilendirmemektedir."

Sandalyemde ufaldım, ufaldım, bir Lilliput'lu kadar küçüldüm. Karşımdaki iki kişinin ikisi ise bir anda, birer Güliver oluverdiler.

"Adınız?"

Adımı söyledim.

"Aile adınız?"

Aile adımı da söyledim.

Babamın adını sordular, söyledim; doğum yerimi sordular, söyledim; sıra doğum tarihime geldi.

"Doğum tarihiniz?"

Doğum yılımı söyledim:

"1935" dedim.

Sorgucu, yanıtımı düzeltti:

"Doğum tarihinizi sordum" dedi. "Doğum tarihinizi söyleyin."

Bir önceki yanıtımı yineledim:

"1935."

Karşımdaki iki Güliver'den biri, arkamda ayakta hazırol konumunda duran ve çok az Türkçe bilen polise, Rumca bir şeyler söyledi. Polis, bana doğru eğildi ve ses tonunu, büyüklerinin ses tonuna benzetmeye özen göstererek, kendine söylenenleri, kendi yeterince Türkçe'ye çevirdi:

"Direktör efendi öğrenmek istiyordur ki, 1935 senesinde doğmuşsunuzdur, fakat o senenin ne zamanında doğmuşsunuzdur."

Polisin, güçlükle anlayabildiğim Türkçe'sine aldırmayıp, ben de Türkçe yanıt verdim:

"Ağustos" dedim.

Polis müdürü, Türkçe söylememe karşın, "Ağustos" sözcüğünü anladı ve polisin çevirmesini beklemeden öfkeyle bana döndü:

"Tarih, tarih" diye bağırdı. "Doğum tarihini öğrenmek istiyorum. Doğum yılı diye sormadım sorumu. Doğum tarihi ile doğum yılı arasındaki farkı anlayacak kadar İngilizce bilmiyor musun?"

Öfkeli müdürün öfkeli sorusuna, herkese, her zaman ve her konumda olduğum denli sakin bir biçimde ve... Hiç kimseye, hiçbir zaman ve hiçbir konumda olmadığım denli yükseklerden verdim yanıtımı:

"Üniversitenin, İngiliz Dili ve Edebiyatı bölümünden mezun oldum" dedim. "Ayrıca Latince sertifikalı bir dil uzmanıyım, filologum. Yalnızca şimdi sizin konuştuğunuz İngilizce'yi değil, Shakespeare'in ve bilmem adını duydunuz mu, Chaucer'ın İngilizce'sini de anlayabilecek denli bilirim bu dili..."

Polis müdürünün öfkesine bu kez, savcı da tüm öfkesiyle katıldı:

"Bunları söyleyip, bize kendinizi tanıtmaya çalışmakla ne sağlayacağınızı sanıyorsunuz?" diye bağırdı.

Düşman çatlatırcasına bir rahatlıkla gülümsedim:

"Kendimi size tanıtmam için bir nedenim de yok, niyetim de yok" dedim. "Siz beni tanımak istiyorsunuz ve o nedenle de benle ilgili merak ettiğiniz gerekli, gereksiz her şeyi soruyorsunuz..."

Bağırarak konuşma sırasını, polis müdürü kaptı:

"Madem anlıyorsunuz ne sorduğumuzu, o halde sorumuza neden yanıt vermiyorsunuz?" dedi. "Sorduklarımızı anlamıyormuş gibi yapmak size hiçbir şey kazandırmayacaktır."

Boğazımın tam orta yerinde, küçücük bir yumruk oluştu. Birkaç kez yutkundum, yok edemedim o yumruğu. Gücüm yettiğince bastırabilmek için birkaç kez üst üste yutkundum ve ancak o yutkunmalarımdan sonra konuşabildim:

"Sorunuzu lütfen yeniden sorun" dedim. "İstediğiniz yanıtı vereceğim."

Polis müdürü, birkaç kez sorduğu soruyu, bir kez daha sordu:

"Evet, söyleyin" dedi. "Doğum tarihiniz nedir?"

Soruyu hemen yanıtlamamı bekliyorlardı. Sustuğumu, hiçbir şey söylemediğimi görünce, bu kez patlarcasına bağırdı polis müdürü:

"Doğum tarihiniz diyorum" diye gürledi. "Söylesenize... Doğum tarihiniz, doğum tarihiniz..."

Tüm gücümü toplayıp, son kez yutkundum ve... Sorusunu yanıtlamak yerine, polis müdürüne bu kez ben bir soru sordum:

"Doğum tarihimi yazmanız kesinlikle gerekli mi?" dedim. "1935 yazsanız... Hatta yanına da Ağustos diye ekleseniz... Yetmez mi bu kadarı?"

Savcı, avcunun içiyle masaya vurdu. Polis müdürü ise, işaret parmağını gözüme sokarcasına yüzüme uzattı, aşağıya yukarıya doğru sinirli bir biçimde sallayarak yine bağırdı:

"Fazla uzattınız artık" dedi. "Çabuk söyleyin doğum tarihinizi... Bizim için gerekli olmasa, sorar mıyız? Hadi, daha fazla uzatmayın artık... Bu iş sabrımızı tüketmeye başladı. Söyleyin, nedir doğum tarihiniz?"

Konuşmak istedim fakat sesimin çıkmadığını onlar da gördüler. Parmağımı uzattım, elimin titrediğini ben de hayretle gördüm. İşaret parmağım ise, elimden de çok titriyordu. Titremesine aldırmadım, parmağımı uzattım ve... Masanın üstündeki takvimin, o gün için açılmış yaprağını gösterdim:

"Madem sizin için çok gerekli" dedim. "Bu tarihi yazabilirsiniz..."

Polis müdürü yine kükredi:

"Yani, 22 Ağustos mu?" diye sordu. "1935'in önüne 22 Ağustos mu yazacağız yani?.."

Yanıt vermediğimi görünce, bir kez daha köpürdü:

"Yani doğum tarihin, 22 Ağustos 1935 mi?" diye doğrulatmak istedi. "Şayet öyleyse, 'Evet' deyiver de, rahatlayalım artık..."

Polis müdürü bunları dedikten sonra birden durdu, elindeki kalemi masanın üstüne bıraktı ve... Birden bir şeyler oldu, yüzü, gözü, ağzı, burnu değişmeye başladı.

Göz açıp kapayıncaya dek geçen bir sürecik içinde o polis müdürü yok olup, gidiverdi; onun yerine eşinin yanıbaşındaki koca, annesinin dizi dibindeki oğlu, çocuğunun karşısındaki baba, başı omuzuma dayalı bir dost beliriverdi karşımda.

Üstelik, öylesine de içtenlikli gülümsüyordu ki...

"Mister Mete..." dedi, durdu. Onun da boğazının tam orta yerinde küçücük bir yumruk oluşuvermişti. Yutkundu, gideremedi. Birkaç kez daha yutkundu ve... "Mister Mete, yani bugün... Bugün..." diyebildi, yine durdu. Savcıya baktı. Ben de baktım savcıya. Onun yüzündeki o biraz önceki savcı kimliği de yoktu, şimdi.

Birlikte ayağa kalktılar, koltuklarını geri itip, masanın arkasındaki yerlerinden ayrıldılar ve masanın benim olduğum yanına geçtiler, gülen yüzleriyle bana geldiler.

Polis müdürü, karşıma gelir gelmez ceketinin düğmesini ilikledi, sonra elini uzattı:

"Sizi yürekten kutlarım" dedi. "Doğum gününüz kutlu olsun..."

Onu savcı izledi. O da ceketinin düğmesini ilikledikten sonra elimi sıktı ve daha sonra da doğum günümü kutladı.

Polis müdürü, dostlarımın en yakınımda olanlarının avuçlarından tanıdığım içtenlikli bir sımsıcaklıkla elini omuzuma dayadı.

"Savaş kötü şey, değil mi Mister Mete?" dedi. "Hadi gel, söz ver, bu günü unut... Unutabilirsin, değil mi?"

Ben de ona bir şeyler söylemek istedim ama sesim bu kez gerçekten çıkmadı.

Ağzımın içi, boğazımın dibine kadar kupkuru olmuştu.

Gülümsemeye çalıştım... Oh, başarabildim, gülümseyebildim. İkisinin içtenliğine de, gülümsememle karşılık verebildim.

"Bugünü unutmanı istiyoruz ama bizi unutmanı istemiyoruz" dedi polis müdürü.

"Hem bugünün anısı için, hem de doğum günün için sana bir armağan vermek isterdik ama... Görüyorsun işte... Ne verebiliriz ki sana şu anda?"

Savcı katıldı konuşmaya:

"Bence Mister Mete'ye güzel bir doğum günü armağanı verebiliriz" dedi. "Haydi, geciktirme... Söylesene beklediği mutlu haberi..."

Polis müdürünün gözleri ışıldadı:

"Elbette, elbette" diyerek bana doğum günü armağanımı verirken önce kendi sevindi, armağanımı verdikten sonra ise beni sevindirdi:

"Bugün öğleden sonra serbest bırakılacaksınız" dedi.

Ruhsal bilimde "kapalı yer korkusu" olarak adlandırılan bir "hastalığın", tüm yaşamını etkilediği bir "hücre mahkûmu"nun gözünde ve gönlünde, özgürlük sözcüğünün ve kavramının ne denli değerli bir anlam taşıdığını anlatabilmek için edebiyatın "benzetme" sanatının yeterli olmadığını, şu an bir "damdan düşen kişi" deneyimi ve bir "bilirkişi" yetkinliğiyle söyleyebilirim.

Armağanı nedeniyle polis müdürüne teşekkürümü, boynuna sarılarak vermemin nedeni de, sözcüklerin böylesi anlardaki yetersizliğidir.

Limasol polis müdürü de, savcısı da, ifademi almayı unuttular, bir sandalye çektiler, yanıma oturdular.

"Doğum günün şerefine birer Türk kahvesi içeriz, değil mi?" dedi savcı.

Böylesi durumlarda, böylesi sorular karşısındaki değişmez yanıtımı, bu soru karşısında da verdim.

"Tilkiye 'Kızarmış tavuk var, yer misin?' diye sormuşlar, o da 'Güldürmeyin beni' demiş" dedim. "Şimdi siz de beni güldürüyorsunuz."

Aslında ben onları güldürmüş oldum. Bu yanıtımı duyunca ikisi de katıla katıla gülmeye başladılar.

Sorgucularım, çevirmen niyetine orada duran polise, üç orta kahve getirmesini söylediler; sonra da bana dönüp, koyu bir söyleşiye başladılar. "Amerika Dışişleri Bakanı **Henry Kissinger**"li, "Amerikan Silah Endüstrisi"li, "Komşu ülkeler dayanışmasının oluşturacağı güç"lü, "Türk ve Yunan ilkokullarındaki düşman ağırlıklı öğretim"li söyleşimiz, orta şekerli kahvelerimizin sıcaklığıyla daha da ısındıkça, kokusu ve tadıyla daha da tatlandıkça uzadı, uzadı, söyleşi olmaktan çıktı, dertleşi oluverdi.

Oluştu ·duğumuz ortak büyümüzden kendini önce savcı sıyırabildi:

"Bugün senden başka on arkadaşının daha ifadesini almak zorundayız" dedi. "Biz işimizi ne kadar erken bitirirsek, siz de o kadar erken serbest kalırsınız... Hadi dertleşmeyi keselim de, işimize bakalım, ifadeni alalım biraz da..."

Gülüşerek onlar masanın karşısındaki yerlerine geçtiler, ben de yüzümü onlara döndürdüm ve sorgulamamızı, kaldığımız yerden sürdürdük.

"Türkiye'den Kıbrıs'a gemiyle geldiğin ileri sürülüyor. Doğru mu bu?"

"Evet, doğru."

"Bu gemi askeri gemi miydi?"

Önündeki kâğıttan okuduğu bu soru, polis müdürünün canını sıktı:

"Kim hazırlamış bu soruları böyle?" dedi kendi kendine. Sonra da soruyu, benim yerine kendi yanıtladı:

"Savaş durumundaki bir ülkeye herhalde turistik sefer yapan bir gemiyle gelecek değildiniz..." dedi.

Onun benim adıma verdiği ve tutanağa geçirdiği yanıtı, gülerek onaylamak kaldı bana.

Müdür, bir sonraki soruyu önce sessiz, sonra da sesli ve hatta yine gülerek okudu:

"Sizi Kıbrıs'a getiren gemide asker ve cephane var mıydı?"

Bu soruyu da benim yerime kendi yanıtladı:

"Askeri bir gemiyle bir savaş alanına geliyorsunuz" dedi. "Bu da sorulur mu? Gemide elbette asker de olacak, cephane de..."

Kâğıttaki sorular, gülünçlük özelliklerini artırarak sürüyordu.

Çalıştığım gazetenin adı, siyasal görüş çizgisi, baskısı ve satış sayısı gibi soruları gülerek okudular, sonra birlikte gülerek yanıtladık.

İfademin alınması bittikten sonra polis müdürü ve savcıyla Türk gelenekleri doğrultusunda sarmaş dolaştık, öpüştük.

Tam odadan çıkacağım sırada kapıda durdum, döndüm ve ikisinden de bir isteğim olduğunu söyledim. "Elbette" dediler. "Yapabileceğimiz bir şey varsa, zevk duyarız bundan..."

Geri döndüm, masaya doğru yürümeye başladım:

"Siz bir şey yapacak değilsiniz, ben yapacağım" dedim ve... Masanın üstünde açık duran takvimin yaprağını kopardım.

Polis müdürü de, savcı da, duygulanmışlardı. Sevecen gözlerle bakıyorlardı bana.

Onların bu bakışları arasında elimdeki yaprağı katladım, cebime koydum.

Hep unutmak istediğim yılın rakamıyla, hiçbir zaman unutamadığım günün rakamından oluşan, o günün tarihi yazılıydı kâğıtta:

"22 Ağustos 1974"

Bu tarihin de şimdi çok özel bir anlamı var yaşamımda, gerçek doğum tarihim kadar olmasa da...

BAKAN TURAN GÜNEŞ VE...
SİİRTLİ ŞEHİT BABALARI

Bir dost sofrasında konuşulan, duyulan, görülen her şey, o sofrada kullanılan çatal kaşık gibi, tabak bardak gibi, o sofranın malıdır. Sofradan kalkılırken, onlar da orada, söylendikleri, duyuldukları, görüldükleri yerde bırakılmak zorundadır.

Yaşam boyu özenle koruduğum bu uygarlık ilkesini ilk kez o gece bozmak istiyordum ama bunun yalnızca istemekle olamayacağını, ayrıca izin almam gerektiğini de biliyordum.

O gece eski Dışişleri Bakanı Prof.Dr. **Turan Güneş**'i, İstanbul'da konuk olarak kaldığı akraba evine götürürken, onun biraz önce dost sofrasında anlattıklarını bir gün yazabilmem için, iznini istedim...

Turan Güneş, bu günü o geceden gördü ve galiba da o nedenle "koşullu" olarak verdi iznini:

"Zamanın uygun, mekânın uygun olduğuna inandığın yerde ve zamanda yayımlayabilirsin" dedi.

Sonra birden aklına geldi, eksik kalan bir koşulu da ekledi:

"Tabii sadece mekânın ve zamanın uygunluğu yetmez" dedi. "Çevrene şöyle bir göz atarsın... O uygun mekânda ve o uygun zamanda, şayet çevrendekiler de, karşındakiler de uygun iseler, işte o zaman nakledebilirsin bütün bunları. Anlaştık mı?"

Ellerim direksiyonda olmasaydı, kollarım boynunda olurdu:

"Anlaştık Hocam" dedim. "Söz."

O gün ondan orada aldığım izni, bugün burada kullanıyorum; o gün ona orada verdiğim sözü, bugün burada yerine getiriyorum.

Çünkü zamanın da, mekânın da, bugün uygun olduğuna inanıyorum.

Bir de "çevreme şöyle bir göz atıp, çevremdekilerin uygun olup olmadığına" bakıyorum ve... Çevremdekilerin bir bölümü "karşı sahilde" olsa da, yine de "naklediyorum"...

Cumhuriyet gazetesi başyazarı **Nadir Nadi**'nin çağrılısı olarak gitmiştik o akşam Boğaz'daki Façyo Lokantası'na.

Turan Güneş'ten başka iki de "Turhan" vardı sofrada: Ünlü karikatürist **Turhan Selçuk** ve *Milliyet* gazetesi Yayın Genel Yönetmeni **Turhan Aytul**. Bir de, onlara adı benzeyen **Tufan Türenç** ve üç de "benzemez" vardı: **Çetin Altan**, **Mehmet Barlas** ve bendeniz.

İki eski dost **Turan Güneş** ve **Çetin Altan**, bir yandan özlem giderirlerken, bir yandan da birbirlerinin bilgi, deneyim ve zekâ "irtifa"sının ikliminde buluşmalarının karşılıklı tadını çıkıyorlardı. Nüktelerden, anılardan ve sevdikleri şairlerin mısralarından yaptıkları tenis toplarını birbirlerine atıyorlar, tutuyorlar ve... Ancak böylesi bir iklimde kendiliğinden oluşan bu özlenilesi iletişim ve karşılıklı anlayış ortamında ikisi de, salise salise yaşadıkları saniyelerini, saniye saniye yaşadıkları dakikalarını ve dakika dakika yaşadıkları saatlerini, bize de yaşatıyorlardı.

Dost soframızın kutupyıldızı, çağrı sahibi **Nadir Nadi**'ydi. Sofrada önce o yerini almış, biz ise yerlerimizi, ona göre saptamıştık. Yemekte ne yediğimizin, ne içtiğimizin, hiçbirimiz ayırdında değildik. Çünkü ana menü, **Turan Güneş** ile **Çetin Altan**'dı. İkisinin, Galatasaray Lisesi'nden ayrıca öğretmenleri olan **Nadir Nadi** ise, iki öğrencisinin birbirlerine takılmalarına fren yapması gerektiği anlarda bu özelliğini de kullanmak zorunda kalıyordu. Bu ana menülerden birine kimi zaman bir-iki tutam tuz ekiyor, kimi zaman ise ötekine bir-iki tutam biber serpiyor ve ana menülerin tadını her zaman aynı düzeyde tutmaya çalışıyordu.

Façyo'nun deneyimli garsonları için bile "kolay kolay bulunmaz, bulunduğunda ise tadından yenilmez" bir geceydi o gece.

Öteki masalardaki servisi galiba o nedenle komilere bırakmışlardı ve bizim masamızdan taşan lezzetten kendileri de paylarını alabilmek için, iki-üç adım ötemizde kocaman bir yarım daire oluşturmuşlardı.

Prof.Dr. **Turan Güneş**, Dışişleri Bakanı olduğu günlerde başından geçen kimi ilginç, kimi gülünç gözlemlerini ve anılarını kendine özgü o coşkulu, heyecanlı canlılığı içinde anlatırken bir ara bir şeyler oldu, birden duruverdi. Yüzündeki coşkulu ve güleç ifade kaşla göz arasında yok oldu, onun yerini yüzünde donuk bir hüzün aldı.

Bir süre o donukluğu ve o hüznü ile baş başa kaldı, sonra diktiği belirli, belirsiz bir noktadan gözlerini ayırmadan, ağır ağır konuşmaya başladı:

"Hani zaman olur, insan öylesine utanır, öylesine utanır da, içinden 'Yer yarılsa da yedi kat dibine girsem' diye geçirir ya" dedi. "İşte Bakanlığım sırasında başımdan böyle bir olay geçti, onu anlatayım size..."

Çetin Altan, masanın iki dakika sonrasını şimdiden gördü ve **Turan Güneş**'in yüzüne oturan hüznün, iki dakika sonra tüm masayı kaplamasını önleyebilmek için, bir latife yaptı.

Turan Güneş elini kaldırarak susturdu **Çetin Altan**'ı:

"Allahaşkına şakayı bırakalım bir süre için" dedi. "Gerçekten çok ciddi bir olay anlatacağım. Hayatım boyunca bir kez utanmışımdır. O anımı anlatacağım."

Turan Güneş bunları söyledikten sonra sandalyesini geri çekti, ayağa kalktı ve kendisini utandıran anısındaki kişilerin el, kol ve beden hareketlerini taklit ederek, anlatmaya başladı:

"Bizim Kıbrıs Barış Harekâtı'nın üzerinden tam bir yıl geçmişti" dedi. "Ramazan Bayramı ya önüne ya sonuna hafta sonunu da eklemiş, ortaya bir haftalık tatil çıkmıştı."

O yıl **Turan Güneş** de bayram tatilini ailesi ve yakınlarıyla birlikte Kıbrıs'ta geçirmek istemiş, Mersin-Magosa seferi yapan Truva vapuruyla Magosa'ya gitmiş.

"Truva vapuru, bayram tatilini geçirmek için Kıbrıs'a gidenlerle tıklım tıklım doluydu" dedi. "O yıllarda Kıbrıs'a giden turistlerin çoğunun aklı fikri, yok teflon tava, yok çelik tencere, yok manyetolu çakmak gibi, Türkiye'de bulunmayan eşyalar satın almaktı... O yılları hep biliriz... Bayram tatili nedeniyle, şimdi Truva vapuruyla Kıbrıs'a birlikte gittiğimiz turistlerin çoğuna yakın bölümü de hiç kuşkunuz olmasın, bavul turizmi amacıyla gidiyordu Kıbrıs'a."

Turan Güneş, vapurun salonundaki turistlere bakıp bakıp, "Bunların yüzde doksanı, kap-kacak satın almak için gidiyorlar" diye aklından geçirirken, vapurun bir görevlisi yaklaşmış yanına:

"Sayın Bakanım, şurada Siirtli olduklarını söyleyen iki kişi, sizle görüşmek istiyor" demiş. "Kabul ederseniz ve izin verirseniz, kendilerine bildireceğim."

Turan Güneş, bu iki kişinin kendisiyle hangi konuda görüşmek istediklerini öğrenmek istemiş.

"Sorun, öğrenin" demiş görevliye. "Ne konuda görüşmek istiyorlarmış benle..."

Görevli gitmiş ve Dışişleri Bakanıyla hangi konuda görüşmek istediklerini sormuş, Siirtli iki kişiye. Sonra da gelmiş, onların sözlerini **Turan Güneş**'e nakletmiş:

"Her ikisi de şehit babasıymış, Sayın Bakanım" demiş. "Barış Harekâtı sırasında ikisinin de oğulları şehit olmuş. Şimdi Kıbrıs'a, çocuklarının mezarlarını ziyarete gidiyorlarmış."

Turan Güneş, o gün, o an vapurda duyumsadıklarını, o gece sofrada bize şöyle anlattı:

"Hani 'Başımdan aşağı kaynar sular döküldü' deriz ya..." dedi. "İşte o an benim de başımdan aşağı kaynar sular döküldü. Hatta, ondan da beter oldum... Sanki başımdan aşağı kaynar sular döküldü değil de, biri aldı kafamı, kaynar sularla fokurdayan bir kazana soktu soktu, çıkardı, soktu soktu çıkardı... Alnımın kenarlarında, şakaklarımın hizasında önce boncuk boncuk ter tanecikleri oluştu... Sonra da o ter tanecikleri, bir anda ter derecikleri oluverdi, yüzümden aşağı inmeye başladı. Alev alev oldu yüzüm, gözüm, her yanım..."

Görevliye, şehit babası iki Siirtliyi derhal getirmesini söylemiş. Onlar gelene dek içinden kendi kendiyle konuştuklarını da açıkladı:

"Adamlardan kaçmak mümkün olsa kaçacağım ama vapurdayız... İnsan nereye kaçabilir ki vapurda?.." dedi. "Çaresiz konuşacağız, görüşeceğiz... Ve ne konuşacağımızı, ne görüşeceğimizi de, sanki görüşmeye başlamışız gibi biliyordum."

Turan Güneş'in o an kafasının içinde beliren "hayali görüşme"ye göre şehit babası iki Siirtli yurttaş gelip diyeceklermiş ki:

"Ey **Turan Güneş** efendi... Sizin Bakanı olduğunuz, hem de Dışişleri Bakanı olduğunuz hükümet, Kıbrıs'ın ve Kıbrıslı Türklerin kurtulmaları için geçen yıl bir Barış Harekâtı başlatmıştır. Bu harekâta, o sıralarda vatani görevlerini yapmakta olan bizim oğullarımız da katılmışlardır ve vatan uğrunda, millet uğrunda kutsal görevlerini yaparlarken şehit olmuşlardır. Biz şimdi, iki şehit babası olarak, bayramda şehit oğullarımızın mezarlarını ziyaret etmek için Kıbrıs'a gidiyoruz. Peki, ya bu vapurdaki herkes niye gidiyor Kıbrıs'a?.. Biliyorsunuz niye gittiklerini tabii, Sayın Bakanım... Hemen hepsi de teflon tava, çelik tencere almaya, üst baş almaya, el radyosu almaya, teyp almaya gidiyor... Şimdi soruyoruz size, Sayın Bakanım... 'Bu bir vapur dolusu insan Kıbrıs'a rahatça gidip, buradan kap kaçak alsın, naylon gömlek alsın, teyp alsın diye mi şehit oldu evlatlarımız?..'"

Turan Güneş, kafasının içinde yarattığı bu hayali görüşmeyi, yarattığı biçimiyle anlattıktan sonra, iki şehit babasının bu son sorusuna verebilecek bir yanıt bulamadığını da söyledi.

"Rezil olacağım adamların karşısında" diye düşünürken birden, şehit babası Siirtli iki yurttaşımızı karşısında bulmuş.

"Kendilerini karşılamak ve ikisine de 'Hoş geldiniz' demek için ayağa kalkıyordum ki..."

İki babanın ikisi de bir anda üzerine atılmışlar ve birbirleriyle yarış edercesine bir davranışla, **Turan Güneş**'in ellerini kapmışlar, öpüp öpüp alınlarına götürmeye başlamışlar. Bir yandan da şöyle diyorlarmış:

"Allah sizden razı olsun olsun, Sayın Bakanım... Sayenizde evlatlarımız şehit olmuştur... Allah sizden razı olsun... Allah ne muradınız varsa versin... Evlatlarımız sizin sayenizde şehit olmuştur... Allah tuttuğunuzu altın etsin..."

Turan Güneş bu anısını anlatırken, yalnızca bizim dost masasında değil, tüm Façyo'da sinek uçsaydı, inanın, kanatlarının sesi duyulurdu.

Turan Güneş yerine oturdu, o da bir süre bizle birlikte lokantadaki ve masamızdaki tüm sessizliği dinledi, tüm donukluğu seyretti.

Anısını anlatmadan önce "açıcı anahtar" olarak söylediği bir sözü, anısını anlattıktan sonra bu kez, "kilitleyici anahtar" olarak yineledi:

"Hayatımda bir kez utanç duymuşumdur" dedi. "O da, işte o iki şehidimizin babaları karşısında o gün duyduğum utançtır..."

Çatallar, bıçaklar, tabaklar ve bardaklar gibi, o masanın malı olan tüm duyduklarımızı ve gördüklerimizi de o gece dost masasının üstünde bıraktık, lokantanın kapısından çıktık.

Otomobillerimize dağılmadan önce, davet sahibimiz **Nadir Nadi** tümümüzü tek tek koklayarak öptü, ellerimizi uzun uzun sıktı, yüzlerimize uzun uzun baktı, bir garip duyguyla ayrıldı bizden.

Prof. Dr. **Turan Güneş** benim otomobilime bindi, Etiler'de konuk kaldığı bir akrabasının evine götürmemi istedi kendisini.

"Bu gece anlattığınız o son anınızı yayımlamama izin verir misiniz, Sayın Hocam?" dedim.

Bu günü o geceden gördü ve galiba da o nedenle "koşullu" olarak verdi iznini:

"Zamanın uygun, mekânın uygun olduğuna inandığın yerde ve zamanda yayımlayabilirsin" dedi. Sonra birden aklına geldi, eksik kalan bir koşulu da ekledi:

"Tabıı sadece mekânın ve zamanın uygunluğu yetmez" dedi. "Çevrene şöyle bir göz atarsın... O uygun mekânda ve o uygun zamanda, şayet çevrendekiler de, karşındakiler de uygun iseler, işte o zaman nakledebilirsin bütün bunları. Anlaştık mı?"

"Anlaştık Hocam" dedim. "Söz."

O gün ondan orada aldığım izni, bugün burada kullanıyorum; o gün ona orada verdiğim sözü, bugün burada yerine getiriyorum.

Çünkü zamanın da, mekânın da, bugün uygun olduğuna inanıyorum.

Bir de "çevreme şöyle bir göz atıp, çevremdekilerin ve karşımdakilerin uygun olup olmadıklarına" da bakmam gerekiyor.

Çevremizdekiler tamam da... Bir de karşımızdakilere soralım bakalım, uygun mu, uygunsuz mu olduklarını...

"Uygun musunuz bu anıyı dinlemek için, karşımızdakiler?.. Hey, size söylüyoruz, Kıbrıs'ın gençleri...

Uygun musunuz bu anıyı dinlemek için?.. Hişşşt, hişşşt... Duyuyor musunuz bizi, karşımızdaki özgür gençler?.. Uygun musunuz?.."

Eski Dışişleri Bakanı
Prof. Dr. Turan Güneş

ZEKİ MÜREN KÖRLER OKULU'NDA

Ankara Körler Okulu öğrencilerinin ünlü ses sanatçısı **Zeki Müren**'e ne denli hayran olduklarını biliyordum. Köşk Gazinosu'ndaki programı nedeniyle Ankara'ya bir gelişinde, çocuklara bir sürpriz yapmak istedim. Ve insansal yönünü yakından tanıdığım **Zeki Müren**'den, açık açık bir istekte bulundum:

"Ankara'da bulunacağınız bu bir ay içinde, acaba bir-iki saatinizi Körler Okulu öğrencileri için ayırır mısınız?" dedim. "Çocuklar sizi okullarında görmeyi ve kendilerine bir konuşma yapmanızı istiyorlar."

Zeki Müren çocukların bu davetini kabul etti. "Görme engelli" çocukların kendisini "görmek" ve sonra da konuşma yapmasını istemeleri karşısında çok duygulandığını söyledi.

"Konuşma yapmam isteğiyle aslında ilk kez karşılaşıyorum" dedi. "Benden genellikle konuşma yapmam değil de, şarkı söylemem istenir hep..."

Körler Okulu öğrencilerinin bu konudaki görüşlerini biliyordum.

"Radyolardan ve plaklardan şarkılarınızı devamlı dinliyorlar, sesinizi çok yakından tanıyorlarmış ama..." dedim. "Sizle ilgili öğrenmek istedikleri o kadar çok şey varmış ki kafalarında... Size o konularda sorular sormak, yanıtlarını da sizden duymak istiyorlarmış."

Körler Okulu öğrencilerinin bir isteklerini daha, hem de kendi sözcükleriyle ilettim **Zeki Müren**'e:

"Önemli bir istekleri daha var çocukların" dedim. "Sizi bir de görüp, yakından tanımak istiyorlar."

Kör öğrencilerin, kendisini "görmek" ve kendisini "yakından da tanımak" isteklerini duyunca **Zeki Müren**'in birden nasıl sarsıldığı, sonra donmuşçasına bir süre nasıl hareketsiz kaldığı, taaa 1967 yılının o günkü canlılığıyla, şu anda da gözlerimin önündedir.

Kesin kararını o an verdi:

"İsterseniz, çocukları daha fazla bekletmiş olmayalım" dedi. "Haydi bu cumartesi günü, yani üç gün sonra yapalım bu işi..."

"Milli Eğitim Ailesi" içinde "öğretici" kimliğinden bile önde gelen "eğitici" kimliğiyle tanınan ve çok kişi tarafından bu özelliğiyle şimdi de rahmetle anılan **Şahap Akıllıoğlu**, 1967 yılında Ankara Körler Okulu'nun yalnızca müdürü değil, okulun 300 öğrencisinin babasıydı da...

Zeki Müren çapında bir büyük sanatçının, görmeyen çocuklarının isteklerini ciddiye alıp, onların içtenlikli davetine içtenlikle karşılık vereceği haberini duyunca Müdür **Şahap Akıllıoğlu**, bu "ağır misafiri", ağırlığına yakışır bir ağırlıkla ağırlamaya karar verdi.

Zeki Müren okula geldiğinde hiçbir öğrenci, bahçede ve koridorlarda olmayacak, bu değerli konuğun çevresini sararak kendisini asla rahatsız etmeyecekti. Yapacağı konuşmadan sonra isteyen her öğrenci **Zeki Müren**'e soru sorabilecekti ama bir öğrencinin sorusu bitmeden başka bir öğrenci soru sormayacaktı.

Soru sormak isteyen her öğrenci yalnızca parmak kaldıracaktı; fakat asla "Ben, ben... Benim de bir sorum var" diyerek gürültü yapmayacaktı. Hiçbir öğrenci, gereksiz hareketler ya da gürültü yaparak değerli konuğun canını sıkmayacak, bu daveti kabul ettiğine onu, pişman etmeyecekti.

Öğrencilerin, **Zeki Müren**'i "görme" haklarını kullanabilmeleri için ise özel bir yöntem uygulanacaktı.

Öğrenciler, aralarından beş kişilik bir kurul seçecekler ve **Zeki Müren**'i tüm öğrenciler adına "görmek" görevi, bu beş kişiye verilecekti. Onlar "gördüklerini" daha sonra öteki öğrencilere "gösterecekler"di.

Ankara Körler Okulu'nun yedi yaşından on yedi yaşına kadar kızlı erkekli tüm öğrencileri, **Zeki Müren**'in geleceği cumartesi günü okulun konser salonundaki yerlerini almışlar, tam bir saat sonra geleceği bildirilen konuklarını bir saat süreyle "çıt" çıkarmadan beklemeye başlamışlardı.

Bahçede ve koridorlarda ise bir saatten bu yana, değil bir öğrenci, bir okul görevlisi bile görünmüyordu. Okulunun bu büyük konuğunu Müdür **Şahap Akıllıoğlu**, bahçe kapısında karşıladı. **Akıllıoğlu**, sanatçı **Zeki Müren**'e müdür kimliğiyle resmen "Hoş geldiniz" dedikten sonra, çocuklarının davetini içtenlikle kabul eden "İnsan **Zeki Müren**"e ise, onların "babası" kimliğiyle teşekkür etti.

Zeki Müren, bir süre dinlenmesi için müdür odasına alındı. Odanın girişinde, ikisi kız, beş öğrenci, denetlenmeye hazır şeref kıtası erleri örneği dimdik bekliyordu.

Müdür **Şahap Akıllıoğlu**, onları konuğuna tanıttı:

"Bu öğrencilerimiz, okulumuzun üç yüz öğrencisi tarafından seçilmişlerdir" dedi. "Onların görevi sizi, arkadaşları adına görmektir."

Zeki Müren boş bulundu, elini çocuklara doğru uzattı fakat... Eli havada kaldı. Kendini birden toparladı ve havada duran elini kaldırdı, çocukların başlarına götürdü, tek tek beşini de okşadı.

"Nasılsınız bakalım, çocuklar?" dedi. "Kimbilir bugün bana ne zor sorular soracaksınız, değil mi?"

Kimi sekiz, kimi dokuz, belki on yaşlarındaki çocuklar, **Zeki Müren**'e soru sormak yerine, ondan bir istekte bulundular:

"Biz, arkadaşlarımız adına sizi görmekle görevlendirildik" dediler. "Şimdi bizle konuşurken sesinizden, çok uzun boylu olduğunuzu anladık. Lütfen biraz çömelir misiniz? Çünkü sizi ancak öyle görebiliriz."

Zeki Müren, Richter ölçeğiyle galiba sekiz şiddetinde bir sarsılmayla bir o yana, bir bu yana gitti, geldi, olduğu yerde imdat istercesine bir çaresizlikle Müdür **Şahap Akıllıoğlu**'ya baktı. Eliyle onun, "Lütfen çömeliniz" işareti yaptığını görünce, olduğu yerde çömeliverdi.

Sonra da, "Evet, çömeldim işte yavrularım" dedi. "Şimdi rahatça görebilirsiniz beni..."

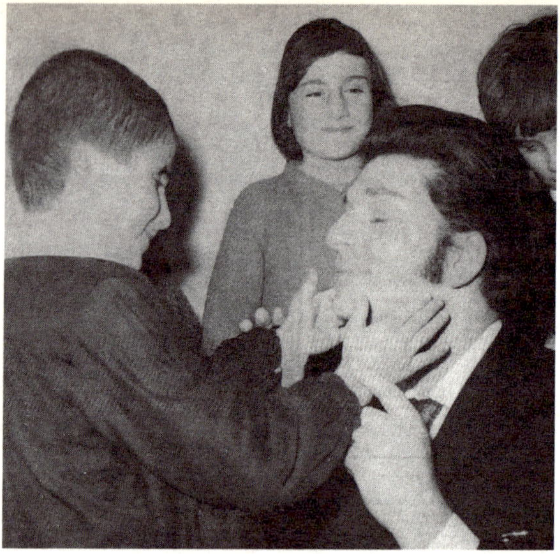

Ankara Körler Okulu öğrencileri, parmaklarıyla yüzüne dokundukları Zeki Müren'i "görüyorlar", 1968

Çocuklardan biri, iki elini birden uzattı, parmaklarının uçlarını **Zeki Müren**'in yanaklarında dolaştırmaya başladı. Önce elmacık kemiklerini, göz çukurlarını yokladı, sonra da parmak uçlarını alnının, burnunun üstünde, çenesinin çevresinde dolaştırdı. Sıra saçlarına geldiğinde ise parmak uçlarını, konuğunun özenle taranmış saçlarında gezdirdi, tek telini bile bozmadan... Sonra da, heyecanını frenleyemedi, bir sevinç coşkusuyla haykırdı:

"Sizi gördüm, sizi gördüm" dedi **Zeki Müren**'e. Ve aynı coşkuyla gerisini de getirdi heyecanının:

"Sesiniz gibi, yüzünüz de çok güzelmiş, siz de çok güzelmişsiniz..."

Arkadaşının "işi"nin tamamlandığını anlayan sıradaki kız öğrenci, onu kolundan tutup, geri çekti:

"Madem gördün, kenara git biraz" dedi. "Şimdi sıra bende... Ben de göreceğim."

Ve bu kez, o kız çocuğun parmak uçları dolaşmaya başladı **Zeki Müren**'in yüzünün her milimetrekareciğinde.

Çocukcağızın yalnızca elleri ve hatta bedeni değil, sesi de titriyordu heyecandan: "Ay, ay..." dedi birkaç kez ve daha fazla frenleyemedi "ay, ay"larını: "Ay, sahiden çok güzelmişsiniz" dedi. "Sahiden de çok güzelmişsiniz, çok çok güzelsiniz..."

Zeki Müren'in yüzünde dolaştırdığı parmak uçlarının "gördüğü" her yeni bölge, onda yeni yeni heyecanlar, coşkular yaratıyordu. Ve "gördüğü" her yeni bölgede bu heyecanını yüksek sesle dile getiriyordu:

"Ay... Burnu da çok güzelmiş... Dudakları da öyle... Çenesi de çok güzel..."

O bunları söylerken sıradaki öteki arkadaşı sabredemedi, biri **Zeki Müren**'in yüzünü "görürken", öteki kız çocuk ellerini uzattı, sanatçıyı, saçlarından "görmeye" başladı.

Kimi ilkokulda, kimi ortaokulda okuyan bu beş çocuğun beşi de, parmaklarının uçlarıyla **Zeki Müren**'i gördükten sonra, müdürün izniyle odadan çıktılar, Konser Salonunda, arkadaşlarının arasındaki yerlerini aldılar.

Yaşamında ilk kez karşılaştığı böylesi bir olay, **Zeki Müren**'i "tarifsiz kederlere boğmuştu."

Bir söz söylense, gözlerinden oluk oluk yaşlar boşalacak; bir dokunan olsa, orada, olduğu yerde yığılıp kalacaktı.

"Haydi biz de gidelim çocuklara" dedi. Kendisine yol gösterilmesini beklemeden, odanın kapısına doğru yürüdü.

Ankara Körler Okulu'nun "Türk Sanat Müziği saz heyeti", kendi de bir görme engelli olan müzik öğretmeninin dışında, tümüyle okulun öğrencilerinden oluşuyordu.

O müzik öğretmeni çocuklara yeni yeni "eser"ler öğretmekle kalmıyor, müziğe istekli görme engelli öğrencileri de yetiştiriyor, onları da birer "eser" yapıyordu.

Zeki Müren'in Konser Salonu'na girdiğini gören değil, onun salona girdiği kendilerine fısıltıyla haber verilen sahnedeki bu "eserler topluluğu"nun bireyleri, birden ayağa fırladılar ve...

Türk müziği tarihindeki yerini çok öncelerden alan "Zeki Müren klasikleri"nden birini, "Manolya"yı çalmaya başladılar.

Aynı anda salondaki tüm öğrenciler de ayağa kalktılar ve... Bir anda oluşturdukları üç yüz kişilik korolarıyla sahnedeki müziğe eşlik ederek, profesyonelleri bile gölgede bırakan bir düzen içinde, "Manolya"yı söylemeye başladılar.

"Uzun yıllar bekledim/ Hakikat oldu rüyam/ Koklamaya kıyamam/ Benim güzel manolyam" dizeleri, bir şarkıyı sözlendirmekten çok, yılların birikimi bir **Zeki Müren** sevgisinin yüksek sesle ilanı olarak yükseliyordu o an, orada...

Zeki Müren, bu sevgi çağlayanının içinden adım adım geçerek çıktı sahneye. Önce, "Manolya"nın devamını dinledi... Sonra da, o şarkının bitmesiyle başlayan üç yüz çift minik avucun içtenlikli alkışının akışına bıraktı kendini. Daha sonra da, böylesi sevgileri nedeniyle teşekkür üstüne teşekkür ettiği öğrencilerin, nefes bile almamacasına bir dikkatle ve hayranlıkla dinledikleri konuşmasına başladı.

Sıra sorular ve yanıtlar bölümüne geldiğinde ise öğrenciler, kendilerinden beklenilen bir düzen içinde tek tek sordular sorularını.

Zeki Müren, soruların tümünü tane tane yanıtlamaya çalışıyordu ama... Kendisine soru sormak için ayağa kalkan her çocuğu dinlerken birkaç kez yutkunuyor, zaman zaman da alt dudağını ısırıyordu. Her soruya verdiği yanıtta ise sesi, biraz daha, biraz daha titrekleşiyordu.

Soru sorma sırası, sapsarı saçlarının örgüleri omuzlarından önüne sarkan, masmavi gözlerinin görmediklerine inanmak istemeyeceğiniz, sekiz ya da dokuz yaşlarında, güzeller güzeli bir kız çocuğa gelmişti.

Sorusunu sormak üzere kendisine söz verildiğinde o sapsarı saçlı, masmavi gözlü çocuk, soru sormak yerine bir istekte bulundu **Zeki Müren**'den:

"Sizi akşamları radyodan, kimi zaman da plaklardan dinliyoruz hep" dedi. "Akşamları, radyodaki şarkı programlarınızdan birinde 'Sevmiyorum seni artık, gözlerimi geri ver' şarkısını söylerken, bizi düşünür müsünüz, lüften? Biz de o akşam radyoda sizin o şarkıyı söylediğinizi duyunca, '**Zeki Müren** şimdi bizi düşünüyor' diyerek, sizi düşünürüz. O zaman aynı dakikalarda siz bizi düşünmüş olursunuz, biz de sizi düşünmüş oluruz..."

Çocuğun söyledikleri burada bitmişti ama aynı noktada **Zeki Müren**'in de dayanma gücü bitmişti.

O dakikaya değin kimi zaman yutkunarak, kimi zaman dudağını ısırarak tutabilmeye çalıştığı gözyaşlarını daha fazla tutamadı. Adları ister fren olsun, ister halat olsun, yeryüzünün hiçbir kuvveti, o andan sonra onun gözyaşlarını tutabilmesine yetmedi.

Zeki Müren'in yüreğinde iki saatten bu yana biriken gözyaşlarının tümü birden, kapakları kaldırılmış baraj duvarlarından fışkıran sular örneği gözlerinden boşaldılar, yatağından taşıp başıbozuk sel sularına dönüşüveren dereler, dereler, dereler örneği, yanaklarından taşarcasına akmaya başladılar.

Kendini biraz toparlayabildiğine inandığı an konuşmaya çalıştı ama... Yalnızca, "Söz veriyorum yavrucuğum... O şarkıyı söylediğim her zaman..." diyebildi ve... Önce bir süre sustu, yere baktı, ayakkabılarına baktı, başını kaldırdı, salonun tavanına baktı, sonra hepsinden vazgeçti, yeniden hıçkıra hıçkıra ağlamaya başladı.

Artık saklayacak bir şeyi kalmamıştı. Konuşmasını, hüngür hüngür ağlayarak sürdürdü:

"Hepinize söz veriyorum yavrularım" dedi. "O şarkıyı bundan sonra söylediğim her zaman burayı, sizi, tek tek hepinizi düşüneceğim... Söz veriyorum... Hepinize söz veriyorum... O şarkıyı ne zaman söylersem, o an hep sizi düşüneceğim... Söz veriyorum..."

Sonra da, yine içini çeke çeke ağlayarak, çocuklardan kendisi de bir söz istedi:

"Ben şimdi o şarkıyı burada sizin için söyleyeceğim" dedi. "Ben de sizden bir söz istiyorum. Siz de bundan sonra bu şarkıyı ne zaman duyarsanız, hep beni düşüneceksiniz, söz mü?"

Kocaman bir salon dolusu, gözyaşlarına bulanmış "Söz" geldi çocuklardan.

Zeki Müren, yaşamında belki ilk ve hatta galiba da son kez bir sahnede, müzik eşliğine gerek duymaksızın, yalnızca yüreğinin eşliğinde, şarkısına başladı:

"Sevmiyorum seni artık/ Gözlerimi geri ver..."

Salonun bir o noktasından, bir bu noktasından, bir o yanından, bir bu yanından, sekiz, dokuz, on yaşları çocuklarının hıçkırıkları yükselip yükselip alçalıyor, sahnede **Zeki Müren**'in zaman zaman ölçüyü kaçırıp, engelleyemediği hüngür hüngür boşalmaları ise, şarkının bestesine, yeni yeni sesler katıyordu.

Ankara Körler Okulu'nun konser salonunda o gün **Zeki Müren**'i karşılayan, alkışlayan, dinleyen ve onunla ağlayan öğrencilerden **Faruk Mutaf**, birkaç arkadaşının kendisine yüksek sesle, çoğunu ise kendisi parmak uçlarıyla okuduğu hukuk kitaplarını bitirerek Ankara Hukuk Fakültesi'nden mezun olmuştu ve şimdi de Ankara Barosu'na kayıtlı bir avukat olarak çalışıyordu.

Ankara'ya gittiğim bir gün onun, Sıhhiye semtinde, İkiz sokaktaki avukat bürosunda karşılıklı kahvemizi içerken Faruk bir ara birdenbire, 30 yıl öncesine gidiverdi:

"Hani **Zeki Müren** bizim okula gelmişti de, okulun Konser Salonunda bir şarkı söylemişti ya" dedi. "İşte o günden sonra yıllardır o şarkıyı ne zaman duysam, o günü hatırlıyorum, salondaki herkesin ağlamasını hatırlıyorum, **Zeki Müren**'in ağlamasını hatırlıyorum... Bir türlü unutamıyorum o günü..."

Faruk'la Ankara'da kahve içtiğim o yıllarda bir gün, **Zeki Müren**'le Bodrum'da, sahildeki lokantalardan birinde yemek yiyor, şarap içiyordum. Kulaklarımız zaman zaman çevredeki lokantaların hoparlörlerinden taşan şarkılara takılıyordu, hatta bu şarkıların kimi, zaman zaman ağzımıza takılıyordu.

Zeki Müren bir ara sandalyesinde irkildi ve gecenin karanlığından gelen sese benim de kulak vermemi istedi:

"Hatırladınız mı?" dedi. "Sevmiyorum seni artık, gözlerimi geri ver..."

Ve karanlıktan gelen sese eşlik ederek, bir kez de o akşam Bodrum'da söyledi **Zeki Müren**, anısını hiçbir zaman unutamadığı o şarkıyı...

Türkiye'de Sanatçı **Zeki Müren**'i herkes, "Büyük Sanatçı" olarak bilir, "Büyük Sanatçı" olarak tanır.

Fakat **Zeki Müren**'i bir dost yakınlığıyla tanıyabilen kişilerin gözünde, "**Büyük Sanatçı Zeki Müren**"den de büyük bir **Zeki Müren** daha vardır.

Bir bilirkişi yetkinliğiyle söylüyorum:

"**Büyük İnsan Zeki Müren**"

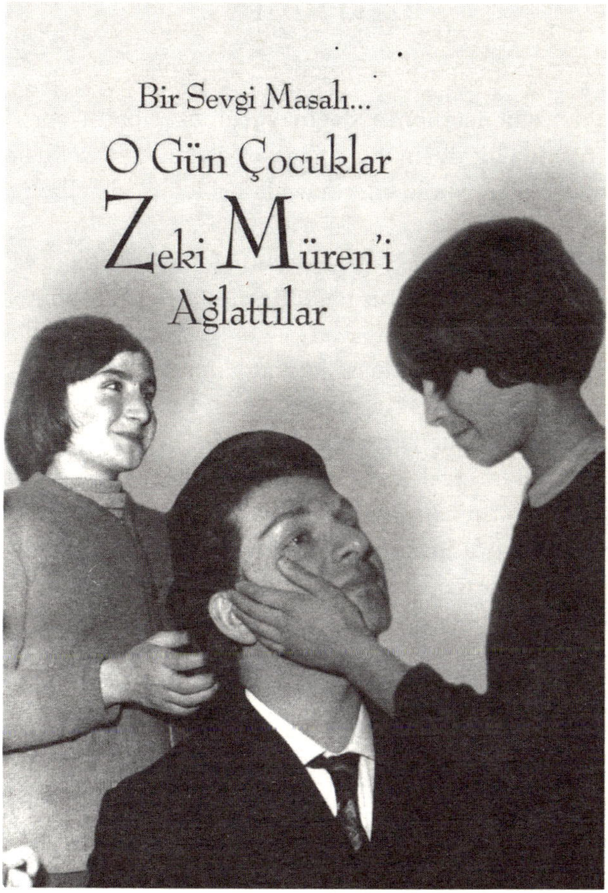

ÖYLE ZOR OLDU Kİ CİNSEL TERCİHİNİ SORMAK, ZEKİ MÜREN'E

Ankara'dan İstanbul'a değin yürümek elbette zor bir iştir. Savaş sırasında bir düşman mangası erlerinin, her an kusmaya hazır namluları karşısında eller havada beklemek de elbette zor bir iştir.

İsmet İnönü'ye, hem de gözlerinin içine baka baka yalan söylemek de elbette kolay bir iş değildir; sınıfımızı geçebilmemiz için onun savaş ve diplomasi alanlarındaki başarılarını sınavlarda başarıyla anlattığımız bu ulusal kahramanımızın, başınızı göğsüne bastırıp, saçlarınızı okşayarak sizi teselli etmesine dayanabilmek de elbette hiç, hiç, hiç kolay bir iş değildir.

50 yılı aşkın meslek yaşamımda, hiç kolay olmasa da, bu ve böylesi zorlukların üstesinden gelebildim ama...

Kendime sorulmasını hiç de hoş karşılayamayacağım soruları, röportaj yaptığım kişilere kendimin sorabilmesi zorluğunun üstesinden kolaylıkla gelemedim.

Bu zorluklardan birini ise, zorlukla da olsa, aşamadım; kendime sorulmasını istemeyeceğim bir soruyu, havlu attım, ben de karşımdaki kişiye soramadım.

O sorumu soramadığım kişi, ünlü ses sanatçısı **Zeki Müren** idi. Ona soramadığım sorum ise, "kendisinin bir homoseksüel olup olmadığı ve homoseksüellik konusundaki görüşleri" idi.

"Sorum" dediğime bakmayın... Aslında o soru benim değil, gazetenin o günlerdeki yöneticilerinindi.

En zor yıllarımı yaşıyordum, yıllarımı verdiğim gazetemde. Yıllardır "ağabey" dediğim yöneticiler, ya düşman kurşunuyla kalbinden, ya dost çelmesiyle sırtından vurulmuşlar, onların yerine şimdi, bana "ağabey" diyen yöneticiler gelmişti.

"Bak ağabey, randevunu ne güzel aldın ve röportaj sürenizi de Zeki Bey'le birlikte ne güzel onbeş günlük süreye yaydınız, planladınız" dediler. "Eminiz harika bir röportaj patlatacaksın..."

Ve dudağıma sürdükleri bu bir parmak baldan sonra, ağızlarındaki baklayı çıkardılar, yine yüzüme gülerek sürdürdüler konuşmalarını:

"Senden özellikle bir soruyu sormanı, ona bugüne değin kimsenin soramadığı bir soruyu sormanı rica ediyoruz" dediler. "Homoseksüel olup olmadığını ve homoseksüellik konusundaki görüşlerini sormanı özellikle rica ediyoruz..."

Bu kez Zeki Müren Mete Akyol'un fotoğrafını çekiyor

Ve karşı koymamı dinlemek istemediklerini belirten bir acelecilikle, bal küpünden bir parmak bal daha aldılar, onu da sürdüler ağzıma:

"Tam onbeş gün kalacaksın Bodrum'da... Ve günde ikibuçuk-üç saat görüşeceksin Zeki Bey'le... Bu soruyu bir araya sıkıştırıverirsin sen... Hem, o iki-üç saatin dışında kalan tüm Bodrum günleri de, tüm Bodrum geceleri de senin..."

Görev nedeniyle gittiğim Londra'nın da, Siirt'in de gözümde ve gönlümde, birbirlerinden hiç de farklı olmadıklarını bir kez daha, bir türlü anlatamayacağımı görünce, tası tarağı topladım, soluğu Bodrum'da aldım.

Zeki Müren, günler öncesinden bekliyordu beni Bodrum'da. Onun çok sevdiği Bardacık Koyu'nda her gün öğleden sonra belirli bir saatte buluşuyorduk ve... Ben sorularımı tüm yüreğimle soruyordum, o yanıtlarını tüm yüreğiyle veriyordu.

Ben soruyordum, o anlatıyordu... Ben soruyordum, o anlatıyordu... Ve bir noktaya geliyorduk, o noktada ben o "malum" sorumu soramıyordum, doğal olarak, o da o "malum" konuda hiçbir şey anlatmıyordu...

Çok zor geldi bana, o "malum" soruyu sormak ona...

O zorluğun üstesinden gelemediğim için de, o sorunun yanıtını alamadan dönmek zorunda kaldım İstanbul'a.

"Ne? Şaka yapmıyorsun, değil mi ağabey?" diyerek büyük bir düş kırıklığıyla üzerime geldiler yöneticiler. "Ağabey onbeş gün kaldın koskoca Bodrum'da da, saatlerce konuştun adamla da, bir bu soruyu soramadın mı sahiden?"

Benim bu başarısızlığım üzerine kapılar kapatıldı, o kapatılan kapılar arkasında toplantılar yapıldı ve... Sonuç, temyizi olmayan bir karar biçiminde bana bildirildi.

"Sana bir kez daha göründü Bodrum yolu, ağabey" dediler. "Zeki Bey'e bir kez daha gidip, ne yapıp yapıp, o sorunun yanıtını da alacaksın..."

Bir de bahane bulundu ikinci Bodrum seferim için:

"Röportajının televizyonda reklamlarını yapacağız" dediler. "Reklam ekibiyle birlikte gideceksin, Zeki Bey'le birlikte Bodrum'da gezerken, konuşurken filmleriniz çekilecek..."

Sonra da eklediler:

"Bu arada özel olarak malum soruyu da sorar, yanıtını alırsın..."

Film ekibinin saatlerce süren hazırlık çalışmaları sırasında bir ara **Zeki Müren**'e, ezile büzüle "malum" soruyu sormaya çalıştım.

Sıkılarak konuştuğumu, iki kelime arasında bir özür dilediğimi, kem ettiğimi, küm ettiğimi ve yüzümün meğer kıpkırmızı olduğunu görünce, sormaya çabaladığım soruyu, sormama gerek kalmadan anladı **Zeki Müren**:

"İstanbul'daki arkadaşlarınız cinsel tercihim konusundaki görüşlerimi de merak ediyorlar galiba, değil mi Mete Bey?" dedi. "Kendi bakış açılarından haklı olabilirler..."

Bu kez ayağına basmışım gibi özür üstüne özür dilemeye başladım:

"İnanın, bu konu beni asla ilgilendirmiyor, Zeki Bey..."

Zeki Müren daha sakin bir köşeye götürdü beni:

"Bu konu, çok hassas bir konudur" dedi. "Çünkü şimdi televizyonda Alo reklamlarına da çıkıyorum ya... O nedenle beni şimdi, yedi yaşındaki çocuklar da tanıyor, Karaman'daki 70'lik nine de tanıyor... Ben hem onlara, hem de onların yaşları arasındaki milyonlarca kişiye, bu özel tercihim konusunda açıklama yaparken çok dikkatli olmak zorundayım."

Ve önce bir öneride bulundu, sonra da bu önerisini kabul etmemi istedi:

"Ben bu konudaki yanıtımı bu gece hazırlayayım, bir kâğıda dökeyim, yarın sabah da teybinize okuyayım" dedi. "Benden bu konuda ayaküstü verilecek bir yanıt istemeyin, no'lursunuz..."

Dostça ve kuvvetlice el sıkışarak, bu anlaşmamızı onayladık.

Ve ertesi sabah, elindeki kâğıda yazdıklarını okudu ses kayıt aygıtıma.

Onun anlattıklarını dinlemeden önce, bana izin verir misiniz lütfen, gazeteci adayı gelecekteki meslektaşlarıma ufacık bir not yazayım:

"Mesleğinizde, zorlukla üstesinden gelebileceğiniz çeşitli zorluklarla karşılaşacaksınız ama... Değil üstesinden gelebilmek, yanından dolaşamayacağınız bile zorluklarla da yüz yüze geleceksiniz zaman zaman, zorunlu olarak... O anlarınızda, Allah yardımcınız olsun."

Şimdi **Zeki Müren**'in, kendisine soramadığım o "malum" soruya verdiği yanıtını dinleyeceksiniz. Buyrun Sayın **Zeki Müren**.

"Her ülkede, şöhrete ulaşan kişiler için çeşitli şeyler söylenir, söylenmiştir ve söylenecektir. Şöhret olan kişi, diğer insanlardan farklı yönü olduğu için şöhrettir zaten. Dünyanın en büyük yazarları, sinema oyuncuları, şairleri, bestecileri, ressamları ve politikacıları için bu tür söylentiler çıkarılmıştır. İnsanların özel hayatı, topluma zararı dokunmadığı sürece yalnız kendisini ilgilendirmelidir, bence...

Şöhrete ulaştığım yıllardan bugüne kadar, benim de hakkımda çeşitli şeyler yazıldı, çizildi, konuşuldu ve tartışıldı. Normaldir. Mesela şöyle bir misal vereyim: Erkek çocuk vardır, bebekle oynar, evcilik oynar, müsamerecilik oynar, çiçeklerle uğraşır, dikiş diker hatta. Erkek çocuk vardır, elinden oyuncak tabancası düşmez, kovboyculuk oynar, çelik çomak oynar, top oynar, cam kırar, sapanla kuş vurur, çiçekleri yolar. Bu bir içgüdü, yaradılış olayıdır bence. Tanrı'nın siyah gözlü yarattığı bir varlık, göz rengini değiştiremez. Bir cücenin kendi arzusuyla basketbolcu olamayacağı veya iki metre boyundaki bir insanın kendi gayretiyle 1.70 cm boya inemeyeceği gibi.

Bazı ülkelerde sırf derileri siyah diye zenciler hor görülüp toplumda aşağılanmaktadırlar. Oysa hiçbiri belki zenci olmak istemezlerdi. Bu, çoğunluk ve azınlık meselesidir. Derilerinin rengini değiştirmek, onların elinde değildir! Abartmamak ve dejenere etmemek şartıyla yaşayan her kişinin ruhi yapısına hürmet duymak gerekir. İnsanlar gül de koklar, karanfil de, leylak da... Veya her üçünü de. Bu, kişinin yalnız kendisini ilgilendirir.

Efendim, hafif sahne makyajım ve giysilerim, 1950'li yıllarda epey tartışma konusu olmuştu.

Bugün TV'de maç anlatan, ajans okuyan veya konuşma yapan politikacılara kadar, herkese makyaj yapılıyor. Benim yıllar önce hem korku, hem de cesaretle sunduğum bu olay, şimdi rahatlıkla kabul edilir hale gelmiştir. Bu bir yüreklilik örneğidir bence...

Halk, dozunda kalan her şeyi, eğer kendisine zararlı değilse ve de kanunda ceza teşkil etmeyecek nitelikteyse, kabul etmiş ve hoşgörüyle karşılamıştır.

Epilasyonla sakalını yok edenlere, ağdayla tüylerini yolanlara, kadın giysileri ve peruklarıyla caddelerde dolaşanlara ben de karşıyım. Onlar, bana da ters düşüyor.

Örnekleme:

Pijamayla baloya gidilemeyeceği gibi, smokinle de yatağa girilmez. Her şeyin bir yol yordamı vardır ve olmalıdır.

Dört duvar arasında kalan özellikler -ki bunlar Tanrı'nın çizdiği kader ve yaradılışla ilgilidir– kişinin yalnız ve yalnız kendisini ilgilendirir.

Benim Arena Tiyatrosu'nda oynadığım 'Çay ve Sempati' piyesinden bir örnek vermek istiyorum. Kolej talebesi Tom isimli gence homoseksüel iftirası atılır ve profesör devamlı olumsuz yönde Tom'la uğraşır. Yatakhane arkadaşlarından ayırır, onun ince ruhunu ve sanatkâr yaradılışını devamlı alay konusu yapar, yaptırır ve de büyük bir baskıyla okul camiasında da onu rezil etmek için çeşitli çarelere başvurur. Piyesin sonunda Tom, profesörün karısıyla yatar. Son derece başarılıdır. Ve gerçekler ortaya çıktığında, herkes şaşkına döner finalde. Çünkü asıl homoseksüel, profesördür. Hanımıyla yıllarca ilişki kurmamıştır ve kendi ruhunu maskelemek için Tom'u bir vasıta olarak kullanmıştır. Bu bir örnektir.

Büyük İskender için, Eflatun için, Sokrates için, Oscar Wilde için, Andre Gide için, Leonardo da Vinci için, Şair Nedim için, Marlon Brando için, Alain Delon için bu tip söylentiler vardır. Ama hiç kimse hiçbirini yatak odasında görmemiştir zannediyorum.

Aslında dört duvar arasında kalan ve topluma, insanlığa zarar getirmeyen insan özellikleri, menfi olarak eleştirileceği yerde, özel hayata saygı duyulup, normal olarak kabul edilmelidir.

Vaktiyle bir ülkede bir devlet büyüğüne 'gay'lik yakıştırılıp, büyük tepkilere yol açılmış. O ülkenin devlet büyüğü demiş ki: 'Ben ülkemi kafamla yönetiyorum, güney bölgemle değil.'

Zaten kanunlar, özel hayatla olumsuz yönde uğraşanlara ceza vermektedir. Herkes hayatını yaşamaya mecburdur. Yaşantısının hırsızı olup, ömür boyunca rahatsız yaşamaktan-

sa, dozunu aşmadan, cemiyetçe yuhalanmadan, saygıyla ömrünü sürdürmek en doğru yoldur efendim.

Ayağımız 42 numaraysa onu 35'e indiremeyiz. Bu bizim elimizde değil."

Zeki Müren, bir gece önce kâğıda geçirdiği bu görüşlerini ses alma aygıtıma okuduktan sonra durdu, yüzüme baktı.

Bir şeyler söylememi bekliyordu. Oysa benim söyleyebileceğim hiçbir şey yoktu bu konuda. Onu daha fazla bekletmedim:

"Rakımızı nerede içeceğiz, balığımızı nerede yiyeceğiz bu akşam?" dedim. "Biliyorsunuz, anlaşmamıza göre patronluk sırası bu akşam bende... Gideceğimiz lokantayı siz seçeceksiniz, patronluğu ben yapacağım bu akşam..."

O, gitmek istediği lokantanın adını söyledi, ben de ilk ve son kez o akşam "patronluk" yapabildim, onunla birlikte rakı içtiğimiz, balık yediğimiz masamızda...

PERİHAN ÇOCUK

Urfa'nın güneşinin acımasızlığı, Mayıs gitmeden başlamaz. Mayısın son günleri, güneş altında oturmanın da zevkli olduğu son günlerdir Urfa'da.

Akçakale ilçesinin Meşrefe Köyü'nde, köyün erkekleri beni karşılarına oturtup, toprak reformunun kendilerini oyalamak için geliştirilmiş yeni bir hükümet oyunu olup olmadığını öğrenmeye çalışırlarken o da başını uzatmış, saman saplı toprak bir duvarın köşesinden merakla bizi izliyordu.

Kulaklarının arkasından inen örgüleri, birbirlerine iç içe kelepçelendirilmiş biçimlerinin oluşturduğu upuzunluklarıyla omuzlarından bükülüyor, sırtından beline süzülüyordu. Kimbilir ne kadar süre önce örüldükleri için şimdi betonlaşmış bir sertlikteki bu örgülerin dışında kalan el değmemiş saçları ise, sağa sola ve havaya savrulmuşluklarıyla, özgür bırakılmışlıklarının tadını çıkarıyorlardı.

Ayırdına varıncaya değin geçebilen kısacık bir sürede, iki-üç fotoğrafını çekebildim arka arkaya.

Fotoğraf makinesinin ayırdına vardığında ise, ancak bir silah namlusunun uyandırabileceği bir ürpertiyle başını duvarın arkasına çekebildi.

Yanına gittim. Tuzağa düşürülmüş bir ceylan ürkekliğiyle duvarın dibine oturdu, çenesini dizlerinin üstüne dayadı, kollarını da dizlerinin çevresinden dolayıp, kavuşturdu.

Köşeye sıkıştırılmış bir avın ürkek ve korkak soluklarını kesik kesik alıyor, veriyordu. Karşısına çömeldim, saçlarının zaten savruk bırakılmış bölümünü okşayarak, biraz da ben karıştırdım.

"Adın ne senin?" dedim.

Gözlerimin içine değin soktuğu ürkek bakışlarıyla bakmasını sürdürdü. Tek sözcük çıkmadı ağzından.

Bu kez iki elimi birleştirdim, iki elimin avuçlarından bir kucak yaptım, o kucağın içine aldım başını ve "Dilini mi yedin yoksa sen?" dedim. "Söylesene bakayım... Adın ne senin?"

Yanıma gelip, bir adım arkamda duran muhtara kaydırdı bakışlarını.

Gözlerinden "İmdat" çığlıkları fışkırtan çaresizliğine, muhtardan yardım beklediği öylesine belli oluyordu ki...

Daha fazla yanıtsız bırakamadı onun sessiz çığlığını, muhtar. Yanıma geldi ve çömelerek kendini benimle hizaladı:

"Affedersiniz ama" dedi. "Adı Perihan'dır, onun..."

Bu kez kolumu doladım Perihan'ın başının çevresine:

"Bak, madem bir adın varmış..." dedim. "O halde neden kendin söylemiyorsun adını?.."

Perihan'ın söylemek istediği her şey, gözlerinin ürkekliğinde ve yüzünün acı çeken ifadesinde toplanmıştı.

Muhtar, yine ona yardım için, yine bana konuştu:

"Kusuruna bakmayacaksın onun, abim" dedi. "Senin sorduklarına cevap veremez o..."

Bir an için sağır ve dilsiz olduğunu sandım Perihan'ın.

"Duymuyor mu, konuşamıyor mu?" dedim muhtara. "Sağır ve dilsiz mi yoksa?"

Muhtar, sanki Perihan'ın bir suçu varmış gibi, bir kez daha yineledi onun kusuruna bakmamamı:

"Mümkün değildir Türkçe anlayabilmesi, Türkçe konuşabilmesi" dedi. "Çünkü tek Kürtçe bilir, tek Kürtçe konuşabilir."

Bir Perihan'a baktım, bir muhtara baktım. Perihan, muhtarın da ne dediğini anlamadığı için, yine öyle çaresiz duruyordu. Muhtar ise, tümünü yüklediği bir suçun ağırlığıyla onun, önüne eğmek zorunda kaldığı başını bir türlü kaldıramıyordu.

"Çok kusura bakmayacaksın, abim" dedi bir kez daha. "Biz büyükler, yukarı aşağı bu durumda konuşuyoruz Türkçe'yi... Bunlar, yani bebeler... Bunlar hiç konuşamazlar Türkçe... Toplam durumumuz, buralarda böyledir."

Urfa'ya o güne değin sanırım en az onbeş kez gitmiştim. Kış aylarında gittiğimde güneş benden kaçmış, hep kalın bir bulutun arkasına sığınmıştı.

Yaz aylarında güneş tepeme çıktığında ise, bu kez hep ben kaçmıştım ondan, gölgelik bir yer bulmuş, oraya sığınmıştım.

Uzun bir süreden bu yana Urfa'da ilk kez o gün yıldızımız barışmıştı güneşle. O gün de, Perihan girdi güneşle aramıza... Ve günün güzelliği de, güneşin Nisan, Mayıslık dostluğu da geldi, düğümlendi, kursağımda kaldı o gün orada, Meşrefe'de...

Meşrefe'deki o günden sonra Perihan'la, "karanlık oda"mın solgun kırmızı ışığı altında karşılaştım.

Fotoğraf kartının üzerinde yavaştan yavaştan aldı yerini ve... Onu ilk gördüğüm andaki görüntüsüyle belirdi gözlerimin önünde.

Bir daha da gitmedi gözlerimin önündeki kendine özgü o yerinden, bir daha da geçirtmedi kimseleri o kendinden başkasının olmayacağı yerine...

Oysa kendi öylesine değişik yerlerde, öylesine değişik kişilerin gözlerinin önüne çıktı ki...

Gazetedeki köşemde, okuyucularımın gözlerinin önündeki yerini aldı, önce... Daha sonra, evimdeki çalışma masamın dayandığı duvarın üzerinde bir çerçeveye kuruldu, o çerçevesiyle geçti karşıma.

Daha daha sonra ise doyamadım, birbuçuk metre büyüttüm, gazetedeki çalışma masamda, yanı başıma yasladım onu.

O yerinden Perihan'ın, yağlıboya çalışmasında sanatçı **Gülşen Saraçoğlu**'na modellik yaptığı günlerini de hiç unutmadım, unutmak istemedim.

İlk kitabımın kapak sırtına geçip kurulduğunda ise, on bin evin, on bin kitaplığın rafından baktı öyküsünü okuyan kişilere...

TRT'nin yalnızca rahmetle değil, özlemle de andığım dost sanat programları yapımcısı **Neslihan Gence**'nin yine bir özenli programında, milyonlarca kişiye sevdirdi kendini, televizyon ekranından...

İngiltere'nin dünyaca bilinen *The Sunday Times* gazetesinde kocaman bir yer alıp, kendini ve kişiliğinde tüm köylülerini dünya okuyucularının da karşısına çıkaracaktı ama...

Gazetenin Yazı İşleri Müdürü **McCrystal**'ın tüm ısrarlarına karşın, asla mesleksel kıskançlığım nedeniyle değil, fakat kusurumun mülkiyetine bile sahip çıkan bir çeşit cimriliğim nedeniyle izin veremedim, onun *The Sunday Times* okurlarının önünde görücüye çıkarılmasına...

Perihan şimdi bir yandan, o birbuçuk metre büyütülmüş sızısı ve çaresizliğiyle, *Bütün Dünya*'daki çalışma odamın girişinde her sabah beni karşılıyor, gün boyu işimi yaparken beni izliyor, konuklarıma bakıyor, benim çalışma yaşamımı paylaşıyor. Bir yandan da evimin salonunun duvarındaki yağlıboya yorumuyla, hem evimin konuklarıyla tanışıyor, hem de ev yaşamımı paylaşıyor.

Meşrefeli Perihan

ANİKÖY'ÜN İLKOKULLU ÇOBANLARI

Kars'ın Aniköy'ündeki öğrencilerin babaları, amcaları ya da dayıları, yaz gelip de okullar tatil olduğunda, "kar düşünceye kadar" yaparlardı anlaşmalarını inek sahipleriyle.

Okullarının tatile girdiği günden bir gün sonra da, anlaşma gereği, çocukları işlerine başlatmış olurlardı... Ve çocuklar, büyüklerinin yaptıkları anlaşma gereği, "kar düşünceye kadar" sürdürürlerdi çalışmalarını.

Tüm yaz boyunca inekleri güderler, meralara götürürler, otlatırlar, hava kararmaya yüz tuttuğunda ise getirirler, sabaha karşı gün ışıdığında yeniden almak üzere ahırlarına kapatırlardı.

"Kar düşmeye başlayınca" ise, bu kez, o karların getirdiği kışın bitmesinden sonra yeniden almak üzere kapatırlardı inekleri ahırlarına. Onlar inekleri sahiplerine teslim edip ahırlarına kapatırken, anlaşmayı yapan aile büyükleri de inek sahipleriyle hesap kesmeye otururlardı. Küçük çobanlar için işin en keyif verici yanı, aile büyüklerinin işte bu hesap kesme işine oturdukları gündü. Büyükleri, inek sahiplerinden aldıkları toplu paranın önemli bir bölümünü kendilerine ayırıyor, uygun gördüğü bölümünü ise, "emeğinizin karşılığı" diyerek, ellerine veriyorlardı çünkü...

Aniköy'ün bu "küçük çobanları"ndan beşini, 1974 yılının Ekim ayının son günlerinde, Kars-Aniköy yolunun kenarında tanıdım.

O günlerde isteyen bir kişinin elini kolunu sallayarak Kars'tan Aniköy'e gidebilmesi olanaklı değildi. Aniköy'e gitmesi kesinlikle gereken bir kişi, yol üzerindeki askeri birliğin komutanından özel izin almak zorundaydı. Bu nedenle kimi zaman haftada bir, kimi zaman iki ya da üç haftada bir geçerdi bir araç bu yoldan.

Yeterince kullanılmadığı için de yolun üstü, hafif bir rüzgârda bile havada bulutlar oluşturacak denli yoğun bir toz tabakasıyla kaplıydı hep.

Geçerli nedenlerimi sıralayıp, ayrıca hava kararmadan önce geri döneceğim konusunda güvence verdikten sonra askeri birliğin komutanından iznimi alabildim ve Kars'tan Aniköy'e doğru yola çıktım. Bomboş yolda zaman zaman gaza daha çok basıyor ve arkamda bir anda kocaman bir toz bulutu oluşturuyordum. Sonra da dikiz aynamdan kaçamak bakışlar atıyordum ve kendimi, bulutlar içinde araba sürüyormuşum gibi duygulara kaptırarak, sıkıcı yolda eğlenmeye çalışıyordum.

Aniköy'e birkaç kilometre kala birden, yol üstündeki merada otlayan hayvanlar, yol kenarında da oturmuş, kendi aralarında konuşan çocuklar gördüm.

"Tam şekerlik bunlar" dedim içimden ve otomobilimi yavaşlattım, yanlarında durdum. Anadolu'daki tüm gezilerimde yanımda hep, torbalar dolusu çeşit çeşit şekerler taşırdım ve bunları çocuklara dağıtırdım.

Şeker torbamı da alıp arabamdan indim, çocukların yanına gittim.

Onlara önce "Merhaba" dedim, sonra da torbamdan aldığım bir avuç şekeri uzattım.

Merhabamı içtenlikle aldılar fakat şekerimi kesinlikle almadılar.

"Biz, yabancılardan bir şey almayız" dediler.

Bu ne etkili, bu ne köklü, bu ne sağlıklı bir terbiyeydi ki, bir yabancıdan, ikram şekeri de olsa, bir şey almayı ayıp sayıyordu. Şeker torbamı yanıma koydum, onlarla birlikte yere oturdum. Bir, iki, üç derken birbirimize öyle ısındık, öyle ısındık ki... Ortaya dökülen bir derdi birlikte paylaştık, bir anda bütünleşiverdik birbirimizle.

Recep Çakmak, **Müslim Gürol**, **Ahmet Kiremitçi**, **Ahmet Günay** ve **Veysel Satır**, "bakmayın şimdi mal güttüklerine", aslında öğrenciydiler.

Recep Çakmak dile getirdi kendinin de, arkadaşlarının da ortak derdini.

"Dayımız yaptı mal sahipleriyle anlaşmayı, bizim de başımızı yaktı" dedi, içi gerçekten yanarcasına. Sonra da içtenlikle döktü içini:

"Biz kışın okula gideriz, yazın da mal güderiz. Çobanlık yaparız, yani. Hayvan sahipleriyle dayımız konuştu, bizim yerimize o anlaştı. Dayımız konuşurken 'kar düşene kadar' diye yapmış anlaşmayı mal sahipleriyle. Yani biz bu malları bütün yaz boyunca güdeceğiz, sonra da kar düşünce işi bitirmiş olacağız. Anlaşma aynen böyle."

Kars-Aniköy yolunda öğrenci "çobanlar"la, 1974

Anlaşma aynen böyle ama... Ekimin son günleri olmasına karşın Kars'ın da, Aniköy'ün de göğünde hâlâ tek parça bulut yok. Bulutun olmadığı gökten de, doğal olarak, kar yağmıyor... Kar yağmayınca da "çocukların yükümlülükleri"nin süresi dolmuyor...

Recep Çakmak masmavi gökyüzünü gösterdi:

"Kar da bu yıl gecikti, her yılki zamanında düşmedi" dedi. "Bakın hâlâ güneşlik her yer. Kar düşmediğine göre biz de, malları gütmeye devam ediyoruz. Hiçbir mal sahibi de bizi düşünmüyor. 'Bu çocukların okulları açıldı. Onlar okullarına gitsinler, derslerinden geri kalmasınlar' demiyor..."

Bacak kadar çocuk, isyan edercesine bir yüreklilikle getirdi sözlerinin gerisini:

"Okullar açılalı bir aydan fazla oldu" dedi. "Bu anlaşmaya göre biz hâlâ okulumuza gidemiyoruz. Neden gidemiyoruz? Çünkü kar düşmedi... Anlaşmamız devam ediyor çünkü... Bu nedenle de, işimizi bırakamıyoruz bir türlü... Olmaz ya, mesela, bütün yıl kar düşmese buraya, mal sahipleriyle anlaşmamıza göre, biz bütün bir yıl okulumuza gidemeyeceğiz demektir. Gelecek yıl anlaşma yapılırken, ben de birlikte konuşacağım dayımla... Mal sahiplerine, 'Okullar açılıncaya kadar güderiz mallarınızı' diyeceğim, 'anlaşmamızı okullar açılıncaya kadar yapacağız' diyeceğim..."

Doğu Anadolu'da çobanlık, bahar sonunda karların eridiği günden, kışın ilk karının düştüğü güne kadar yapılıyor. Mal sahipleri, bu süre için yapıyorlar anlaşmalarını çobanlarla.

"Biz şimdi burada dört yüz mal güdüyoruz... Her mal başına bir fiyat pazarlığı yapılır, kimin ne kadar malı varsa, o kadar para öder. Kış başlayınca bizim alacağımız para ise, dört yüz malın toplam parasıdır. Bunun bir bölümünü dayım alır, kalanını da biz beş arkadaş aramızda paylaşırız."

Kazandıkları parayla ne yaptıklarını sordum.

"Kitap alırız, defter-kalem alırız, silgi alırız" dediler. "Bazen ayakkabı, bir de ceket alırız. Hepimizin kardeşleri vardır, küçük. Onlara bir şeyler alırız. Anamıza basma alırız."

Kar henüz düşmediği için anlaşmalarının sürdüğünü ve bu nedenle de okula başlayamadıklarına üzüldüğümü söyledim:

Aniköy

"Bakın bir ay oldu okullar başlayalı" dedim. "Üstelik, bu yıl beşinci sınıfı okuyacaksınız... Çok geri kalmış oluyorsunuz derslerinizden..."

Hiçbir öğrenim kuruluşunun öğretemeyeceği bir bilgiyi ve deneyimi, o gün, orada, o beş çocuktan öğrendim.

İçlerinden teki bile kabul etmedi derslerden geri kaldıklarını.

"Biz kendi aramızda hallettik o meseleyi" dedi **Recep Çakmak**. "Kar durumu böyle olunca, biz de kendi aramızda özel bir anlaşma yaptık. Bunlar malları güdüyorlar, ben de okula gidiyorum, öğretmenin anlattıklarını bir bir kafamda tutuyorum, sonra da gelip, burada bunlara anlatıyorum. Kar düşüp, çobanlık işimizi bitirdiğimiz zaman, hepimiz birden okula gidince, içimizden hiçbirimiz de sınıftaki hiç kimseden geri kalmış olmayacak."

Onları uzaktan gördüğümde, yol kenarında oturmuşlar, kendi aralarında konuşuyorlar, eğleniyorlar sanmıştım. Meğer o an **Recep Çakmak**, okuldan gelmiş, arkadaşlarına o sabah derste öğrendiklerini anlatıyormuş. Tek tek her birinin ellerini sıkarak ayrıldım yanlarından. Bütün hırsımı gaz pedalından çıkarıp, arkamda kocaman bir bulut oluşturarak sürdürdüm yolculuğumu Aniköy'e doğru. Akşamüstü, karanlık basmaya başlamadan önce Aniköy'den ayrıldım, Kars'a doğru yola koyuldum.

Yolun aynı yerinde, onları yine gördüm uzaktan. Otomobilimi tanıdılar, yolun ortasına çıktılar. Bana hayırlı yolculuklar dilemek istediklerini sandım. Yanlarına yaklaştıkça yavaşladım, yavaşladım durmak üzereyken bir de baktım ki...

Recep Çakmak elini havaya kaldırmış, birlikte oturduğumuz yerde özellikle bıraktığım şeker torbamı gösteriyor, unuttuğumu anlatmak istercesine bir telaşla sallayarak, durup almamı işaret ediyordu.

Duruyormuşum gibi yaptım, daha da yavaşladım. Otomobilin önünden, yolun ortasından çekildiler, yan kapıya doğru geldiler.

İşte tam o an, bir kez daha çıkardım hırsımı gaz pedalından.

Dikiz aynasından baktım... Küçük çobanları göremedim.

Ufff... Amma da kocaman bir toz bulutu kaldırmışım meğer arkamda...

"NEYİ GERÇEK SEVERSEN O KOPARILMAZ SENDEN"*

Dostum **İsmail Sivri**, İzmir'den aradı ve kitapçı bir arkadaşının İngiltere'den o yılın baskısı Britannica ansiklopedileri getirttiğini söyledi. Sonra da hem bir müjde verdi hem de bir öneride bulundu:

"Ansiklopediler defolu olduğu için arkadaşım neredeyse yok pahasına satıyor bunları" dedi. "İpek kâğıda basılı 24 cilt... Ayda 250 lira taksitle, toplam beş bin liraya veriyor. İngilizce bilsem ben de hemen alacağım. Ama sen kaçırma derim. Bir takım ayırtayım mı?"

Önce, ansiklopedinin defolusunun nasıl olabildiğini öğrenmek istedim.

"Her cildin sırtında, o cildin sayısını bildiren rakamlar olur ya" dedi **İsmail Sivri**. "İşte o numaralardan yalnızca biri, 19 sayılı cildin sırtındaki rakam, ötekilerden biraz yukarıda basılmış. Ciltler yan yana getirildiğinde tüm rakamlar aynı sırada duruyor ama yalnızca 19 numara, sürüden ayrılan koyun gibi, o sıranın dışında kalıyor."

Piyasa fiyatı 25 bin lira olan Britannica ansiklopedileri, hem de böylesi bir "defo" nedeniyle, üstelik ayda 250 lira taksitle toplam yalnızca beş bin liraya satılıyordu. Meraklısı için kaçırılmaması gereken bir olanaktı, bu.

"Madem tüm defosu budur, o halde bir değil, iki takım istiyorum" dedim.

İsmail Sivri bir takım yerine neden iki takım istediğimi merak da etmedi, öğrenmek de istemedi, o nedenle "Kimin için?" di-

---

*) **Ezra Pound**'dan çeviren **Bülent Ecevit.**

ye sormadı da... Fakat ansiklopedileri satan arkadaşı, aylık taksitler için 250 liralık borç senetlerini kimin adına hazırlayacağını sorunca, borçlanacak kişinin adını ister istemez açıklamak zorunda kaldım:

"**Bülent Ecevit**" dedim.

Ansiklopedileri satan kişi, telefonun öteki ucunda birden kekelemeye başladı:

"Yakışır mı bize, Karaoğlanımız adına borç senedi hazırlamak?" dedi. "Lütfen kendisine benim tarafımdan bir hediye olduğunu ve kabul etmesini söyler misiniz?"

Satıcıya bunun olanaksız olduğunu zorla kabul ettirdikten sonra, borç senetlerini imzalamasını da **Bülent Ecevit**'e aynı zorlukla kabul ettirebildim.

"Seçimleri kazanacağımız şimdiden belli oldu" diyordu ve bir-iki ay sonra Başbakanlık adresine 250 liralık borç senetlerinin gönderilmeye başlanmasının hiç de doğru olmayacağını ileri sürüyordu.

Ben de tersi görüşü savunuyordum ve "Bir Başbakanın, 250 liralık taksitlerle bir ansiklopedi satın almasının, aslında çok hoş, çok doğru ve üstelik örnek oluşturucu bir olay" olduğunu kabul ettirmeye çalışıyordum kendisine.

Zaman, 1973 yılının Eylül ayıydı ve birkaç ay sonra 250 liralık borç senetlerinin gönderilmeye başlandığı adres ise, Türkiye Cumhuriyeti Başbakanlık makamıydı.

1973 yılının yaz aylarının her yeni günü, **Bülent Ecevit**'i Ekim seçimleri sonunda bekleyen zafere biraz daha, biraz daha yaklaştıran birer merdiven basamağıydı.

Bülent Ecevit bu basamakları her gün tek tek çıktıkça, tüm insansal içtenliği ve heyecanıyla görüşlerini daha geniş topluluklara ulaştırabiliyordu ama... Bu heyecanının, bu coşkusunun, bu görüşlerinin halktaki yansımalarına ancak, toplantı alanlarında kendi gözleri ve kulaklarıyla tanık olabiliyordu.

Birkaç köşe yazarının kişisel yorumları dışında gazeteler, onun yurt gezilerinde halk üzerinde estirdiği "fırtına"ya ya göz ucuyla bakıyorlar ya da çoğu zaman tümüyle görmezden geliyorlardı.

"Ecevit fırtınası" ülke genelinde estiği şiddette, o günlerin tek televizyonu TRT'de yansıtılmıyordu.

Bülent Ecevit bu nedenle televizyon izlemeye pek gerek görmediği için, biraz da rahatlıkla ödeyebileceği beş bin lirası olmadığı için evine bir televizyon almıyordu.

"Televizyonda izleyebileceğim tek program, **Hüsamettin Çelebi**'nin açık oturum programı" diyordu. "Onu da nasıl olsa size gelip, birlikte izliyoruz..."

TRT'nin TBMM bürosu yönetmeni deneyimli gazeteci **Hüsamettin Çelebi**'nin, kaçırmadan birlikte izlediğimiz "Açık Oturum" programı dışında **Bülent Ecevit**'le televizyonu bir de, seçim gecesi birlikte izledik.

Ülkenin çeşitli yörelerinden gönderilen "sandık sayımı" sonuçlarını bir yandan TRT'de izliyorduk; ama bununla yetinmiyorduk. Ben sık sık çeşitli haber ajanslarına ve gazetelere telefon ediyor, onlara gelen sonuçları alıyordum, **Bülent Ecevit** ise zaman zaman CHP Genel Merkezi'ne telefon ediyor, parti örgütlerinden merkeze gönderilen sonuçları ve haberleri alıyordu.

Fakat tüm haberler birbirleriyle çelişki oluşturuyordu. CHP'nin seçimleri önde götürdüğü ancak geceyarısından sonra belli olmaya başladı.

Kısa dalgadan yayın yapan İngilizlerin ünlü BBC radyosu, saat ikideki İngilizce haberlerinde "Türkiye'deki son durumu" şu başlıkla açıkladı:

"Türkiye'deki seçimlerde soldaki Cumhuriyet Halk Partisi önde gidiyor..."

Ertesi gün gazetelere duyurduğumuz ve birçok gazetede yer alan **Bülent Ecevit**'in "şakayla karışık" şu ünlü sözü, işte o an çıktı ağzından:

"Sonunda işin Türkçesini BBC söyledi."

Adana'da toplanan Üreticiler Kurultayı'na katılmıştık **Ecevit**'lerle. CHP Adana il başkanı, partisinin genel başkanıyla tanıştırmak istediği Adana'daki tüm ilçe başkanlarını bir salonda biraraya getirmiş, bu özel toplantıda onların, Genel Başkan **Ecevit**'le seçim öncesi yüz yüze görüşmelerini sağlamıştı.

Buraya değin her şey iyiydi, hoştu ama bu görüşmenin yapıldığı salonun tam karşısındaki *Milliyet* gazetesi Adana Bürosu'nda ise bizim açlık sınırımız, tahrikler karşısında dayanma gücünü hızla yitirmeye başlamıştı.

Büronun demirbaşları ve temel direkleri konumundaki **Muzaffer Bal** ve **Nihat Geven**'in, "Saat tam sekizde büroya getirilmelerini istiyoruz" koşuluyla ısmarladıkları Adana kebaplarımız, denilen saatte getirilmişler, getirilir getirilmez de nefis kokularıyla açlık sınırlarımıza saldırıya geçmişti.

Kebapların kokusu "Hadi başlayın artık bizi yemeye" diye burunlarımıza dolarken, gözlerimiz de karşı binanın kapısına dikilmiş, kapıdan ne zaman çıkacağı belli olmayan "umudumuz"u beklemeye başlamıştı.

Sonunda dayanamadım, **Rahşan Ecevit**'e bir öneride bulundum:

"Ben şimdi giderim, bir bahane bulur, Bülent Bey'e söylerim ve kendisini o toplantıdan alır, buraya getiririm" dedim.

Tam kapıya yöneldiğim anda **Rahşan Ecevit** önümü kesti:

"Nasıl bir bahane bulacaksınız, Mete Bey?" dedi.

O an aklıma geleni değil de, ağzıma geleni söyleyiverdim:

"'Bugünkü konuşmanızla ilgili olarak **Abdi İpekçi** size birkaç soru sormak istiyor' derim. 'İstanbul'dan telefonla aradı, bulamayınca da sizin bir an önce kendisini aramanızı istedi.'"

Rahşan Ecevit sözümün gerisini getirmeme izin vermedi:

"Lütfen yapmayın bunu" dedi. "Bülent'e lütfen yalan söylemeyin..."

Gözüm tepsideki Adanalara kaydı, geldi bir an için:

"Fakat Rahşan Hanım, bunlar soğumaya..."

Bu kez söyleyeceğimi yarıda kesti Rahşan Hanım:

"Bülent'e her şeyi söyleyebilirsiniz ama yalan söyleyemezsiniz" dedi. "Ona lütfen yalan söylemeyiniz."

Önce arkadaşlarıma baktım, sonra yeniden **Rahşan Ecevit**'e döndüm:

"Yani şimdi parti başkanlarının önünde 'Kebaplar geldi, soğuyor... Sizi bekliyoruz. Toplantıyı hemen burada bitirin...' mi diyeyim Bülent Bey'e?" dedim ve...

Rahşan Ecevit'in "N'olur yapma" diyen bakışları karşısında hemen açlığımı da unutuverdim, kebapların kokularını da duymaz oluverdim.

"Siz merak etmeyin, Rahşan Hanım" dedim. "İnanın içinde tek kelime bile yalan olmayan bir nedenle koparacağım onu o toplantıdan..."

Toplantının yapıldığı salonun kapısını yavaşça açtım ve içeri girdim. Büyük bir toplantı masasının başında Genel Başkan **Bülent Ecevit** oturuyor, masanın çevresinde de CHP ilçe başkanları sıralanıyorlardı.

Herkesi başımla hafifçe selamladıktan sonra Bülent Bey'in yanına yaklaştım ve sır söyler gibi kısık bir sesle kendisine, "içinde tek kelime bile yalan olmayan" şu bahaneyi bildirdim:

"Çok önemli bir konu için *Milliyet* bürosunda bekleniyorsunuz, efendim..."

Bülent Ecevit birden ayağa kalktı ve arkadaşlarından izin istedi:

"Çok önemli bir konu için karşıda, *Milliyet* gazetesi bürosunda bekleniyormuşum" dedi. "Beni anlayışla karşılayacağınızı ve bana izin vereceğinizi umuyorum, arkadaşlar..."

Masanın çevresindeki tüm başkanlar, komutanından emir almış bir askeri birlik çevikliğiyle birden ayağa kalktılar:

"İzin ne demek, Sayın Genel Başkanım", "Estağfurullah Sayın Genel Başkanım", "Memleket meseleleri görüşüyorsunuz, iznin lafı mı olur, Sayın Genel Başkanım?" sözleri arasında **Bülent Ecevit**'le salondan çıktık, kaldırıma geçtik, *Milliyet* bürosunun olduğu binaya girdik.

Asansörü beklerken **Ecevit** dayanamadı, sordu:

"Nedir Allahaşkına, bu çok önemli mesele?" dedi.

Bir an bile duraksamadan yanıtladım:

"Kebaplarımız geldi, soğuyor Bülent Bey" dedim. "Başlamak için sizi bekliyoruz..."

Bülent Ecevit önce kocaman bir kahkaha attı, sonra merdivenlere yöneldi:

"Hadi gel, üç katı üç adımda çıkarız" dedi. "Bu asansörün geleceği yok..."

Kebaplarımızın ilk birkaç lokmasını yedikten sonra **Rahşan Ecevit**, eşine döndü:

"Mete Bey sana ne söyledi de hemen geliverdin, Bülent?" dedi.

Bülent Ecevit olayın "birinci perde"sini bilmediği için eşinin sorusunu saf saf yanıtladı ve "'Çok önemli bir konu için arkadaşlar büroda sizi bekliyorlar' dedi."

Bülent Bey'in bıraktığı yerden ben kaptım sözü ve **Rahşan Ecevit**'e döndüm:

"Tek kelime bile yalan var mı bu sözde, Rahşan Hanım?" dedim.

Arkadaşlar gülmeye başlayınca, bu kez **Bülent Ecevit** meraklandı:

"Ne var, Rahşan?" dedi. "Benim anlayamadığım bir şey var galiba..."

Rahşan Ecevit olayı fazla uzatmak istemedi:

"Yok bir şey, Bülent" dedi.

Oysa vardı bir şey ama... Neyse... Ben de uzatmayayım.

1973 seçimleri yaklaştıkça, **Ecevit**'in kişiliğinde simgelenen "umudumuz" da giderek artıyor, büyüyordu.

Seçimlerden bir ay önce Ankara'nın Tandoğan Meydanı'nda düzenlenen mitinge, o günlere değin görülmemiş çok sayıda kişi katılmıştı. Topluluk, tüm görüşlerini harf harf bildiği için **Ecevit**'in, o gün ne söyleyeceğini pek merak etmiyordu; ama varlığıyla orada ona destek ve güç oluşturması gerektiğini çok iyi biliyordu.

Ecevit kürsüde konuşmasını yaparken, eşi **Rahşan Ecevit** ile benim eşim de, üzerine "Cumhuriyet Halk Partisi" yazdırdıkları kalemleri, **Ecevit**'in renkli fotoğraflarını, **Ecevit** fotoğraflı anahtarlıkları üniversite öğrencilerinden oluşturdukları ikişer, üçer kişilik gönüllüler yardımıyla halk arasında dolaştırıyorlar ve partiye bağış karşılığında bunları satıyorlardı.

Topladıkları paralar boyunlarındaki sepetlerden taşma noktasına gelince gençler sepeti ya benim hanıma, ya Rahşan Hanım'a getiriyorlar, onlar da sepetteki paraları, boş margarin kutularına boşaltıyorlardı.

Margarin kutuları daha fazla para alamaz denli dolunca da bu kutuları miting alanının en uzak bir yerinde bekleyen, hemen hemen iki avuç büyüklüğündeki "Fiat 850" marka bir otomobile getiriyorlardı ve kapakları zor kapanırcasına para dolu o kutuları orada, yabancısı olmadıkları bir kişiye teslim ediyorlardı.

O kişi kim miydi? Bendim.

O küçücük otomobil bana aitti, içinde oturup para kutularını teslim alan ve bagaja depolayan kişi de, benden başkası değildi.

Miting bitince Rahşan Hanım ve benim hanım ellerindeki son margarin kutularını da getirdiler, burada işlerinin bittiğini, benim artık eve gidebileceğimi bildirdiler.

"Biz şimdi Yeni Mahalle'ye, Alemdar Sineması'ndaki il başkanları toplantısına gidiyoruz" dediler. "Sen bu paraları eve götür ve bizim dönüşümüzü bekle..."

Para kutularını arabadan birer ikişer taşıyıp, eve getirdim. Aradan belirli bir süre geçtikten sonra **Bülent Ecevit** geldi, "Alemdar Sineması'ndaki konuşmamı bitirince Rahşan size gelmemi, senin evde olduğunu söyledi" dedi. "Oradaki satışları bitirir bitirmez, kendileri de buraya geleceklermiş."

Miting konusunda birbirimize izlenimlerimizi anlattıktan sonra **Bülent Ecevit**'le, paraları önce ayırmaya, sonra da saymaya başladık.

Dolu kutulardan birini alıyor, içinden çıkardığı banknotları birlikte beşlik, onluk, yirmilik, ellilik ve yüzlük olarak ayırıyor, sonra da sayıyorduk.

Sonra onluk, sonra yirmilik derken tüm banknotların sayısıyla değerlerini çarptık ve sonuçlarını alt alta getirip, topladık.

Ve gördük ki, Tandoğan Meydanı'ndaki mitingde o gün, yalnızca katılan kişilerin sayısıyla değil, o kişilerin yaptıkları bağışla da bir rekor kırılmış meğer...

Saydığımız paranın tutarı tam 116 bin liraydı.

"Bu bir haberdir, Bülent Bey" dedim. "İzin verirseniz ben bu haberi bizim gazeteye bildirmek istiyorum."

Bülent Ecevit, bencil davranmamı istemediğini belirtircesine güldü:

"Gel istersen öteki gazetelere de bildirelim" dedi.

Ve tüm gazetelere telefon açtım, kaleme aldığım "rekorlar haberi"ni, tek tek tüm gazetelere bildirdim.

Rahşan Ecevit ve eşim, Alemdar Sineması'ndaki işlerini tamamladıktan sonra geldiler.

Yemekten sonra **Rahşan Ecevit** bir an önce eve gidip evdeki işlerini bitirmesi gerektiğini söyledi: "Çamaşırları ıslatmıştım" dedi. "Şimdi gidip onları yıkamam gerek..."

Bülent Ecevit, bir yandan yemek sonrası çayını içiyor, bir yandan gülüyordu:

"Hiç acele etmene gerek yok, Rahşan" dedi. "Ben senin yerine yıkadım da, astım da çamaşırları..."

Ve üçümüzün de "Acaba şaka mı yapıyor?" diye birbirimize bakmamız karşısında, o gün iki miting arasında çamaşır yıkaması öyküsünü anlattı:

"Tandoğan'daki konuşmamla Alemdar Sineması'ndaki konuşmam arasında iki saate yakın bir süre vardı. Görüyorsunuz, hava da ne kadar sıcaktı bugün... Kürsüde de bir hayli terlemiştim. Bu iki saatlik sürede eve gidip bir duş alayım dedim... Hem serinlemek hem de ılık su altında biraz olsun dinlenmek istiyordum."

Bülent Ecevit, o günlerde kiracı olarak oturduğu altı katlı bir apartmanın en üst katındaki dairelerine gidebilmek için, o yorgunlukla üstelik bir de beş kat merdiven çıktıktan sonra eve girip kendini banyoya atınca bir de ne görmüş?.. "Banyonun küveti çamaşır doluydu. Çamaşırları yıkamadan önce sen bir gün süreyle onları banyoda suda bekletir, ancak ondan sonra çamaşır makinesinde yıkarsın ya... Baktım, yine öyle yapmışsın, çamaşırları yine suya bastırmışsın. Zaten sıcaktan bunalmıştım... Üstelik yorgunum da... Böyle bir anda, duş yapmaktan vazgeçebilir miyim?"

Vazgeçememiş, tabii...

Üçümüzün de yarı gülerek, yarı hayret ederek dinlediğimiz öyküsünü anlatmayı sürdürdü **Bülent Ecevit**:

"Çamaşırları tek tek çıkardım, sıkıp sıkıp, çamaşır makinesine doldurdum, sonra da makineyi çalıştırdım" dedi. "Yıkama işleminden sonra da makineden çıkardım ve balkondaki çamaşır iplerine astım tümünü... Çamaşırlar yıkanırken ben de rahat rahat duşumu yapabildim..."

Duşunu rahat rahat yapabilmesi sayesinde, Alemdar Sineması'ndaki konuşmasını da rahat rahat yapabilmiş...

O gün şakayla karışık bir anlaşma da yaptık **Bülent Ecevit**'le...

Tandoğan mitinginde toplanan bağış parasının tutarını tüm gazetelere bildirdim; ama "İki konuşması arasında çamaşır yıkadığı haberi"ni de o başka kişiye anlatmayacak, bu haber yalnızca bende kalacaktı ve ben de üzerinden en az yirmi yıl geçmeden yazmayacaktım bu olayı... Tamam mıydı?.. Tamamdı... Söz müydü?.. Sözdü...

Bu haberin üzerinden birinci yirmi yıl çoktan geçti, şimdi neredeyse ikinci yirmi yıl geçmek üzere ama...

Gönlümde tüm tazeliklerini, tüm canlılıklarını şimdi de sürdürüyorlar, onunla ortaklaştığımız tüm bu olaylar, tüm bu anılar...

Yalnızca o anılar, o olaylar değil, aradan geçen bunca yıllara karşın, o gönülde **Bülent Ecevit**'in kendi de sürdürüyor varlığını tüm canlılığıyla ve **Ezra Pound**'dan çevirdiği şu dizelere yansıyan kendine özgü o doğal özelliğiyle:

"Neyi gerçek seversen
O koparılmaz senden..."

KRALİÇE'NİN ÖZEL KONUĞU İNGİLTERE GÜMRÜĞÜNDE...

Protokol kuralları harfi harfine uygulanarak kendilerine tanıtıldığım an beynimin içinde oluşan gözlemimi, protokol dışı bir tutarsızlıkla ama yüreğimin içinden gelen bir duygusallıkla ve damdan düşercesine bir pervasızlıkla, yüzüne karşı söyledim, **Kraliçe Elizabeth**'in:

"Gözlerinizin rengi meğer ne kadar da güzelmiş, Majesteleri" dedim. "Hiçbir fotoğrafınızda gözlerinizin böylesi olağanüstü rengini görmemiştim..."

Kraliçe Elizabeth, eşi **Prens Philip** dışında bir erkekten belki de ilk kez duyduğu bu sözlerden sonra, bir anda kraliçeliğinin katılığından sıyrıldı, tüm hemcinslerine özgü o kadınsal zerafetin, büyüleyici özelliğine bürünüverdi.

Onun, bir kraliçe otoritesini bile gölgeleyen kadınsal yumuşaklığıyla dudaklarından dökülen "Çok teşekkür ederim... Çok naziksiniz" sözcükleri ve o sözcüklerinin ezgisi, yarım yüzyıla yaklaşan bir süre sonra şimdi de kulaklarımdadır.

Henüz Cumhurbaşkanı seçilmediği için konuğunu, sırtındaki "Devlet Başkanı" sıfatı ve orgeneral üniformasıyla karşılayan **Cemal Gürsel**, başyaveri Albay **Ağası Şen**'e döndü ve... Sonradan öğrendim, "Koskoca İngiltere Kraliçesiyle bizim gazeteci çocuğun" birbirlerine ne söyleyip de böyle kırk yıllık dostlarmış gibi karşılıklı gülüştüklerini sormuş.

Bu ayaküstü görüşmemizden tam sekiz yıl sonra bir gün, 1969 Haziranının ortalarında İngiltere'nin Ankara Büyükelçiliği Basın Ataşesi, benle "çok özel bir konu görüşmek için geldiği" gazetemizin Ankara bürosunda, **Kraliçe Elizabeth**'in bir davetini iletti bana:

Kraliçe Elizabeth

"Majesteleri Kraliçemiz **Elizabeth** sizi, oğlunun taç giyme törenine davet ediyor" dedi. "Temmuzun üçüncü günü Galler Bölgesi'ndeki Cardiff kentinde yapılacak törende **Prens Charles**, 'Galler Prensi' olarak taç giyecektir. Majesteleri, oğlunun bu mutlu günündeki törende sizin de bulunmanızı arzu ediyorlar."

Türkiye'den yalnızca beni değil, iki gazeteciyi daha davet ediyormuş Majesteleri:

"Öteki iki meslektaşınız ise *Hürriyet*'ten Sayın **Hikmet Bil** ve *Cumhuriyet*'ten Sayın **Özgen Acar**" dedi ataşe.

Uçağa binme korkumu henüz yenemediğim günlerimdi o günler... Uçakla gidilecek davetleri o nedenle kabul etmiyordum.

Basın ataşesine bu durumumu anlattım ve "Majesteleri Kraliçe'nin beni bağışlayacağını umduğumu" söyledim.

Böyle şey olmazmış meğer... Aslında "olmazmış" değil de, "Bugüne değin hiç olmuş bir şey değilmiş" bu.

"Majesteleri Kraliçe'nin daveti, hiçbir zaman, hiçbir kimse tarafından reddedilmemiştir" dedi ataşe.

Durumumu bir kez daha anlattım:

"Uçağa adımımı atar atmaz, boğuluyorum gibi oluyorum" dedim. "Kaç kez denedim ama, ı-ıh, beceremedim, başaramadım... İçeri girmemle kendimi dışarı atmam bir oldu hep..."

Basın ataşesi, "Davetin kabul edilmediği"ni kabul etmek niyetinde değildi.

"Merak etmeyin, bir çaresini buluruz" dedi ve... Ertesi gün geldiğinde, önüme bir yerine iki "çare" sürdü:

"Otomobille mi gitmek istersiniz, yoksa yataklı trenle mi?" dedi.

Basın ataşesi üçüncü gün, Ankara-Londra arası yataklı tren biletimle geldi.

"Londra'nın Victoria istasyonunda sizi, COI'den iki arkadaşımız karşılayacak" dedi ve biletle birlikte, dört-beş adet de bavul etiketi uzattı.

"Ayrıca bu özel etiketleri de getirdim size" dedi. "Bunları bavullarınızın saplarına bağlayınız. Gerek İngiltere'ye girişinizde gümrükte, gerek İngiltere içindeki tüm gezilerinizde bu etiketler, sizin resmi davetlimiz olduğunuzu anımsatacaktır görevlilere..."

Etiketlerin üzerinde, Kraliyetin simgesi bir taç ve "Resmi Ziyaretçi" yazısı vardı.

"Resmi Ziyaretçi"nin adı ve soyadı için ise, özel bir bölüm ayrılmıştı. Adımı ve soyadımı, o bölüme yazmamı bildirdi basın ataşesi. Sonra da şaka niyetine bir şeyler söyledi:

"Bu etiketlerin bulunduğu bavullarla İngiltere'ye rahatlıkla eroin bile sokabilirsiniz" dedi. "Çünkü üzerinde bu etiketi gördüğü bir bavula İngiltere'de polis de, gümrük memuru da elini bile süremez. Bavulunuzda bu etiketi görür görmez, devletimizin çok özel ve çok önemli bir konuğu olduğunuzu hemen anlarlar, çünkü..."

Basın ataşesine, öteki iki davetlinin, **Hikmet Bil** abimiz ile **Özgen Acar**'ın ne zaman geleceklerini sordum.

"Onlar sizden dört gün sonra hareket edecekler ve sizle aynı gün Londra'ya varmış olacaklar" dedi. "Uçakla gelecekler, onlar..."

Uçağa binmekten korkmamın cezasını, bu kez de **Kraliçe Elizabeth** uğruna çektim.

Ankara'dan trenle Haydarpaşa'ya, oradan vapurla Karaköy'e, oradan dolmuşla Sirkeci'ye ve... Sirkeci'den de taaaa, üç gün üç gece ötedeki Victoria istasyonuna hareket ettim.

Trenim, Sirkeci garından kalktıktan tam üç gün sonra, İngiltere'ye en yakın Fransız kenti Calais'ye varabildi. Londra'ya çalışmaya giden üç garsonla tanışmıştım trende. Ancak onların dostluğu sayesinde çekebildim bitmek tükenmek bilmeyen o Londra yolunu.

Calais'den vapurla geçtik İngiltere'ye ve... Vapurdan indik, İngiltere'nin Dover'ine ayak bastık. Yolculuk arkadaşım üç garsona gümrükte ayrı ayrı çevirmenlik yaptım ve üçünün de gümrükten kolaylıkla geçmelerine yardımcı oldum.

Gümrükten geçmek sırası bana gelince, gümrük memuru iki bavulumun ve bir el çantamın saplarına bağlı, üzerlerinde Kraliyet arması, "Resmi Ziyaretçi" yazısı bulunan etiketlere baktı önce... Sonra da dik dik ve kuşkulu bir ifadeyle gözlerime dikti gözlerini:

"Bu etiketleri nereden buldunuz?" dedi.

Bu etiketleri hiçbir yerde bulmadığımı, onların bana özel olarak getirildiklerini söyledim.

Gümrük memuru bu kez kuşkuyu bıraktı, alaya başladı:

"Oooo... Siz çok önemli bir kişi olmalısınız" dedi ve sözüm ona bu görüşünü, yine o alaycı ifadesiyle, bana da onaylatmak istedi:

"Elbette öylesiniz, değil mi?" dedi. "Siz elbette çok önemli bir kişisiniz... Öyle değil mi?"

Alt dudağımı büktüm, gözlerimi bir süre tavanda dolaştırdım ve sorusuna yanıt vermekten çok, bu konudaki kendi kararımı açıkladım:

"Ben, önemli bir kişi olduğumu pek sanmıyorum ama sizin Türkiye'deki büyükelçiniz bu konuda benden farklı düşünüyor" dedim. "Nedense o benim çok önemli bir kişi olduğuma inanıyor."

Gümrük memuru alaycı konuşmasını sakin sakin sürdürmeye kararlıydı:

"Tabii, siz çok önemli bir kişi olduğunuz için de, bizim büyükelçi 'Madem İngiltere'ye gidiyorsunuz, lütfen bu etiketleri alın da bavulunuza takın' dedi size... Öyle değil mi?"

Ben de ondan aşağı kalmayacak bir sakinlikle yanıtladım:

"Aslında büyükelçinizin pek bir rolü yok bu etiketlerin bana gönderilmesinde" dedim. "Adamcağız ne yapsın? Kendine yap denileni yaptı o..."

Büyükelçiye bu buyruğun kimin tarafından verilmiş olabileceğini çok merak ettiğini söyledi gümrük memuru.

"Ona Dışişleri Bakanınız söylemiş olabilir ama bence o da kendine denileni yaptı tabii..."

Gümrük memuru gözlerini açtı:

"Yaaa" dedi. "Acaba Dışişleri Bakanımıza kim söylemiş olabilir size bu etiketlerin gönderilmesini?.."

Gülümsedim:

"Beni kim davet etmişse, o söylemiş olmalı" dedim. "Herhalde Majesteleri Kraliçe söylemiştir..."

Yanıtımı şaka sandı ve hiç de beğenmediğini söyledi gümrük memuru:

"Pek komik olduğunu sanmıyorum bu yanıtınızın" dedi ve birden ciddileşti:

"İngiltere'ye geliş nedeninizi söyler misiniz lütfen?"

Sakin tavrımı değiştirmeden yanıtladım sorusunu:

"Sizin Majeste Kraliçenizin bir davetini reddetmiş duruma düşmemek için geldim" dedim.

Bu kez gümrük memuru alt dudağını büktü ve gözlerini, saçımdan ayakkabımın burnuna dek gezdirerek beni şöyle bir ölçtü, biçti, tarttı:

"Bizim kraliçe acaba ne için davet etmişti sizi, onu hatırlayamadım" dedi. "Sizle birlikte bir akşam yemeği mi yemek istemişti, yoksa bir beş çayı için mi davet etmişti sizi?"

Tüm İngiltere'de o günlerde gündemi, **Prens Charles**'ın birkaç gün sonraki taç giyme töreni oluşturuyordu.

Yine gülümseyerek yanıtladım gümrükçüyü:

"Bunu sormanızı hiç beklemezdim sizden" dedim. "Bilmeniz gerekirdi çünkü."

Adamcağız yine alaycı tavrını takındı:

"Kusura bakmayın, bu sabah BCC'yi izleyemedim" dedi. "Majeste Kraliçe'nin sizi neden davet ettiğini de o yüzden öğrenemedim. Siz söyler misiniz lütfen?"

Onun bu laubali sorusu karşısında sanki kızmışım gibi görünmek için kaşlarımı çatmaya çalıştım ve kendisini hizaya davet edercesine bir ses tonuyla karşılık verdim:

"Majesteleri, üç gün sonra oğlunun Cardiff'te yapılacak taç giyme törenine davet etti beni" dedim. "Buraya gelişimin tek nedeni, onun bu davetine karşılık vermektir. Bilmem anlaşılabildi mi?"

İngiliz gümrükçü, biraz önce gümrükten kolaylıkla geçmeleri için kendilerine çevirmenlik yaptığım üç garsona baktı, sonra bana döndü, üç gece üç günlük tren yolculuğunun yüzümde oluşturduğu yorgunluğun izlerine baktı, bavullarımdaki "Official Visitor" yazılı özel etikete baktı, bir de verdiğim önce alaycı, sonra kalaycı yanıtlara baktı ve...

Prens Charles

"Davetiyenizi görebilir miyim, lütfen?" diye sordu.

Davetlere, cebimde davetiyeyle gitmek gibi bir alışkanlığım olmadığını söyledim.

El çantamın içinde ne olduğunu sordu.

"İki adet fotoğraf makinesi" dedim.

Fotoğraf makinelerimin ne marka olduklarını sordu.

"İkisi de Nikon" dedim.

Hiç beklemediğim bir soru daha sordu:

"Niçin?"

Belki beklediği değil ama kesinlikle hak ettiği yanıtı verdim:

"Çünkü İngilizler henüz fotoğraf makinesi yapmaya başlamadılar da onun için" dedim.

Gümrük memuru yine konu değiştirdi, İngiltere'ye kaçıncı kez geldiğimi sordu.

"İlk kez geliyorum" dedim. "Daha önce hiç gelmedim."

Garson İngilizce'sinden farklı olan İngilizceme taktı bu kez:

"Madem daha önce hiç gelmedin İngiltere'ye" dedi. "O halde bu düzgün İngilizceyi nerede öğrendin?"

Böbürlenerek yanıt verdim:

"Nerede olacak?" dedim. "Okulda öğrendim tabii..."

Gümrük memuru, görev yaptığı bölümü kapattı ve iki bavulum ve bir el çantamı taşıtarak beni içeride bir odaya götürdü.

"Sizle biraz da burada konuşmak istiyorum" dedi. "Şöyle baş başa bir konuşma yapalım burada, ha?"

Kendisiyle aynı görüşte ve aynı niyette olmadığımı söyledim.

Sesini biraz daha sertleştirerek konuştu:

"Fakat ben istiyorum" dedi.

Ben de aynı sertlikteki ses tonumla konuştum:

"Fakat ben istemiyorum" dedim.

Gümrük memuru oyunbozanlık yaptı, işi şantaja döktü:

"Şayet burada, istediğim baş başa görüşmeyi yapamazsak, ben de sizin bizim ülkemize girmenize izin vermem..." dedi. "Tamam mı?"

Şantaja, ben de şantajla karşılık verdim:

"Ben de şayet, sizin hiçbir sorunuza karşılık vermek zorunda bırakılmadan en fazla beş dakika içinde ülkenize kabul edilmezsem, ilk vapurla Fransa'ya geri döneceğim" dedim. "Kraliçenizin davetine neden katılamadığımı da, gerekli makamlara, korkarım siz açıklamak zorunda kalacaksınız."

Gümrük memuruna pabuç bu kez pahalı geldi. Hiçbir şey söylemedi, Londra telefon rehberini karıştırmaya başladı:

"İzin verirseniz bir konuda emin olmak istiyorum" dedi "COI'yı aramam gerekiyor."

COI'nin ne olduğunu bilmediğimi söyledim.

"Central Office of Information" dedi. "Bavullarınızdaki özel etiketler, bu Merkezi İstihbarat Bürosu tarafından verilmektedir."

İki dakika içinde aradığı numarayı buldu ve Londra'ya telefon etti:

"Londra'da çalışmak üzere Türkiye'den üç garson geldi" dedi. "Onlarla birlikte aynı trenle bir de centilmen geldi. Pasaportunda gazeteci olduğu yazılı. İki bavulunda ve bir el çantasında ise 'Offical Visitor' etiketleri var."

Bunlar yetmezmiş gibi, bir kabahatimi daha söyledi:

"Kendisi üstelik, **Prens Charles**'ın taç giyme töreni için Majesteleri Kraliçe tarafından davet edildiğini söylüyor."

Gümrük memuru "Bir dakika, bir dakika" dedikten sonra pasaportumun kapağını açtı, adımı okudu:

"Evet, **Mete Akyol**" dedi ve bir süre sustu, yalnızca söylenenleri dinledi. Tepeden tırnağa fırça yediği, yüzündeki ifadenin her saniye yeni bir biçim almasından anlaşılıyordu.

Telefonun öteki ucundaki kişiye saygılı birkaç söz söyleyebildikten sonra telefonu kapattı, bana döndü:

"Çok afedersiniz, sizi daha fazla bekletmeyeyim, çünkü Londra treni biraz sonra kalkacak" dedi. "Resmi görevli iki kişi sizi karşılamak üzere şu anda Victoria istasyonunda bekliyormuş."

Pasaportumu uzattı ve... İşte şimdi bir İngiliz centilmeni oldu:

"İngiltere'ye hoş geldiniz" dedi "Umarım, ülkemizde iyi günler geçirirsiniz. Ayrıca, Londra'ya dek de iyi yolculuklar dilerim."

Güldüm. Bu dileklerde bulunmasına hiç de gerek olmadığını söyledim.

"Çünkü Londra'ya giden trene değil, biraz sonra Calais'e dönecek vapura bineceğim ve ülkeme döneceğim..." dedim.

Gümrük memurunun beni bu kararımdan geri çevirmek için döktüğü dilleri burada sıralamayı gereksiz buluyorum.

Londra'daki otelimde ertesi sabah öğleye doğru uyandığımda üç gece üç günlük tren yolculuğunun yorgunluğundan kurtulduğumu ancak o an anlayabildim.

Akşama doğru ise, İstanbul'dan gelen İngiliz Hava Yolları'nın üç yolcusuyla buluştuk otelde.

Hikmet Bil ve **Özgen Acar**'la birlikte, İngiltere'nin İstanbul Başkonsolosluğu Basınla İlişkiler Müdürü **John Hyde** da geldi.

"Ben törene davetli değilim ama Türkiye'den davetli siz üç gazeteciye burada mihmandarlık yapmak için görevlendirildim" dedi **John Hyde**. "Sizin sayenizde ben de onbeş gün sizle birlikte keyif çatacağım İngiltere'de..."

Otelin lobisinde oturmuş, şakalaşarak konuşurken gözlerimiz birden, bir garsonun elinde dolaştırdığı ve üzerinde "**Mr. Mete Akyol**" yazılı bir levhaya ilişti.

Hikmet Bil de, **Özgen Acar** da, **John Hyde** da önce hayretle birbirlerine baktılar, sonra hep birlikte merakla bana döndüler:

"Bu ne, Allahaşkına?" dediler.

Hafifçe gülümsedim:

"Bir konuk bekliyordum, o gelmiştir" dedim. "Biraz önce size anlattığım gümrük öykümü, bugün öğleden sonra *Daily Telegraph* gazetesine bildirdim. Olayı tüm ayrıntılarıyla yayımlamak istediklerini söylediler ve otelime bir muhabirle bir foto muhabiri göndereceklerini bildirdiler. Onları bekliyordum."

John Hyde'ın o âna dek dünyaya boş vermiş tavrı, o andan sonra birden değişti.

"Sen lütfen yerinden kalkma" dedi bana. "Bir skandala neden olmayalım..."

Ve "**Mr. Mete Akyol**" yazılı levhayı iki eliyle tutup, lobide dolaştıran çocuğa bir tutam bahşiş verdikten sonra onu izleyerek beni arayan gazetecilerin yanına gitti. Onlarla otelin barında birer yudum bir şey içebilecek süre kaldıktan sonra da, yanımıza döndü:

"Tüm İngiliz halkı, iki gün sonra mutlu bir törene tanık olacak, o törenle mutlanacak" dedi **John Hyde**. "Yarından sonra tüm radyolar, televizyonlar ve gazeteler, **Prens Charles**'ın taç giyme töreniyle ilgili haberlerle, röportajlarla, görüntülerle, bu mutlu günümüze katılacak davetlilerimizin, konuklarımızın haberleriyle dolacak... Kraliçenin davetlisi bir konuğa bir gümrük memurunun yaptığı kabalık, gazetelerimizin ve televizyonlarımızın bugünlerdeki güzelliğine gölge düşürür. İngiliz halkı ise, böylesi günlerde, böylesi üzücü haberler okumaktan hoşlanmaz."

İstanbul doğumlu **John Hyde**, Türkiye'deki hizmetlerinden ötürü Kraliçe tarafından özel bir madalyayla ödüllendirilmiş bir devlet memuru idi. O, bu ödülüne layık bir İngiliz devlet memuru olduğunu, şimdi burada da kanıtlıyordu.

Kültür adamı, şair **Hilmi Yavuz**, o yıllarda Londra'da, İngiliz radyosu *BBC*'de çalışıyordu. Taç giyme törenine Türkiye'den davet edilen üç gazeteciyle, törenden iki gün sonra bir radyo röportajı yapmak istedi.

Bizi *BBC*'ye de **John Hyde** götürdü, **Hilmi Yavuz**'a o teslim etti. **Hikmet Bil** ve **Özgen Acar**'la stüdyoya gireceğim sırada **John Hyde** koluma girdi, beni bir kenara çekti:

"Sakın 'densiz' bir görevlinin gümrükte sana yaptığı kabalıktan söz etme radyoda, Mete" dedi. "İngilizler böylesi mutlu günlerinde, böylesi üzücü konuları duymaktan hem hoşlanmazlar, hem de o hoşnutsuzluklarından, kendilerine o üzücü haberi ulaştıran kişiyi sorumlu tutarlar. Aman unutma... Lütfen..."

(Sağdan) Özgen Acar, Hikmet Bil, Mete Akyol ve Hilmi Yavuz
Londra'da, 1969

Gözlerinin renginin ne denli güzel olduğunu kraliçesinin yüzüne karşı söyleyebilme cesareti veren özgür ve demokrat "İngiliz kafası", mutlu bir gününde halkı üzebilecek bir olayı gazetesinin, radyosunun ve televizyonunun görmezlikten gelmesi koşulunu da, aynı kafa yapısı içinde barındırıyordu.

Yasalarında bu konuda yazılı bir madde yoktu ama... Yazılı anayasası bile olmayan bir ülkede, yazılı bir maddeye de galiba pek gerek yoktu, halkın üzülebileceği konularda dikkatli ve özenli davranılması konusunda...

ABD BAŞKAN YARDIMCISI, MECLİS'İN TUVALETİNDE HAPİS KALDI

Yıl, 1962 idi. Niçin ve nasıl olduğunu bugün bile kimselerin çözemediği, anlayamadığı bir pusu sonucu öldürülen **John F. Kennedy** henüz yaşıyordu ve Amerika Birleşik Devletleri'nin başkanı olarak görevi başındaydı. Başkan **Kennedy**'nin öldürülmesinden sonra başkanlığa getirilerek bir anda "bir numaralı Amerikalı" olan **Lyndon B. Johnson** ise, o günlerde ABD Başkan Yardımcısı idi ve henüz "iki numaralı Amerikalı" sıfatı taşıyordu.

Johnson, tam iki yıl önce bir askeri darbenin yapıldığı, darbeden bir yıl birkaç ay sonra bir başbakan ve iki bakanın idam edildiği, bu olaydan bir ay sonra ise demokratik yöntemlerle bir seçimin yapıldığı ve parlamentonun yeniden oluşturularak, yeniden demokratik düzene geçildiği bu "ister inan, ister inanma" düzeyindeki olayların yaşandığı ülkemizi ziyaret etmek ve o güne değin yalnızca kulaklarıyla duyduklarını, bu kez de gözleriyle görmek istemişti. O nedenle gelmişti Türkiye'ye.

ABD Başkan Yardımcısı olarak onun görevi, Türkiye'de olan bitenleri yerinde görmek ve gördüklerini anlayabilmeye çalışmaktı; gazeteci olarak benim görevim ise, bu gezisinde onun söylediği her sözü son hecesine dek duymak, yaptığı her hareketi en ince ayrıntısına dek görmek ve attığı her adımı milimilimetresine dek izlemekti. Başkan Yardımcısı **Johnson** da, ben de o gün görevlerimize aynı dakikada başladık. Önce, Mamak'taki askeri birliğin bünyesinde bulunan ABC (Atom Biyoloji Kimya) Okulu'nu gezdik, oradan Mamak sırtlarındaki gecekondu mahallelerinden birinin sokaklarına daldık, o sokaklardaki gecekondulardan birinin içine girdik, Cebeci'deki Askeri Dikimevi'ni ziyaret ettik, Ankara'da sokaklarda dolaştık, bir pastanede dondurma yedik sonra da akşam saatlerine doğru "son durağımıza" geldik.

Konuğumuz ABD Başkan Yardımcısının o günkü ziyaret programında son durak, Türkiye Büyük Millet Meclisi'ydi.

Onun arkasından Meclis binasına girer girmez, koridorlardan birinin başında, biz de onun yaptığını yaptık, biz de durmak zorunda kaldık...

Johnson birden, bacaklarını birbirine yapıştırdı, iki dizini birbirine sürtmeye başladı. Yüzünde buruşuk ve sıkıntılı bir ifade vardı. Kendi özel koruma polislerinden bir-ikisi yanına yaklaştılar, bizim duyamayacağımız bir sesle ona, ne olduğunu sordular. **Johnson**'ın bir rahatsızlık geçirmekte olduğu yüzünden belliydi.

Onun, koruma polislerine söylediklerini, onlar da geldiler, başkan yardımcısına eşlik eden Amerikalı diplomatlara söylediler.

Amerikalı diplomatlar büyük bir telaşla, topluluktaki Türk meslektaşlarının yanına gittiler. Bizim hariciyeciler, Amerikalı diplomatların söylediklerini dikkatle ve biraz da kuşkuyla dinlediler. Sonra da kendi aralarında konuşmaya başladılar.

"Sayın konuğumuz sıkışmışlar... Acaba Meclis'in tuvaleti nerededir?"

Amerikan Başkan Yardımcısının, o günkü Ankara'yı tanıma gezisine katılan Türk hariciyeciler, birbirlerine bu soruyu soruyorlar fakat soru soran arkadaşlarına sorunun yanıtını vermek yerine, onlar da aynı soruyu birbirlerine soruyorlardı: "Bilmem, acaba nerede Meclis'in tuvaletleri?.." diyorlardı. Bizim hariciyecilerin bu konuşmalarında bize ters gelen bir şey daha vardı: Her zamanki âdetlerinin aksine aralarındaki bu konuşmayı özellikle biraz yüksek sesle yapıyorlar, sorularını sanki birbirlerine değil de, başka kişilere duyurmak istiyorlardı.

Yani... "Değerli meslektaşım sana söylüyorum, bizi izleyen sayın basın mensupları, lütfen siz duyunuz" demek istiyor gibiydiler.

Çünkü, Türkiye Büyük Millet Meclisi'nin bugün elli yaşlarına yaklaşan binası, o günlerde henüz, yalnızca bir buçuk yaşındaydı ve adı da "Yeni Meclis binası" idi.

O nedenle hariciyecilerimizin üstelik protokolcü olanları, ilk kez ana kapısından girdikleri bu yeni binada tuvaletlerin yerini elbette bilmiyorlardı.

Allah'tan, basında o günlerde de her şeyi bilen gazeteciler vardı. Onlar hemen atıldılar ve tuvaletlerin, sağdaki koridorun en sonunda olduğunu söylediler.

Gazetecilerden aldıkları bu haberi bizim hariciyeciler, Amerikalı meslektaşlarına ulaştırdılar. Amerikalı diplomatlar ise, bu önemli "istihbaratı", koruma polislerine ilettiler. Koruma polisleri de **Johnson**'ı aralarına aldılar, öteki ucunda tuvaletin bulunduğu uzun koridorda yürümeye başladılar. Onları, tüm gün yanlarından ayrılmayan Türk ve Amerikalı diplomatlar izliyorlardı. Onlar da Başkan Yardımcısı **Johnson** ve iki koruma polisinin arkasından, koridorda adım adım yürüyerek tuvalete doğru ilerliyorlardı.

Johnson, arkasında ayak sesleri duyunca birden geri döndü, Türk ve Amerikalı diplomatların kendisini tuvalete doğru izlemekte olduklarını görünce, "Teksas"ça bağırdı.

İngilizce'nin Teksasça'sını bilmeyenler, onun "şey" sözcüğüyle açıklayarak gittiği yerin "tuvalet" anlamında olabileceğini el yordamıyla anlayabildiler. **Johnson** bu kadarla yetinmedi. Gitmekte olduğu o "şey"de ne yapacağını da adlı adınca söyledi.

O durunca kendileri de duran arkasındaki "Türk ve Amerikan hariciyeciler ordusu" bireyleri, Amerika Başkan Yardımcısı'ndan duymayı beklemedikleri sözcükleri duyar duymaz, durdukları yerde durmakla kalmadılar, sanki gıdıklansalar da kıpırdatılamaz birer heykel kesildiler.

Johnson, iki koruma polisiyle birlikte yoluna devam etti ve koruma polislerini kapıda bırakıp, "solo" olarak içeri girdi.

Koridorun başındaki tüm gözler, büyük bir dikkatle koridorun ucundaki tuvaletin kapısını kolluyor, Başkan Yardımcısının içeriden çıkmasını bekliyordu.

On-onbeş dakika sonra, beklenenin aksine, beklenmeyen bir şey oldu.

Konuğumuz **Johnson**'ın içeriden çıkmasını bekleyen gözler, koruma polislerinden birinin içeri girdiğini gördüler. İçeri giren koruma polisi, kısa bir süre sonra çıktı ve hızlı adımlarla yürüyüp koridorun başındaki Amerikalı diplomatlara yaklaştı, bir şeyler söyledi.

Amerikalı diplomatlar, polisin söylediklerini Türk diplomatlara ilettiler.

Bizim hariciyeciler, "duyanlar duymayanlara duyursunlar" ilkesini çiğnemeyip, duyduklarını hemen duymayan arkadaşlarına ilettiler:

"İçeride tuvalet kâğıdı yokmuş" dediler. "Sayın konuğumuz tuvaletten çıkamıyormuş."

Bizim hariciyecileri bir telaştır aldı.

Bugünkü kuşakları inandırmak biraz zor olacak ama, 1962 yılının Türkiyesi'nin gerçeğinin kapsama alanında henüz, tuvalet kâğıdı üretimi yoktu. Sanayimiz, tuvalet kâğıdı üretebilecek düzeyine erişememiş, tuvalet kâğıdı kişilerin henüz gündemine bile girmemişti.

Üstelik, aylardan Ağustostu ve Türkiye Büyük Millet Meclisi yaz tatilindeydi.

Odacılardan ve yönetim görevlilerinden başka kimse yoktu meclis binasında.

Bizim hariciyeciler, yalnızca duyduklarını değil, kuşkularını da birbirlerine söylemeye başladılar:

"Rezil rüsva olduk, birader" dediler. "Biz şimdi nereden tuvalet kâğıdı bulalım da konuğumuzu tuvaletten çıkarabilelim?"

Onların kuşkularına kulak veren her şeyi bilen meslektaşlarımızdan biri, tüm iyi niyetiyle bir öneride bulunmak istedi:

"Fakat sular akıyor" dedi. "Tuvalette ne de olsa su var..."

Dört-beş hariciyecimiz, bir koro düzeniyle susturdular onu:

"Nereden bilsinler onlar suyu kullanmayı?" dediler. "Onlar yabancı..."

Amerika Başkan Yardımcısını içeriden çıkarabilmek için dışarıda bir çözüm üretilemiyor, çözüm yerine kuşkular dile getiriliyordu. Bu kuşkular giderek, daha yüksek bir sesle dile getirilince, koridorun bir kenarında durup, konukları sessiz sesiz dinleyen bir odacı hemen kulaklarını kabarttı. Ve bizim hariciyecilerin "Tuvalet kâğıdı bulamamak sıkıntısı" içinde kıvrandıklarını anlayınca, vatan kurtaran arslan havasıyla diplomatların arasına karıştı, onlara bir müjde verdi:

"Ben size tuvalet kâğıdı bulurum" dedi.

Bizim hariciyecilerimiz, dört elle sarıldılar odacıya:

Kimi, "Nereden bulabilirsin yavrum?" dedi; kimi, "Haydi aslanım" dedi; kimi, "Ama bize hemen şimdi lazım, kardeşim" dedi.

Odacı, tüm hariciyecilerin sözlerini tek tek dinledikten sonra, beklenen açıklamasını yaptı:

"Ben, Senato Başkanımızın odacısıyım" dedi. "Bizim Senato Başkanımız **Suat Hayri Ürgüplü** Beyefendi, makamındaki tuvalette, hep tuvalet kâğıdı kullanır. İşi bitince de kâğıdı getirir, masasındaki çekmecesine koyar."

Türkü, Amerikalısı tüm diplomatlar, su kuyusu açarken petrol bulmuşlar gibi sevindiler birden.

"Anlat, anlat, e-ee..." dediler. "Yani sen şimdi başkanın odasında tuvalet kâğıdı var mıdır diyorsun?"

Senato Başkanının odacısı, karşısında tüm diplomatların el pençe divan durduklarını görünce, kendini dirhem dirhem satmaya başladı:

"Suat Hayri Beyefendi'nin odasının anahtarı bendedir ama..." dedi. "Bilmem, belki tuvalet kâğıdı kalmamış olabilir. Eğer tuvalet kâğıdı kalmamışsa, masasından bir tutam yazı kâğıdı getirsem olur mu?"

Hariciyeciler, kuşkularını yine açık açık söylediler:

"Senato Başkanının masasındaki kâğıtlar acaba teksir kâğıdı mıdır, yoksa parşömen kâğıdı mıdır?" dediler. "Belki pelür kâğıdı da vardır masasında."

Odacı, dudaklarını büktü:

"Valla beyim, ben kâğıtlar arasındaki cins farkından anlamam" dedi. "Bir koşu gider bakarım. Tuvalette yoksa dolabına bakarım. Tuvalet kâğıdı bulamazsam, masasında ne cins kâğıt varsa, içlerinden en yumuşağını seçer, bir tutam alır getiririm."

Hariciyeciler, tavuk kışkışlar gibi kışkışladılar odacıyı:

"Hadi aslanım, oyalanma da hemen git bak" dediler. "Bulur bulmaz da, yıldırım gibi getir buraya. Hadi aslanım. Koş..."

Odacı, ok gibi fırladı. Bir dakika geçti, dönmedi. İki dakika geçti... Allah Allah...

Nerede kaldı bu adam da birader?

Tüm diplomatlar ve koruma polisleri koridorda, Başkan Yardımcısı **Johnson** da çıkamadığı tuvalette, Senato Başkanının odacısının eli dolu dönmesini beklerken, sanki aya ayağını değdirmiş de, şimdi dünyaya dönmesi gereken uzay adamının yolunu gözlüyorlarmış gibi bir heyecan içindeydiler.

Saatler gibi geçen birkaç dakika sonra, odacı merdivenin başında göründü. Merdivenleri ikişer üçer basamak atlayarak iniyordu. Elinde yarısı kullanılmış ama öteki yarısı sapasağlam duran bir tuvalet kâğıdı rulosu vardı.

Tuvalet kâğıdını görünce tüm diplomatlar, tuttukları takım gol atmış gibi ellerini havaya kaldırıp, "Bravo, bravo" diye sevinmeye başladılar.

Odacı, onların sevinç gösterileri arasından koşusuna devam etti, aralarından sıyrılıp, koridora yöneldi ve koşusunu tuvalete doğru sürdürdü.

Diplomatların yanında bulunan bir Amerikalı koruma polisi, şimşek gibi fırladı ve odacıyı daha beşinci adımını atmadan ceketinin ensesinden yakaladı.

Koruma polisi, odacıyı durdurduktan sonra bir hamle yapıp elindeki tuvalet kâğıdını almak istedi.

Fakat odacı ondan daha atik davrandı. İki avucunun içinde tuttuğu tuvalet kâğıdını karnına bastırdı ve birden, tesbih böceği gibi tostoparlak oluverdi.

Kendi bulup getirdiği tuvalet kâğıdını tuvaletteki Başkan Yardımcısına haklı olarak kendi götürüp vermek istiyordu.

Odacı çevik bir hareketle olduğu yerde döndü ve ceketinin yakasını polisten kurtardı, sonra da yıldırım hızıyla geri dönüp bu kez diplomatların olduğu yöne doğru koşmaya başladı.

Diplomatları o an görseydiniz, "tavşan kaç" oyunu oynuyorlar sanırdınız. Hepsi el ele verdiler ve odacının kaçmasını engellemek için koridorda barikat kurdular.

Odacı kendilerine yaklaşınca, bu kez bireysel çaba gösterisine giriştiler, odacının elinden tuvalet kâğıdını hepsi de kendileri almaya çalıştılar.

Koruma polisi tekrar geldi ve ufak bir Uzak Doğu sporları numarası yapıp odacının direncini kırdı, elindeki tuvalet kâğıdını kaptı, bir solukta koridorun sonuna koşup, **Johnson**'ın kapalı kaldığı tuvaletten içeri girdi.

Resmi devlet konuğumuz bir süre sonra tuvaletten çıktı. Amerikalılardan pek bir şey beklemiyorduk ama her şey olup bittikten sonra bizim hariciyeciler de odacıyı ve onun hizmetini unutuverdiler. Konuğun arkasından yürüyerek ona Meclis binasını gezdirmeye başladılar.

Odacı ise, sel gittikten sonra kalan bir kum tanesi örneği, hizmetinin takdir edilmemesinden duyduğu üzüntüyle orada, koridorun ortasında sipsivri kalakaldı. Herkes gitmiş, koridorda yalnızca o ve ben kalmıştık. Biraz önce hepimizin göğsünü kabartan bu adamı şimdi bu durumda görünce içim parçalandı.

Johnson'ı izlemeyi bıraktım, onunla bir röportaj yapmak istedim.

"Sen hariciyecileri boşver" dedim. "Senin bu büyük hizmetini, merak etme basın unutmayacaktır."

Kendini galiba denize düşmüş, beni de galiba dalgalar arasında birden karşısına çıkıvermiş bir cankurtaran simidi sanmıştı.

"Allah bizim basınımızdan razı olsun" dedi. "Ne varsa yine bizim basınımızda var. Basınımız, başımızın tacıdır."

O günlerde onun yöneticilerinden, olur olmadık hemen her yerde ve her zamanda duyduğumuz bu övgülere hemen hemen tüm gazeteciler, tıka basa doymuş durumdaydık. Ben de o nedenle, tok karnıma onun bu övgüsüne aldırmadan, konuya giriverdim:

"Senin bu büyük hizmetini bütün Türk milletine duyuracağım, merak etme" dedim. "Şimdi sana birkaç soru soracağım, sen de bana onların yanıtlarını vereceksin, tamam mı?"

ABD Başkan Yardımcısı Johnson, 26 Ağustos akşamı Balin Otel'deki doğum günü partisinde Güngör Verdes ve Mete Akyol'la hatıra fotoğrafı çektiriyor, 1962

Mete Akyol, o günlerdeki kız arkadaşı, bugünkü 44 yıllık eşi Gülçin'i Johnson'la tanıştırıyor

Odacı yine dua etti:

"Allah basını başımızdan eksik etmesin, beyim" dedi. "Sizler bizim başımızın tacısınız..."

Not defterimi çıkardım, kalemimi çıkardım ve başladım odacıyla röportajıma.

"Önce, adını soracağım" dedim. "Adını bağışla, lütfen."

Karşımda "hazır ol" konumuna geçti, kollarını yana yapıştırdı:

"Cafer" dedi. "Adım, Cafer'dir beyim..."

O anda ne oldu, nasıl oldu, bilmiyorum. Birden "Pof" diye patladım, sonra da kendimi tutamadım, katıla katıla gülmeye başladım.

Adamcağız bana bakıyor, ne olduğunu anlamaya çalışıyordu. Ben ise adama bir-iki şey söylemek istiyordum fakat gülmekten bir türlü konuşamıyordum.

"Ne oldu, beyim?" diye sordu Cafer, merakla.

Gülmekten konuşamıyorum ki, söyleyebileyim... Biraz el işaretimle, biraz da konuşabildiğim kadarıyla, "Tamam, tamam... Bir şey yok... Bitti, bitti..." diyebildim.

Odacı Cafer pek bir şey anlamamıştı:

"Yani benimle röportajın bitti mi?" diye sordu.

Bu kez, "Tamam" bile diyemedim. Bir yandan katıla katıla gülmemi sürdürürken, bir yandan da başımla "Evet" anlamında bir işaret yapabildim.

"Allah Allah" diye söylenerek yanımdan ayrıldı Cafer. Uzaklaşırken, kendi kendine söyleniyordu:

"Bugün herkes bir antika valla" diyordu... "Hadi Amerikalısı, hariciyecisi neyse de... Başımızın tacı gazetecisi bile bir başka antika bugün..."

AY TAŞI ESENBOĞA GÜMRÜĞÜNDE

Sayın İsa Küçük'e

Amerikalı gökmen **Neil Armstrong**, 1969 yılında "ilk insan" olarak ayak bastığı aydan dönerken, eksik olmasın, eli boş dönmemişti.

Ceviz büyüklüğünde bir de taş getirmişti aydan.

Amerikalılar bu ay taşını laboratuarlarda inceden inceye bir incelemeden geçirdiler. Ay taşının nasıl bir şey olduğunu incelediler, içinde hangi kimyasal maddelerin bulunduğunu incelediler, maden kırıntıları taşıyıp taşımadığını, petrol kokup kokmadığını araştırdılar ve bu inceleme ve araştırmaları sonunda, ay taşının ne köy, ne kasaba olur türden bir taş olduğunu anladılar. Sonra da tuttular bu taşı, "dış ülkelerle olan dostluklarını geliştirmek" amacıyla dünya turuna çıkarmaya karar verdiler.

Bir fanus içinde gözleri gibi korudukları bu ay taşını çeşitli ülkelere gönderdiler, sanki fanusta Mona Lisa'nın tebessümünü saklıyorlarmış gibi, götürdükleri her ülkede büyük bir özenle ve büyük bir güvenlik önlemi içinde sergilediler, dünya dışından getirilen bu taşı halkın görmesini de sağladılar.

Amerikalı dostlarımız, Türk halkıyla da dostluklarını geliştirmeyi çok istediklerinden, gökten indirdikleri bu taşı, Türkiye'ye de getirdiler.

Ay taşı, Esenboğa Havaalanı'nda uçaktan indirilip özel bir güvenlik ekibi tarafından havaalanı gümrüğüne taşınırken, Amerikan Büyükelçiliği'nden bir grup yetkili ve etkili kişi de, gümrüğün Türkiye tarafındaki kapısında bu değerli taşı karşılamak için bekliyordu.

Ay taşını taşıyan ekibin bireyleri, gümrükte o gün nöbetçi olan gümrük memurunun karşısına geldiklerinde, önce kucaklarındaki "mal"ı dikkatlice bankonun üzerine yerleştirdiler, sonra "mal"larının ne olduğunu ve ne olmadığını anlattılar.

"Bu bir ay taşıdır" dedi güvenlik ekibinin başkanı. "Bu taşı, 'Amerika Türkiye sayesinde daha güçlüdür, Türkiye de Amerika sayesinde daha güçlüdür' dostluk politikamız çerçevesinde, Türk halkıyla Amerikan halkı arasındaki dostluğun geliştirilmesi amacıyla üç gün süreyle sergilemek üzere ülkenize getirmiş bulunuyoruz. Gerekli gümrük işlemlerinin yapılmasını rica edeceğiz."

Gümrük memuru, söz konusu "mal"ın yolcu beraberinde getirilen bir eşya olup olmadığını sordu.

"Pek anlayamadık bu deyimi" dedi Amerikalı ekibin başkanı. "Gerçi taş bizim beraberimizde getirilmiş oluyor ama, biz normal yolcu sayılmayız. Bizim asıl görevimiz, bu taşı buraya getirmek, ondan da önemlisi, bu taşı korumaktır."

Gümrük memuru da, bu denli ayrıntılı açıklamayı anlayamadı.

"Belirli bir değere kadar mallar yolcu beraberinde getirilebilir ve onlardan gümrük alınmaz" dedi. "Belirli değerin üstündeki mallar ise, yolcu beraberinde de getirilseler, gümrüğe tabidir."

"Yani biz bu taşı Türkiye gümrüğünden geçirmek için gümrük vergisi mi ödemek zorundayız?" diye sordu Amerikalı başkan.

"Elbette."

"Fakat biz bu taşı Türkiye'de bırakmayacağız ki... Burada üç gün süreyle sergileyeceğiz, sonra da alıp başka bir ülkeye götüreceğiz."

"O halde muvakkat ithale giriyor bu taş demek ki..."

"O nedir?"

"Muvakkat ithal demek, yani geçici ithal demektir" dedi gümrük memuru. "Madem ki bu taş belirli bir süre sonra gümrükten geri çıkacak, o halde buna geçici mevzuatımızı uygulamamız gerekecek."

Amerikalı görevli, durumu şimdi anlayabilmişti:

"Elbette" dedi. "Mevzuatınız hangi işlemin yapılmasını gerektiriyorsa, elbette o işlemi yapacaksınız."

Amerikalının bu sözlerinden sonra, içinde ay taşının bulunduğu paket, gümrük memurunun isteği üzerine açıldı. Paket açılır açılmaz, ortaya iki karış yüksekliğinde bir fanus çıktı. Fanusun içinde ise, ceviz kadar bir taş vardı.

"Geçici ithal mevzuatımıza göre, bu 'mal'ın değeri üzerinden gümrük vergisi ödemeniz gerekecek" dedi gümrük memuru. "Ödediğiniz vergi karşılığında size bir 'alındı makbuzu' vereceğim. Üç gün sonra taşı gümrükten çıkarırken, siz bu makbuzu bize geri vereceksiniz, biz de size, şimdi ödeyeceğiniz paranızı geri vereceğiz. Yani işin bir bakıma Türkçesi şu: Geçici ithal mevzuatımızı uygulayacağımız için, biz bu 'mal' dan resmen gümrük vergisi almış olmayacağız. Çünkü girişte vergi diye ödeyeceğiniz paranızı, çıkışta kuruşu kuruşuna geri almış olacaksınız."

Amerikalı, elbette boyun eğecekti mevzuatımıza.

"Peki" dedi. "Dediklerinizi yapmaya hazırız. Ne kadar gümrük vergisi ödememiz gerekiyor şimdi?"

Gümrük memuru hayretle baktı Amerikalının yüzüne:

"Dünyanın her memleketinde olduğu gibi, bizde de bir mal için ödenecek gümrük vergisi, tabii ki o malın değerine göre hesap edilir" dedi. "Siz şimdi bu malın değerini belgelerle ispat edin, ben de o değer üzerinden vergisini hesaplayayım."

Bu kez Amerikalı görevliyi bir hayrettir aldı. Yanındaki arkadaşına döndü:

"Ay taşı, bu" dedi. "Bunun değerini biz nasıl saptayabiliriz? Hem şu kadar değerdedir desek, bunu nasıl kanıtlayabiliriz?"

Amerikalı ekibin tüm bireylerini bir gülmedir aldı. Fakat çok geçmeden gülmelerini bıraktılar, ciddi ciddi kuşkulanmaya başladılar. İşin gülünecek tarafı yoktu. Ay taşının gerçek değerini kanıtlayamazlarsa, belli ki taşı Türkiye gümrüğünden geçiremeyeceklerdi.

"Bu taş, bizim gökmen Mr. **Armstrong** tarafından aydan getirilmiştir" dedi başkan. "Biz bunun değerini nasıl saptayabiliriz?"

Gümrük memuru da bir memurdu. O nedenle kolay anladı karşısındaki Amerikalı memurun durumunu:

"Çaresizliğinizi anlıyorum ve size yerden göğe hak veriyorum; çünkü siz de bir devlet memurusunuz" dedi Amerikalı görevliye. "Fakat siz de bana hak verin lütfen. Siz bu malın değerini kanıtlayamazsanız, değeri belli olmayan bir malın gümrük vergisini ben nasıl hesap edebilirim? Sonuçta sizin gibi ben de bir emir kuluyum."

Amerikalı görevli, işi dostlukla çözümleme girişiminde bulundu:

"Fakat ne de olsa, bir formül bulunabilir, değil mi?" dedi. "Çünkü bu taş, Amerikan halkının dostluk duygularıyla, yabancıya değil, Türk halkına gönderiliyor."

Gümrük memuru işiyle dostluğu karıştırmak istemedi:

"Olabilir, olabilir ama..." dedi. "Yine de gümrük vergisinin ödenmesi gerekir. Bunu hesap edebilmemiz için de önce, malın değerini bilmemiz gerekir."

Aydan gelen ceviz büyüklüğündeki bir taşın değeri nedir? Bir taş aydan geldi diye, yeryüzündeki milyarlarca taştan daha mı değerli olur?

Amerikalılar, gümrük memurunun karşısında kara kara bunları düşünürlerken, kafalarında birden bir ışık yandı söndü:

"Bir örnekleme yapalım isterseniz" dedi ekip başkanı. "Diyelim ki İstanbul'da sokakta bir taş var. Gittiniz, bu taşı aldınız ve buraya, Ankara'ya getirdiniz. Bu taşın İstanbul'da değeri, diyelim beş kuruş olsa, buraya getirdiniz diye bu taş burada özel bir değer kazanıp da birden milyonlarca lira değerine çıkmaz ki... Bu taş da böyledir. Bu taş bir mücevher değildir. Ayda ise hiçbir değeri yoktur bu taşın. Burada da bir değeri olmaması gerekir. Taş aynı taş çünkü..."

Amerikalının bu sivri aklı, bizim gümrük memurunu şaşırtamadı:

"İstanbul'da bir sokaktan da olsa alıp buraya getirdiğiniz taşın üstüne siz hiç nakliye masrafı koymaz mısınız?" diye sordu.

"İstanbul'daki bir taş ile, İstanbul'dan alınıp Ankara'ya getirilen taşın değeri bir olur mu hiç?"

Gümrük memurunun bu mantığı karşısında Amerikalı başkan arkadaşlarına döndü ve "Şimdi yandık" dedi.

Aya gidebilmek için uzay merkezi NASA'da yıllardır yapılan çalışmalar, kurulan tesisler, özel olarak üretilen Apollo uzay aracı, kullandığı özel yakıt, üstüne üstelik bir de gökmen **Neil Armstrong**'un maaşı alt alta sıralanıp toplanacaksa ve ay taşının aydan dünyaya nakliye masrafı olarak hesap edilip de, taşın dünyadaki değeri bu hesaba göre saptanacaksa, yalnızca bu güvenlik ekibinin bireyleri değil, tüm Amerika yandı demekti.

Çünkü Amerikalılar, ay taşını Türkiye gümrüğünden geçirebilmek için, bu değer üzerinden hesap edilecek gümrük vergisini ödemek zorundaydılar.

Ay taşı, bu olaydan iki gün sonra Ankara'da Hitit Müzesi'nde sergilenerek, Türk halkının ziyaretine sunuldu.

Peki, nasıl oldu da geçebildi bu taş bizim gümrükten?

Ee, ay taşı bu... Aydan füzelerin ateşlenmesiyle yola çıkıp dünyaya gelen bu "mal", Türkiye'ye girebilmek için ise elbette özel olarak torpillenmek zorundaydı...

TEMİZLİK İŞÇİLERİYLE YÜRÜYE YÜRÜYE İSTANBUL'A GİDİYORUZ

Çalışamayacak denli yaşlı oldukları savıyla işlerinden çıkarılan Çorum Belediyesi'nin temizlik işçileri, Türkiye'nin başkenti Ankara'da duyuramadıkları seslerini, bir de basının başkenti İstanbul'da duyurmaya karar verdiler ve... Büyük umutlarla geldikleri Ankara'ya bu kez sırtlarını dönüp, İstanbul'a doğru yürümeye başladılar.

Onların, üç sendika yöneticisiyle birlikte çıktıkları ve "Ölüm Yürüyüşü" adı verdikleri İstanbul yürüyüşlerine ben de katıldım. Kendileriyle birlikte, kimbilir kaç gün boyunca adım adım ben de İstanbul'a yürüyecektim ve yol boyunca karşılaşacağımız ya da başımızdan geçecek olayları her gün gazeteme bildirecektim.

"Yani bizim Ankara'da kimselere duyuramadığımız sesimizi, sen hem de her gün, tüm Türkiye'ye duyuracaksın, öyle mi?"

İşçiler, bu somut sorularının aynı somutluktaki yanıtını, ertesi gün Kurtboğazı Barajı'nda verdiğimiz mola sırasında, ellerindeki gazeteden aldılar.

O günkü *Milliyet*'te, bir gün önce yola çıkarken yazdığım notlar ve bizi uğurlamaya gelen foto muhabiri arkadaşım **Asaf Uçar**'ın çektiği fotoğraflar yayımlanmıştı.

Fotoğraflarını görüp, kendileriyle ilgili yazımı okuyunca, işçilerin yüzlerinde bir anda renk renk çiçekler açtı.

"Şimdi bunları aynen bizim gördüğümüz gibi, Türkiye'nin her yerindeki insanlar da aynen bizim gibi görüyorlar, değil mi abi?"

Bir bölümü 50 yaşın üstünde olan işçiler, seslerini Türkiye'nin her yerindeki insanlara duyurabildiklerini gözleriyle görmelerinin

Çorumlu işçiler "Ölüm yürüyüşü„ne başladı

Ankara'dan başlayan ikinci yürüyüşün ilk durağı İstanbul. Bir işçi «Bizim hakkımız Ankara'da değil, ahretteymiş» dedi

ANKARA, ÖZEL

METE İŞÇİLERLE BİRLİKTE YÜRÜYOR

Gece, uyku için değil yürüyüş içindir

Çorum Belediyesi'nin temizlik işçileri işten çıkarılmalarını protesto amacıyla çıktıkları "Ölüm Yürüyüşü"nde

sevinciyle o gün Kızılcahamam'a değin, delikanlılıklarını kanıtlamak isterlercesine bir coşkuyla ve umutla yürümeye başladılar.

Kızılcahamam'a geldiğimizde işçiler, kendi sözleriyle yazayım, "krallar gibi karşılandılar, cennete gelmiş gibi oldular." Çünkü birçok sendikanın Kızılcahamam şube yöneticileri, konukseverliklerini kanıtlamak isterlercesine onlara kollarını açtılar, kaplıca hamamlarını açtılar, çeşitli armağanlar verdiler.

Azaphane Deresi yokuşunun tepesinde verdiğimiz molada işçiler, o günkü *Milliyet*'i "seyrederlerken", bir gün öncesinin "rüyalar âlemi"ni yeniden yaşıyorlardı.

"Bak, bak, Türkiye haritası yapmışlar, yürüdüğümüz yolları çizgiyle belli etmişler" diyerek biri gazetedeki haritayı gösterirken, öteki ise haritada, noktalarla belirtilen İstanbul'a doğru uzanan yolu işaret ediyordu:

"O çizgiler yürüdüğümüz yolları belli ediyor ama bak bu noktalar da önümüzdeki gideceğimiz yolları belli ediyor..."

"Beşi bitirmiş, orta ikiden ayrılmış" temizlik işçisi Resul, arkadaşlarına pek duyurmamaya çalışarak bana bir soru sordu:

"Bizim bu yürüyüşümüz meselesi meğer bu kadar önemliydi de, Ankara'da ne demeye kimse bizi karşısına almadı da, 'Derdiniz nedir, haliniz nicedir?' diye sormadı bize?" dedi. Yanıtımı beklemeden bir de merakını gidermek istedi:

"Şimdi bizim burada gördüğümüz bu gazetenin aynısını Ankara'daki büyüklerimiz de görüyorlar, değil mi?.. Yani, bizim ağzımızdan sesimizi duymamış olsalar da, bu gazete vasıtasıyla bizi duymuş gibi oluyorlar, derdimizi dinlemiş gibi oluyorlar, değil mi?.."

Kızılcahamam'dan Bolu'ya değin üç gün, "çocuklar gibi şen ve mutlu" bir ortamda yürüdük.

Yoldan gelip geçen otomobiller yanımızda duruyorlar, içinden çıkanlar "Yaşayın, var olun... Bravo hepinize" diyerek alkış tutuyorlar, arkamızdan ya da karşımızdan gelen otobüsler ise yanımızdan geçerken yavaşlıyorlar, şoför klaksonuyla tempo tutuyor, yolcular pencerelerin arkasından el sallıyorlar, öpücükler gönderiyorlardı.

Devamı Sa. 7. Sü. 4 de

ölüm yürüyüşüne katılan arkadaşımız METE AKYOL bildiriyor

"İKİ GECEDE 59 Klm. YÜRÜDÜK„

Çorum'dan Ankara'ya, Ankara'dan da İstanbul'a yürüyen işçilerin dün akşam saat 18'deki konak durumları.

ANKARA - İSTANBUL YOLUNUN ELLİDOKUZUNCU KİLOMETRESİ

HAKLARINDAKİ Danıştay kararının uygulanmamasını protesto amacıyle Ankara'dan İstanbul'a kadar yürümeye kararlı Çorum'lu 54 işçi dün akşam saat 18'de yolun 59 uncu kilometresinde verdikleri moladan sonra tekrar yola koyulmuşlardır.

Yolun sağ tarafında üçerli kol halinde, ellerinde dövizlerle yürüyen işçilere, gelip geçen taşıtlardaki yolcular sevgi gösterisinde bulunmuşlardır. Turistler de, işçilerin yürüyüşüyle ilgilenmiş ve resimlerini çekmişlerdir.

Ankara'dan 55 kilometre uzaklıktaki Kurt Boğazı'nda dün sabah mola veren işçileri, burada Karayolları şantiyesi işçileri adına Güneş Bozkurt başkanlığında üç kişilik bir işçi heyeti karşılamıştır.

* * *

Ayaklarım birdenbire durdu. Çorum'lu temizlik işçilerinin arkasından 12 kilometreden beri yanyana yürüdüğümüz Genel-İş Sendikası Genel Sekreteri Hasan Okyar ile burun buruna geldik. Okyar karşımda duruyordu ve eliyle omuzlarımı sıkıyordu.

«Hayrola, ne oldu?» dedim.

Cevap vermedi... Dik dik yürüme baktı...

«12 kilometre olmuş» dedi.

«Ha?»

«12 kilometre gelmişiz.»

«12 kilometre mi gelmişiz?... Bravo bize kaplan... Nasıl geçtiğini de anlamadık değil mi?...»

Devamı Sa. 7. Sü. 4 de

Arkadaşımız Mete Akyol 54 Çorumlu işçiyle yürüyüş sırasındaki molada dinleniyor...

Mahmut geldi yanıma bir ara:

"Bu insanların bizi böyle 'Yaşa, bravo' diyerek alkışladıklarını görünce, yüreğim bir fena oluyor, oturup ağlayasım geliyor içimden" dedi. "Biliyor musun... Şey yani... Hani insan, yeri gelir, Türk olduğu için şeref duyuyor olur ya... Ben de işte aynen öyle oluyorum bizi alkışladıkları zaman..."

İşçiler, yürürken soluk soluğa kaldıkları için az konuşuyorlardı ama molalarda susmak nedir bilmiyorlardı. Yoldan gelip geçenlerin kendilerine sahip çıkması, gazetede her gün boy boy fotoğraflarının yayımlanması, haklarında yazılar yazılması onları kanatlandırıyor, havalara uçuruyordu. Olanak buldukça yanıma geliyorlar, bu ilgi karşısında kişisel görüşlerini açıklamak istiyorlardı.

"Ankara'ya duyuramadık sesimizi ama şimdi Türkiye'nin her bir tarafı duyuyor bizi artık" diyorlardı, keyifle. "Türkiye'de şimdi herkes, hem de her gün, bizim derdimizi paylaşıyor, bize sahip çıkıyor..."

Ankara'dan yola çıktığımızın dördüncü günü, 19 Ağustosta Bolu'ya yaklaşırken, Türkiye'nin gündemine, kulakları sağır eden gürültüyle bir bomba düştü:

"Varto'da şiddetli bir deprem oldu."

O gece kulaklarımızı radyodan ayırmadık. Varto'da taş üstünde taş kalmamıştı. Ölü sayısı yüzlerle açıklanıyordu ve... Bu sayının artmasından korkuluyordu.

"Beşi bitirmiş, orta ikiden ayrılmış" Resul geldi yanıma, bir giz söylüyormuş gibi sesini alçaltarak, kimsenin duymasını istemediği bir soru sordu bana:

"Bu Varto denilen yer, Türkiye'de midir, yoksa bizim hudutlar dışında bir yer midir orası?" dedi.

Varto'nun bizim olduğunu, Türkiye sınırları içinde bulunduğunu söyledim. Aynı ses tonuyla bir soru daha sordu Resul:

"Türkiye'nin önemli bir yerinde midir, yoksa gariban takımının olduğu bir yerde midir?"

Zaten kafam bozuktu, Resul'ün bu sorusuyla daha da bir attı tepem:

"Sen ne diyorsun Allahaşkına, Resul?" diye çıkıştım. "Şurası ülkenin önemli yeridir, burası önemsiz yeridir diye bir söz olur mu hiç? Vatan toprağı, bu... Bir karışı öteki karışından yok daha az önemli, yok daha çok önemli diye bir şey olur mu?"

Resul, sonunda baklayı ağzından çıkardı:

Milliyet
Halk Gazetesi

Bugün 8 sayfa 25 kuruş

Cumartesi 20 Ağustos 1966

Doğu bölgesinde korkunç deprem

545 ÖLÜ VAR

...başbakan bugün ...okla deprem ...gesine gidiyor

Hınıs ve Varto ilçeleri yerle bir oldu. Yaralılar binin üstünde

Deprem Erzurum, Muş, Bitlis, Bingöl ve Elâzığda büyük hasara yolaçtı

DEPREM BÖLGESİ

Çat
Hınıs
Varto
Bingöl
Muş
Tatvan
Bitlis
Hizan

"Şunun şurasında dört-beş gündür sesimizi ne güzel Türkiye'nin her bir yanına duyuruyorduk, abi" dedi. "Şimdi bu deprem meselesi çıktı diye artık bize kulak veren de olmaz, bizi duyan da olmaz... Yürü yürü, sonunda hepsi boş... Gözü kör olsun, gariban talihi bizimki..."

Sabah gazete geldiğinde hepimiz, göz ucuyla baktık birinci sayfaya. *Milliyet*'in birinci sayfası doğal olarak depreme ayrılmıştı. Sayfanın başında, avuç büyüklüğündeki rakam ve harflerle "545 Ölü Var" haberi yer alıyordu.

Resul, eline geçirdiği gazeteyle geldi yanıma:

"Dün gece bana kızdın ama ben işte bunu soruyordum sana, abi" dedi. "Gördün mü bak, bizim sesimiz yine kısıldı... Bütün gazete, varsa yoksa deprem diyor, başka bir şey demiyor... Bunu diyordum dün gece ben... Günlerce yürümemiz yine boşa gitti."

Elinden gazeteyi çektim, üçüncü sayfadaki yazımı gösterdim:

"İşte sizin sesiniz burada, Resul" dedim. "Bunu neden görmüyorsun?"

Benim fotoğraflara da, röportaja da şöyle bir baktı, dudaklarını büktü:

"İstediğin kadar bağır buradan abi" dedi. "Birinci sayfadaki bu gürültü arasında kimin kulağına gider bizim sesimiz, kim duyar bizi?.."

O gün pek kimseyle konuşmak gelmedi içimden. Akşam güçlükle bir-iki lokma bir şeyler yiyip, uyku tulumumun içine girdim, kendimden geçip, uykuma dalıncaya değin kendimi sorguladım, sorguladım, sorguladım:

"İşçimizle, köylümüzle ilişkimizin bir yerinde bir bozukluk var ama..." dedim kendi kendime. "Nedir bu bozukluk, nerededir, onu bilemiyoruz, onu bulamıyoruz bir türlü..."

Sorumun yanıtını ararken, kendimi kaybettim. Sustum, uyudum.

Ertesi sabah gelen on adet *Milliyet*'in ya yedisi ya sekizi, getirilip bırakıldıkları yerde duruyordu. Bugün nedense kimse kapışmıyordu gazeteleri... Birini almak üzere giderken Resul yine sokuldu yanıma, elindeki *Milliyet*'in birinci sayfasını gösterdi.

Sayfa boydan boya, depreme ayrılmıştı. Birinci sayfada, Varto'dan gelen fotoğrafların arasında, bu sabah dünden de acı bir haber vardı:

"Can kaybı 3 bine yükseldi."

Önce elindeki gazeteye, sonra yüzüne baktım Resul'ün.

Kafamdaki soruyu sanki sormuşum da, o da duymuş gibi yanıtladı:

"Ne demek istediğim açık açık belli olmuyor mu, abi?" dedi. "Bundan sonra bizim sesimiz, bütün Türkiye'ye sinek vızıltısı gibi gelecek..."

İçimden yakasına yapışarak sormak geldi ama parmağımı bile kıpırdatmadan, sordum:

"Sen ne diyorsun, Resul?" dedim. "Ölü sayısı üç bin olmuş... Sen daha ne sesinden söz ediyorsun, Allahaşkına?.."

Tüylerimi diken diken eden bir yanıt verdi Resul:

"Ben sadece ölülerin değil, yaşayanların da sesi duyulsun diyorum, başka bir şey demiyorum, abi" dedi. "Sesimizi duyurabilmemiz için, ille de yüzlerce yüzlerce, binlerce binlerce ölmemiz mi gerekiyor?"

Bolu'dan çıktık, Bolu Dağı'na çıktık. Bolu Dağı'ndan indik, Kaynaşlı'ya geldik. Bir yol kenarı lokantasında çay, ayran içerken, Resul biraz da gönlümü almak için yanıma geldi ve bu kez beni üzmeyecek sorular sordu:

"Sesimiz galiba duyulmaya devam ediyor, abi" dedi. "Biz Bolu Dağı'ndan inerken İstanbul istikametinden gelen **Ekrem Bora** boşuna mı indi otomobilinden de bizi selamladı, alkışladı?.. Sonra Bolu Dağı'nda otomobillerini durdurup, bizi selamlayan, alkışlayan başka kişiler de vardı. Hatta içlerinden iki karı koca indiler, senle bir şeyler konuştular ayaküstü... Onları tanıyamadık; onlar kimdi abi?"

Gülümsedim ve onların kim olduklarını anlattım Resul'e:

"Onlar, çok değerli dostlarımdır benim" dedim. "İlk duranlar, **Cüneyt Gökçer** ve eşi **Ayten Gökçer**'di. Sen onları tanımayabilirsin. Devlet Tiyatrosu sanatçılarıdır, onlar. Cüneyt Bey ayrıca, Devlet Tiyatrolarının genel müdürüdür."

"Dağın tepesinden inerken de bir karı koca daha indi arabalarından, senle konuştular..."

"Onlar da **Oktay Aksoy** ve eşiydi."

"Onlar da meşhur artist midir?"

"Hayır, onlar artist değildir. **Oktay Aksoy** diplomattır. Cenevre'de Birleşmiş Milletler Delegasyonu'nda başkâtiptir. Yanındaki de eşi **Bengü Hanım**'dır."

Resul'ün gözleri büyüdü:

"Yani bu büyük adamlar da şimdi bizim sesimizi duymuş oluyorlar da, ondan bizi selamlıyorlar, değil mi abi?"

Dayanamadım, yanaklarından öptüm Resul'ü...

"Hadi hazırlan, yola çıkıyoruz..." dedim. "Unutma, on sekiz kilometre sonra Hamit Kaplan Tesisleri'ne davetliyiz..."

Düzce'nin girişinde, ünlü güreşçi **Hamit Kaplan**'ın tesislerinde Düzceli sendikacıların davetlisiydik o akşam. Ertesi gün Hendek'te ise, Hendekli sendikacılar akşam yemeğine bekliyorlardı bizi. Hendek'ten sonraki gün ise, Adapazarı'nda bir kontraplak fabrikasının sahibine davetliydik öğle yemeğine.

Hendek'te işçilerden üçü yanıma geldiler, yalnızca kendilerinin değil, arkadaşlarının bu konudaki görüşlerini de bildirmek istediler:

"Adapazarı'nda yarın öğle, arkadaşlarımız ve biz, bir fabrikatörün yemeğini yemek istemiyoruz, abi" dediler. "Bizim sendika yöneticilerine söyledik bunu, onlar da bizi size gönderdiler."

Günlerdir birlikte yürüdüğümüz sendika yöneticilerine baktım, onlar da birlik olmuşlar, bana gönderdikleri işçilere ve bana bakıyorlar, kıs kıs da gülüyorlardı.

"Hadi şimdi bir güzel uyuyalım da, o konuyu sabah uyanınca görüşürüz" dedim ve işçilere "İyi geceler" diledikten sonra ben de sendikacı arkadaşların yanına gittim, onların gülüşmelerine katıldım.

Yol kenarında, Adapazarı'na yakın bir ormanda kurulmuştu o gece çadırlarımız. Ben uyku tulumumu aldım, fermuarını çeneme dek çektim ve bir ağacın altında uyudum.

Sabah, gözlerimden önce kulaklarım açıldı:

"Uyuyor, uyuyor... Rahatsız etmeyelim" diyordu tanıdık bir ses.

Gözlerimi açtım, Sakarya Milletvekili **Hayrettin Uysal**'la karşılaştım. Birkaç arkadaşıyla gelmiş, sabah güneşiyle birlikte karşılıyordu bizi. Sarmaş dolaş kucaklaştık, öpüştük. **Hayrettin Uysal**, Adapazarı'na dek bizle yürüdü ve biz kent içine girerken özür diledi, ayrıldı.

"Bu davranışımı yanlış yorumlamak isteyenler çıkabilir" dedi. "Sizi de, kendimi de onlara malzeme yapmak istemem."

Bu kez, daha bir içtenlikte sarmaş dolaş olduk, kucaklaştık, öpüştük **Hayrettin Uysal**'la.

Adapazarı'ndan çıkıp, İstanbul yoluna yaklaştığımız sırada, yol üzerindeki Sak Kontraplak Fabrikası'nın bahçesine soktum bizim "Ölüm Kervanı"nı...

Bahçe kapısından adımımızı atar atmaz, nefis bir döner kokusu doldu burunlarımıza...

Zaman, tam öğle zamanıydı. Öğle güneşi tam üstümüzdeydi.

"Haydi size afiyetler olsun arkadaşlar" dedim ve... Binanın merdivenlerinden inmekte olan babama koştum, ellerini öptüm.

Babam yanaklarımı öptükten sonra, on iki-on üç günlük sakalımı okşadı.

"Yalnızca, böyle bir nedenden ötürü görmezden gelebilirim sakalını" dedi. Beni bir kez daha kendine çekti ve bu kez galiba yanağımı değil, sakalımı öptü.

Sendika yöneticileriyle tanıştırdım babamı. Sonra da kendisini tüm işçilere göstererek, onlara tanıttım:

"Bugün öğle yemeğinde, bu fabrika sahibinin misafiriyiz arkadaşlar" dedim. "Kendisi babamdır..."

Hafifçe gülümseyerek, "İtirazı olan, aç kalır" demek üzereydim ki, işçilerden kocaman bir alkış yükseldi. İşçiler ayranlarını içip, döner pilavlarını yerken, babam da yanlarına gitti, tek tek hepsine "Hoş geldiniz" dedi, ayaküstü hal hatırlarını sordu.

Günlerdir birlikte yürüdüğümüz işçiler, o gün yolda kendi aralarında sıraya girdiler, kimi tek tek, kimi ikişer ikişer yanıma yaklaştılar, hepsi de, akşama dek bana hep aynı soruyu sordular:

"Bir fabrika sahibinin oğlusun da, ne demeye bizle böyle ilgileniyorsun, ne zoruna günlerdir bizle böyle yürüyorsun?"

O gün akşama dek de, o günden sonraki günlerde de bir türlü anlatamadım işçilere, bu meraklarının nedenini...

Günler ilerledikçe gazetenin birinci sayfasında Varto depremiyle ilgili haberlerin yanında, "Ölüm yürüyüşü" haberleri ve röportajları da yer almaya başladı.

"Kervan"ımız İzmit'i de geride bırakmış, İstanbul'a daha çok yaklaşıyordu. Biz İstanbul'a yaklaştıkça, yürüyüşümüzle ilgili haber ve röportajlar ise, birinci sayfada giderek daha büyük bir yer kaplıyordu.

İstanbul'a iki günlük yolumuz vardı. Artık son iki günde birinci sayfadaki yerimiz daha da büyüyecek, sesimizi daha gür bir biçimde duyurabilecektik.

Yürüyüşümüzün on beşinci günündeydik o gün. Gebze'ye giriyorduk. Birden önümüzde, az ilerimizde, kocaman bir uçak belirdi gökyüzünde... Yok yok, gökyüzünde değil, sanki yol üstünde bu uçak... Duman çıkıyor uçaktan... İniyor uçak... Hayır düşüyor uçak... Yanıyor uçak...

Dört yüz, bilemediniz beş yüz metre ötemizde, yol kenarında, Allah'tan yerleşim yeri olmayan bir tepenin üzerine düştü mü, kondu mu uçak, anlayamadık... Fakat havadayken motorundan çıkan simsiyah duman, şimdi daha bol çıkıyor ve daha yukarılara yükseliyordu. Yolda, gerektiğinde sağlık gereksinimlerinde kullanılmak üzere bizi izleyen minibüse koştum ve şoförden beni hemen, uçağın düştüğü tepeye götürmesini istedim.

Üç-dört dakika sonra uçağın yanına geldiğimizde, minibüsten fırladım ve uçağa biraz daha yaklaşarak o ilk yanma ânını fotoğraflarla saptamaya başladım. Her fotoğrafı çektikten sonra ise, birkaç adım daha yaklaşıyordum uçağa.

Birden, sert bir sesle irkildim:

"Çabuk yere yat..."

Sesin geldiği yönde kocaman bir kaya vardı.

Kayanın arkasından aynı ses yine geldi:

"Her an patlayabilir... Çabuk yere yat, buraya sürün..."

Uçaktan kurtulan bir astsubay, kayanın arkasında yüzükoyun yatıyordu. Sürünerek yanına gittim, ben de onun yanına, kayanın arkasındaki sipere geçtim.

Orada olup bitenler... Benim Gebze postanesinden gazeteye binbir güçlükle telefon edip, bir uçak düştüğünü, düşer düşmez de ilk fotoğraflarını çektiğimi bildirmem...

Filmleri benden alması için yürüyüş kafilemizin bulunduğu yere bir arkadaş göndermelerini istemem...

Ve her şey olup bittikten sonra, "Amma da gündü, haa..." deyip, ayaklarımı uzatıp, tam dinleneceğim sırada, arkamdan gelen tanıdık bir ses:

"Gitti yine bizim sesimiz..."

Döndüm, baktım, bizim "beşi bitirmiş, orta ikiden ayrılmış" Resul, başka bir şey anlatmak istercesine bir ifadeyle, anlamlı bir biçimde acı acı gülümsüyor:

"Depremden sonra ne de güzel başlamıştık sesimizi yine her gün gümbür gümbür duyurmaya" dedi. "Tam da iki günümüz kalmıştı şunun şurasında, İstanbul'a girmemize..."

[METE AKYOL]

Çorum'lu işçilerle beraber Ankara'dan İstanbul'a yürüyen arkadaşımız Mete Akyol, dünkü uçak kazasını ilk gören kişi oldu ve yardım ekiplerinden önce uçağın yanına vardı. Mete Akyolun uçak düştükten hemen sonra çektiği ilk resimde, uçağın alevler içinde yanışını görüyorsunuz...

Mete Akyol'un düşen uçağın yanarken çektiği fotoğrafı,
30 Ağustos 1966 tarihli Milliyet'te

Ne diyeceğimi bildiği için Resul, bir şey söylememe olanak bırakmadı, kendi kendine söylenir gibi yaptı fakat sesini özellikle yükseltti:

"Tam da iki günlük yolumuz kalmıştı İstanbul'a şunun şurasında" dedi. "Sırası mıydı şimdi bu uçak kazasının, hem de burnumuzun dibinde, hem de senin gözlerinin önünde?.."

Resul bunları söyledikten sonra, bizim gazetenin ertesi günkü birinci sayfasını bugünden gördü, şimdi de onu anlatmaya başladı:

"Yarın günlerden 30 Ağustos... Birinci sayfanın yarısı, tabii ki, bayrama ait olacaktır, öteki yarısı da, kaçarı göçeri yok, taze düşmüş uçak kazasına ait olacaktır" dedi. "Bizim her gün yavaş yavaş yükselterek duyurmaya başladığımız sesimiz de, böylece yeniden kesilmiş olacaktır demektir..."

Ertesi gün *Milliyet*'i elimize aldığımızda, Resul'ün dediği gibi, gazetenin bir bölümünde 30 Ağustos Zaferi'nin 44'üncü yıldönümü nedeniyle bir anma tablosu, öteki bölümünde ise, uçak kazası haberi ve kazanın "taze" fotoğrafı yer alıyordu. Türk Silahlı Kuvvetleri Atıcılık Yarışması'na katılan İzmir ekibini taşıyan uçak, Tuzla'dan kalktıktan kısa bir süre sonra motoruna giren bir martı nedeniyle yanmaya başlamış ve Gebze'ye düşmüştü. Beş subay ve astsubayın şehit olduğu kazada dört astsubay yaralanmış, bir astsubay ise uçak düştükten sonra kendini kapıdan atarak kurtulmuştu.

Resul yanıma geldi ve gazeteyi gösterdi:

"Nasıl ama aynen dediğim gibi değil mi, abi?" dedi.

Bu iki bölümün hemen altında yer alan başka bir haberi gösterdim:

"Bak, burada da ne yazıyor" dedim ve başlığı, yüksek sesle okudum:

"Yürüyen işçiler, yarın İstanbul'a varacaklar."

Resul de, bana yanıt olarak, uçak kazası haberini gösterdi:

"Şu kaza olmasaydı, şimdi bizim sesimiz bunun yerinde, sayfanın tepesinden duyurulmuş olacaktı... Yalan mıyım, abi?"

İstanbul'a, ertesi gün girdik. O gün Türkiye'de, yürüyen işçilerin sesini bastırabilecek önemde bir olay olmadı ve... Yürüyen işçiler, *Milliyet*'in birinci sayfasının tepesinden alt yarısına değin yükselttikleri seslerini, tüm Türkiye'ye gönüllerince duyurabildiler:

"'Ölüm Kervanı' İstanbul'a Vardı"

Ben o gün gazetenin birinci sayfasının önemli bir bölümünü kaplayan bu haberi okurken, yanımda Resul'ün olmasını ve ona "Bak, gördün mü?" demeyi çok isterdim ama...

Ben o gazeteyi okuduğumda Ankara'daydım.

İstanbul'a vardığımız günün gecesi trene binmiş, yürüyerek on yedi günde gittiğim yoldan bir gecede dönmüş ve sabah Ankara'ya varmıştım.

Çok geçerli bir nedenim vardı, bir an önce Ankara'ya dönmek için:

"Sesimizin Ankara'da nasıl duyulduğunu" görmek istiyordum...

O nedenle gittim Ankara'ya ve görmek istediğimi de gördüm:

Ankara'da hiçbir makam bu konuya "karıştırılmak" istemiyordu.

HER ŞEY GÖZLER ÖNÜNDE FAKAT ÇÖZÜM PERDE ARKASINDA OLDU

Çorum Belediye Başkanının, işlerine son verdiği 54 temizlik işçisiyle birlikte 17 gün süreyle Ankara'dan İstanbul'a geldik ya...

Hadi şimdi birbirimize soralım:

"O kadar gün o kadar yolu yürüdük de ne oldu?"

Aslında günlerce, kilometrelerce yürümemizin bir işe yarayabilmesi için, Ankara'da birilerinin, birilerini harekete geçirmesi gerekiyordu.

"Siz harekete geçirebildiniz mi birilerini, Sayın Tunç?"

Türk-İş Genel Sekreteri **Halil Tunç**, en az kafasının içi denli karışık olan masasının üstünden, bir avuç dolusu kâğıt aldı, uzattı:

"Bu telgrafların tümü, yürüyüşe katılan işçilerin ailelerinden geliyor" dedi. "Birkaçına bir göz atıversene..."

Bugünün televizyondaki sabah programlarını sunan ses sanatçıları denli moda olan o günlerin sosyalist yazarlarının günlük yazılarını çağrıştıran telgraflarında işçilerin eşleri, şöyle diyordu:

"Belediye başkanının bu tutumu altında sadece kocalarımız değil, her akşam kocalarımızın yolunu bekleyerek, ellerindeki bir lokma ekmeğe gözlerini dikmiş olan bizler de, çocuklarımız da ezilmekteyiz."

Hemen her telgraftaki bu ortak ifadenin altında ise, işçi eşlerinin bir de ortak istekleri yer alıyordu:

"Kocalarımız haklarını almak için şimdi hemen İstanbul'dan İzmir'e doğru yürümeye başlasınlar... Onların bu yürüyüşüne aileleri olarak bizim de katılmamızın sağlanmasını Türk-İş'ten istiyoruz."

Kolları sıvamak işi Türk-İş Genel Sekreteri **Halil Tunç**'a kaldı. Kimsenin ilgilenmediğini görünce bir basın toplantısı yaptı ve "Anayasa ve kanunları koruyacak kuvvet ve kudret sahibi müesseseleri göreve çağırıyorum" dedi.

Hangi müesseselerden söz ettiğini açık bir dille belirtmesini istediğimizde ise, askere çıkarılmış açık bir davetiyeyle karşılaştık:

"Kuvvet Komutanlarını, Milli Güvenlik Kurulu'nu kastediyorum" dedi.

Basın toplantısında buz gibi bir hava esince **Halil Tunç** bu kez, Türk-İş'in elindeki "kuvvet ve kudret"i, biraz da diş gösterircesine, şöyle sıraladı:

"Türk-İş, olayların zamanına ve gelişimine göre hareketlerin en güçlüsünü, en sertini, hiçbir şahsa veya kuruluşa en ufak bir taviz vermeden uygulayacak güçtedir."

Halil Tunç'un, açık açık, "Ülke çapında genel greve gideriz" tehdidine, Çorum Belediye Başkanı da bir tehditle karşılık verdi:

"Genel grev bana sökmez" dedi. "Türk-İş Genel Sekreterinin tankı, topu, tüfeği varsa, onlarla gelsin üstüme..."

İş daha değişik bir konuma gelmek üzereyken olaya Çalışma Bakanı **Ali Naili Erdem** ve Başbakan **Demirel** el koydu.

O günden sonraki gazete başlıklarında bu olayın "mutlu son"u bildiriliyor ve haberlerde Çorum Belediye Başkanının, Türk halkına özgü bir gerçeğini gün ışığına çıkaran şu sözleri yer alıyordu:

"Bütün bu olaylar benim yüzümden oldu. Kabahatli olduğumu biliyorum. Fakat şimdi her şey düzelecek artık."

Bu sözlerin ortaya çıkardığı bize özgü gerçeğimiz şuydu:

"Türkiye'de demokrasinin, halkın önünde kişisel bir güç olarak kullanılmasından doğan sakıncaları gidermenin tek yolu, bir başka gücün sahne arkasında kendi gücünü göstermesidir."

GÖMÜLENLER LİSTESİNDEKİ KURBANI SİNEMADA BULDUK

Uçakların dört yana fırlayan parçaları değil yalnızca, içindeki yolcuları da, çalışanları da, önce gökyüzüne saçıldılar, sonra da oradan, kentin başına yağdılar. Binaların, arabaların tepelerine, sokakların, kaldırımların üstüne ölüm olarak düşen uçak ve insan parçaları, yerde değdikleri her canlı noktada ise, yeni ölümlere ya da ağır yaralanmalara neden oldular.

Olayın, ellerinden bir şey gelmeyen görgü tanıklarının o anda hançerelerinden tek tek çığlıklar olarak fışkıran çaresizliği, ertesi gün gazetelerin baş sayfalarında, bu kez tüm ulusun ortak çaresizliği ve ayrıca yasını da simgeleyen "Facia" sözcüğüyle yer aldı.

"Alo, alo... Numune Hastanesi'ndeyim... Doktorlar kapıya çıkmışlar, yalvarıyorlar:

'N'olur yaralı getirmeyin artık' diyorlar. 'Hastanede yer, bizde mecal kalmadı...' Kapının iki adım ötesinde koridorda yatıyor yaralılar... Hemşireler hıçkıra hıçkıra ağlayarak yardım ediyorlar yaralılara..."

Not defterimin bir başka sayfasında şu notlar var:

"Adam sedyeden elini uzattı. Belli ki bir şey söylemek istiyor... Yanına yaklaştım. Elinde bir fotoğraf var. 'Ben ölüyorum, bunu sakla' dedi. Elimi uzattım fotoğrafı aldım. İki küçük çocuk vardı fotoğrafta... 'Tamam, merak etme... Saklarım' dedim ama o duymadı. Ben fotoğraftaki çocuklara bakarken o, ölmüştü."

Kazanın yürek kavurucu sımsıcaklığını biraz olsun yansıtan böylesi olaylar, o gün de, o günü izleyen öteki günler de birbiri peşi sıra sürdü.

Bu yürek kavurucu sımsıcaklıktaki olaylar daha sonraki günlerde Numune Hastanesi'nin ve Hacettepe Hastanesi'nin odalarından, koğuşlarından, koridorlarından taştı, hastanenin morgunda sürdürmeye başladı kavurucu sımsıcaklığını...

Gökte çarpışan uçaklardan "yağan" parçaların, yere düştüklerinde neden oldukları yaralanma olaylarının sonuçları hastanelerin bu üst katlarında giderek çoğalırken, facianın bir başka korkunçluk derecesi ise, aynı hastanelerin morglarına gelen cesetlerin her saat artan sayısıyla saptanıyordu.

Kaza sonrası "kayıp" olan yakınlarını yaralılar arasında bulamayan Ankaralılar, son çare olarak hastanelerin morglarına iniyorlar ve... Kayıp yakınlarını, "İnşallah burada değildir" umuduyla morgta arıyorlardı.

İşte tam bu sırada, bu kez çarpışan uçakların enkazı değil, bambaşka bir haber bomba gibi düştü Ankara'ya...

"Türk Silahlı Kuvvetleri'nin uçağıyla çarpışan yolcu uçağının şirketi 'Orta Doğu Hava Yolları', kaza nedeniyle yaşamlarını yitiren kişilerin yakınlarına 500 bin lira tazminat ödeyecek..."

Bu haber özellikle, uçak parçalarının bir bölümünün düştüğü gecekondu semtinde oturanlar arasında büyük heyecan oluşturdu.

Haberin heyecanlandırdığı kişilerden biri de, Altındağ'da bir gecekonduda oturan **Hameney Uray** adlı üç çocuk annesi bir kadındı. On yaşındaki büyük oğlu Feyzo, çok sayıda kişinin yaşamını yitirdiği Garanti Bankası'nın önündeki kaldırımda ayakkabı boyacılığı yapıyordu ve üç gecedir de eve gelmiyordu, ortalıklarda görünmüyordu.

"Acaba?" diye geçirdi içinden. "Acaba Feyzo da ölmüş müdür?.."

O günlerin "eski" 500 bin lirasının, bugünün "yeni" 500 bin lirasından pek farkı yoktu.

Bugünlerin yeni 500 bin lirası gibi, o günlerin eski 500 bin lirası da "iyi para" idi. **Hameney Uray**, ortanca çocuğu Ahmet'i kolundan tuttuğu gibi soluğu Numune Hastanesi'nin morgunda aldı. Ve morg sorumlusuna, "Oğlu Feyzo'nun cesedini teşhis ettiğini" bildirdi.

Kazadan tam beş gün sonra Ankara'da, Hacı Bayram Camii'nde cenaze namazları kılınan kaza kurbanı 49 kişinin Türk bayrağına sarılı olan ve ön yüzlerinde içindeki kurbanın adı ve soyadı yazılı olan tabutları, bando eşliğinde Ulus Meydanı'na götürüldü, oradan Atatürk Bulvarı'nın bir bölümünden geçirildi ve mezarlıkta, üstlerinde adları yazılı mezarlara defnedildi.

Cenaze töreninden bir hafta sonra, kazayla ilgili röportajlarımı ilgiyle okuduğunu söyleyen bir okurumuz telefonla aradı beni:

"Bu kazayla ilgili olarak yaptığınız röportajlara bir yenisini ekleyebilirsiniz" dedi ve çok önemli olduğunu söylediği bir haber bildirdi bana:

"Bir hafta önce cenazesi kaldırılan 49 kaza kurbanından biri, ölmemişti, yaşıyordu."

"Nasıl yani?" dedim birden. "Her tabutun ön yüzünde, içindeki kurbanın adı soyadı yazılıydı... Her bir tabut da, üzerindeki adın yazılı olduğu mezara gömüldü... Gözlerimizle gördük bunu..."

Okurumuz, haberinin doğruluğu konusunda dayattı:

"Tabutlardan birinin üzerinde yazılı ad, **Feyzi Uray**'dır" dedi. "On yaşında bir çocuktur bu... Arkadaşları onun ölmediğini ileri sürüyorlar."

Telefondaki okurumuz, daha sonra hem biraz ayrıntı verdi, hem de biraz bir mahalle dedikodusu bildirdi:

"Ben Altındağ'da, bir gecekonduda oturuyorum" dedi. "Bu çocuk bizim mahallemizdendir... Hatta her gün birlikte olduğu arkadaşlarından biri, bizim kapı komşumuzdur. Arkadaşları, Feyzo'nun ölmediğini yeminle söylüyorlar... Hatta iki gün önce birlikte bir kovboy filmine gitmişler... Annesi, 500 bin lira tazminat alabilmek için uydurmuş morgta oğlunun cesedini tanıdığını... Mahallede herkesin ağzında bu dedikodu dolaşıyor..."

Fotoğrafçı arkadaşım **Asaf Uçar**'a, kendisinin de kollarını sıvamasını söyledim ve birlikte Altındağ'daki gecekondu mahallesine gittik.

"Acılı anne"nin oturduğu gecekondunun kapısını çalarak başladık Feyzo'yu aramaya.

"Gözlerimle gördüm oğlumun ölüsünü" diyor, saçını başını yoluyor, zaman zaman da göğsünü yumrukluyor, "Yanıyor, yanıyor... Buram yanıyor, ciğerim yanıyor" diye dövünüyordu, anne Hameney. Sonra oğlu Ahmet'i tanık gösteriyordu:

"İşte Ahmet de burada, o da söylesin" diyordu... "O da gözleriyle gördü ağabeyinin ölüsünü..."

8-9 yaşlarındaki Ahmet, sormamızı beklemeden yanıtlıyordu, sormadığımız sorumuzu:

"Feyzo'nun ölüsünü gözlerimle gördüm" diyordu... "Onu hemen tanıdım. Tırnaklarından tanıdım..."

Asaf'la bakıştık, gözlerimizle birbirimize "doğru iz" üzerinde olduğumuzu söyledik. İkinci adımımızı, Feyzo'nun mahalle arkadaşlarını bulmak için attık. 9-10 yaşlarındaki çocuklar, Feyzo'yla hemen her gün buluştuklarını ileri sürüyorlardı. Bir-iki ayakkabı boyayıp, ellerine yeterli para geçince hep birlikte soluğu bir sinemada aldıklarını söylüyorlardı. Tümünün ortak zevki, kovboy filmi seyretmekti. Üç arkadaşını yanımıza alarak Anafartalar ve Ulus semtlerindeki tüm sinemaları dolaşmaya, Feyzo'yu oralarda aramaya başladık. Sinema binalarına gidince önce sahibini çağırıyorduk, patronla karşılaştığımızda ise "*Milliyet*'ten geliyoruz" tümcesini ağzımda yuvarlayarak "Milli Emniyet'ten geliyoruz" biçiminde söylüyor, filmin derhal durdurulmasını ve ışıkların yakılmasını istiyordum. İsteğim hemen uygulanıyor, film durduruluyor, salonun ışıkları yakılıyor ve sinemanın "duhuliye" denilen en ucuz bölümünde arkadaşlarıyla dolaşarak Feyzo'yu arıyorduk.

Tam üç gün, sabırla aradıktan sonra Feyzo'yu dördüncü gün, Anafartalar'daki Sus Sineması'nda bulduk.

"Aha burada Feyzo!" diye bağırdı onu orada ilk gören arkadaşı.

Feyzo'yu sinemadan çıkardım, eve götürdüm, annemle ablama tanıştırdım:

"Birkaç gün bizde konuk olarak kalacak Feyzo" dedim. "Benim odama bir yatak hazırlayalım. Biz aynı odada kalırız onunla..."

Tipik bir "temizlik hastası" olan ablam küplere bindi:

"Bu çocuğu banyoya sokup, bir güzel yıkamadan evde adım attırmam ona" dedi ve önce çarşıya gitti, Feyzo için iç çamaşırı, gömlek, pantolon, kazak ve mont aldı, geldi. Sonra da konuğumuzu banyoya soktu, kendi elleriyle yıkadı, temizledi. Yepyeni giysileri ve tertemiz yüzüyle Feyzo, bambaşka bir çocuk oluvermişti. Babam akşam eve döndüğünde onu, o yepyeni giysileriyle ve tertemiz yüzü gözüyle buldu.

"Ne demek yemeğini ayrı odada yemesi?" diye çıkıştı babam, yardımcımız kadına.

"Konuğumuzdur o çocuk. O da bizle oturacak masaya, bizle birlikte yiyecek yemeğini..."

Feyzo o günden sonra üç gün konuğumuz oldu evimizde. Bu üç gün içinde adımını sokak kapısından dışarı atamadı ama başta Ankara Valisi **Enver Kuray** olmak üzere, tüm *Milliyet* okurlarının kafalarını karıştırdı.

Çünkü bir gün sonranın *Milliyet*'inin baş sayfasında "Gömüldüğü sanılan bir çocuk yaşıyor. Uçak kazası kurbanı **Feyzi Uray**'ı arkadaşları sinemada gördü" başlığının altında yayımlanan haber, okurların kafalarında "Doğru mu acaba?" kuşkusu ve merakı oluşturuyordu ama... Ankara Valisi **Enver Kuray**'ın "tepesinin tasını attırıyordu."

Ankara'daki uçak kazasında öldüğü sanılan Feyzo'yu Mete Akyol sinemada buluyor

"Böyle dedikoduları habermiş gibi hem de birinci sayfanızda nasıl yayımlarsınız?" diye bize hem üzüntülerini bildiriyor, hem de gazetecilik ahlakı dersi veriyordu. Vali telefonu kapatıyor, savcı açıyordu:

"Buna benzer yüzlerce, binlerce dedikodu dolaşıyor halk arasında" diyordu... "Onları da pehlivan tefrikası gibi, birbiri arkasından yayımlayacak mısınız?"

Bir gün sonranın *Milliyet*'inde "yalanlamaları"nın yayımlanmasını bekleyen yetkililer, olayın üstüne gittiğimizi görünce biraz şaşırıyorlar ve hatta daha da öfkeleniyorlardı: O günkü başlıklarımız şöyleydi çünkü:

"Savcılık yaşayan şehit olayına inanmıyor... İddia ediyoruz: Feyzi Yaşıyor... Ankara Valisi, Ankara Savcısı ve Feyzi'nin annesi de, çocuğun gömüldüğüne kani..." Bu başlıkların yanında ise Feyzi'nin kardeşinin resminin üstünde, bir de onun söyledikleri yer alıyor:

"Ölüsünü gözümle gördüm."

Mesleğimizin değil ama kimi meslektaşlarımızın doğasında var olan "başarıya saldırı"nın bir kez daha hedef tahtası oldum. Valiyi ve savcıyı kışkırtıyorlar, bizi onların önce sitemlerinin, sonra suçlamalarının hedefi yaptırıyorlardı. Savcı beni "içeri atmakla" korkutmaya çalışıyor, Vali ise bu yaptığımın "açık açık anarşi olduğunu" ileri sürüyordu.

Bu suçlamalar ve korkutmalar karşısında sessizliğimi koruyor, yanıtımı gazetede bir gün sonra yayımlanan haberimle veriyordum.

İşte bu saldırılar karşısındaki yanıtım: O gün *Milliyet*'in baş sayfasında yine Feyzo vardı. Fakat bu kez yalnızca "ölmediği" savı değil, Feyzo'nun kendi vardı. Tatlı gülüşüyle Feyzo, *Milliyet*'in baş sayfasından herkese yaşadığını müjdeliyordu.

"Gömüldüğü sanılan çocuğu dün bulduk" başlığı altında ise bu kez kafaları, ikinci bir soruyla karıştırıyorduk:

"Dayak yemekten korktuğu için evine dönmeyen Feyzo'nun yerine kimin gömüldüğü belli değil..."

Ankara Valisi **Enver Kuray** o sabah beni, "Valilikte karşılıklı sabah kahvesi içmeye" çağırdı.

"Tamam, çocuğu buldunuz ve iddianızı da kanıtlamış oldunuz ama" dedi ve... "Vali kimliğiyle değil, insan kimliğiyle" bir istekte bulundu:

"Bu işe burada bir nokta koyun ve 'O çocuğun adının yazılı olduğu tabutta kim vardı' sorunuzun üstüne gitmeyin artık" dedi. Sonra da kazanın, daha da korkunç bir gerçeğini açıkladı:

"Kayıp olduğu bildirilen kişi sayısı kadar tabut yaptırdık ve... Kimi tabutlara ise, eldeki ceset parçalarını bölüştürmek zorunda kaldık..."

Vali **Kuray**'ın bu açıklaması, aslında sorumuzun yanıtıydı da...

Sıra, Feyzo'yu annesiyle buluşturmaya gelmişti.

"Ben de tanık olmak isterim bir annenin, öldü sandığı çocuğuna kavuşmasının mutluluğuna" dedi Vali **Kuray**.

Polisler, Feyzo'nun annesini evinden almaya giderlerken ben de eve gittim, Feyzo'yu alıp getirdim. Feyzo'yla Valiliğe geldiğimizde annesinin içerde, Vali Beyle oturduğunu ve bizi beklediğini öğrendik. Geldiğimizi duyunca Vali **Kuray** dışarı çıktı, Feyzo'nun yanaklarını okşadı ve elinden tutarak, annesine teslim etmek üzere makamına getirdi.

Anne ve öldü sanılan oğlunun kavuşma sahnesinin, o günlerin Türk filmlerindeki sahneleri aratmayacak bir duygusallıkta olacağını bekliyorduk. Anne yerinden fırlayacak, "Oğlum, oğlum... Yaşıyorsun, yaşıyorsun... Şükürler Tanrıma bana bu günleri gösterdi" diyerek oğluna sarılacak ve onun yanaklarını doyamaya doyamaya öpecekti. Feyzo ise, "Annem... Yaşıyorum, sonunda sana kavuştum" diyecek ve... Biz de bir anne ile öldü sanılan oğlunun kavuşmasını, belki de gözyaşlarıyla seyredecektik.

Ama gerçek yaşam, hiç de filmlerdeki yaşama benzemiyordu.

Hameney, oğlu Feyzo'nun Vali Beyin elini tutarak kapıdan girdiğini görünce hırsla yerinden fırladı ve... En hafifi "Gözükme gözüme sen..." olan öfke dolu sözlerle oğlunun üstüne yürüdü, yumruğunun iç bölümüyle onu hırsla dövmeye başladı. Vali Bey zor kurtardı Feyzo'yu annesinin elinden...

Anneyle öldü sanılan oğlunun kavuşma ânının fotoğrafını ise, Vali Bey ortalığı sakinleştirdikten ve... Hameney'e sert bir sesle "Öp bakalım oğlunu da arkadaşlar bir resminizi çeksinler" buyruğundan sonra çekebildik, ancak...

Orta Doğu Hava Yolları Şirketi ise, "kazada oğlunu kaybettiği" için anne **Hameney Uray**'a ödemeye hazırlandığı 500 bin lira tazminatla ilgili tüm işlemleri çöpe attı...

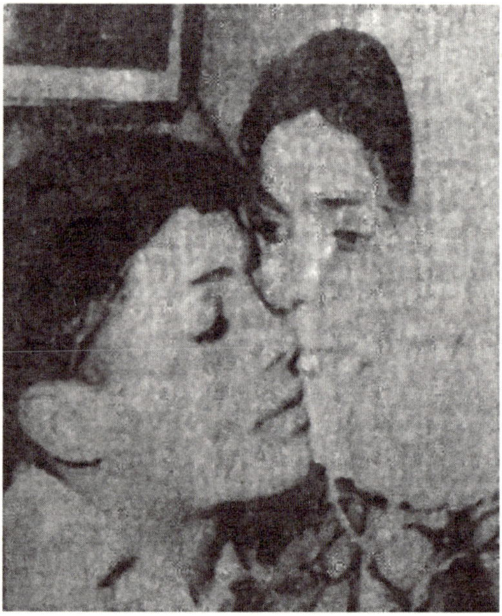

Feyzo ile annesinin kavuşma ânı

TÜRKİYE'DE İLK VE İKİNCİ KALP NAKLİ AMELİYATLARININ ÖYKÜSÜ

Sonu 72 olan evimin telefonu sabaha karşı saat üçte çalınca, önce "Hayırdır, inşallah" diyerek ağzımı açtım, sonra da gözlerimi açmadan telefonu açtım.

Telefonun öteki ucundan, hiç yabancısı olmadığım bir ses, çok yabancısı olduğum bir biçimde başladı konuşmaya:

"Sayın Bakanım..." dedi... Ben bir yandan bu kez içimden "Hayırdır inşallah" derken, o şöyle sürdürdü konuşmasını:

"Bendeniz **Naci İlhan**, Sayın Bakanım... Aylardır beklediğimiz an geldi, efendim... Sayın **Kemal Beyazıt** şu anda Türkiye'de ilk kalp nakli ameliyatını gerçekleştirmek üzere, Sayın Bakanım... Tüm hazırlıklar tamam... Yüksek İhtisas Hastanesi'nde sizi bekliyoruz, efendim."

Sağlık Bakanı Dr. **Vedat Ali Özkan**'ın evinin telefonuyla, benim evimin telefonunun yalnızca sonuncu rakamları değişikti. Sonradan elli yıllık dostum olan o günlerdeki yirmi yıllık dostum **Naci İlhan** ise, Sağlık Bakanlığı Basın Bürosu Başkanıydı...

Daha önce birkaç kez yaptığı gibi, belli ki, bu akşam da Sayın Bakanıyla benim telefonumu karıştırmıştı. Ona bu kez "Bir hat karıştırıverdin, Naci'ciğim" demedim de, "Teşekkür ederim, Naci Bey... Hemen geliyorum" dedim. Önce yataktan, sonra evden yıldırım gibi fırlayıp soluğu Yüksek İhtisas Hastanesi'nin en üst katındaki ameliyathanenin yanındaki odada aldım.

Naci İlhan karşısında beni görünce, beyninden vurulmuşa döndü. Yüzüme baktı, baktı ve... Bana bir şey sormadan, benim de bir şey söylememi beklemeden, "Tüh, yine bir hat karıştırdım galiba" diyerek, en yakın telefona gitti.

"Sayın Bakanım, bendeniz **Naci İlhan**... Aylardır beklediğimiz an geldi, efendim..." diye başladı ve on beş-yirmi dakika önce bana söylediklerini tek tek, bu kez Sayın Bakanın kendine söyledi.

Karşımdaki kapının arkasındaki ameliyathanede, Türkiye'de ilk kez kalp nakli ameliyatı yapılıyordu. İçeri girmeye hazırlandığımı gören bir doktor yanıma geldi ve bana yardımcı oldu:

"Siz fotoğraf makinelerinizi hazırlamadan önce, bizim sizi hazırlamamız gerekiyor" dedi. Sonra da bana ellerimi öne uzattırarak, bir paltoyu ters giydirir gibi, yeşil renkli bir ameliyathane giysisini önce kollarımdan geçirdi, sonra da arkamdan bağladı.

Başıma bir ameliyathane başlığı geçirdi, ağzıma bir ameliyat maskesi taktı, ayaklarıma da galoş kod adlı bol lastik ayakkabılar geçirdi.

"İşlem tamamdır, şimdi girebilirsiniz ameliyathaneye" dedi.

Doktora "I-ıh" deyişim, bugün gibi gözlerimin önündedir.

"Siz de benle geleceksiniz içeri, doktorcuğum" dedim. "Ben kan filan göremem... Hele öyle ameliyata filan hiç bakamam... Ben bir-iki fotoğraf çektikten sonra, biliyorum hemen bayılırım, yere düşerim. Siz arkamdan ayrılmayın lütfen ve beni tutun. Düşerken başım sert ya da ters bir yere çarpmasın..."

Ameliyathaneye girdiğim an yalnızca, tavandan sarkan ve içinde kimbilir kaç tane ampul olan kocaman ve yuvarlak bir ameliyathane lambası gördüm, bir de... O lambanın altında, aynen benim gibi arkadan bağlı yeşil gömlekler giymiş, başlarına yeşil başlıklar geçirmiş, ağızları maskeli kişilerden oluşan büyük bir kalabalık gördüm. Ameliyat meğer, o yeşilliler kalabalığının ortasında yapılıyormuş.

Çevredeki kişilerden birkaçı, ötekilere tepeden bakıyordu. Çünkü onlar, bildiğimiz birer tahta tabure üstüne çıkmışlar, Türkiye'deki ilk kalp nakli ameliyatının yapılışını o taburelerin üstünden seyrediyorlardı. Taburedeki kişilerden biri ise, ameliyatın fotoğrafını çekiyordu.

Ağzındaki koruyucu maske ve başındaki ameliyathane başlığı arasından yalnızca gözleri görülebilen bu kişi, o "mevzi"den beni görür görmez, yandaki kişilerin omuzlarına tutunarak tabureden indi, yanıma geldi:

"Sen nereden çıktın böyle, Mete Abi?" diye sordu. "Bu iş bizim gazetenin olayıydı..."

Karşımdaki kişinin kim olduğunu gözlerinden ve sesinden tanıyamadım ama sözlerinden onun, bir gazeteci olduğunu kolaylıkla anlayabildim. Hemen anladı kendisini tanıyamadığımı:

"Metin ben, abi" dedi. "**Metin Yalman**..."

Metin Yalman, "bacadan girip, pencereden çıkan" yaramaz çocuk yapısındaki bir gazeteciden çok, aile mirası beyefendi yapısıyla, gençlik yaşlarında bile saygın bir diplomattan farksızdı.

Bu yapısının en çok bağdaştığı Cumhurbaşkanlığı Basın Başdanışmanlığı görevini onbeş yılı aşkın bir süre **Özal**, **Demirel** ve **Sezer**'le çalışarak başarıyla ve meslektaşlarının kendisine hayranlığıyla sürdüren **Metin Yalman**, Türkiye'deki ilk kalp nakli ameliyatının yapıldığı 1968 yılında, *Hürriyet* gazetesinin Ankara'daki genç bir muhabiriydi.

O yıllarda gazeteler ve gazeteciler arasında, şimdiki gibi "karşısındakini kıran kazanıyor" türünden kıran kırana bir rekabet yoktu da, yarışan gazeteciye de, izleyen okura da zevk ve heyecan veren saygın düzeyde bir yarışma vardı. *Hürriyet* gazetesinin o yıllardaki muhabiri **Metin Yalman** ile o yıllardaki *Milliyet* gazetesinin hem köşe yazarı, hem röportaj yazarı, hem muhabiri, hem de foto muhabiri benim aramda, "o düzeydeki yarışmamızın kuralları" konusunda küçük bir tartışma yaşadık.

"Hangi olayda bana, 'Bu bizim gazetenin olayıdır, sen karışamazsın' diyebilirsin, Metin'ciğim?" dedim. "Böylesi önemli bir olayı ne hakla tekeline alabilirsin?"

Metin Yalman bir yandan bana hak veriyor, bir yandan da "Oyun bozuldu" anlamında oflayıp pufluyordu.

"Bak anlatayım, abi" dedi ve... Sahanın bir ucundan aldığı topu, takım arkadaşlarıyla paslaşarak ya da kişisel becerisini sergileyerek karşı kalenin önüne dek getirdikten sonra tam gol atacağı sırada rakip takımın oyuncusuna kaptıran bir futbolcunun, "yazık oldu bunca emeklerime" duygusuyla, tüm içtenliğiyle içini boşalttı:

"Birkaç ay önce Dr. **Kemal Beyazıt**'a gittim ve Türkiye'de insandan insana kalp nakli ameliyatı yapılıp yapılamayacağını sordum" dedi.

Birkaç adım ötemizde şimdi, Türkiye'de insandan insana ilk kez kalp nakli ameliyatını gerçekleştirmekte olan Dr. **Kemal Beyazıt**, bu soruyu gülerek yanıtlamış:

"Bir vücuttan kalp alıp, onu bir başka vücuda nakletmek işini çoğumuz yaparız ama bu ameliyatları, el alıştırmak amacıyla köpekler üzerinde yaparız" demiş.

Metin Yalman hemen sormuş:

"O halde aynı ameliyatı Dr. **Barnard** gibi, insanlar üzerinde neden yapmıyorsunuz?"

Dr. **Beyazıt**, bu ameliyatı insanlar üzerinde yapmak için öncelikle "Immuran" adlı bir ilaca gereksinim olduğunu ve bu ilacın da bizde olmadığını söylemiş.

Hürriyet gazetesinin o yıllarda, şimdi kimileri tarafından tam ters anlamının geçerli olduğuna inanılan bir ilkesi vardı. O ilke gelmiş **Metin Yalman**'ın aklına:

"Haber söz konusu olunca, paranın sözü olmaz."

Patronuna danışmaya bile gerek duymadan, sözle *Hürriyet*'in "açık çek"ini ileri sürmüş:

"Biz *Hürriyet* olarak size bu ilacı getirtirsek, siz de Türkiye'de insandan insana kalp nakli ameliyatı yapabilir misiniz, yani?" diye sormuş.

Ve "Evet" yanıtı alır almaz da, dünyanın kimbilir hangi ülkesine "Immuran" siparişi vermeden önce, bir "Evet" daha duymak istemiş:

"Peki, biz bu ilacı getirtip size teslim etsek, siz de bu sayede kalp nakli ameliyatı yapacağınız sırada bize haber verir misiniz?"

Metin Yalman o sorusuna da "Evet" yanıtı alır almaz, bu kez soluğu gazetesinde almış ve gitmiş, "durum vaziyetleri"ni Cüneyt Abi'ye anlatmış:

Onun "Cüneyt Abi" dediği **Cüneyt Arcayürek**, *Hürriyet*'in o yıllarda Ankara'daki temsilcisiydi ama gerçekte, 50'li yıllardan sonra aramıza katılan tüm gazetecilerin Ankara'daki abisi idi.

"Hadi göreyim seni, Metin'ciğim" diyerek bir şahlandırma kırbacı şaklatmış Metin'in sırtında. "Sen de bu operasyonu başarabilirsen, koskoca *Hürriyet* gazetesi de senin sayende 'Türkiye'de ilk kalp nakli yapıldı' haberiyle tüm basına kocaman bir gol atmış olur..."

Metin Yalman bu olayı, tüm emeklerinin boşa gitmesinin üzüntüsüyle anlatırken, ikimizin de, iki adım ötemizdeki "Türkiye'deki ilk kalp nakli" olayına sırtımız dönüktü.

"Bak Metin'ciğim" dedim. "Birlikte tüm basını atlatmak üzere olduğumuz bu olayı, biraz daha konuşursak, bu kez birlikte kendimiz de atlamış olacağız. Hadi iş başına..."

Dr. **Kemal Beyazıt**'ın ve ekibinin ameliyat yaparken fotoğrafını çekebilmem için önce, benim de bir tabureye çıkmam gerekiyordu. Hadi onu yaptım diyelim; fakat iş bu kadarla bitmiyordu ki... Fotoğrafı çekebilmem için, ameliyat masasına ve üstündeki hastaya bakmam da gerekiyordu.

Çocukluktaki maçlarımızda ayağıma tekme atıldığı zaman başvurduğum boşvermişlik özgürlüğüyle "Sayım suyum yok" deyip, burada da havlu attım:

"I-ıh... Ben bu işi başaramayacağım, Metin'ciğim" dedim. "Ben ameliyatın fotoğrafını değil de, ameliyathanenin fotoğrafını çekerim, olur biter..."

Metin Yalman sanki beni kucaklamak istiyormuşçasına bir sevgiyle boynuma uzandı, kollarını boynuma dolamadı ama beklediğimden de daha çok sevgi dolu bir hareket yaptı. Boynumdaki fotoğraf makinemi çıkardı, yine bir tabureye çıktı, benim fotoğraf makinemle "ameliyat" fotoğrafları çekmeye başladı. Sonra da indi, makinemi uzattı bana:

"Al abi, o derdin de bitti" dedi. "Şimdi senin makinende de ameliyat resimleri var artık..."

Sonra beni elimden tuttu, biraz önce kendi çıktığı taburenin yanına götürdü:

"Şimdi bana yaslan ve çık şunun üstüne" dedi. "Makinenin vizöründen bakınca kan filan görünmüyor. Kan görmeden de çekebilirsin bu ameliyatın fotoğrafını."

Bir parmak da bal çaldı ağzıma:

"Çık şu tabureye, sen ameliyatın resmini çekerken ben de senin resmini çekeyim" dedi.

Bu yazıya eklediğim ve beni "doktor" gibi gösteren fotoğrafımı **Metin Yalman**, işte o an çekti.

Onu biraz önce tanıtırken belirttiğim ana özelliğine, izin verirseniz, bir ekleme yapmak istiyorum:

Metin Yalman yalnızca aile yapısı nedeniyle değil, meslek yapısı nedeniyle de, her zaman bir beyefendiydi.

Ameliyat sabaha karşı bitti. Yüksek İhtisas Hastanesi'nde uzun süredir yatan Maviş adlı bir kadının, doktorların tanımlamalarına göre, "lime lime" olmuş kalbi çıkarıldı, onun yerine, Balâ'da çalıştığı fırının patlaması sonucu vücudunun baş bölümü parçalanan genç bir işçinin, "tıkır tıkır" çalışan kalbi takıldı.

Maviş yeni kalbiyle yoğun bakıma alınırken, ameliyatı yapan ekibin üyeleri ise, ameliyatın onur konuğu Sağlık Bakanı Dr. **Vedat Ali Özkan** ile birlikte, ameliyathanenin çıkışındaki bir odaya geçtiler, günün ilk çaylarını içmeye başladılar.

Herkesin gözü saatlerinde, kulakları radyodaydı. Biraz sonra saatler 07.30'a geldi ve TRT'de haberler başladı.

Dr. **Kemal Beyazıt** için "sıradan bir ameliyat; fakat Türk ulusu için tıpta dev bir adım" olan ilk kalp nakli ameliyatı haberi, o sabah TRT'nin ilk haber bülteninde, ilk sırada yer alıyordu.

Haberi radyoda dinledikten sonra odadaki konuklar yarım saat kadar daha oturdular ve hem Dr. **Beyazıt** ve arkadaşlarını, hem de Sağlık Bakanını kutladıktan sonra içlerinden kimi uyumak için evlerine, kimi de çalışmak için iş yerlerine gittiler.

Çalışmak için iş yerlerine gidenler arasında Sağlık Bakanı Dr. **Vedat Ali Özkan** ile ben de vardım.

Ben soluk soluğa karanlık odaya girdim, filmleri yıkamaya başladım. Biraz sonra, Bakan beyin beni telefona istediğini söylediler.

"Elinde ne iş varsa olduğu yerde bırak, hemen bana, Bakanlığa gel" dedi Bakan **Özkan**. "Çok önemli bir haberim var sana..."

Gülmemi engelleyemedim:

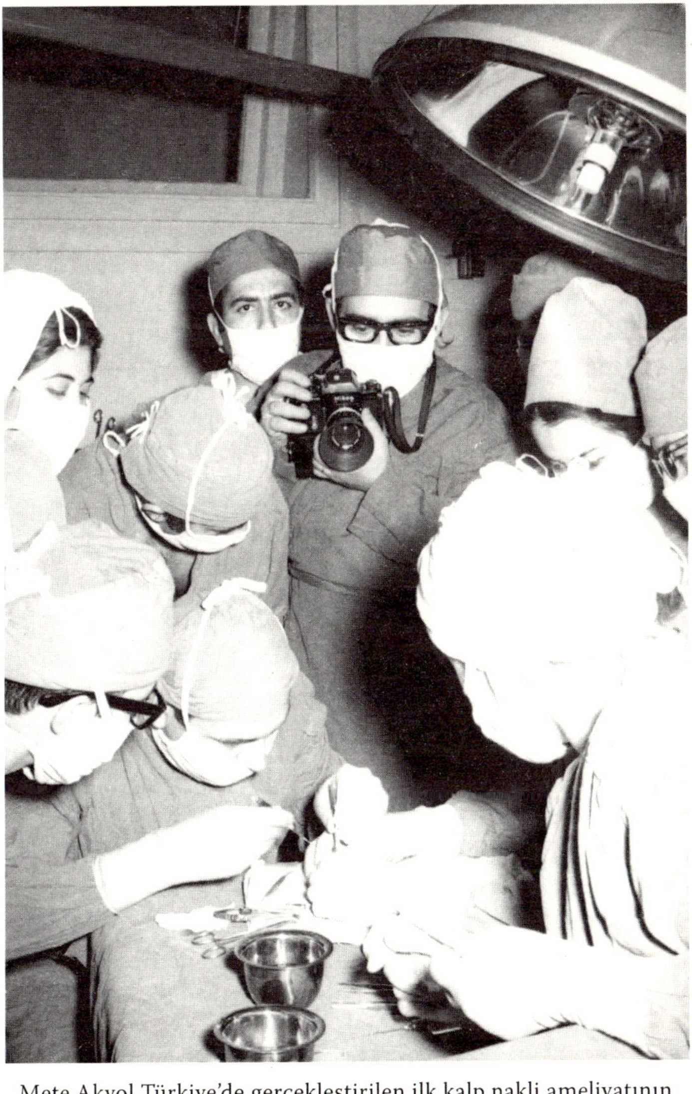

Mete Akyol Türkiye'de gerçekleştirilen ilk kalp nakli ameliyatının fotoğrafını çekerken Metin Yalman da onun fotoğrafını çekti, 1969

"Sayın Bakanım, o çok önemli haber birkaç saat önce ikimizin de gözleri önünde olmamış mıydı?" dedim.

Meğer aynı gün, bir kalp nakli ameliyatı daha yapılacakmış.

On dakika içinde kendimi Sağlık Bakanlığında buldum.

"Senin şimdi oturduğun o koltukta biraz önce Dr. **Siyami Ersek** oturuyordu" dedi Bakan **Özkan**. "Bu sabah arabayla İstanbul'a dönerken, Kızılcahamam dolaylarında bizim kalp nakli haberini duymuş radyoda. Hemen geri dönmüş, bana geldi."

Dr. **Siyami Ersek**, Sağlık Bakanına biraz sitem bile etmiş:

"Madem kalp nakli ameliyatına izin veriyorsunuz, bunu keşke daha önce bize de bildirseydiniz, Sayın Bakanım" demiş. "İstanbul'da, elimizin altında her türlü olanak var. Biz de yapardık bunu... Hem de çok çok daha önceden yapardık..."

Ve izin istemiş Bakandan:

"Siz 'Peki' deyin, gerisini bize bırakın, Sayın Bakanım" demiş. "Hemen bu gece bile gerçekleştiririz bu işi..."

Bakan **Özkan**'ın içine bir kurt düşmüş:

"Hadi, elinizin altında alıcınız var diyelim, vericiyi nasıl bulacaksınız?" demiş. "Verici dediğin kişiyi buzdolabından çıkaracak değilsiniz ya..."

Prof.Dr. **Siyami Ersek**, "Merak etme sen" şarkısındaki gibi güvence vermiş Bakana:

"Siz bana bir 'Peki' deyin, işin gerisini bana bırakın" demiş. "Tüm olanaklarımız elimizin altındadır."

Bakan **Özkan**, birkaç dakika önce Prof.Dr. **Siyami Ersek**'le konuştuklarını bu biçimde özetledikten sonra, gözümüzü, kulağımızı akşam Haydarpaşa'ya dikmemizi söyledi:

"Siyami Bey biraz önce çıktı ve akşam Türkiye'deki ikinci kalp nakli ameliyatını yapmak üzere şimdi son sürat İstanbul'a gidiyor" dedi. "Allah bilir şu anda Kızılcahamam'ı geçmiştir bile..."

Türkiye'deki ikinci kalp nakli ameliyatı, ilk kalp nakli ameliyatının yapıldığı günün akşamına yetiştirilemedi, tam üç gün sonra yapılabildi.

Ankara'da birinci ameliyatı yapan Dr. **Kemal Beyazıt** ile üç gün sonra İstanbul'da ikinci ameliyatı yapan Dr. **Siyami Ersek** arasında, ne güzel bir rastlantıdır, bir "hoca-asistan" yakınlığı vardı. Dr. **Kemal Beyazıt**, Ankara'ya gelmeden önce İstanbul'da, Dr. **Siyami Ersek**'in asistanlığını yapmıştı.

1968 yılı Kasımının son günlerindeki bu olayı, üzerinden kırk yıl geçtikten sonra nasıl ve neden anımsadığımı da söylemiş olayım:

Ülkemizdeki etkin birçok gazetecinin yetişmesinde önemli bir payı olan meslek büyüğümüz, meslek abimiz rahmetli **Metin Toker**'i, bir ölüm yıldönümünde anmak için bir 18 Temmuzda Ankara'da buluşmuştuk. Onu özlemle andığımız önce kabri başında, sonra Gazeteciler Cemiyeti'nde ve akşam da evindeki toplantılarda hep, **Metin Yalman**'la yan yanaydık.

O bana, ilk kalp nakli ameliyatının yapıldığı gece beni nasıl "atlatamadığı"nı anımsattı, ben de ona, fotoğraf makinemi boynumdan alıp, ameliyatın fotoğrafını benim için nasıl da çektiğini anımsattım.

Ve birbirimizle yarışırken duyumsadığımız ortak zevkin, kırk yıllık bir zaman imbiğinden geçtikten sonra daha da yoğunlaşmış lezzetini tattık birlikte, yıllar sonra birbirimizin yüzüne sevgiyle ve özlemle bakarken...

HUDUT BOYUNDA BİR DEVLET ADAMIMIZ

Doğu ve Güneydoğu sınır boylarımızın yalnızca görüntüleri değil, öyküleri de değişti, yavaştan yavaştan... Onlar da zamana uydular... Onlar da insanın göğsünü pek kabartamaz oldular, yüzünü pek güldüremez oldular, onlar da insanın keyfine pek keyif katamaz oldular...

Bir köyden ötekine giden çağın "çerçi"si gezici satıcıların başlarında toplanıp, güle söyleye pazarlık yapan kadın toplulukları pek görülmüyorlar galiba, sınır boylarında dizili köylerde...

Kimileri çamaşırlarını, kimileri hatta günlük bulaşıklarını özellikle evlerinde yıkamayıp, köyün orta yerindeki köy çeşmesi çevresinde toplu olarak yıkayarak, bu sevimsiz işleri bile zevkli bir toplumsal eğlenceye dönüştüren kadınlar da görünürlerde yok son zamanlarda, sınır boylarında...

Ağrı Dağı'nın eteklerinde, kimbilir ne amaçla dikilen, fakat sonraları unutulup tek başına kalakalan bir direğin üstündeki yuvasından, kış gelmesine karşın bir türlü kopamayan ve daha sıcak aşağılara gitmemekte direnen leyleği bile evlerinde konuk etmeye çalışan yürekleri yumuşak köylülere de galiba pek rastlanmıyor şimdi sınır boylarında...

"Ben beşi bitirdim... Hem Türkçe konuşmayı biliyorum, hem okuyup yazmasını biliyorum... Onun için öteki karısından daha çok itibar eder bana bizim bey" diyerek, bambaşka duygularla böbürlenen kadınlar da mumla aransalar, bulunamıyorlar galiba artık, sınır boylarında...

Görkeminin tutkunu oldukları Ağrı Dağı'nı, bu doğa harikasına duydukları hayranlıkla doya doya seyretmeye çıkan babaoğul görüntüleri de pek çarpmıyor artık, insanın gözlerine...

Ya, ulusumuzun "temsilcileri"?.. Ya, hem ulusumuzun, hem devletimizin "temsilcileri"?.. Ya, o bölgelerdeki adlarıyla "devlet adamları"mız?..

Size bugün, işte onlardan birini, sınır boylarında tanıdığım bir "devlet adamı"mızı tanıtacağım, bir "devlet adamı"mızın öyküsünü anlatacağım size.

Ninelerimizin, dedelerimizin masallarındaki peri kızları denli uzaklarda oldukları sanılsalar da, bilin ki yalnızca kırk yıl ötemizde kalmışlardır, "devlet adam"larımızın böyleleri...

Tuzluca-Iğdır arasında, doğudaki en doğu karayolumuzda gördüm onu. Sekiz-on adım solunda, o günlerin Sovyetler Birliği'nin sınırı uzanıyordu yolla yan yana.

Bizim sınırımızın başladığı çizgide duran topraklarının son adımında Sovyetler, yüksek bir gözetleme kulesi dikmişlerdi.

Sınırın bizden yana olan topraklarında, Sovyetler'in gözetleme kulesinin tam karşısında da, bizim de küçük çapta bir kavak ormanımız yükseliyordu ama... Bizim kavakların uçları, karşı tarafın gözetleme kulesindeki pencerelerin önünü kapatabilecek denli büyüyememişlerdi henüz.

Sovyetler'in gözetleme kulesini de, bizim kavak ormancığını da geride bıraktıktan sonra, uzaktan, arkadan gördüm onu ilk kez.

"Devlet adamı" olduğu, elindeki evrak çantasından ve başındaki "devlet şapkası"ndan anlaşılabiliyordu.

Otomobilimi yanında durdurduğumda ise onun, posta dağıtıcısı bir "devlet adamı" olduğunu gördüm.

Tertemiz bembeyaz gömleğiyle, özenle bağlanmış koyu renk kravatıyla, ütülü ceket ve pantolonuyla, başındaki armalı şapkası ve elindeki körüklü evrak çantasıyla görünümü eksiksiz bir PTT memuruydu.

Ciddi tavırları ve saygılı konuşması da eklenince **İsmail Budak**, o günlerde de özlemi duyulan bir "devlet adamı" olmuştu, ülkenin bu en uç noktasında.

"Köylere mektup, telgraf, mahkeme tebliğleri götürürüm" dedi. "Oniki köye bakıyorum. Ali Kamerli Köyü'nden tutun da, Kuzugüden Köyü'ne kadar oniki köy, benim bölgemdedir."

İsmail Budak, günde ortalama yirmi kilometre yol yürüdüğünü söyledi.

"Bölgemdeki köylerin çoğu, sınır karayolumuza bağlıdırlar" dedi. "Ben hep bu yolu kullanırım. Gideceğim köylerin yolları, bu karayoluna iner."

İsmail Budak'la yol kenarında, ayaküstü konuşmamızın uzadığını görünce, yolun öteki bölümünün hemen yanındaki çimleri gösterdim:

"Zaten bu kadar yol yürüyorsunuz, sizi ayakta tutarak bir de ben yormayayım" dedim. "Şurada, çimlerin üstünde oturabiliriz biraz. Hem konuşuruz, hem de siz, az da olsa, dinlenmiş olursunuz."

İsmail Budak benimle birlikte yolun öte yanına, çimli bölgeye geldi, fakat oturmadı.

"Siz buyurun, istirahat edin lütfen" dedi. "Sohbetimize böyle de devam edebiliriz... Ben oturmayayım."

İçimden de, dışımdan da başladım gülmeye:

"Ben otomobille geliyorum, İsmail Bey" dedim. "Bana istirahat ne gerek?.. Asıl siz oturun, siz istirahat edin biraz... Kimbilir şu saate değin ne kadar yol yürüdünüz, şimdiden sonra da Allah bilir, ne kadar daha yürüyeceksiniz."

İsmail Budak, tüm ısrarlarıma karşın çime oturmayı kabul etmedi. Bunun bir çeşit terbiye gereği olduğunu sandım ve ben de kalktım. Bu kez o bana ısrar etmeye başladı oturmam için... Bir eliyle hafifçe omzuma bastırıyor, ayrıca diller üstüne diller döküyordu, oturmam için.

"Madem siz kabul etmediniz oturmayı, o halde ben de kabul etmiyorum" dedim. "Sizin için ayıpsa, benim için de ayıp, demek ki..."

İsmail Budak, oturmamakta ısrar ediş nedenini yanlış anladığımın ayırdına ancak o an varabildi:

"Ayıp olduğu için oturmuyor değilim" dedi içtenlikle. "Görevim gereği oturmuyorum... Üzerimde devlet kıyafetim olmasa, sizi bir dakika üzmez, hemen otururdum yanınıza... Fakat lütfen hak verin bana... Bakın, devlet kıyafetim var üzerimde..."

Karayolu kenarında olmamıza karşın ne yoldan geçen bir araç görebiliyorduk, ne de çevremizde uçan ya da öten bir kuş duyabiliyorduk.

"Burada ne bir müdür, ne bir müfettiş var, İsmail Bey" dedim. "Şurada beş dakika oturmakla devlete ihanet de etmiş sayılmazsın herhalde..."

İsmail Budak, önleyemediği gülmesini elinden geldiğince frenlemeye çalıştı:

"Müdürlerimden, müfettişlerimden yana bir derdim yoktur, Allah'a şükür" dedi. "Benim derdim, şu arkamdakilerdir... Onlara karşı açık vermememiz gerekir..."

Ve başını çevirmemeye özellikle özen göstererek, arkasındaki kulenin varlığını anımsattı bana:

"Benim tam arkamda, sizin ise tam karşınızdaki o Rus gözetleme kulesini görüyorsunuz ya..." dedi. "Oradan dev dürbünlerle bizim her adımımızı, her hareketimizi gözetlemektedirler Ruslar... Onun için işte, o dürbünlerin önünde görev yapan bizlerin, her hareketimize, her adımımıza çok dikkat etmemiz gerekir."

Böylesi kişiler gördüğüm, böylesi sözler duyduğum anlarımda hep, nutkum tutulmuştur. Yine kupkuru oldu ağzım, yine yumruk yumruk tıkandı boğazım...

İsmail Budak anlatmasını, tüm içtenliğiyle sürdürdü:

"Bu adamların gözleri önünde biz şahsımızı değil, tüm Türkiye'nin memurlarını temsil ediyoruz" dedi. "Bir bakıma, bir mağazanın vitrinindeki kumaşa benzeriz biz. O mağazanın vitrinindeki kumaş ne kadar değerliyse, içerideki kumaşlar da onun kadar değerli demektir..."

Gözlerimin bir an için giysilerine değip geldiğini gördü:

"Aynı nedenden ötürü, kıyafetimizin de çok düzgün olması gerekir" dedi. "Bilir misiniz her akşam eve giderim, üzerimdeki devlet elbiselerini çıkarırım, pijamalarımı giyerim. Karım da yemeği hazırlamadan bu elbiseleri ütüler, askıya asar. Sabaha kadar kalıp gibi dümdüz olur ceketim de, pantolonum da... Biz bu kuleler önünden geçerken, resmi elbiselerimizin ceketlerinin düğmelerini bile ilikleriz... Şapkamız düzgün, kravatımız düzgün, elbisemiz ütülü olmalı... Ayrıca yürürken, belimiz bükük olmamalı. Tiryakisi bile olsak, sigara bile içmememiz gerekir Rusların dürbünleri karşısında... Her şeyimiz düzgün olmalı ki, vatanımızı, milletimizi yabancılara karşı düzgün bir şekilde temsil etmiş olalım..."

Düşünü bile kuramayacağım örnek bir devlet memuru, mumla arasam bile bulamayacağım örnek bir vatansever kişi, bir anda Hızır gibi karşıma çıkmış, bir metre ötemde, gözlerimin önünde duruyordu.

"Gerçek" bir devlet adamı İsmail Budak ve arkasında Rus gözetleme kulesi

"Sizi yolunuzdan daha fazla alıkoymayayım" dedi. "Benim de daha gideceğim birkaç köy var..."

Yukarı Çarıkçı Köyü'ne gidecekmiş şimdi.

"Ne kadar uzaklıkta buraya?" diye sordum.

Karayolundan iki kilometre içeride olduğunu söyledi.

"Peki, Yukarı Çarıkçı Köyü yolunun, karayoluna indiği yer ne kadar uzaklıkta buradan?"

Yalnızca dört kilometre ötedeymiş.

"Buyurun arabaya" dedim. "Hiç olmazsa, o dört kilometre uzaklıktaki sapağa kadar götüreyim sizi."

İsmail Budak, otomobilime binmeyi de kabul etmedi:

"Hiç zahmet etmeyin, efendim" dedi. "Şuracıktadır köyün yolu... Sadece dört kilometre ötededir..."

Bir kez daha ısrar ettim otomobile binmesi için.

Gözlerini yana kaydırarak, arkadaki gözetleme kulesini işaret etti yine:

"Durduğunuz dakikada olsaydı, memnuniyetle binerdim otomobilinize" dedi. "Fakat dışarı çıktınız, birlikte yolun çimlik bölümüne gittik, beş-on dakika kadar sohbet ettik... Bütün bunlar, Rusların dev dürbünleri önünde oldu... Bağışlarsanız, yürüyerek devam edeyim yoluma..."

Birbirimizden ayrılırken içtenlikle sıktığımız ellerimizi, Sovyetler'in dürbünleri karşısında birkaç kez abartmalı bir biçimde salladık ve... O yolunda yürümeye kaldığı yerden devam etti, ben de otomobilime bindim. **İsmail Budak**'ın arkasından hayranlıkla bakakaldım bir süre... Elinde körüklü evrak çantası, başında devlet şapkası, sırtında tertemiz, bembeyaz gömleği, boynunda özenle bağlanmış koyu renk kravatı ve evde eşinin dün gece bir kez daha kalıp gibi ütülediği devlet elbisesinin ceket ve pantolonuyla yolun kenarında ve... Türkiye'nin doğusunun en doğusunda, Sovyetler Birliği'nin gözlerinin elli, altmış, bilemediniz en fazla yetmiş metre önünde dimdik sürdürüyordu yürümesini... Yabancılar önünde bir "Büyükelçi" saygınlığı ve sorumluluğuyla temsil ettiği yurttaşlarının gözünde bu özenli tutumu ve bu özenli görünümüyle o, hem tümümüzü gururlandıran, hem tümümüzü imrendiren bir "devlet adamı" kimliği oluşturuyordu... Doğu ve Güneydoğu sınır boylarımızın bu görüntüleri de, bu öyküleri de, 80'li yılların kapımızdan girmesiyle, yerlerini bambaşka görüntülere, bambaşka öykülere bıraktılar, yüzlerce yıllık babaocağının kapısından çıktılar gittiler ve... Sonra da yandılar, bittiler, önce kül oldular, sonra yok oldular...

Bugünden bakıldığında ninelerimizin, dedelerimizin masallarındaki peri kızlarının oldukları denli uzaklarda sanılsalar da, bilin ki PTT'nin Türk Telekom olmasından yalnızca yirmi yıl, Türk Telekom'un yabancıların telekomu olmasından ise yalnızca otuz yıl ötemizdeydiler, böylesi öykülerimiz, böylesi görüntülerimiz, böylesi "devlet adamlarımız"...

BİR VAN'DAN BİR ŞIRNAK'TAN

Anadolu'yu adım adım dolaşırken her ilde uyguladığım değişmez programımı Van'da da uyguladım ve orada da mahalle kahvelerinden önce valiliğe gittim, orada da günüme Vali Beyin bir bardak çayıyla başlamak istedim.

"Fakat valimiz dün Ankara'ya gitti" dedi Özel Kalem Müdürü. "Döndüğünde geldiğinizi öğrenince, sizle görüşemediği için eminim çok üzülecektir."

Oysa ben, onunla görüşemediğim için şimdi üzülüyordum.

Van Valisi **Tekin Alp**'in Van'da ne denli büyük hizmetler yaptığını, onun bir "aile bireyi içtenliğiyle" halkla ne denli güvenle bütünleştiğini henüz gözlerimle görmemiştim ama tüm bunları kulaklarımla duymuştum ve tüm bunlara, gözlerimle görmüşümcesine inanmıştım.

Çünkü kendisinin babama "amca" dediği, benim de kendisine "Amca" dediğim kökten bir Vanlı olan eski Başbakan **Ferit Melen**'den, aile içi bir söyleşide duymuştum tüm bunları.

Van Valisi **Tekin Alp**'in başarılarını babama uzun uzun ve hayranlıkla anlattıktan sonra da bana dönmüştü ve her zaman evimizin kapısının dışında bıraktığı siyasal kimliğinin çok çok yücelerindeki "amca" kimliğiyle, bu konuda görev de vermişti bana:

"Güneyi, doğusu demeden bütün Anadolu'yu dolaşıyorsun, yazıyorsun" demişti. "Bir de Van'a gidiver de, bir de gözlerinle görüver bir valinin orada neler yapabildiğini..."

Van'daki ilk sabahımda, o sabahımın ilk çayımı Valilik Özel Kalem Müdürüyle içerken, bir yandan Vali **Tekin Alp**'le görüşemememin üzüntüsünü, bir yandan da Ferit Amca'nın bir emrini yerine getirememememin üzüntüsünü duyumsuyordum.

Odasından ayrılırken Özel Kalem Müdürü bir öneride bulundu:

"Vali Yardımcımız Sayın **Yener Rakıcıoğlu**'nu ziyaret etmek isterseniz, size yardımcı olabilirim" dedi. "Hemen şuradadır odası."

Sakarya Valisi olduğu 1999 yılında, bir yandan deprem sonrasının acıları karşısındaki özverili, bir yandan da bürokrasinin acımasızlığı karşısındaki onurlu savaşımıyla gerçek bir Vali örneği oluşturan **Yener Rakıcıoğlu**'nu o gün Van'da, kapısında "Vali Muavini" yazılı odasında tanıdım.

Vali **Tekin Alp**'in, Eski Başbakan **Ferit Melen**'den duyduğum başarılarını, şimdi bir kez de Vali Muavini **Yener Rakıcıoğlu**'dan dinlerken, odasının kapısı sık sık çalınıyor, elinde dolu çay bardaklarıyla odacı giriyor, dolu çay bardaklarını masaya bırakıyor, masadaki boş bardakları götürüyordu.

Kapı kimbilir kaçıncı kez çalındığında, elindeki çay bardaklarıyla yine odacının geldiğini sandığım bir anda içeri ya 9, ya 10 ya da 11-12 yaşlarında bir çocuk girdi. Elinde birkaç kitap ve bir defter vardı.

Çocuk makam masasının karşısına değil, arkasına doğru yürüdü ve **Yener Rakıcıoğlu**'nun koltuğuna yaklaştı, bana duyurmamaya özen göstererek, ona bir şeyler söylemek istedi.

Yener Rakıcıoğlu, döner koltuğunu çocuğun geldiği yöne çevirdi, oturduğu yerde eğilerek kulağını onun ağzına yaklaştırdı, sonra da çocuğun büyük bir gizlilik içinde söylediklerini büyük bir dikkatle dinledi, dinledi ve... Elini pantolunun cebine soktu, çıkardığı paralar arasından bir miktar para ayırdı, çocuğa verdi.

Çocuk çıktıktan sonra **Yener Rakıcıoğlu**'na;

"Allah bağışlasın" dedim. "Kaç yaşında? Adı nedir?"

Şaşırmış bir ifadeyle baktı yüzüme ve "Kaç yaşında mı?" dedi. "Bilmem..."

Bu kez şaşırma sırası bana geldi:

"Oğlunuz değil mi?" dedim.

Yener Rakıcıoğlu, cebinden para çıkarıp verdiği çocuğun kaç yaşında olduğunu da bilmiyordu, adını da bilmiyordu.

Çünkü o çocuk, onun çocuğu değilmiş...

"Affedersiniz ama gelip size gizli bir şey söylediğini görünce ve sizin de cebinizden para çıkarıp verdiğinizi görünce, onu sizin çocuğunuz sanmıştım" dedim.

Yener Rakıcıoğlu, önce olayın yüzeysel görüntüsünü açıkladı:

"Çocuk bana değil, Vali Beye gelmiş, onun Van'da olmadığını öğrenince de bana gelmiş" dedi. "Öğretmenleri, tüm öğrencilerin birer cetvel ve pergel almalarını istemiş."

Bilmediğim bir yöre gerçeğini öğretti bana o gün, orada **Yener Rakıcıoğlu**:

"Burada âdet böyledir" dedi. "Çocukların babasının parası yoksa, onlar da gelirler, Vali Beyden ya da benden isterler cetvel, pergel ya da kitap, defter, kalem, silgi parasını..."

Ve bir balyoz ağırlığında bambaşka bir gerçek daha öğretti:

"Çünkü burada bizim adımız, 'Devlet Baba'dır" dedi. "Babasının parası yoksa, çocuk gelir, evdeki babasından istediği rahatlıkla bizden, yani 'Devlet Baba'sından ister defter, kalem, cetvel, pergel parasını..."

Ve onun söylemediği bir başka gerçeği ise, ben ona söyledim:

"Ve siz de, kendi öz çocuğunuzun bir gereksinimini karşılıyormuşcasına bir doğallıkla ve içtenlikle verirsiniz, onun istediği bu parayı..."

Eksik söylemişim. **Yener Rakıcıoğlu** tamamladı eksiğimi:

"Yalnızca doğallıkla ve içtenlikle değil" dedi. "Ayrıca seve seve veririz..."

Çünkü böyleymiş buralarda âdet...

Size şimdi de, Ağustos 1948 tarihli *Bütün Dünya*'da, "İşte Biz Böyleyiz" başlığı altında yayımlanan bir olayı anımsatacağım:

"İzmir'de Cumaovası Tayyare Meydanı, yakıcı bir Ağustos günü, benzin depoları civarındaki otlar tutuşmuş, benzinler tehlikede... Nöbetçi neferi Şırnaklı Ali yardım istemek için Gaziemir'deki alay karargâhına koşmaktadır. Evvela çıplak bir at yardımıyla, sonra yolda rastladığı bir otomobili çevirerek alaya zamanında malumat ulaştırıyor ve yangının büyümeden benzinlikleri ateşlemesinin önüne geçiyor. Vazifeseverliğinin ve şahsi feragatinin mükâfatı olarak Şırnaklı nefer Ali'ye hususi bir merasimle onbaşılık rütbesi veriliyor.

Ali'ye soruyorlar:

'Bu sevinçli gününde en çok neyi isterdin, Ali Onbaşı?'

Gözleri, kolunu süsleyen kırmızı çizgiye kayan Ali, tok sesiyle cevap veriyor:

'Onbaşı olurken beni anamın görmesini...'

Ali Onbaşı'ya üç ay da izin verdiler."

Şimdi de sıra, sorularımıza geldi:

"Bu iki olay arasındaki ortak nokta nedir?"

Bu, birinci sorumuzdur. İkinci sorumuz ise şudur:

"Aradan geçen yıllarda Türkiye'de ne değişti, biz neden böyle olduk?"

BİR "PARADAN PARA KAZANMA" ÖYKÜSÜ...

Sirkeci'deki 4. Vakıf Han'ın birinci katında "icrai faaliyette bulunan" şirketinin yaptığı iş yine "bankerlik", kullandığı ad yine "**Kastelli**"ydi ama... "**Kastelli**" adı, 1976 yılının o son aylarında henüz **Cevher Özden**'in adının yerini almamıştı ve "bankerlik" işi de o günlerin Türkiye'sinin henüz "bir numaralı" konusu olmamıştı.

Cevher Özden, sahibi olduğu bankerlik şirketinin şimdi birlikte oturduğumuz merkez bürosunda, onaltı yıl önce "yarı bekçi-yarı telefoncu" olarak çalıştığı ve "asla unutamadığı" o güzelim günlerine gitti ve...

Yaşamındaki başarısının mayasını oluşturan *Hürriyet* gazetesiyle 27 Mayıs ihtilal hükümetinin Hürriyet Tahvilleri'ni icat eden yöneticilerini "Allah her ikisinden de razı olsun" diyerek bir kez daha şükranla andı.

O yıllarda gişe memuru olarak çalıştığı Saray Sineması'nda, işine bağlılığı ve çalışkanlığıyla dikkatini çektiği, güvenini kazandığı sinema sahibi, **Cevher Özden**'e ikinci işini emanet etmişti.

"Onun ikinci işi bankerlikti ve bürosu da burasıydı ama..." dedi **Cevher Özden**. "Patron bu işiyle pek meşgul olmuyordu, arada bir uğrayan bir müşterisi olursa, onunla ise ufak çapta bir bankerlik işi ya yapıyordu, ya yapmıyordu."

Cevher Özden, kendisine emanet edilen bu işe başlamak üzere büroya geldiğinde ilk iş olarak, duvar köşelerinden sarkan örümcek ağlarını temizlemiş. "Büroyu tertemiz yapıp, tam bir iş yeri havasına soktuktan sonra da, her gün sabahın saat yedi buçuğunda gelip, masama oturmaya başladım" dedi. **Cevher Özden** bu erken saatte işinin başına gelirken, aynı katta manifaturacılık yapan Kayserili **Osman Amca** onu hayranlıkla izliyormuş ve her sabah dükkânının önünden geçen bu delikanlıyla selamlaşıyor, birbirlerine "Hayırlı sabahlar, hayırlı işler" diliyorlarmış.

Cevher Özden'in sonraları öğrendiğine göre **Osman Amca**, "Aferin bu delikanlıya... Kendi işi olmamasına karşın, her sabah nasıl da dakika sektirmeden geliyor işine..." diyormuş ve ileride onun büyük bir iş adamı olacağına daha o günlerden kesin gözle bakıyormuş. **Cevher Özden** yine bir sabah erkenden işine gelip, yine Kayserili **Osman Amca**'nın sabah duasını aldıktan sonra bürosunda masasının başında gazetesini okurken, birden yerinden fırlamış.

İki ay kadar önce, 27 Mayısta, ülkeye "hürriyet getirmek" sloganıyla iktidara gelen asker yöneticiler, iktidara gelir gelmez emekliye ayırdıkları yedi bin subaya emekli ikramiyelerini ödeyebilmek için Hürriyet Tahvilleri çıkarmışlardı.

"Tahviller üç ay vadeliydiler ve vadeleri ekim ayının ilk günü bitiyordu" dedi **Cevher Özden**, "isteyen herkese satılması yanısıra bu tahviller ayrıca, emekliye sevk edilen subaylara ikramiyelerinin bir bölümünün karşılığı olarak zorunlu da veriliyordu."

Gerek iş adamları, gerek memurlar ve gerek emekli subaylar, vadesinin dolmasını beklemeden ellerindeki bu Hürriyet Tahvilleri'ni, yarı fiyatına elden çıkarmaya başlamışlar.

"Bizim bankerlik bürosuna da arada sırada emekli subaylar geliyor ve ellerindeki Hürriyet Tahvili'ni kimi zaman yarı fiyatına, kimi zaman hatta yüzde 60 eksiğine satmak istediklerini söylüyorlardı" dedi **Cevher Özden**. "İşte o gün *Hürriyet* gazetesini okurken birden sıçramamın nedeni, bunu anımsamam oldu."

Hürriyet gazetesi o gün manşetinde, okuyucularına "Bir milyon liralık Hürriyet Tahvili dağıtacağını" açıklamış. Şu kadar kupon biriktiren okuyucuya, bir milyon liralık Hürriyet Tahvili'nin çekiliş kurasına katılma hakkı verileceğini duyuruyormuş gazete.

"O gün *Hürriyet* gazetesine telefon açtım ve bu işlerle ilgili müdür beyle görüşmek istediğimi bildirdim" dedi **Cevher Özden**.

Telefonda tanıştığı müdür **Cemal Bey**'le o gün, yaşamındaki ilk iş yemeğini yemiş.

"Telefonda sözünü ettiğiniz şu işi bana şimdi tane tane bir kez daha anlatın bakalım" demiş Babıâli'nin sevgili "**Pepe Cemal**" lakaplı ağabeyi...

Cevher Özden ise, telefonda ne denli açık açık anlatmışsa, şimdi yemekte de aynı açıklıkta anlatmış önerisini:

"Siz, okuyucularınıza dağıtacağınız bu bir milyon liralık Hürriyet Tahvili'ni kaç liraya satın alacaksınız?" demiş.

"**Pepe Cemal**", "pepeleye pepeleye" telefonda yanıtladığı biçimde yanıtlamış bu soruyu:

"Bu da sorulur mu, efendim?" demiş. "Bir milyon liralık Hürriyet Tahvili'ni, tabii ki, bir milyon liraya satın alacağız..."

Cevher Özden, işte asıl önerisini onun bu yanıtı üzerine yapmış:

"Bir milyon liralık Hürriyet Tahvili'ni size 750 bin liraya versem" demiş. "Aynı miktardaki tahvilleri bankadan bir milyon liraya alacağınıza, benden 750 bin liraya alır mısınız?"

Devletin çıkardığı bir tahvilin yüzde 25 tenzilatla alınabileceğini, **Pepe Cemal**'in aklı almamış:

"Bunlar sakın kaçak olarak basılmış, sahte tahviller olmasın?" diyerek kuşkusunu bile belirtmiş.

Cevher Özden her türlü güvenceyi vermiş:

"Kesinlikle böyle bir şeyden kuşkulanmayınız lütfen" demiş ve bir de şaka yapmış:

"Tahvillerimiz hakiki olup, yüzde yüz devlet garantisi altındadırlar..."

İlk iş anlaşması için, ilk o gün "iş el sıkışması" yapmış **Cevher Özden**:

"Tam bir hafta izin vereceksiniz bana" demiş. "Bir milyon liralık tahvili size, tam bir hafta sonra teslim edebilirim..."

O ilk iş yemeği sonunda, o ilk iş anlaşmasını yapıp, ilk iş el sıkışmasından sonra **Cevher Özden**, soluk soluğa 4. Vakıf Han'a dönmüş ama...

Kendi çalıştığı büroya değil, bu kez önce, manifaturacı Kayserili **Osman Amca**'nın dükkânına gitmiş.

"Durum böyleyken böyle, Osman Bey Amca" demiş. "Aklın yatarsa, vicdanın el verirse ve bana da güvenirsen, bu iş hem sana yarar, hem bana yarar... Başlangıçta gereken parayı sen verirsin, en fazla 600 bin lirayla bir milyon liralık tahvili toplarız.

Ben de bunları *Hürriyet* gazetesine teslim edip, idare müdürüyle anlaştığımız gibi, ondan 750 bin lira alırım... Bu parayı size getiririm; siz 600 bin liranızı geri alırsınız, 150 bin liralık kârımızı da yarı yarıya bölüşürüz."

Kayserili **Osman Amca**'nın aklı, dünden yatmış bu işe.

"Ben zaten senin günün birinde büyük bir iş adamı olacağını biliyordum ama doğrusu ya bunun, bu kadar erken olacağını bilmiyordum" demiş. "Haydi başla işe... Hayırlı işler olsun ikimize de..."

Cevher Özden tanıdık bir tabelacıya gitmiş, insan boyunda iki tabelanın üstüne, "Yüzde 60'la Hürriyet Tahvili Alınır" yazdırmış ve ikisini de kapının önüne ama birini yolun solundan gelenlerin gözlerine çarpacak biçimde, ötekini de yolun sağından gelenlerin gözlerine çarpacak biçimde karşılıklı koymuş, sonra da çıkmış bürosuna beklemeye başlamış.

"İki saat sonra müşteriler gelmeye başladılar" dedi **Cevher Özden**. "Bin liralık tahvil sahibine altı yüz lira veriyorduk, tahvilini satın alıyorduk. Alan da memnundu, satan da memnundu."

Birinci gün piyasayı beş-altı müşteriyle kapattıktan sonra ertesi gün, tahvillerini satmak için kapının önünde toplanan halkı sıraya sokmak zorunda kalmış.

Cevher Özden ("Banker Kastelli")

"Müşterileri içeri tek tek alıyordum ve içeride alışverişimizi bitirdikten sonra ancak, sıradakine 'Buyurun içeri' diyebiliyordum... Çark öylesine hızlı dönmeye başlamıştı ki, sıranın arkalarında kalanlar, sıranın başına alınmaları için ellerindeki tahvili yüzde elliden satmaya hazır olduklarını bile söylüyorlardı."

İşin başında ortaya koyduğu ilkeyi asla bozmamış **Cevher Özden**. Tahvilini, sırası gelene, sırası geldiğinde satmış ve kimseye de ayrıcalıklı işlem yapmamış, tüm tahvilleri yüzde altmıştan satın almış.

"Üçüncü günün sonunda *Hürriyet* gazetesine telefon açtım ve 'Pepe Cemal'e durumu bildirdim" dedi. "Tam bir milyon liralık Hürriyet Tahvili'nin, şu anda elimde hazır olduğunu söyledim."

"**Pepe Cemal**", "Hemen getir, ben de paranı hazırlayayım" demiş.

"Bir milyon liralık tahvili götürdüm, karşılığında 750 bin lira aldım, büroya geldim..." dedi o günkü sevincini şimdi de duyarak. "Paranın tümünü hemen Osman Amca'ya götürdüm, ona teslim ettim."

Bugünün "işlem tamam" deyişi yerine o günlerde kullanılan "Harekât başarıyla sona erdirilmiştir, komutanım" deyişini kullanmış ve parayı Kayserili **Osman Amca**'nın önüne bırakmış.

Osman Amca önce, çarkı döndürmek için başta verdiği 600 bin lirayı saymış, ayırmış, onu kasasına koymuş; sonra da ortak kârları olan 150 bin lirayı saymış, ortadan ikiye bölmüş.

"Başarılı bir ticaret yaptık, helal bir kâr elde ettik" demiş **Osman Amca** ve ettikleri kârın duasını da yapmış:

"Allah sana da, bana da, helalinden ve iyi günlerde yedirmek nasip etsin bu helal paramızı..."

Cevher Özden'in, yaşamında ilk kez o gün kazandığı ve o gün, hem de kendi parası olarak, ilk kez birarada gördüğü o 75 bin lira, **Osman Amca**'nın duasının kabul olmasından mıdır, yoksa sağlam maya oluşundan mıdır bilmiyor, **Cevher Özden**'in yaşamdaki yüzlerce milyarlık başarılarının çekirdeğini oluşturmuş.

"Yılbaşlarını evde, soba üstünde kestane kızartarak ve tombala oynayarak geçirirdik" dedi **Cevher Özden**. "İlk kez o yıl, eşimle birlikte bir gazinoya gidebildik ve..."

Ve ilk kez o yıl, bir gazinoda karşılamışlar yeni yılı...

Cevher Özden bu anısını anlattıktan sonra bir süre durdu, anlatmak istemekle istememek arasında bir süre gidip gidip geldiği bir konuyu getirdi sonunda, anlatmaya karar verdi:

"Anlatacağım" dedi. "Tanrı'nın bildiğini kuldan neden esirgeyeceğim ki?.."

Ve yine 1960 yılına, fakat bu kez 1960'ın Temmuzuna değil de, Ekiminin ortalarına gitti.

"Büromda bir gün otururken, şık giyimli, iri yarı yapılı, orta yaşlarda bir bey girdi içeri" dedi.

Girer girmez hemen tanıtmış kendini bu bey:

"Ben emekli albayım" demiş, emekli olmadığı günlerden kalan gür sesiyle. "Elimde yüz bin liralık Hürriyet Tahvili var... Bir arkadaşım yüzde elliden bozdurmuş ama ben yüzde elliden bozdurmayı düşünmüyorum... Yüzde altmıştan alırsanız, size satabilirim..."

Cevher Özden, adamın yüzüne kuşkuyla bakarken, bir yandan da kafasından şimşek hızıyla olur olmadık düşünceler geçmiş:

"Emekli albay olduğunu söylüyor ama gerçekten de öyle mi acaba?.." demiş kendine kendine. "Beni sınamak, denemek isteyen bir MİT'çi mi yoksa?.. Ya da belki bir arkadaşım göndermiştir, beni makaraya aldırmak istiyordur... Öyle olmasa elinde yüz bin liralık Hürriyet Tahvili bulunduğunu söyleyip, bunları yüzde altmıştan satmaya hazır olduğunu söyler mi?.. Aylardan Ekim... Hürriyet Tahvilleri'nin vadesi çoktan doldu... Bana bunları yüzde altmıştan satmaya kalkışacağına, şu karşıdaki Emlak Kredi Bankası'na gitse, hem yüz bin liralık tahvilinin ana parası olan yüz bin lirayı alır, üstelik hem de, devletin üç ay vade karşılığında ilan ettiği faizi alır... Öyle ya, neden yüzde altmıştan satmaya kalksın tahvillerini?.."

Hürriyet

TEKNİK ÜNİVERSİTE

GÜVEN DERSHANESİ

Emekliye ayrılacak subay sayısı: 2 bin

Fabrikaya "Siyaset,, girmemeli

M.Savunma Bakanlığı tebliğ neşretti
M. B. K. sözcüsü de bunu açıkladı

Üst rütbeli subayların bolluğu yüzünden bozulan muvazene 2-3 yılda düzelecek

Genelkurmay Başkanı orduya mesaj gönderdi

Milliyet Halk Gazetesi

BUGÜN 6 SAYFA 25 KURUŞ

"HÜRRİYET İSTİKRAZI,, tahvilleri çıkarılacak

Gürsel, tahvillerin satış şartının yakında ilân edileceğini söyledi

ARDAHAN'I RUSYA'YA SATMAK İSTEMİŞLER

Eisenhower, Gürsel'e Bir mesaj Gönderdi

Cevher Özden kafasından bu soruları geçirirken birden, emekli albayın gök gürültüsü gibi patlayan sesiyle kendine gelmiş:

"Cevap verecek misin, vermeyecek misin?" diye kükremiş emekli albay. "Bunları yüzde altmıştan alıyor musun, almıyor musun?"

O an aniden, yıllar önceki askerlik günleri gelmiş **Cevher Özden**'in aklına... Yediği tokatlar, yattığı hapisler, çektiği cezalar...

"Alıyorum, Sayın Albayım" diye fırlamış yerinden. "Derhal alıyorum Sayın Albayım..."

Ve emekli albaya altmış bin lira ödemiş, elindeki yüz bin liralık Hürriyet Tahvili'ni almış...

"Bir de kahve ısmarladım, giderken de kapıya kadar uğurladım kendisini" dedi. Sonra da şöyle tamamladı bu anısını:

"Emekli albayı uğurladıktan sonra büroyu on dakikalığına kapattım, merdivenden indim, karşı kaldırıma geçtim, o zamanki adıyla Emlak ve Kredi Bankası'na gittim. Elimdeki yüz bin liralık Hürriyet Tahvili'nin hem ana parasını, hem de faizini aldım, altı yedi dakika sonra da büroya geri döndüm..."

Cevher Özden, o yıllardan sonra bankerlik işini giderek öylesine büyüttü, öylesine genişletti ki... Sonunda onun adıyla bütünleşti, onun adının bir parçası oldu işi...

İlerideki yıllarda hemen herkes onu, "**Banker Kastelli**" olarak tanıdı, adından önce onu "**Banker Kastelli**" markasıyla andı.

Onun, bankerlik mesleğindeki bu başarısının gizini de merak ediyor musunuz?

Belki heveslenebilirsiniz... O nedenle hiç merak etmeyin...

Her kişinin kolay kolay yapabileceği bir iş değil çünkü, "paradan para kazanmak" işi.

O, İŞLETME DERSİNDE TANGO ÖĞRETEBİLEN BİR ÖĞRETMENDİ

Dünyanın tüm ülkelerinde halkın bir şanssızlığı da adları, fotoğrafları ve yaptıkları ve hatta yapamadıklarıyla gündem oluşturan politikacılar, sanatçılar, sporcular, üst düzey bürokratlar ve basın mensupları dışında, kendine hizmet eden kişilerin büyük bir bölümünü tanıyabilme olanağından yoksun kalmasıdır.

Halkın büyük bölümünün tanıması gerekip de tanıyamadığı bu "hizmetkâr"ların başında kuşkusuz, üniversitelerden, anaokullarına değin tüm öğretmenler ve öğretim üyeleri gelmektedir.

Çünkü onlar, tüm "hizmet"lerini genellikle bu eğitim ve öğretim kuruluşlarının dört duvarları arasında, bir "saat sessizliği"yle yerine getirirler.

Öğretmenlerin bu özverili hizmetlerinin tanığı, 45'er dakikalık ya da birer saatlik zaman dilimlerinde onların bilgi ve deneyimlerini parça parça paylaştıkları öğrencileridir.

Her öğrenci, bu kısıtlı sürede "öğreteni hizmetkârı"ndan alabildiği ve yararlanabildiği bilgi ve deneyimlerle kendi kişisel yapısını oluşturur; öğreteninin bilgi ve deneyimleriyle kendi kişisel dünya görüşünü kurar, bir meslek sahibi olur, bir sorumluluk duygusu ve bilinci kazanır.

Tüm öğretenler, bilgi ve deneyimlerini kendilerine özgü öğretim yöntemleriyle öğrencilerine ne denli kolaylıkla aktarabilir ve bu bilgi ve deneyimlerini öğrencileriyle ne denli cömert bir biçimde paylaşabilirlerse, toplumun her yıl giderek yenilenmesi gereken yapısına, o denli çağdaş, sağlam ve güvenilir tuğlalar sağlayabilirler.

Ve içinde yaşadıkları topluma olan "hizmet borcu"nu da ancak işte böylesi bir sorumluluk duygusuyla ödeyebilirler.

Orta Doğu Teknik Üniversitesi'nin, genç yaşında yaşamını yitiren öğretim üyesi **Prof. Muhan Soysal**, birkaç sözcükle yapısını tanımlamaya çalıştığım işte bu "hizmetkâr"lardan biriydi. O, içinde yaşadığı topluma ve çağa olan "çağdaş ve sağlam toplum bireyi" yetiştirme borcunu, bu borcun tek taksidini bile geciktirmeden ödemeyi, namusu kabul eden bir ulusal "mükellef"ti.

Onunla ilgili olarak aktardığım bu bilgileri nereden öğrendiğimi de söyleyeyim:

Dizlerimizin boyunu aşan karlarla kaplı bir Anadolu bucağının, "çıkıldığında inilmez, inildiğinde çıkılmaz" tepelerinin birinin tepesindeki bir yatılı okulda, ikimizi de anne ve baba özlemiyle baş başa bırakan yalnızlığımızın, oksijensiz ve yerçekimsiz boşluk alanında tanıştık ve bütünleştik birbirimizle.

O benim oksijenim oldu, ben ona oksijen oldum; o benim elimi çekti, ayaklarımı yere bastırdı; ben onun elini tuttum, ayaklarını yere değdirdim.

Yalnızlığımıza karşı işte böylesi bir ortak güçle karşı koyduk: Soluk soluğa, el ele ve adım adım...

İlk beş-on adımdan sonra onun beynini de tanıdık. Sınıfımızda tümümüzün ortak kuşkusu, onun beyninin bizimkilerden değişik bir malzemeden yapılmış olmasıydı. Bu ortak kuşkumuz, kısa bir süre sonra ortak yargımıza dönüştü: "Onun beyni, bir cevherdi..."

Beynine bakıp adını değiştirdik. O ilk haftadan sonra onu hep, doğumunda anne ve babasının verdiği adıyla değil, hazırlık sınıfımızda kendi taktığımız adıyla çağırdık.

"Profesör"dü ona taktığımız ve yaşamı boyunca ondan ayırmadığımız adı. Önceleri "Profesör" dedik, sonra "Profesör" sözcüğünün kısaltılmışını öğrendik, "Prof" yaptık adını...

Yıllar sonra Amerika da keşfetti onun beyninin "cevher" özelliğini ve bizim yaptığımız gibi adının yerine koymadı da, adının başına ekledi "Proseför" sözcüğünü.

Fakat bizim dilimizdeki ve gönlümüzdeki "Prof" sözcüğü, hep bizde kaldı.

Orta Doğu Teknik Üniversitesi İşletme Bölümü Başkanlığı yaptığı dönemde, bilgi ve deneyimlerini kendine özgü öğretim ve anlatım yöntemiyle paylaşarak yetiştirdiği çağdaş öğrencileri bugün, yurtiçinde ve yurtdışında büyük kuruluşları yönetmektedirler.

İlerideki yıllarda Türkiye'deki büyük bir turizm şirketinin yöneticiliğine getirilen o günlerdeki ODTÜ öğrencilerinden **Fethi Yurttaş**, bir gün üniversitede "hoca"sıyla yemek yediğimi görünce daha sonra bana gelmiş ve ondan hayranlıkla söz etmişti:

"Muhan Hoca, bize tango yapmasını öğretti derste" demişti. Ve kendisiyle paylaşılmak istenilen bir "bilgi"nin sahibi olmasının verdiği coşkuyla, o "tango dersi"nin anlamını da anlatmıştı.

Aynı olayı bir de kendisinden dinlemek istediğimi söyledim "Prof"a.

"Koskoca Orta Doğu Teknik Üniversitesi'nde, derste tangonun nasıl yapıldığını öğretiyormuşsun öğrencilerine, Prof'cuğum" dedim. "Doğru mu bu Allahaşkına?"

Prof. Muhan Soysal, telefonda sorduğum soruma, bir başka öğle yemeği sırasında yanıt verdi.

Sınıfa girdiğinde bir gün, kâğıt kalemlerini çıkarmalarını istemiş öğrencilerinden:

"Size bu derste ve bu dersi izleyen iki derste tangoyu anlatacağım... Çok dikkatli not tutun" demiş. Tangonun önce tarihinden başlamış, sonra müziğinin ritmine geçmiş, daha sonra adımlarının temposuna ve biçimlerine, bir kavalyenin bir bayanı tangoya nasıl davet edeceğine, onun elini ve belini nasıl tutacağına değin tangoyla ilgili ne denli bilgi derlemişse, bu bilgilerin tümünü üç ders boyunca tek tek not ettirmiş öğrencilerine...

Üçüncü dersin sonunda da bir hafta çalışma süresi vermiş öğrencilerine:

"Gelecek hafta bugün, tangodan sınavınız var" demiş. "Dikkatli hazırlanmanızı öneririm."

Prof. Muhan Soysal, o bir hafta sonunda yaptığı yazılı sınavın sonuçlarını da açıkladı:

"Sınıfın ortalaması, yüz üzerinden doksanüç oldu" dedi. "Çocuklar öylesine dikkatle not tutmuşlar, tuttukları notları öylesine dikkatle ezberlemişlerdi ki, kendilerine anlattıklarımı hemen hemen aynen, hatta kimileri benim sözcüklerimle yazmışlardı sınav kâğıtlarına..."

Yazılı sınav sonuçlarını açıkladığı gün öğrencilerine bir de sürpriz yaptığını söyledi:

"Tüm öğrencilerimi fakültenin alt katındaki kafeteryaya indirdim o gün" dedi.

Kafeteryada her şey, kendisinin önceden hazırlattığı gibiymiş.

"Duvar diplerine sandalyeler ve masalar koydurtmuştum" dedi. "Kafeteryanın orta bölümünü ise boş bıraktırdım, köşelere ve bir-iki değişik yere de tam altı tane video kamera yerleştirttim. Salona ayrıca, özel bir ses düzeni kurdurtmuştum."

Öğrenciler istedikleri yere oturup ne olup biteceğini merakla beklerken, olup bitecekleri **Prof. Muhan Soysal**, yüksek sesle bildirmiş:

"Şimdi herkes tango yapacak" demiş. "İşte müzik başlıyor..."

Ve ses düzeninin düğmesine basıp tango müziğini başlatmış.

Erkek öğrenciler, kız arkadaşlarına yaklaşıp onları tangoya davet ederlerken ve sonra da salonun ortasında birlikte tango yaparlarken, çevredeki altı video kamera da onların tüm hareketlerini kaydediyormuş.

"Tam iki saat süreyle tango yaptı öğrencilerim" dedi **Prof. Soysal**. "Kendilerine üç ders boyunca anlattığım tüm bilgileri eksiksiz öğrendiklerini yazılı sınavda doksanüç ortalama alarak kanıtlayan öğrencilerime şimdi, bu bilgilerini uygulama olanağı vermiştim. Onlar, gerçek sınava şimdi giriyorlardı. Benim anlattıklarımı ezberleyerek yüksek not aldıkları yazılı sınavdan sonra şimdi de onlara, anlattıklarımı ne ölçüde gerçekten öğrendiklerini saptamak için, bu uygulamalı sınavı yapıyordum."

Prof. Muhan Soysal, video banda kaydedilen "tango görüntülerini" günlerce inceledikten sonra, öğrencilerine bu uygulamalı sınavın notlarını da açıklamış:

"Korktuğum sonuçtan kaçış yokmuş meğer" dedi. "Uygulamalı sınavda sınıfın ortalaması yüz üzerinden yalnızca otuzüç olabildi."

Prof. Soysal, bu farklı sonucun tek nedeninin "teori" ve "pratik"teki farklılıktan kaynaklandığını söyledi.

"Biz hocalar kürsüde hep bir şeyler anlatıyoruz, anlatıyoruz... Sonra da sınavlar yapıyoruz ve anlattıklarımızı öğrencilerimizden sınavda geri istiyoruz... Söylediklerimizi bülbüller gibi ezberleyip bizim kendilerine anlattığımız biçimde bize geri verebilen öğrencilerimizi başarılı kabul ediyoruz, onlara geçerli not veriyoruz. Anlattıklarımızı uygulamaya kalktıklarında ise onların başarısızlıklarına bakıp notlarını kesiyoruz. Tabii bu arada, gerçekte ne denli başarısız olduğumuzu görüyoruz."

"...gerçekte ne denli başarısız olduğumuzu görüyoruz" sözleriyle **Prof. Muhan Soysal**, gerçekte ülkemizdeki öğretim düzeninin ne denli başarısız olduğunu anlatıyordu, kendisinin bu sözlerini anlayabilenlere...

Bir tıp öğrencisinin eline enjektör vermezseniz, yalnızca teorik bilgilerle, ona iğne yapmayı öğretemezsiniz.

Bir havuzda ya da bir deniz kıyısında uygulamalı ders veremediği öğrencisine hiçbir yüzme öğretmeni, yalnızca teorik bilgilerle yüzme öğretemez.

Bir sürücü öğretmeni, uygulamalı ders görmeyen sürücü adayına, onun yalnızca teorik bilgilerine güvenerek sürücü ehliyeti veremez.

Herhangi bir şeyi tam olarak öğrenebilmesi için kişinin, öğrendiği teorik bilgilere ek olarak, o bilgileri uygulamayı öğrenmesi de gerekiyor.

Tangonun nasıl yapılacağını anlatırken **Prof. Muhan Soysal**, gerçekte tangoyu gölgelerde bırakan öylesine çok bilgilerini, öylesine çok deneyimlerini, öylesine cömertçe paylaşıyordu ki öğrencileriyle...

Onlar o gün tangoyu, anlamaları gerektiği gibi anlayamadılar ama... O gün anlayamadıkları tango sayesinde **Prof. Muhan Soysal**'ı anlayabildiler ve "yaşam tangoları"nı bugün de onun adımlarını izleyerek sürdürüyorlar....

ANADOLU'DA DEĞİŞEN AİLELER, DEĞİŞMEYEN TERBİYELER

Yerköy'e 60 km. kalmıştı arabamız bozulduğunda... Yoldan çevirdiğimiz taksinin şoförü Müslim'le birlikte eğildik motorun üstüne, sonra birlikte çektik başımızı, motorun kapağını birlikte kapattık.

"Bu araba gecenin bu saatinde burada bırakılmaz" dedi Müslim. "Takalım halatı, Yerköy'ün girişindeki benzinciye dek çekelim. Sabah bir tamirci buluruz; alır getirir, tamirini yaptırırız."

Başka çaremiz yoktu. Çıkardık halatı, bizim bozuk arabayı Müslim'in taksisine bağladık ve anayoldan Yerköy'e ayrılan dört kilometrelik yolun başındaki benzin istasyonunun önüne dek çektik arabamızı...

"İsterseniz yemeğinizi burada yiyin" dedi Müslim. "Gecenin bu saatinde Yerköy'de açık bir yer de bulunmaz, yiyecek bir şeyler de bulunmaz."

Gece yarısına doğru benzin istasyonunun lokantasında akşam yemeğimizi de yedikten sonra arabamızı benzinlikte bıraktık, Müslim'in taksisiyle Yerköy'e geldik.

"Şu karşıdaki otele bir baksaydık."

Müslim, boş yere otel aramamamızı söyledi.

"Yarın çarşamba... Buranın pazarıdır" dedi. "Salı akşamları burada hiçbir otelde yer bulunmaz... Hele bu saatte..."

Bizi evine götürebileceğini söyledi Müslim. Israr ettik, zahmet olacağını ileri sürdük, kabul ettiremedik.

"İsterseniz bir-iki otele bakın da, ondan sonra verin kararınızı" dedi. "Mümkün değildir burada salı geceleri bu saatte bir otelde yer bulmak..."

Gerçekten Konak Otel'de de, Çiçek Otel'de de yer yoktu.

"Ötekilerde zaten hiç kalınmaz ya... Kalmak isterseniz bile onlarda da yer yoktur."

Dışarıda kalacak değildik... Müslim'e uyduk, evlerine gittik.

Müslim'lerin evi, kentin biraz kenarındaydı. Düz damlı, kerpiç yapılı, geniş avlulu bir evdi.

Müslim arabayı evin avlusuna kadar çekti. Aşağı indi.

"Siz burada bekleyin" dedi. "Ben şimdi gelirim."

Biz iki arkadaş arabada onbeş dakika kadar bekledikten sonra Müslim geldi, bizi içeri davet etti:

"Buyurun fakirhaneme" dedi. "Büyük kentlerimizin evlerine benzemez; ama burası da bir evdir."

Çamurlu ayakkabılarımızı kapının önünde çıkardık, orada bıraktık. İçeri girdiğimizde karşımıza üç kapı çıktı. Müslim, soldaki kapıyı gösterdi ve "Buraya buyurun, abiler" dedi.

Soldaki odaya girdik.

Güçsüz bir ampul, soldaki kapının açıldığı odayı aydınlatıyordu. Odada, dört yatak hazırlanmıştı.

Duvar dibinde pirinç başlıklı, yüksek bir karyola vardı. Karyolanın duvara yakın olan bölümünde, on yaşlarında bir çocuk kıvrılmış uyuyordu. Karşı duvarın bitişiğinde ise, üzerine döşek serilmiş sedir vardı. Odanın, karyola ile sedir arasındaki bölümünde yerde, iki yer yatağı hazırlanmıştı.

"Buyurun... Kusura bakmayın..." dedi Müslim.

Hepimiz birbirimize bakıştık.

"Kim, nerede yatacak?"

Müslim, sözcüklendirilmeyen bu sorumuzu anladı.

"Ben, bebenin yanında yatarım, karyolada" dedi. "Ağabeyler, siz de buyurun artık, kusura bakmazsanız."

Namık, yerdeki yataklardan birinin üstüne attı kendini. Öteki yatak da bana kaldı.

"Müslim, kusura bakmazsan, kazak ve pantolonumla yatacağım ben" dedim.

"Ne oldu abi?.. Üşümen geçmedi mi?.. Yorgan yetmezse, içeriden bir battaniye getireyim istersen..."

"Yok ondan değil... Değil soyunmak, kolumu kaldıracak halim yok... Hemen sızacağım şuraya."

Yatağa girdim, Müslim'in ışığı söndürmesini bekledim. Sonra da, cebimdeki para tomarını yorganın altında cebimden çıkardım, döşeğin altında bir yere sokuşturdum.

Yorgunluktan olacak galiba, düş bile görmeden uyudum o gece. Gözlerimi açtığımda sabah olmuştu. Müslim de, Namık da benim yatağın ayak ucunda duruyorlar, bana bakıyorlardı.

"Amma da ağır uykun varmış" dedi Namık. "Deminden beri 'Haydi kalk' diyoruz, bana mısın demiyorsun."

Saate baktım. Sekiz olmuş.

"Oooo... İyi uyumuşuz" dedim.

Müslim, ev sahibi nezaketiyle bizi, kahvaltıya davet etti. "İçeri odaya buyuralım" dedi. "Birlikte kahvaltı edelim."

Aklım, döşeğin altına sokuşturduğum para tomarındaydı. Bunlar böyle karşımda dururlarken, ben nasıl alabilecektim o tomarı, karanlıkta el yordamıyla soktuğum yatağın altından!

"Tamam, tamam... Siz gidin, ben geliyorum."

"Yok yok, olmaz" dedi Müslim. "Hep birlikte... Haydi bekliyoruz."

Doğruldum... Yatağın, paralarımı sokuşturduğum kenarında oturdum, mahmurluğumun geçmesini bekliyormuşum gibi yaptım.

"Hadi abi, uyan... Hâlâ uyuyorsun..."

Eğilme, kıvranma, yuvarlanma gibi hareketlerle doğrulur gibi yaptım, onların kendi aralarındaki konuşmalarından yararlanarak elimi bir çırpıda döşeğin altına soktum. Oh! Elim para tomarımı hemen buldu. Avuçladığım gibi bir çırpıda cebime attım paralarımı... Sonra kalktım, yattığımız odadan çıktık, karşıdaki odaya geçtik.

Pencere önünde bir sedir, onun önünde de tahta bir masa vardı. Üstü, göz nuruyla işlenmiş bir örtüyle kaplıydı masanın. Dört de bakır sahan dizilmişti. Sahanlardan birinde parçalara bölünmüş iki adet haşlanmış yumurta, birinde zeytin, ötekinde de kızartılmış patates vardı.

Bizim arkamızdan üç çocuk girdi içeri. Birinin elinde bir ibrik, ötekinin elinde bir leğen, üçüncüsünün elinde ise iki tane peşkir gördüm.

Müslim, bizi odanın bir köşesine davet etti:

"Buyurun, yüzlerinizi yıkayın..."

Çocuklardan biri ellerime ibrikten su dökerken, öteki leğeni tutuyordu. Yüzümü yıkadım. Bir başka el, öteki çocuğun eli, peşkiri uzattı. Bir güzel kuruladım yüzümü.

Odanın kapısının dışından bir kadın, fısıltılı bir sesle "Müslim, Müslim" dedi. Müslim kapıdan çıktı, biraz sonra elinde bir tasla içeri girdi.

"Buyurun... Afiyet olsun..."

Müslim'in elindeki tasta sıcak süt vardı. Önümüzdeki çay bardaklarına boşalttı sütü.

"Sütten sonra çaylarınızı getireceğim. Demleniyor..."

"Kaç çocuğun var, Müslim?"

Müslim güldü:

"Bunlar benim değil abi" dedi.

"Akraban mı?"

Yine güldü Müslim.

"Hem öyle hem değil" dedi.

"Nasıl yani?"

"Abi, bu gördüğün evde tam yirmibir çocuk vardır" dedi.

"Ne?.. Yirmibir çocuk mu?"

Parça parça anlatmanın bir işe yaramayacağını ve benim de bu konuda sorularımın sonunun gelmeyeceğini anlayınca, Müslim her şeyi bir çırpıda anlatıverdi.

"Bu bebelerin babaları Almanya'dadır, abi" dedi. "Biri kardeşim, ikisi de komşumuz olan üç aile babası, Almanya'ya çalışmaya gittiler. Eşlerini ve çocuklarını bu evde topladılar. Şimdi bu gördüğün evde, bizden ayrı üç kadın vardır. Çocukların sayısı da tam tamına yirmibirdir."

"Fakat, Müslim... Kim bakıyor bu kadar kişiye?"

"Hepsinin babaları Almanya'dan belli para gönderir. Paraları bana gönderirler. Eh, ben de çalışıyorum şu bizim takside. Eve, bu suretle dört yoldan para giriyor. Biz de bu parayla, hepimiz bir aileymişiz gibi geçinip gidiyoruz işte."

"Paraları sana mı yolluyorlar, çocukların babaları?"

"Evet. Ne de olsa başlarında erkek olarak bir ben varım. Kadın kısmı parayı kullanmayı beceremez. Hem tüm yengeler ve bebeler bana emanettir."

"Hiç duymamıştım böyle bir dayanışmayı, Müslim."

"Anadolu'da yeni moda ailedir bu biçim aileler, abi" dedi Müslim. "Bir evde iki-üç kadın, hatta dört kadının birarada yaşadıkları olur. Bebeleri de birlikte... Bebeler, birbirleriyle kardeşmişler gibi bir arada büyürler. Evde bir kazan kaynar. Yenilir, içilir böylece, abi. Fukaralık işte... Gözü kör olsun..."

Çıkarken kapı önünde baktık, ayakkabılarımız tertemiz olmuş. Bir gece öncenin çamurlarının izi bile yok ayakkabılarımızda...

Müslim'in, evin önünde duran taksisine doğru yürüdük.

Evin kapısının arkasından bir kadın yine fısıltılı bir sesle çağırdı Müslim'i.

"Müslim, Müslim..."

Müslim geri döndü, eve girdi.

Biraz sonra çıktı, arabaya geldi.

"Yatağı toplarken yerde bulmuşlar" dedi. "Herhalde sizden düşmüş olacak."

Uzattığı elinde yüz liralık bir banknot vardı.

KAĞIZMAN SAĞLIK OCAĞINDA

Kars'ın Kağızman İlçesi Sağlık Ocağında, binanın dışından duyulabilecek denli yüksek bir sesle ağlayan bebek, köyde sıcak su kazanına düşmüş, başından ayak parmaklarına değin haşlanmıştı.

"Tuz basmışlar çocuğun vücuduna, sonra da inek pisliği sürmüşler her yanına" dedi sağlık ocağının tek doktoru **Gündüz Çalışkan**. "Yavrucağı birkaç saat önce bize getirdiklerinde görmeliydiniz..."

Ankara'da kapıcılık yapan amcası, tatil için geldiği köyünde daha bavulunu açmadan olaya tanık olmuş, ağabeyinin ve yengesinin elinden zorla kaptığı yeğenini kucaklamış, Kağızman'daki sağlık ocağına yetiştirmişti.

Doktor **Gündüz Çalışkan**, çocuğun durumunda pek bir yaşam umudu göremediğini söyledi.

"Sabaha çıkarsa kurtulabilir ama..." dedi ve sonra sözcükleri ağzında yuvarladı, yavaş sesle tamamladı sözünü:

"Çok zor bir olasılık" dedi. "Çok zayıf bir olasılık..."

Birbuçuk yaşındaki çocukcağız, yaşamla ölümün arasında sıkışıp kaldığı o incecik sınırda o gece, her canlıya özgü "sınırın yaşam yakasında kalabilme" savaşımı verdi.

Gücünü ve soluğunu toparlayabildiği her an, tüm gücü ve tüm soluğuyla, tüm gece boyunca çığlıklar attı. Her dakika başı bedeninden çimdik büyüklüğünde parçalar koparıldı sanki...

Sabaha karşı sesini duyamaz oldum. Ben de ancak o saat dalabilmişim yan odada uykuya...

Güneşin ışıkları Türkiye'nin batısına varmadan, doğudaki kişileri çoktan kaldırmış oluyor yataklarından. O sabah, o saatlerde

Türkiye'nin doğusunda, galiba yalnızca Doktor **Gündüz Çalışkan** henüz uyanamamıştı.

Tüm gece gözünü kırpmadan bebekle ilgilenmişti;şimdi de beni konuk ettiği sağlık ocağındaki odasında, karşımdaki yatağında mışıl mışıl uyuyordu.

Yarım saat sonra o da uyandı. Gözlerini açar açmaz da, "Günaydın" dileğinden önce günün müjdesini verdi:

"Sabaha karşı tehlikeyi atlattı" dedi. "Merak etmeyin... Ölümü yendi."

Serum verebileceği uygun bir damar bulamamış bebekte. Keserek damara ulaşma yöntemini ise uygulayamamış. Gerekli aletleri yokmuş çünkü sağlık ocağında.

"Başından serum verebildik" dedi. "Biraz önce de diazem yaptık. Onun etkisiyle şimdi rahat rahat uyuyor artık."

Çocuğun yattığı odaya girdik doktorla ve arka sayfada fotoğrafını gördüğünüz tabloyla karşılaştık.

Çocuğun yatağının başında bir köylü kadın, dimdik oturduğu sandalyede kıpırdamaksızın duruyordu.

"Kim bu kadın?" dedim doktora.

Bebeğin annesiymiş.

"Siz yattıktan bir saat kadar sonra geldi" dedi. "Bebeğinin arkasından yola çıkmış, taa köyden buraya değin yürümüş. Gece yarısını biraz geçiyordu buraya geldiğinde..."

Tüm gece, çocuğun yatağı başındaki sandalyesinde dimdik oturmuş, kıpırdamadan beklemiş.

"Yalnızca dudakları oynuyordu durmaksızın" dedi Dr. **Gündüz Çalışkan**. "Kendi, bir heykel gibi hareketsizdi."

Yanına yaklaştığımızda "Geçmiş olsun" dedim anneye.

"Allah'ıma şükürler, geçti, geçti galiba" dedi. "Gece bir yandan doktor bey uğraştı, didindi. Bir yandan da ben okudum, üfledim. Sonunda rahata kavuştu bebem..."

Doktorla göz göze geldik, bir süre karşılıklı bakıştık, sonra içeri odaya geçtik. O evsahipliğini üstlendi, çayımızı demledi. Çaylarımızı yudumlamaya başlamadan, odanın açık kapısından koridora doğru seslendi. Kapının önüne gelip, orada duran adama

bir bardak çay uzattı ve "Al Sait, bu çayı içeri, yengene götür" dedi. "Sonra da gel, sen de otur buraya, sabah çayımızı birlikte içelim."

Sonra Sait'in kim olduğunu söyledi bana:

"Bebeği buraya getiren kişidir" dedi. "Amcası oluyor bebeğin..."

Sait Kızıltaş, Ankara'da bir apartmanda kapıcılık yapmakta olduğunu söyledi.

Yöneticisinden yıllık iznini almış, eline bavulunu almış, sırtına yeni ceketini giymiş ve taa Ankara'lardan yola çıkıp, buralara gelmiş, köyüne girmiş, tam evlerinin önüne yaklaşırken bir de duymuş ki, "abooo..."

"Ağabeyimin birbuçuk yaşındaki bebesi, kaynar kazana düşmüş..."

Benim her yanım kaynamış gibi irkildim:

"Sen köye geldiğinde ne kadar olmuştu çocuk kazana düşeli?"

Sait Kızıltaş şimdi bile o ânın heyecanını yaşıyordu:

"Üç saati geçmişti" dedi. "Ağabeyimin yakasına yapıştım. 'Doktora götürmediniz mi?' dedim. Ağabeyim de, yengem de ağızlarını açmadılar."

Sait, kaynar kazanda haşlanan yeğenine bir bakayım demiş, "Abooo ki, hepten abo..."

"İnek pisliğine bulanmıştı bebeciğin her bir yanı" dedi.

Yengesine bakmamış bile, bir kez daha yapışmış ağabeyinin yakasına, bu kez sarsa sarsa hesabını sormuş yaptığının:

"Nedir bu hal, ağam?" demiş. "Ne yaptınız bebeye böyle?"

Ağabeyi, sakin sakin yanıt vermiş:

"Bizim kendiliğimizden yaptığımız bir şey yok ki" demiş. "Şıh öyle dedi, biz de o ne dediyse aynen öyle yaptık..."

Ağabeyinin, iki yakasını da yırtarcasına çekiştirmeye başlamış Sait:

"Pisliğe mi bulayın çocuğu dedi şıh, ağabey?"

Ağabeyi, yine sakin sakin yanıt vermiş:

"Yok. 'Ondan önce her bir yanına tuz basın, ondan sonra pisliğe bulayın' dedi."

Sait Kızıltaş'ın tepesi iyiden iyiye atmış:

"Ağabey, kaynar suda haşlanan bebeye yoksa bir de tuz mu bastınız?" demiş.

Ağabeyi yine üzerine almamış kabahati, "Bizim ne kusurumuz var ki?" demiş. "Şıh öyle yapın dedi, biz de öyle yaptık."

Sait Kızıltaş yere çömelmiş, elini dizine vurmuş, bir "Abooo" da öyle çekmiş.

"Daha ne halt yediniz, ağabey?" demiş. "Daha yediğiniz ne haltlar varsa, hadi, onları da anlat da, onları da duyalım, öğrenelim bakalım bir bir..."

Hiçbir şeyin farkında değilmiş ağabeyi, "Daha başka bir şey olmadı" demiş. "Bize bunları, bunları yapın dedikten sonra uzun uzun okudu, üfledi şıh. Sonra da bizi savdı. Biz de geldik, gecikmeden yaptık onun dediklerini..."

Az kalsın kafası yerinden oynayacakmış o an Sait'in:

"Ağabey, şıh dediğin şıh ama Allah'ın yanından gelmiş değil ki bu şıh" demiş. "O da senin benim gibi Allah'a yalvaran kulun biri. Onun tükürüğünün, soluğunun, seninkinden, benimkinden ne farkı var ki?.. Ah ağabey, ah..."

Sait'in böyle konuşması, hiç de hoşuna gitmemiş ağabeyinin:

"Tövbe de, tövbe de" demiş. "Böyle konuştuğun kendisine malum olur da kızarsa, seni de, beni de çarpar şıh... Ne olduğumuzu, neye döndüğümüzü sen de, ben de anlayamayız sonra..."

Ağabeyinin bu son sözüne küfürle karşılık vermiş Sait. Daha bir şey de dememiş, kapağını bile açmadığı bavulunu orada bırakmış, yeğenini kaptığı gibi köyden fırlamış, buraya gelmiş.

"Ağabeyim de, yengem de önüme geçmek istediler ama ben aldırış etmedim onlara" dedi Sait. "Bebeği kaptığım gibi soluğu burada aldım... Getirdim, doktor beye teslim ettim..."

Aynı babadan olma, aynı anadan doğmalarına karşın, aynı köyde, aynı köylüler arasında büyümelerine karşın, ağabeyiyle kendisi arasındaki farkın, "büyük şehir görmek" olduğunu söyledi **Sait Kızıltaş**.

"Ben yedi yıldır Ankara'da kapıcılık yaparım ve böylelikle Ankara'da, büyük şehir nedir onu da görürüm, dünya nedir onu da görürüm" dedi. "Bir insanın vücudunda yanık oldu mu, o yanığın kendine ait bir derecesi olur, onu da bilirim. O derece, yanığın şiddetini bildiren derecedir. Yanığın tedavisinin okumakla, üflemekle, yanığa tuz basmakla, inek pisliği bulamakla olmayacağını da bilirim artık. Hepsinden önemlisi, doktor nedir, hastane nedir onu da bilirim."

Sait Kızıltaş başından kasketini çıkardı, iki elinin arasında hırsla ezdi, yamrı yumru etti kasketini:

"Ah cahillik, ah!" dedi. "Şıh kimdir, şıhlık nedir, onu da öğrendim. Büyük şehir gördükçe, onu da bildim artık... Ankara'dan bir gün sonra yola çıksaymışım ve köye bir gün sonra gelseymişim, meğer ölüsünü bulacakmışım yeğenimin, cahillik yüzünden, şıh yüzünden..."

Sait Kızıltaş, Kağızman'a bağlı Taşburun Köyü'nde birlikte doğup büyüdüğü arkadaşları, hemşehrileri ve ailesinin köyde kalan bölümüyle özlem gidermek için geldiği köyünde bu kez fazla kalabileceğine inanmadığını söyledi.

"Köye her gelişimde köylülerim, 'Büyük şehir görmüş de, adam olmuş' diye alay ederlerdi, elbiselerime bakıp bakıp 'Bu elbiseleri giyip de oralarda zengin oldum mu demek istiyorsun?' diye alay ederlerdi, şimdiye kadar" dedi. Şimdi ise...

"Bebe iyileşsin, onu kucağımda köye götüreyim, Allah bilir hiç kimse bakmayacaktır köyde yüzüme" dedi.

Şıhın tedavisini sıfır sayıp, bebeği doktora getirip, bir "medeniyetçilik örneği" vermiş ya...

"Aha buraya çiziyorum, bak" dedi. "Allah bilir, ağabeyim bile bakmayacak bundan sonra yüzüme..."

YAPAMADIĞIM RÖPORTAJIN ÖDÜL KAZANDIRAN RÖPORTAJI

Bugünler gibi, o gün de mayısın güzel günlerinden biriydi... Yayın Genel Yönetmenimiz **Abdi İpekçi** telefonla aradı beni.

"Koskoca Ankara büromuz atlamış ama, Allah'tan Anadolu Ajansı bildirdi haberi" dedi. "Şimdi hemen Ankara Kız Lisesi'ne git ve... Anneler Günü nedeniyle Ankara'da 'Yılın Anne Öğretmeni' seçilen öğretmenle bir röportaj yap, fotoğrafları uçağın akşam kargosuna yetiştir."

"Garcia'ya Mektup" yöntemiyle çalıştığım için başka soru sormadım Abdi Bey'e, yalnızca "Tamam, Abdi Bey... Başüstüne..." dedim.

Görev, telefonun bir ucundan verilmiş, öteki ucu tarafından anlaşılmıştı. Konuşulacak başka bir şey yoktu. Tam telefonu kapatmaya hazırlandığım sırada, Abdi Bey'in konuşmayı sürdürdüğünü duydum.

"Tamam, Abdi Bey" dedim. "Notumu aldım, şimdi gidiyorum..."

Abdi İpekçi, "maksatlı bir biçimde" gülümsediğini belli edercesine sordu:

"Gideceğin öğretmenin adını soyadını sormadın ama" dedi.

Yine "Garcia'ya Mektup" yöntemiyle yanıt verdim:

"Nasıl olsa orada öğrenirim Abdi Bey" dedim. "Merak etmeyin, elim boş dönmem..."

Abdi İpekçi bu kez daha da belli etti gülmesini:

"Adı, **Mebrure Akyol**" dedi. "Matematik öğretmeniymiş..."

Olduğum yerde dondum kaldım.

"**Mebrure Akyol** benim annemdir, Abdi Bey..."

Abdi Bey daha fazla tutamadı kendini, gülmesini frenlemeyi bıraktı:

"İyi ya işte" dedi. "Ben de özellikle senin gidip, annenle bir röportaj yapmanı istiyorum."

O an öğrendim Anneler Günü nedeniyle annemin, Ankara'da "Yılın Anne Öğretmeni" seçildiğini.

Rahmetli annem, Darülfünun'un ilk kız öğrencilerindendir. Sınıf arkadaşlarıyla birlikte **İsmet Paşa**'yı Lozan'a uğurlarken çekilen toplu fotoğrafta **İsmet Paşa**'nın kolunun altında yer almasını, özel bir övünçle anımsar, özel bir övünçle anlatırdı.

Annemin en az bu olay denli övünçle anımsadığı ve övünçle anlattığı ikinci bir olay ise, ilk görevine Cumhuriyet'in ilan edildiği gün başlamış olmasıydı.

Ankara'da Cumhuriyet ilan edilirken annem de, İstanbul'dan hareket edip, Konya'dan geçerek ancak üç günde ulaşabildiği Adana'da, Kız Muallim (Öğretmen) Okulu'nda matematik öğretmeni olarak ilk görevine başlıyordu.

Darülfünun öğrencileri İsmet Paşa'yı Lozan'a uğurluyorlar, 1923
(Paşa'nın solunda Mete Akyol'un annesi Mebrure Akyol)

Yaşamının övünç verici bu ikinci olayı, tam kırk yıl sonra annemin yaşamında, yine övünç verici başka bir olaya neden olmuş meğer.

Ankara Milli Eğitim Müdürlüğü ilk kez, Anneler Günü nedeniyle 1963 yılında, "Yılın Anne Öğretmeni"ni seçmeye karar vermiş. "Yılın Anne Öğretmeni", Ankara'daki tüm öğretmenler arasında yapılan bir "yarışma"yla değil, bir "araştırma"yla seçilmiş. Tüm okullardaki kadın öğretmenlere, mesleğe başlama tarihleriyle, kaç çocukları olduğu ve çocuklarının öğrenim durumları sorulmuş. "Seçim", bu yanıtlar değerlendirilerek yapılmış.

Annem o yıl, Ankara Kız Lisesi'nde matematik öğretmeniydi. Tam kırk yıl önce başlamıştı mesleğine. Hem böylesi uzun bir mesleksel geçmişiyle, hem de yetiştirdiği altı çocuğunun sayısıyla da, öğrenim durumlarıyla da Ankara'daki tüm kadın öğretmenlerin ön sırasına geçmiş ve... Bu özellikleriyle, Ankara'da "Yılın Anne Öğretmeni" seçilmiş.

O âna değin ne Ankara Milli Eğitim Müdürlüğü'nün böyle bir girişiminden haberim var, ne tüm okullara bu konuda yazı gönderildiğinden, ne de annemin "Yılın Anne Öğretmeni" seçildiğinden haberim var...

Bir solukta Ankara Kız Lisesi'ne koştum ve annemin dersten çıkması için beş-on dakika bekledikten sonra kendisine gittim, bir röportaj yapmak istediğimi söyledim.

"Koskoca Ankara'da röportaj yapacağın kimse kalmadı da, bana mı geldin?" diye sordu annem.

Bu soruyu bana bir Bakan sorsa, vereceğim yanıt ânında hazır ama... Karşımdaki kişi annem olunca, sesimi çıkaramadım, sustum.

"Önce kutlarım anne, 'Yılın Anne Öğretmeni' seçilmişsin..." dedim. "Ben de o nedenle bir röportaj..."

Sözümün yarıdan fazlası ağzımda kaldı:

"Ben yalnızca bu yıl mı anne öğretmen oldum?" diye sordu ve sorusunun yanıtını da kendi verdi:

"Otuz altı yıldan beri anne öğretmenim ben... Mefküre'nin doğumundan beri..."

O konunun üstüne fazla gitmeden, röportaj konusuna döndüm:

"Biraz önce öğrendim, bir de tören yapılacakmış ve **Atatürk**'ün annesi **Zübeyde Hanım**'ın, gümüş çerçeve içinde bir fotoğrafı armağan edilecekmiş sana..."

"Tören yapıldığında alırım, eve getirdiğimde görürsün..."

"Tamam, anne... Şimdi kızmazsan yine röportaj diyeceğim ama..."

Annem dediğime kızmadı ama saçlarıma çok kızdı:

"Hiç aynaya bakmıyor musun sen?" diye azarladı beni. "Saçların kulaklarını kapatıyor neredeyse... Bugün bir berbere git..."

Karşımdaki kişi annem ya... Yine susuyorum, yutkunuyorum.

"Akşama da erken gel eve... Kaç gecedir dışarlardasın hep..."

"Tamam, anne... Gelirim de, bu arada şu röportajı..."

Birden, Almanya'da okuyan kardeşime yazdığı ve göndermem için sabah bana verdiği mektup geldi aklına:

"Yılmaz'ın mektubunu postaya verdin mi?" dedi.

METE AKYOL, ANNESİ MEBRURE AKYOL İLE RÖPORTAJ YAPARKEN.

"SIRA ANNEME GELİNCE..."

Mete AKYOL

Gazeteci olduğumdan beri kiminle röportaj yapmak istedimse, şeytan kulağına kurşun, istediğimi elde ettim.

Cumhurbaşkanıyla röportaj, dedim. Yaptım. Başbakanla röportaj dedim, yaptım. Yabancı devlet Başkanlarıyla röportaj dedim. Yaptım.

"Hayatımda kiminle röportaj yaptımsa

Mektup hâlâ cebimdeydi.

"Buradan büroya giderken postaneye uğrayacağım" dedim. "Gitmeden şu röportajımızı da bir yapıversek anne!"

Annemin aklı fikri, Yılmaz'a gidecek mektuptaydı.

"Bu akşam Almanya'ya direkt uçak var" dedi. "Gecikmeden postaya ver mektubu, akşam uçağına yetişsin..."

"Tamam da anne, şu röportajı yapayım, büroya giderken ilk işim postaneye uğramak olacak..."

Annemin aklına bu kez, apartmanda sıcak su günü olduğu geldi:

"Akşam erken gel eve, banyo yapacaksın" dedi. "Bugün sıcak su günü apartmanda..."

Karşımdaki kişi Cumhurbaşkanı da olsa, Başbakan da olsa, yabancı Devlet Başkanı da olsa, ne yapar yapar, konuşturur, sorumu sorar, yanıtımı alırdım ama... Annemin karşısında bir türlü sahip çıkamıyordum gazeteci kimliğime...

Büroya döndüm, **Abdi İpekçi**'yi aradım hemen:

"Konuşturamadım annemi, Abdi Bey" dedim. "Ben ağzımı açtıkça o, saçımın fazla uzamış olduğundan yakındı, akşam eve erken gelmemi söyledi, kardeşime gidecek mektubu postaya vermemi anımsattı ama beni bir türlü konuşturmadı..."

Abdi İpekçi güzel bir "taktik" verdi bana:

"Önce kardeşinin mektubunu postaya ver, akşam uçağına yetiştir" dedi. "Sonra bir berbere git, saçlarını kestir... Sonra da eve erken git, banyonu yap ve annenle konuşurken bir fotoğraf çektir..."

Bir kez daha anlatmaya çalıştım derdimi Abdi Bey'e:

"Sorularıma yanıt vermiyor, Abdi Bey" dedim. "Ben ağzımı açtıkça azarlıyor beni..."

Abdi İpekçi, bir önceki gibi bir "taktik" daha verdi:

"Bir kez de evde dene soru sormayı" dedi. "Yine yanıt vermez ve seni yine azarlamaya başlarsa... O zaman sen de, bu durumu yaz... 'Yapamadığın röportajın röportajı', kimbilir belki de daha ilginç bir röportaj olur..."

Evde o akşam Yayın Genel Yönetmenimin taktiğini uyguladım ve... Annemle yapamadığım röportajımın röportajını yaptım.

Annemle yapamadığım röportajımın röportajı iki gün sonra *Milliyet*'te yayımlandığında, benim de, gazetenin yöneticilerinin de beklemedikleri düzeyde bir ilgi uyandırdı.

Anneme, **Zübeyde Hanım**'ın gümüş çerçeveli bir fotoğrafını ödül olarak kazandıran "Yılın Anne Öğretmeni" seçimi, aynı yıl bana ise Yılın Gazetecisi Yarışması'nda, röportaj dalında birincilik ödülü kazandırdı.

GAZETECİLİĞİN EN BÜYÜK DÜŞMANI: HATALI TAKVİMLER, YALANCI ARŞİVLER

Onyedi yaşlarında bir lise öğrencisi, 1952 yılının sonlarında Tarsus'taki *Gülek* gazetesinin basımevine gitti ve karşısına ilk çıkan kişiye, gazetenin sahibiyle görüşmek istediğini söyledi. Gazetenin sahibi **Rıfat Özavcı** elini çocuğun omuzuna attı ve onu, baskı makinesinin biraz ötesinde cam bölmeyle ayrılmış yazıhanesine götürdü.

"Gazetenin sahibi benim" dedi. "Söyle bakalım ne görüşeceksin benimle."

Çocuk, birkaç gün öncesinden kafasında oluşturduğu tümceleri, bir çırpıda birbiri arkasından sıraladı:

"Ben merhum **Sedat Simavi**'nin yeğeniyim, efendim" dedi. "Burada, Amerikan Koleji'nde okuyorum, lise iki öğrencisiyim."

Hürriyet gazetesinin sahibi **Sedat Simavi**'nin adını duyunca **Rıfat Özavcı**'nın gözleri parıldadı:

"Öyle mi, yavrum?" dedi coşkuyla ve hemen, merhum **Sedat Simavi**'nin, kısa bir süre önceki kaybından ötürü üzüntüsünü belirtti.

Rıfat Özavcı bir anda, konuğunun öz amcası oluverdi. Ona çay ısmarladı, *Hürriyet* gazetesini övdü, merhum **Sedat Simavi**'yi övdü, bir sıkıntısı olursa hemen kendisini aramasını söyledi ve... Sonra da konuya girdi:

"Benle ne görüşmek istemiştin, yavrum?" dedi.

Çocuk ezile büzüle derdini anlattı:

"Kolej adresine gönderilen mektuplar, okul idaresi tarafından açılır, okunur ve ondan sonra bize teslim edilir, efendim" dedi. "Bana evden gönderilecek mektuplarım için acaba sizin matbaanın adresini verebilir miyim? Ben arada sırada uğrar, bana mektup gelip gelmediğini kapıdaki arkadaşa sorarım. Bilmem sizce bir sakıncası var mıdır bunun?"

Rıfat Özavcı gülmeye başladı: "Benle görüşeceğin meselen bu muydu, yavrum?" dedi. "Elbette verebilirsin bizim adresimizi... Hem ne de olsa, aynı meslek ailesinin fertleriyiz..."

Çocuk matbaadan çıktı, okuluna geldi ve okul gazetesini çıkardığı odadaki daktilonun başına geçti, *Hürriyet* gazetesi yazıişleri müdürlüğüne bir mektup yazmaya başladı:

"Tarsus bir ilçedir ama hem yüzölçümü, hem de nüfusu bakımından birçok ilimizden daha büyüktür. Tarsus'ta bir muhabiriniz olmadığını üzülerek öğrendim. Birçok ilginç olayların yaşandığı bu kentimizin *Hürriyet* gazetesi muhabiri olmak istiyorum. Önerimi uygun bulursanız lütfen aşağıdaki adresime bildiriniz..."

Sonra da sayfanın altına adını, soyadını ve yeni adresini yazdı: "*Gülek* Gazetesi, Gülek Matbaası, Tarsus, İçel."

Yatılı öğrenci olduğu için çocuk, cumartesi ve pazar günleri dışında okuldan çıkamıyordu. Gündüzcü arkadaşları onun bu mektubunu postaya verip, *Hürriyet* gazetesine gönderdikten bir hafta sonra, yine arkadaşlarının isteği üzerine hemen her gün uğradıkları Gülek Matbaası'ndan, ellerinde uzun bir zarfla geldiler; önce müjdelerini aldılar, sonra da beklenen mektubu verdiler.

Üzerinde *Hürriyet* gazetesinin kırmızı başlığının küçültülmüş boy ve gri renkte bir örneğinin basılı olduğu zarftan, yine aynı renk ve boyuttaki başlığı taşıyan kâğıtta "Sayın Meslektaşım" diye başlayan bir mektup çıktı. Sımsıcak bir duyguyla yazıldığı ilk iki-üç satırından bile anlaşılan mektupta öğrencinin "Sayın Meslektaşı", ilgisi nedeniyle meslektaşına önce teşekkür ediyor, sonra onun Tarsus muhabiri olmak önerisini memnunlukla karşıladığını bildiriyor, daha sonra da, altı adet vesikalık fotoğrafla birlikte muhtardan iyi hal kâğıdı, nüfus kâğıdı sureti ve ikametgâh belgesi göndermesini istiyordu.

Mektubun altında, gönderen kişinin adı ve soyadı da vardı. Öğrenci, o adı birkaç kez okuduktan sonra içinden kendi kendine mırıldandı:

"**Zeyyad Gören**... **Zeyyad Gören**... Benim ilk meslektaşım, **Zeyyad Gören**..."

Öğrenci, kendinden istenen fotoğraf ve belgeleri tanımsız bir sevincin coşkusuyla bir çırpıda hazırladı ama... Bunları zarfa koyduktan sonra aynı coşkuyla postaya veremedi.

"Rengi beyaz da olsa, yalan yalandır" dedi kendi kendine. "Bana ilk kez 'Meslektaşım' diyen bir meslektaşımın karşısında yalancı durumunda kalmak beni rahatsız ediyor..."

Ve işin doğrusunu anlatmaya o an karar verdi; daktiloya yeni bir mektup kâğıdı taktı.

"Ben Tarsus'ta, Amerikan Koleji'nde okuyan lise ikinci sınıf öğrencisiyim" diye başladı ve... İki yıldan bu yana haftalık okul gazetesi çıkardığını, gazeteciliği yaşam mesleği olarak şimdiden seçtiğini, kendini bu meslek için yetiştirmeye kararlı olduğunu, okuldan mezun olduktan sonra üniversite öğrenimini de bu amacı doğrultusunda sürdüreceğini tüm içtenliğiyle anlattı.

On gün sonra ise meslektaşı **Zeyyad Gören**'den, aynı içtenlikte bir "mesleğe şimdiden hoşgeldin" mektubu aldı. Zarfın içinden ayrıca, üzerinde fotoğrafı, adı, soyadı, görevinin Tarsus muhabiri olduğu yazılı "*Hürriyet* Gazetesi Tarsus Muhabiri" kimlik kartı çıktı.

Yıl 1953, aylardan Şubattı.

Her şey iyi, hoş, güzeldi ama hafta sonu dışında yatılı okul kapısından çıkamayan ve Tarsus'un okul duvarları dışında kalan tek karış toprağına ayak basamayan Tarsus muhabiri olur muydu?

Sınıf arkadaşlarının yardımıyla, ona da bir çözüm buldu *Hürriyet*'in ilk Tarsus muhabiri.

"Madem okulun kapısından çıkmam yasak, o halde ben de duvardan atlayarak çıkarım dışarı" dedi ve... Her gün derslerin bittiği saat 16.00'da arkadaşlarının omuzlarına basarak çıktığı okul bahçesinin duvarından dışarı atlayarak *Hürriyet* gazetesi Tarsus muhabirliği görevini yapmaya başladı.

Onu ciddiye almayan ilk kişi, Tarsus Emniyet Amiri **Ziya Bey** oldu.

"Bizim buralarda gazetelik işler olmaz çocuğum" dedi. "Hem dikkat et, buraya amirliğe de öyle el kol sallayarak girilmez, haaa!"

İki hafta sonra Adana yolu üzerinde Yenice Köprüsü'nde askeri kamyonla çarpışan özel otomobildeki altı kişinin can verdiği kazanın tüm ayrıntısını bir gün sonraki *Hürriyet* gazetesinde okuyunca Emniyet Amiri **Ziya Bey**'in gözünde "çocuğum", bir anda erlikten orgeneralliğe yükselmiş gibi bir mucize varlık oluverdi. Onun, emniyet amirinin gözündeki rütbesinin etkinliği, kısa sürede başta Tarsus kaymakamı olmak üzere, ilçe jandarma komutanından savcıya, yargıca, devlet hastanesi başhekiminden posta müdürüne değin tüm Tarsus yöneticilerini sardı.

Okul müdürü, her gün duvardan atlayarak kaçan ve gazetecilik görevini yapıp, iki saat sonra yine duvardan atlayarak okula dönen bu gazeteci-öğrenciyi bir gün odasına çağırdı.

"Duyduklarımın doğru olup olmadığını soracağım sana" dedi. "Gerçekten her gün duvardan atlayarak okuldan çıkıyor ve kaymakamlığa, emniyet amirliğine, jandarma komutanlığına mı gidiyorsun? Doğru mu bu duyduklarım?"

Tarsus Amerikan Koleji'nin yüz yılı aşkın geleneğinde, bağışlanamayacak denli üç büyük "ayıp" vardır. Bunlardan birincisi kumar oynamak, ikincisi büyüklerine saygısız davranmak, küçüklerine koruyucu ağabeylik yapmamak, üçüncüsü ise yalan söylemektir.

Müdür **Mr. Maynard**'ın sorusuna, kendisinin öğrencilere zaman zaman anlattığı bir öyküyü çağrıştıran bir yanıt verdi öğrenci-gazeteci:

"Elma fidanını ben kırdım, efendim" dedi.

George Washington'ın, bir elma ağacı fidanını kırdıktan sonra "Yalan söyleyemem... Elma fidanını ben kırdım" diyerek suçunu kabul ettiği öykünün özüydü bu yanıt.

Öğrencisinin bu yanıtı üzerine **Mr. Maynard** elini uzattı ve genç "gazeteci"yi kutladı:

"Eğer yalan söyleseydin, okul gazetesini çıkarmanı da yasaklayacaktım" dedi. "Gazeteci olmanın birinci koşulu, yalan söylememektir. Çünkü yalan söyleyebilen bir kişi hiçbir zaman gazeteci olamaz."

Okul müdürü bu öğüdünden sonra beklenmedik bir kararını bildirdi genç öğrencisine:

"Senin için özel bir uygulama yapacağız" dedi. "Bundan böyle duvardan atlayarak dışarı çıkmayacaksın. Kapıdan çıkacaksın ve dönüşte kapıdan gireceksin okula..."

Genç "gazeteci" bu özel izinden bir hafta sonra okul müdürüne gitti ve bir "ayrıcalık" daha istedi.

"Yalnızca jandarma-polis haberleri vermek istemiyorum, efendim" dedi. "Röportaj da yapmak istiyorum. Bana, Adana ve Mersin sınırlarını aşmamam koşuluyla çevrede dolaşma izni de verir misiniz?"

Bu "özgürlüğünü" hafta sonu günlerinde kullanması koşuluyla öğrenci-gazeteciye bu konuda da özel izin verildi.

Gitti, Tarsus sokaklarındaki dilencilerin kiminden bir şapka satın aldı, kiminden yırtık bir şalvar, kiminden üstüne giyebileceği bir şeyler satın aldı ve bunları okulun çamaşırhanesinde kaynar sularda yıkatıp temizlettikten sonra bir haftasonu üstüne geçirdi, Tarsus sokaklarında dilencilik yapmaya başladı.

Yollarını gözlediği öğretmenlerine de "Allah rızası için" deyip elini uzattı, öğretmenlerinden de para aldı, kaymakamdan da, emniyet amirinden de, hatta kimi sınıf arkadaşlarına bile elini uzattı, "Allah rızası için" deyip önce paralarını aldı, sonra da "Allah sizin gibi saftorikleri çevremizden eksik etmesin" deyip, onlarla şakalaştı.

İki günde büyük denilecek tutarda para toplamıştı, genç gazeteci. Bu paraları emniyet amirliğine götürdü, Amir **Ziya Bey**'e teslim etti:

"Bu paraları, iki günde dilenerek topladım" dedi.

Amir **Ziya Bey** inanmak istemedi. Öğrenci-gazeteci, masaya serdiği paralar arasından bir 25 kuruşluk ayırdı, amir beye uzattı:

"Bu paraların içinde yalnızca şu 25 kuruş size ait" dedi.

Onun bir şey anlamadığını görünce de ekledi:

"Cumartesi günü parkta, havuz kenarındaki baştan dördüncü masada çay içiyordunuz bunu bana verdiğinizde" dedi. "Alın paranızı... Bu sizin..."

"Sayın meslektaşı" **Zeyyad Gören**, genç gazetecinin dilenci röportajını çok beğendiğini söyledi ama bunu *Hürriyet* gibi tüm Türkiye'ye hitap eden bir gazetede yayımlayamayacağını bildirdi:

"Bu röportajı keşke Tarsus'ta değil de, İstanbul'da yapmış olsaydın" dedi. "O zaman rahatlıkla yayımlayabilirdik."

Genç gazeteci, *Hürriyet* gazetesinin yayımlamadığı bu röportajı **Rıfat Özavcı**'ya götürdü. **Rıfat Özavcı**, "İşte tam aradığım bir dizi" diyerek dilenci röportajını beş gün süreyle *Gülek* gazetesinin birinci sayfasında yayımladı.

Öğrenci-gazeteci, tüm Türkiye'ye hitap eden *Hürriyet* gibi büyük bir gazetede yayımlanabilecek bir konu ararken, Türkçe öğretmeni **Haydar Göfer** yetişti imdadına:

"Silifke'deki Kız Kalesi'nin röportajını yapsana" dedi. "İşte bu konu, tüm Türkiye'yi ilgilendirir."

Haydar Göfer, sınıf dışında da, ders saatleri sonrasında da öğretmenliğini sürdüren "tam öğretmen", "yarı arkadaş"tı.

"Ben gider, Kız Kalesi'nin fotoğraflarını çekerim senin için" dedi. "Sen de orta üçüncü sınıftaki gündüzcü öğrenci **Özdemir Beyce**'ye git, ona söyle... Onun komşusu Kız Kalesi'nin tarihini çok iyi bilir. Seni görüştürsün..."

Öğrencilerine öğretmenliğini, ilk sayısından başlayarak bugüne değin *Bütün Dünya*'da "Türk Dili Danışmanı" sıfatıyla sürdüren ve tüm öğrencilerinin hem o günkü, hem bugünkü öğretmeni **Haydar Göfer**, bir hafta sonra, Kız Kalesi'nin iki güzel fotoğrafıyla geldi.

"Hani, hazırladın mı röportajını?" diye sordu.

Öğrencisi, dünden hazırlamıştı Kız Kalesi röportajını. Öğretmeninin çektiği iki fotoğrafı da ekleyerek röportajını *Hürriyet* gazetesine gönderdi.

Dört gün sonra bir telgraf geldi İstanbul'dan, **Zeyyad Gören**'den.

Telgraf "Sevgili Meslektaşım" diye başlıyor ve şöyle sürüyordu:

"Kız Kalesi röportajın nedeniyle tebrik ederim. Röportajın 22 Ocak günü yayımlanacaktır. Gözlerinden öperim. **Zeyyad Gören**."

22 Ocağın takvimdeki uzaklığı on gün ötedeydi ama geçmesi gereken zaman boyutundaki uzaklığı, galiba on bin milyon yüzyıl ötedeydi.

Saniyeleri sayıla sayıla o süre de bitti ve... On bin milyon yüzyıl ötede de olsa, sonunda 22 Ocak geldi. Beraberinde, 22 Ocak 1955 tarihli *Hürriyet* gazetesini de getirdi 22 Ocak.

Çocuk gazetecinin, "tüm Türkiye'ye hitap eden *Hürriyet* gazetesinde", imzasının yer aldığı ilk röportajı yayımlanmıştı o gün.

Hürriyet — Sahife : 5

Denizin ortasında inşa edilen bir kale

KIZ KALESİ

Mete Akyol imzalı ilk röportaj, 22 Ocak 1955

Önce okul müdürü kutladı öğrencisini, sonra Türkçe öğretmeni **Haydar Göfer** kutladı, sonra sınıf arkadaşlarından başlayarak, öteki sınıflardaki arkadaşları kutladılar...

Tüm bu ayrıntıları nereden bildiğimi, nasıl bildiğimi içinizde merak edenler olabilir. Onların bu merakını gidereyim diye söyleyeyim:

Çocuk yaşlarındaki o öğrenci-gazeteci bendim de, ondan biliyorum bu ayrıntıların tümünü.

Bunları bilmesine biliyorum da... Bir şeyi bilemiyorum, bir şeye bir türlü akıl erdiremiyorum: Takvimler de, arşivler de, tüm bunların yarım yüzyılı aşkın bir süre önce olduğunu, bittiğini söylüyorlar ama...

Gelin, bir de beni inandırın bakalım, takvimlerin bu hatalarına, arşivlerin bu yalanlarına...

BİZİM SINIFIN ELLİBEŞ YIL SONRAKİ "EV ÖDEVİ"

Rudyard Kipling'in *"Eğer"* başlıklı şiiri, lisedeki sınıf arkadaşlarımın da, benim de, bugünlerde tamamlamakla yükümlü olduğumuz "lise ev ödevi"mizdir.

Yeryüzünde verilen galiba en uzun süreli bu ev ödevinde biz, yarım yüzyılı aşkın bir süre sonra, öğretmenimizin bizden istediklerini yerine getirecek ve kendimize, onun adına kendimiz not verecektik.

"Çünkü ben yaşıyor olmayacağım o yıllarda" demişti öğretmenimiz **John Savage**. "Ödevinize, benim adıma kendiniz vereceksiniz notunuzu..."

İngiltere'nin ünlü şairi **Kipling**, o şiiriyle o yıllarda sınıf arkadaşlarıma da, bana da az ter döktürmemişti.

Çünkü ilk kez okuyan hemen herkes gibi *"Eğer"*i ilk kez okuduğumuzda biz de, o güne değin okuduğumuz şiirler düzeyinde bir şiir sanmıştık. Galiba o nedenle de, *"Eğer"*in daha derinini, daha da derinini ve sonunda en derinini görememiştik, algılayamamıştık, anlayamamıştık.

Öğretmenimizin elinden sıkı sıkı tutarak ve adımlarımızı onun adımlarına uydurmaya çalışarak ancak, adım adım inebildik *"Eğer"*in derinliklerine... Ve Sezar'ın Brutus'undan sonra, Kral Macbeth'in eşi Lady Macbeth'ten sonra, Danimarka Prensi Hamlet'in annesi ve amcasından sonra, bir kez de o derinliklerde karşılaştık, yaşamın hiç de tanımak istemediğimiz figüranlarıyla ve onların oynamaya kalkıştıkları yaşamsal başrollerle...

Öğretmenimizin bize, "İşte yaşam" diye tanıttığı ve öğretmeye çalıştığı olayların ve insanların gerçekte var olabileceklerine, arkadaşlarım da, ben de, kendimizi bir türlü inandıramıyorduk o yıllarımızda.

Bir insanın, kendisinin sağ kolu olduğu bir başka insana hançer saplayabilecek denli hainlik yapabileceği olgusunu, o körpe yaşlarımızın belleğine "yaşamın bir gerçeği" başlığıyla kaydedemiyorduk.

Kraliçelik tahtının ve tacının doyuramadığı ihtirasına, kralın tahtını ve tacını yem yapmak için eşini öldürebilen bir Lady Macbeth'in, bu dünyada bir örneğinin olabileceği gerçeğini öğretmenimiz bize kabul ettirebilmek, biz de bunu kabul etmemek için ter döküyorduk.

İlerideki yıllarda **Yaşar Kemal**'in *İnce Memed*'indeki "izci"de yerlisini de tanıdığımız "nankör ve hain insan" karakterini, zor da olsa, o yıllarda tanımaya başlamıştık.

Yaşamın, bir lise öğrencisi açısından bakıldığında üzerine gölge düşürülmeyen, toz kondurulmayan o "kız oğlan kız" görünümünün derinliklerindeki "gerçek kimliği"ni artık tanıyoruz, biliyoruz.

Okulda ders olarak gördüğümüz *"Eğer"* şiirinin gerçekte bir yaşam dersi ve onun bir yaşamsal uyarı gücünde olduğunu, yaşlarımız ilerledikçe ve çevremizdeki insanları gördükçe, tanıdıkça öğrenebildik.

Öğretmenimizin bizden, 70 yaş çizgimizi geçtikten sonra bitirmemizi istediği ev ödevimizin konusu, taa yarım yüzyılı aşkın süre önce bize anlamını öğretmeye çalıştığı *"Eğer"* şiiriydi.

"Size bir 'baba öğüdü' ya da bir 'baba uyarısı' olarak sunulan bu şiiri, 70 yaşınızı geçtikten sonra birinci tekil şahıs olarak ve di'li geçmiş zaman kipinde değiştirerek kaleme alacaksınız" demişti.

Kendi notumuzu kendimizin vereceği bu ödevimizi şimdi arkadaşlarımız tek tek hazırladılar ve "şiirin şöyle bir elden geçirilip, derlenip toparlanması görevini" de bana verdiler.

Engin'den Uğur'a, Manuel'den Cengiz'e, Tuncay'dan Zeki'ye, Tuncer'den Onur'a, Fuat'tan Çetin'e, Yılmaz'dan Tan'a, Gün'e, Sait'ten Çetin'e ve bana değin altında tümümüzün imzası olan bu ortak ev ödevimizi, öğretmenimizin anısını saygıyla anarak burada sizle de paylaşıyoruz.

Eğer siz de yetmiş yaş çizgisini aştıysanız, eğer siz de yaşamın her türlü zorluklarına göğüs germiş ve hâlâ dimdik ayakta durabiliyorsanız, siz de atın imzanızı *"Eğer"*in bu biçiminin altına...

O imzanız gerçekte, bir yaşam zaferinin onayı olacaktır.

Adam Gibi Adam Olmak

çevremde herkes şaşırdı bunu da
benden bildi
ben aklı başında kalabildim
herkes benden kuşku duyarken
hem kuşkuya yer bıraktım
hem kendime güvenebildim

bekleyebildim usanmadan
yalanla karşılık vermedim yalana
kendimi evliya sanmadan
kin tutmayabildim kin tutana

düşlere kapılmadan düş kurabildim
yolumu saptırmadan düşünebildim
ne kazandım diye sevindim
ne yıkıldım diye yerindim
ikisine de önem vermeyebildim

söylediğim doğruyu ve gerçeği
büken düzenbaz
kandırabildiğinde safları
dert edinmedim
ömür verdiğim işler
bozulduğunda da yılmadım ve
yeniden koyulabildim işe

döküp ortaya varımı yoğumu
bir yazı turada yitirmiş olsaydım da
yitirdiklerimi dolamaksızın dilime
baştan tutabilirdim yolumu

yüreğime, sinirime "dayan" diyecek
direncimden başka şeyim
kalmadığında da
herkesin bırakıp gittiği noktaya
ben dayanabildim tek başıma

herkesle düşüp kalkıp yine de
erdemli kalabildim
unutmayabildim halkı krallarla
gezdiğimde de
dost da düşman da incitemedi beni
ne küçümsedim ne de
büyültebildim çevremi

her saatin her dakikasına
emeğimi kattım alın terime
hakçasına bölüştüm
vicdanımdaki adaleti
her şeyiyle dünya önüme
serildiğinde
korktuğum yerde el öpmedim
hükümran olduğum yerde ezmedim
adam olduğumu artık
biliyorum baba
üstelik adam gibi bir adam

METE AKYOL'LA BİR RÖPORTAJ*

Mesleğe ne zaman başladınız?

Gazeteciliğe, ilkokul üçüncü sınıfta duvar gazetesi çıkartarak başladım. Başlangıç tarihi olarak hep o günlerimi hatırlarım.

Mesleğe başlamanızda ailenizden iyi ya da kötü tepkiler aldınız mı!

Babam 1950 yılında milletvekili seçilmişti. Bu özelliği nedeniyle o dönemin gazetecilerinin büyük bir bölümünü yakından tanıyabilmek olanağı bulmuştu. Kendilerini bugün "meslek ağabeylerimiz" olarak andığımız gazeteciler o dönemde çok az sayıdaydılar. Bunlardan şu an aklıma ilk gelenler **Cüneyt Arcayürek** ve **Oktay Ekşi**'dir. Onlar ve onların düzeyindeki pek az sayıdaki kişilerin dışında ortalarda "gazeteci" kimliğiyle dolaşan kişilerin büyük bir bölümü, kendilerini bugün "gazeteci" olarak tanımlayamayacağımız yapıda idiler. Bunlar, ya yapabilecekleri başka bir iş bulamadıkları için "gazeteci" olmuş kişilerdi ya da o günlerdeki tabiriyle söyleyeyim, "ortaokuldan ayrılmış, bir işte dikiş tutturamamış" kişilerdi. "Bizim oğlan okuyamadı, biz de bir gazeteye verdik, gazeteci yaptık" tümcesi, bugün kulaklara geldiği gibi tuhaf karşılanmayan, zaman zaman duyulan sıradan tümcelerden biriydi o günler. Bu kişiler çok düşük ücretle çalıştırıldıklarından

*) Röportaj: **Mehmet Ali Özcan**, *Kendi Anlatımlarıyla DUAYEN GAZETECİLER-3*, İLAUM-Ankara Üniversitesi İletişim Araştırmaları ve Uygulama Merkezi, Ankara, 2005.

ek bir gelir sağlamak için zorunlu olarak, başka işler de yaparlardı. Bu yapıdaki gazetecileri gördükçe babam, benim gazeteci olmak isteğime hep karşı çıktı. Gazeteciliğin, ciddi bir meslek olmadığına inandırmaya çalıştı beni hep. Gazeteciliği ciddi bir meslek olarak benimseyen ve bu mesleği kurallarına uygun bir biçimde yapan gazetecileri de tanımıştı babam ama onların yakından tanıdıklarının bir bölümü ise bu işi çok ciddiye aldıklarından, öğrenimlerini yarıda bırakmışlardı. Bu da korkuttu babamı.

Kimdi bunlar?

Bu kişilerin başında, **Cüneyt Arcayürek**, **Oktay Ekşi** ve **Yalçın Uraz** geliyordu. Cüneyt Ağabeylerle aynı apartmanda oturuyorduk. İkimizin de annesi Ankara Kız Lisesi'nde görev yapıyordu. Cüneyt Ağabey Ankara Tıp Fakültesi'nde okuyordu. Annesi onun doktor olmasını umuyordu ama Cüneyt Ağabey'in gözü de gönlü de hatta beyni de gazetecilikteydi. Gazetecilik, tıp fakültesini unutturdu Cüneyt Ağabey'e. **Oktay Ekşi**'yle ilişkimiz de ailelerimiz düzeyindeydi. Ayrıca hemşehriyizdir de. Onun babası eski, benim babam yeni Ordu Milletvekili idi. **Oktay Ekşi** benim babama, ben onun babasına "amca", ikimiz de birbirimizin annelerine "teyze" derdik. Bu arada eklemeden geçemem: İlerleyen yıllarda ise ikimiz de, birbirimizin çocuklarının "amca"ları olduk. **Oktay Ekşi** de o günlerde gazeteciliği, hak edildiği düzeyde ciddiye alan bir gazeteciydi. Ankara Hukuk Fakültesi'ni o nedenle unutmuş, hatta uzun süre aklından ve gönlünden çıkarmıştı. **Oktay Ekşi,** ancak uzun yıllar ara verdikten sonra bitirebilmiştir hukuku. Annesi ve babası onun fakülteyi bırakmasının üzüntüsünü annem ve babamla paylaşırken, babamın benle ilgili kararının daha da kemikleşmesine neden olmuşlardır. Gözleri önündeki bu iki somut örneğe karşın benim gazeteci olmakta direnişimi görünce babam çareyi, benden bir söz almakta buldu. "Fakülteyi bitir, diplomanı getir, o zaman gönül rahatlığıyla izin veririm gazeteci olmana" dedi. "Bütün korkum senin de kendini mesleğin büyüsüne kaptırıp, fakülteyi bitirmemendir." Bu arada iki yaz tatilinde otostop yaparak Avrupa'yı dolaştım. Yiyip içeceğimden artırdığım parayla Almanya'da bir fotoğraf makinesi ve bir de flaş satın aldım. Bir foto muhabiri olabilecek denli iddialı fotoğraflar çekmeye başladım. Eski arkadaşım rahmetli **Teoman Karahun**, benim Almanya'dan döndüğüm 1956 yılında, *Yeni Sabah* gazetesinin Ankara bürosunda çalışıyordu. 6/7 Eylül olaylarının "kıvılcımı"nı oluşturan olayın kahramanı **Oktay Engin**, Yunanistan'dan Türkiye'ye geliyordu. Teoman, "günün kahramanı" bu kişinin trenle Ankara'ya gelmekte olduğunu haber almıştı. Fotoğrafları özel olarak benim çekmemi önerdi. Bunun nedenini açıklamam için Ankara basınının o yıllardaki yapısını anlatmam gerekir.

Neydi bu fark?

O yıllarda İstanbul gazetelerinin Ankara bürolarında "özel" foto muhabirleri yoktu. İstanbul gazetelerinin Ankara'daki fotoğraf gereksinimini tek başına, *Ulus* gazetesinin foto muhabiri **Hüseyin Ezer** karşılardı. Hüseyin Ağabey bir olaya gittiğinde on beş-yirmi kare fotoğraf çekerdi; sonra da bu fotoğraflardan birini kendi gazetesi *Ulus*'a ayırır, 19 ayrı fotoğrafı içeren 19 zarfı da, kargoyla 19 İstanbul gazetesine gönderirdi. Teoman, özel haberinin fotoğraflarını bu özelliği nedeniyle **Hüseyin Ezer**'in çekmesini istememiş, bu işi benim yapmamı istemişti. Etimesgut istasyonundan trene bindik ve **Oktay Engin**'i kolayca bulduk. Sonra da çeşitli fotoğraflarını çektim. Gazi istasyonuna geldiğimizde onu trenden indirdik ve Hamamönü'ndeki Doğumevi'ne götürdük. **Oktay Engin**, orada hemşire olarak çalışan kız kardeşini ziyaret etti. Ertesi gün *Yeni Sabah*'ta bu "özel fotoğraflar", Teoman'ın ve benim ortak imzamla yayımlandı. **Hüseyin Ezer**'i hem atlatmıştık, hem de galiba çok kızdırmıştık. Onu asıl kızdırdığım olay, o yıl *Dünya* gazetesinin Ankara bürosunda foto muhabiri olarak göreve başlamam oldu. Bu olayın bir başka özelliği de, İstanbul gazetelerinin Ankara bürolarında "özel foto muhabiri" çalıştırmalarının başlangıcı olmasıdır. *Dünya*'nın Ankara bürosu şefi **Oktay Ekşi**'ydi. Öğleden sonra fakülteden çıktıktan sonra büroya gelip foto muhabiri olarak çalışmamı bana o önermişti. Bu görevimden babamın haberi olmayacaktı. Fakat ortada bir engel vardı: Çektiğim fotoğraflar *Dünya*'da, "**Foto Dünya: Mete Akyol**" imzasıyla yayımlanıyordu. Ablamla özel bir anlaşma yapmıştık. Eve gelen gazeteler arasından *Dünya*'yı çekip alıyor ve benim imzamın olduğu yeri parmağıyla deliyordu. Bir gün babam kapıcıyı azarlamış: "Gazeteleri kapının altından atarken biraz dikkatli olsana" demiş. "Yırtık pırtık geliyor gazeteler!" Sonunda babam, gazetede gizli gizli çalıştığımı öğrendi ve kesinlikle yasakladı çalışmamı.

Milliyet gazetesinin Ankara bürosunda nasıl çalışmaya başladınız?

Eski arkadaşım **Atilla Bartınlıoğlu** çok diretti, "Garanti veriyorum, babana duyurmayız" dedi. "Hem nasıl olsa son sınıfa geldin. Son sınıfta da fakülteyi bırakacak değilsin ya." Ve beni *Akşam* gazetesinin Ankara bürosuna götürdü. Yıl 1959'du ve fakülte son sınıftaydım. İki gün sonra, bugünkü Büyük Ankara Oteli'nin temel atma töreni vardı. O töreni *Akşam* gazetesi adına benim izlememi istedi. Otelin temeli Maliye Bakanı **Hasan Polatkan** tarafından atıldı. Bu olayı yazdım. *Akşam*'da yayımlanan ilk haberim bu oldu. Son haberim de. Beni o törende gören arkadaşlar, *Milliyet*'in büro şefi **İlhami Soysal**'a söylemişler. **Cemil Sait Barlas**'ın *Son Havadis* matbaasında basılan İngilizce *The Turkish-American News* gazetesinde önce düzeltmen, sonra sayfa sekreteri olarak çalışırken tanışmıştım orada İlhami Ağabey'le. Beni büroya çağırdı ve patronun isteğini bildirdi: "Ankara bürosuna kesinlikle çok iyi derecede yabancı dil bilen bir muhabir arıyoruz" dedi. "Aranılan özellik yalnızca çok iyi bir yabancı dil bilmesi değil, üniversite mezunu olması ve... Bir de 'iyi aile çocuğu' olması özelliği aranılıyor." İlhami Ağabey'e şaka yaptım: "Patron muhabir mi arıyor, damat mı, ağabey?" dedim. O günlerde bile gazetecilerin bir bölümünün üzerinde yanlış bir imaj vardı. Gece kulüplerinde, barlarda kavga edip, karakollara düşen, sonra da "Muhabirimize polis baskısı" gibi haberler yazan kimi gazeteciler, mesleğimizi olması gerektiğinden çok başka bir görünüme sokuyorlardı. İlhami Ağabey beni, "kız ister gibi" babamdan istedi. "Zaten son sınıfta" dedi. "Ben garanti ediyorum fakülteyi bitireceğini." *Milliyet*'te öyle başladım.

Ankara basınında isminizi duyurmanız nasıl oldu?

Milliyet'te başladığım günden iki günden sonra **Kasım Gülek**, "**Albay Fens mektubu**" olayı nedeniyle CHP'den istifa etti. CHP Genel Merkezi, Karanfil Sokak'ta, *Milliyet* bürosunun tam karşısındaydı. İstifadan sonra **Gülek**'in genel merkezden çıkarken fotoğrafını çekmek üzere foto muhabirleri kapıda bekliyorlardı. Akşamın ilerlemiş saatleriydi. Herkes **Kasım Gülek**'in binanın kapısından çıkmasını beklerken bir de baktık Kasım Bey, arka kapıdan çıkmış, bir arkadaşının arabasına binmiş ve önümüzden hızla geçiyor. Tüm foto muhabirleri "Eyvah, kaçırdık" diye dövünürlerken ben bizim gazetenin foto muhabiri **Asaf Uçar**'ın elinden fotoğraf makinesini kaptım ve tüm gücümle arabanın arkasından koşmaya başladım. Arkamdan öteki arkadaşların, "Koş koş, belki yetişirsin arabaya" diye alay ettiklerini duyuyordum. Koşmamdaki tek amacım arabaya yetişmek değildi elbette. Karanfil Sokak'ın Ziya Gökalp Caddesi'ne açılan ucunda trafik lambası vardı. "Ya kırmızı yanar da araba durursa" umudumu koruyarak koştum ve biraz sonra da gerçekten umduğum oldu. Kırmızı yandı, araba durdu. Ben de yaklaştım, yaklaştım, tam arabaya yetiştiğim anda yeşil yandı, araba hareket etti. "Ya Allah!

Ne çıkarsa bahtıma" deyip makineyi ileri uzattım ve deklanşöre bastım. Hemen filmi yıkadık ve bir de gördük ki, karenin alt bölümünde **Kasım Gülek**'i arabada yakalayabilmişim. Asaf'ın o anda yüzünde gördüğüm sevinç, meslekteki takım çalışmasının en somut kanıtı olarak bugün de gözlerimin önünde, yüreğimin içindedir. Asaf telefoto aygıtını çalıştırdı ve fotoğrafı İstanbul'a gönderdi. Bu "atlatma" fotoğraf ertesi sabah Ankara'ya, *Milliyet*'in manşetinin süsü olarak geri geldi. **Kasım Gülek** iki ya da üç gün sonra Adana'ya gitti. *Hürriyet* ve *Dünya*'dan birer arkadaşla birlikte onu izlemek için ben de Adana'ya gittim. **Kasım Gülek**, soyadını aldığı kendi köyüne, Toroslar'daki Gülek Köyü'ne de gitti. O köyde yemekten önce köylüleriyle birlikte köyün camiinde namaz kılmak istedi. Caminin çeşmesinde aptes alırken, ayaklarını yıkarken fotoğrafını çektim. O fotoğraf *Milliyet*'te yayımlanınca, çok büyük fırtına kopardı. "**Kasım Gülek** istifa ettikten sonra dinsel gösteri mi yapıyor?" diye yazılar çıktı hakkında. Adımın, gazeteci kimliğimle birlikte Ankara'da ilk duyulması bu iki olay nedeniyle olmuştur.

1960'ta Milliyet gazetesinde çalışırken, 23 Mayıs 1960'ta Ankara'da Hariciye Köşkü'nde Hindistan Başbakanı Nehru'ya garsonluk ettiniz. Bu haberiniz olay oldu. Peki köşke garson kılığında nasıl girdiniz?

Dünya gazetesindeki foto muhabirliğim sırasında Jandarma Yüzbaşısı olarak tanıdığım **Kenan Koç**, o yıllarda Ankara Emniyet Müdürlüğü'nde, Üçüncü Şube Müdürü olarak görev yapıyordu. **Nehru** gelmeden bir hafta önce ona gittim ve Kulüp 47'nin şef garsonu **Hidayet Bey**'le bir işim olduğunu söyleyip kendisinin yardımcı olmasını rica ettim. O da benim yanımda **Hidayet Bey**'e telefon etti. "Hidayet" dedi. "Sana Mete isminde bir arkadaşımı gönderiyorum. Sana bir şeyler söyleyecek, senden bir şeyler isteyecek. Ne istiyorsa yapıver". Ben de ertesi gün **Hidayet Bey**'e gittim. "Beni Sayın **Kenan**

Koç Müdürüm gönderdi" dedim. "Sizle konuştuğunu, durumu bildiğinizi söyledi bana."

Hidayet Bey, ne istediğimi sordu.

"20 Mayısta Hindistan Başbakanı Sayın **Nehru** Ankara'ya gelecekler, biliyorsunuz" dedim. "Hariciye Köşkü'ndeki ziyafeti ve tüm hizmetleri sizin karşılayacağınızı biliyoruz. Bu ziyafetlerde ben de Sayın **Nehru**'nun hizmetinde bir garson olarak görev alacağım." **Hidayet Bey** şöyle bir süzdü beni: "Daha önce nerede çalıştınız?" dedi. Ben de anlamlı bir biçimde güldüm: "Ben garson değilim, efendim" dedim. **Hidayet Bey** o an "uyandı." "Afedersiniz, şimdi anladım" dedi ve hemen sordu: "Smokininiz var mı?" Smokinim olmadığını söyleyince bana yardımcı olacağını bildirdi: "Siz 19 Mayıs günü burada hazır olun" dedi. "Benim smokinlerimden birini sizin üstünüze göre ayarlarız." 19 Mayısta önce Kulüp 47'ye gittim, orada smokinim hazırlandıktan sonra akşamüstü **Hidayet Bey**'le Hariciye Köşkü'ne çıktık. Köşkte üç gün kaldım ve başta Başbakan **Adnan Menderes** olmak üzere **Nehru**'ya ve Sıkıyönetim Komutanı **Namık Argüç**'le tüm devlet ileri gelenlerine iki gün süreyle hizmet ettim. O röportajım, adımın gazeteci kimliğimle birlikte Türkiye çapında duyulmasından da öte, tanınmasını sağladı. **Adnan Menderes**'in Başbakan olarak çekilen ve Başbakan olarak gazetede basılan son fotoğrafı orada o ziyafette benle çekilen fotoğrafıdır.

Mesleğe başlarken örnek aldığınız gazeteciler var mıydı?

Cüneyt Ağabey elbette olmak istediğim düzeyde bir gazeteciydi. Onun bu yaşında, benim de bu yaşımda bile kendisine her zaman hayranlık duymuşumdur. **Cüneyt Arcayürek**'i bugün herhangi bir olay yerinde, o olayı torunu yaşındaki meslektaşlarıyla birlikte izliyor olarak görürseniz, sakın şaşırmayın. O, mesleğinin gereğini yerine getiriyordur. Cüneyt Ağabey'in dışında yazar olarak hayranları olduğum kişiler vardır. Başta **Çe-**

tin Altan ve bir de "tatlarından yenilemeyecek" denli üstün tat düzeyindeki yazıların sahipleri **Yusuf Ziya Ortaç** ve **Bedii Faik**. Bir de, çalışma disiplini ve mesleksel sorumluluk özelliğiyle, **Bülent Ecevit**'e de hep hayranlık beslemişimdir.

Turkish-American News gazetesindeki göreviniz sırasında, gazetenin sanat yazarı Bülent Ecevit'le tanışmanızı bir talih olarak değerlendiriyorsunuz. Bunun nedenini neye bağlıyorsunuz?

Bülent Ecevit'i Türk ulusu politikacı kimliğiyle tanımıştır. Kimi kişiler ise onu şair olarak tanırlar. Ben 1952-53 yıllarındaki bu görevim nedeniyle **Bülent Ecevit**'i önce birlikte çalıştığım bir kişi olarak tanıdım, sonra da ondan kaynaklanan bir dost sıcaklığının etkisiyle kendimi, kendisiyle saygıdeğer bir dostluk ilişkisi içinde buldum. Onunla dost olmanın yüceliğini duyumsamış bir kişi olarak beni bu sonuca götüren kendisiyle tanışma olayını bir "talih" olarak belirtmem en doğal yargımdır.

Ankara Üniversitesi'nde okurken okul bünyesinde bir gazete çıkarmayı düşündünüz mü?

Adını *Site* olarak saptadığım bir üniversite gençliği gazetesi kurmayı çok düşledim. O denli ki, gazetenin logosunu bile hazırlatmıştım. Amerika'nın *TIME* dergisinin harflerinin karakterinde yazılan harflerle bir logo da hazırdı. Fakat çeşitli gazetelerdeki arkadaşlarıma boş zamanlarda ya çevirmen olarak ya da fotoğrafçı olarak yardımcı olmaya başlayınca, hevesimi o yardımlaşma çalışmalarıyla almaya başladım ve bu projenin pek üstüne düşmedim.

Bir gazetecide olması gereken en önemli özellik sizce nedir?

Başkasını sevebilmek ve elindeki basın gücünü, bu güce toz kondurmayacak bir özenle kullanmak. Başkasını sevebilen bir gazeteci, tanık olduğu herhangi bir güzelliği o sevdiğiyle paylaşmak ister. Bir de, başka kişilerden farklı olarak bildiğin bir bilgiyi, onların bilmediklerini yüzlerine vurmadan, onların bilmediklerinin ayırdında bile olmaksızın onlarla paylaşmak gerekir. Yarım yamalak, çoğu kulaktan dolma bilgileri, olduklarından kat kat fazla büyüterek, bu bilgilere sahip olmaktan kaynaklanan bir üstünlük duygusuna kapılmak, kör bir dilencinin önündeki parayı alıp, bunu övünülesi bir beceri sanmaktan farksızdır. Hekimlerin alfabesinin A harfi şudur: "Primium non nocere." Türkçe'de, "Önce zarar vermeyeceksin" anlamındadır. Bu alfabenin bir de B harfi vardır. O da şudur: "Medicine, cura te ipsum." Onun anlamı da şudur: "Hekim, önce kendini iyileştir." Bu iki Latince sözü ne zaman hatırlasam hep hayıflanırım: "Keşke bizim mesleğimizin de alfabesinin A ve B harfleri olsalardı bu sözler" derim. Sonra da düşünürüm: Olmaması için bir engel mi var?

Gazeteciliğinizin temelinde bir felsefeniz olduğu izlenimi veriyorsunuz. Gerçekten bir felsefeniz var mı? Varsa açıklar mısınız?

Elbette bir felsefem var. Bu felsefem, vadesinin hiçbir zaman dolmayacağına inandığım bir borcun, yaşam boyu taksit taksit ödenmesi yükümlülüğümdür. Ayrıntılı olarak anlatayım: Benim en kıymetli hazinem ilkokul diplomamdır. Bakın, odamın en gözönündeki duvarında, koskoca bir çerçeve içinde, varlığını her an duyumsatır bana bu diplomam. Benim ilkokula gittiğim dönemde devletimiz, ilkokul çağına gelen her çocuğuna sınıfta bir sıra verebilecek durumda değildi. Ben ilkokula kaydımı yaptırabildim, ilkokul birinci sınıfta, oturabileceğim bir sıra bulabildim. Kendimi bu nedenle Türkiye'nin talihli kişilerinden biri olarak görmüşümdür hep. Fakat ben o sırada oturdum diye biri benim yüzümden dışarıda kaldı. Ben ömür boyu kendimi, benim yüzümden okulun dışında kalan o kişiye borçlu duyumsadım. Ve tüm yaşamım boyunca, bugün bile, sizle bu konuşmayı yaparken bile, bu borcu ödüyorum. Mesleğimin öğretildiği bir fakültede öğrencisiniz. Size yardımcı olmak benim görevlerim arasındadır. Başka bir ifade biçimiyle söyleyeyim, yaşam boyu ödemek zorunda olduğum borcumun bir taksidini daha ödemek sorumluluğumdur. "Adam sen de, kim uğraşacak şimdi bu genç arkadaşla!" deyip, benle görüşme isteğinizi geçiştirebilirdim. Şimdi ödemekte olduğum bu borcu, Zonguldak'a gittiğim zaman yerin metrelerce altından çıkan bir kömür işçisine de ödedim. Ben ilkokuldaki o sıraya oturduğum için kendisi okulun dışında kalan o kişi, Urfa'ya gittiğim zaman toprak işçisi olarak çıktı karşıma. Büyük kentlerde apartman kapıcısı, Fatsa'nın sahilinde balıkçı tayfası kimliğiyle dikildi karşıma. O konumuyla bana sanki, "Öde bakalım o borcunu bana" diyorlardı. "Sen oturdun diye ben sınıfta boş bir sıra bulamadım, senin yüzünden dışarıda kaldım, okula gidemedim." Türkiye'de adımımı atmadığım yöre kalmadı. Gittiğim her yerde, benim yüzümden sınıfta sıra bulamayan, okula gidemeyen o kişi çıktı karşıma. Ve benden hep, onun da oturma hakkı olan sırasına, benim oturmuş olmamın bedelini istedi benden. Ben de sesimi çıkarmayı aklımdan bile geçirmeden, onlara olan borcumu ödemeye çalıştım onlara hizmet ederek. Hâlâ da sürdürüyorum bu taksitlerimi ödemeye. On yıldan bu yana çıkardığım *Bütün Dünya* dergisi de bu borcumun her ay ödediğim birer taksitidir. Bu borcumu ödemek, yaşamımım anlamıdır, amacıdır. Yaşamımın hiçbir döneminde, yaşamak için çalışmak zorunda kalmadım. Ama çalışmadan geçirdiğim tek günüm de yoktur. İşsiz bırakıldığım dönemlerde bile her gün odama kapandım, çalışmalar yaptım. Gazetecilik, bu borcumu ödeyebilmem için en etkin araç oldu benim için.

Yani bir anlamda borcunuzu mesleğinizle, paylaşma duygunuzla mı ödüyorsunuz?

Mesleğim borcumu ödememin en büyük aracıdır. Bana bir gün bir televizyon röportajında sordular: "Gazeteci olmasaydın ne olurdun?" dediler. Bir an için bile duraksamadan yanıt verdim: "Ya hekim olmuş olmak isterdim ya öğretmen ya da savcı" dedim. "Bu meslekler aracılığıyla ödemeye çalışırdım borcumu."

Basında imzanızla ilk röportajınız 22 Ocak 1955 yılında Hürriyet gazetesinde yayımlandı. Bu röportajınızın ilk olma dışında sizin için önemi neydi?

Bir an için kendinizi benim yerime koyun ve bu olayı o gözle siz değerlendirin. Çocukluğunuzdan beri gazeteci olmak istemişsiniz... Bir röportajınız, Türkiye'nin en büyük gazetesinde, *Hürriyet* gazetesinde yayımlanıyor. Hem de imzanızla. Ve lise ikinci sınıf öğrencisisiniz. Kendinizi bu konuma koyun ve sorunuzu siz kendiniz yanıtlayın lütfen. Bir benzetmeyle de yanıt vereyim: Ömrün boyunca diyelim, bir koşucu olmak istiyorsun ve... Öğrenci olduğun, çocuk denilebilecek bir çağında Türkiye çapında bir yarışta birinci geliyorsun. Bu duygu nasıl bir güç verirse kişiye, bana da öyle bir güç ve sevinç verdi.

Bir anlamda bu röportaj sizi ateşledi öyle mi?

Çok daha somut bir benzetme yaptınız. Elbette ateşledi. Bir füzenin fitilini ateşlemek gibi bir etki yaptı bende.

Aktif gazetecilik yaptığınız dönemde atlattığınız ya da atladığınız haberler oldu mu?

"Atlatmak" ve "atlatılmak", mesleğimizin yalnızca bir "olmazsa olmaz" olgusu değildir; aynı anda tuzu, biberi, tadıdır da...

Birçok meslektaşım gibi, elbette ben de birçok haberi atladım, birçok haberi de atlattım.

1970'li yıllarda Milliyet gazetesinin Ankara bürosunda çalışırken gazetenin İstanbul bürosuyla çok sıkı ilişkiler içinde olduğunuz, sık sık İstanbul'a gidip geldiğiniz söyleniyor. Hatta bu dönemde İstanbul'la kurduğunuz ilişki bazı dedikodulara neden oldu "Mete Akyol Milliyet'in Ankara temsilciliğini almak için İstanbul'a gidiyor" diye. Bu dedikodular doğru muydu?

Sorunuzun yanıtı, sorunuzun içinde var. Bunlara "dedikodu" diyorsunuz. İstanbul'a sık sık giderdim, çünkü orada çok dostum vardı. Ben, çalıştığım gazetenin Ankara temsilciliğini ya da herhangi bir düzeydeki yönetici basamağını hiçbir zaman ulaşılması gereken bir düzey olarak görmedim ki. Hem çalışan bir kişiyi, yönetilmesi gerektiği biçimde yönetmek, benim doğamda yoktur. Benim doğamda olan yönetim biçimiyle ise bir çalışan yönetilmez, yalnızca çalıştıranın başına çıkarılır. Anlaşarak çalıştığım ya da anlaşamadığım halde çalıştığım büro temsilcileri elbette oldu.

Anlaşamamanıza karşın nasıl birlikte çalışabildiniz?

Varlığını umursamadım; o nedenle o da, ben de hiçbir rahatsızlık duymaksızın birlikte çalışabildik. Yalnız bir kez varlığını zorla da olsa duymamı isteyen bir temsilci gelmişti İstanbul'dan. Baktım birbirimizin varlığından ikimiz de rahatsızlık duyuyoruz, o zaman "Haydi bana Allahaısmarladık" dedim ve aldım başımı gittim. Yaşamımın hiçbir döneminde, isteyerek yönetici olmadım. Zorunlu olarak yöneticiliğe getirildim ama bu kez de patron, "Sen benim genel müdürüm müsün, yoksa işçinin temsilcisi misin?" diye bana çıkıştı. Sonunda oradan da aldım başımı, gittim.

Bazı arkadaşlarınıza göre Mete Akyol Ankara temsilcisi olamazdı; çünkü o, koşuşturmaya alışmıştı ve masa başında yapamazdı. Bu doğru mu?

Evet. Biraz önce söylediklerimi arkadaşlarım, benden önce söylemişler size. Ankara temsilciliği, ne yüreğimde, ne beynimde, ne de düşümde yer aldı.

Meslek yaşamınızda çalıştığınız gazetelerde arkadaşlarıyla çok iyi ilişkiler kuran biri olarak tanınıyorsunuz. Hatta çalıştığınız gazeteler sizin için bir aile konumunda; fakat geriye dönüp baktığımızda çok fazla çalışma ortamı değiştirmişsiniz. Bu kadar sık gazete değiştirmenizi neye bağlıyorsunuz?

Bu "alıp başımı gitme" olaylarımın nedeni, tümüyle kişilere duyduğum kırgınlıklardır. Bir kere *Milliyet* aile olarak gördüğüm bir gazeteydi. *Milliyet*'e, hiç de *Milliyet*'in büro şefi olamayacağına inandığım bir kişi, **Yılmaz Çetiner** atanmıştı. Bir süre Ankara'ya uyum sağlayabilir diye bekledim. Baktım olmuyor, yine "aldım başımı, gittim." Yıl 1969'un sonuydu. *Milliyet*'ten ayrıldım, *Hürriyet*'e geçtim. Bir süre sonra aynı kişi, *Milliyet*'te devam edemedi, *Hürriyet*'e geldi. Ben bu kez de *Hürriyet*'ten ayrıldım ve *Milliyet*'e döndüm. *Milliyet*'ten galiba altı ya da yedi kez ayrıldım, girdim, ayrıldım, girdim.

"Gazeteciliğe bir kez değil birkaç kez başladım" sözünüzle ne anlatmak istiyorsunuz?

Başladığım tarih olarak hangi tarihi kesin olarak alacağımı bilmiyorum da o nedenle böyle diyorum. İlkokul üçüncü sınıfta, duvar gazetesi çıkarmakla başladım. Talas Amerikan Ortaokulu'nda *Talas* adlı haftalık iki sayfalı bir gazete çıkardım. Tarsus Amerikan Koleji'nde dört yıl süreyle önce *The College News* adıyla, sonra *The College Times* adıyla haftalık dört sayfalık gazete çıkardım. Tarsus'ta okurken 1952, 1953 ve 1954 yılları yaz aylarında Ankara'da *Turkish-American News* adlı, Türkiye'nin ilk İngilizce haftalık gazetesinde önce düzeltmen, sonra sayfa sekreteri olarak çalıştım. Tarsus'ta ikinci sınıf öğrencisi olduğum 1953 yılında *Hürriyet* gazetesinin Tarsus muhabiri oldum. 1956'da *Dünya*'nın Ankara bürosunda foto muhabirliği yaptım. 1959'da **Milliyet**'in Ankara bürosunda diplomatik muhabir olarak işe başladım. Bu tablo içinden hangisini mesleğe başlangıç tarihim diye almak isterseniz, onu alabilirsiniz. Ama içimdeki duygumu söyleyeyim: Ben, gazeteci olarak doğduğumu kabul ediyorum.

Yani "gazeteci olunmaz gazeteci doğulur" sözünü onaylıyorsunuz, öyle mi?

Onaylamak bir yana, o sözün doğruluğunu yaşamımla kanıtlıyorum galiba. Bu ifadem, kişinin kendi kendine madalya takması gibi bir anlama da geliyorsa, bağışlayın beni, bunu böyle kabul edelim. Zaman zaman düşündüm, neden gazeteciliğe böylesine içtenlikli bir istek duydum diye. Çocukluk genlerimde arıyorum bu sorumun yanıtını. Benim çocukluğum, İkinci Dünya Savaşı yıllarında, Ordu'da geçti. Ordu'ya İstanbul'dan haftada iki kez vapur gelirdi. Bu vapurlardan biri üç günlük gazeteleri, öteki dört günlük gazeteleri getirirdi. Bizim evin gazetelerini vapurdan sahile getiren kayıklardan ben alırdım. Gazeteler gelir gelmez annem bir taraftan, babam bir taraftan, ablalarım bir taraftan, otururlar gazeteleri baştan sona okurlardı. O günler gazeteler, evimizin en önemli olayını oluştururlardı. Çünkü dünyada olup biteni bize yalnızca o gazeteler getiriyordu. Galiba o nedenle gazeteciliği, en önemli meslek olarak o yaşlarda tanımladım. Gazeteciliği mesleksel kutup yıldızım olarak seçmemin ve tüm yaşamsal rotamı bu yıldıza yöneltmemin başka bir nedenini bulamıyorum.

Aydın Doğan Milliyet'i aldıktan sonra, Milliyet gazetesindeki görevinizi sürdüremediğiniz söyleniyor, bu doğru mu?

Aydın Doğan'la aramda hiçbir sorun yaşamadım. Özel sekreteri Arzu dışında, hemen hemen kimsenin, değil bilmediği, ayırdında bile olmadığı çok özel bir dostluk ilişkisi vardır aramızda. *Milliyet*'i satın aldığı günler bir gün odasında bana şöyle dedi: "Aslında bu gazetenin sahibi siz birkaç kişisiniz. Ben para verdim aldım, *Milliyet*'i. Ama siz bir ömür verdiniz *Milliyet*'e." Biraz da şakaya getirerek, gerisini ben tamamladım sözünü: "O halde kalkın o masanın başından ve buraya, konuk koltuğuna oturun" dedim. "Ben de o masanın arkasındaki koltuğa oturayım." Bu şakamı **Aydın Doğan** hemen ciddi bir uygulamaya dönüştürdü: "Gerçekten de doğru" dedi ve masanın arkasındaki "patron" koltuğundan kalktı, o koltuğa benim oturmamı söyledi: "Ben *Milliyet*'in patronuyum ama sen sahibisin" dedi. Direttim, "Şaka yaptım patron" dedim, dinletemedim. Elleriyle koluma sarıldı ve beni aldı, patron koltuğuna oturttu, kendi de masanın öteki yanındaki konuk koltuğuna oturdu. Yalnızca o gün değil, odasına gittiğim her zaman masasını boşalttı, koltuğuna beni oturttu. Tabii bu olay, odada üçüncü bir kişi yokken olurdu hep. Bir gün "sahip"liğimi uygulamak istedim. "Sütlü kahve istiyorum, ısmarlasana patron" dedim. Eliyle masadaki telefonu gösterdi: "Sahip sensin" dedi. "İki numaralı düğmeye bas, Arzu'ya söyle. Bir de bana söylersin tabii." Arzu telefonda benim sesimi duyunca şaşırdı. Âdeti olmamasına karşın kapıyı açtı, odaya baktı ve beni patron koltuğunda, patronu da konuk koltuğunda görünce şaşırdı. **Aydın Doğan** o an patronluğunu hatırladı: "Kimseye tek kelime bahsetmek yok bundan, tamam mı Arzu?" dedi. Bir gün de bu oturuş biçimimizi fotoğrafla saptamak istedim. "Sahip sensin, aç fotoğrafhaneyi, bir arkadaş göndersinler, gelsin çeksin resmimizi" dedi. O gün fotoğrafhaneden gönderilen arkadaş, foto muhabiri arkadaşım **Ali Öz** idi. Odaya girip de ikimizi öyle görünce önce gülmek istedi ama sonra toparladı kendini.

Aydın Doğan'ın odasında, Aydın Doğan "konuk" koltuğunda,
Mete Akyol "patron" koltuğunda

Aydın Doğan'la bu dostluk ilişkimizin fotoğrafı, o gün girdiği arşiv dosyamda, ilk günkü "göz değmemişliği"yle bugün de durmaktadır. (Söz konusu fotoğraf, Sayın **Aydın Doğan**'ın izniyle ilk kez bu kitapta yayımlanmaktadır.) İlerideki yıllarda *Milliyet*'in "patron"uyla değil ama, "patrondan fazla patroncu" olan kimi sonradan olma yöneticileriyle çok sorunlar yaşadım.

Birçok gazetede muhabir, röportaj yazarı, köşe yazarı, genel yönetmen ve yayın genel yönetmeni olarak değişik görevlerde bulundunuz fakat daha çok röportaj yazarlığınızla tanınıyorsunuz. Röportaj yazarlığınızın diğer görevlerinizden farkı neydi ki bu kadar çok ön plana çıktı?

Haberciydim de aynı zamanda. Fakat röportaj yazarlığım haberciliğimden de ön plana çıktı. Çok istememe karşın haberciliği sevemedim. Habercilikte esas olan "objektif kalabilmek"tir. Objektif kalabilmekte kendimi çok zorladım. Subjektif olmak özelliğim objektif olmam gerekliliğini arkaya itiyordu. Hemen hemen hiçbir habere yalnızca gözlerimle bakamadım, o haberi yalnızca kulaklarımla dinleyemedim. Hep yüreğim ön plana çıktı ve tüm haberleri yüreğimle de gördüm, tüm kişileri yüreğimle de dinledim. Onun için de olayları, gördüğüm gibi değil, duyumsadığım gibi yazmak istedim. Onun adına da "röportaj" dediler. Olaylara yalnızca beynimle değil, yüreğimle de yaklaştım. Yani bu meslekte, "elektrik düğmesiyle ampul arasındaki tel" olmadım, olamadım.

Bazı siyasilerle samimi ilişkiler içinde olduğunuz söyleniyor. Bu samimi ilişkiler sadece gazetecilik sınırları içerisinde mi yoksa daha ileriye de gidiyor mu?

Siyasal kişiler arasında yalnızca **Bülent Ecevit**, **Önder Sav** ve **Vedat Dalokay** ile gazeteciliğimin dışında ilişkilerim vardı. Her üçüyle de aile dostlarıydık. Bir çizgiye her zaman özen gösterdim ve o çizgiyi hep özenle korudum. Onlarla dostluğumuza gazeteciliğimi karıştırmadım, gazeteciliğime de onlarla dostluğumuzu karıştırmadım.

Peki, "en yakın çalışma arkadaşım" dediğiniz biri var mı?

En yakın çalışma arkadaşım, elbette **Asaf Uçar**'dı. O benim bedenimin bir parçası oldu birlikte çalıştığımız dönemde. Şöyle diyeyim: Bir futbol takımında oynayan çifte santrfor gibiydik onunla. Birbirimizi öylesine iyi tanırdık ki, birimiz ötekinin gole gideceğini önceden anlar, topu onun istediği yere atardı. Örnek alınası bir uyum içinde çalıştık Asaf'la.

Meslek hayatınız boyunca üç büyük ihtilal gördünüz (27 Mayıs, 12 Mart, 12 Eylül). Bu ihtilallerin gazetecilikte ve sizin gazetecilik mesleğinizde ne gibi etkileri oldu?

Birinci ihtilalde, yani 27 Mayısta, hem üniversitede son sınıf öğrencisiydim, hem de gazeteciydim. O yıllarımıza ilerideki yıllardan baktığımda, gazeteci olarak da, öğrenci olarak da nasıl kullanılmak istendiğimizi gördüm. O gerçeği o günlerde görememiştik. Kullanılmak istenmemiz tehlikesini o ihtilal öncesi ve hemen sonrası günlerde görebildim. Ve bu bana, ömür boyu bir ders oldu. Bu meslekte, en büyük tehlikenin "kullanılma tehlikesi" olduğunu o günlerde anladım. O günlerden sonra gazeteciliğimi hiçbir kişiye ya da kuruma kullandırtmadım. *Hem Yaşadım Hem de Yazdım* adlı kitabıma yazdığı önsözde **Çetin Altan**, bu konuda benle ilgili şöyle demektedir: "**Mete Akyol**'un çok hareketli bir zaman dilimini kapsayan meslek yaşamındaki en büyük özelliği bence nedir bilir misiniz? Kalemini ne bir balyoz, ne bir süngü, ne de bir borazan gibi değil, sadece kalem gibi kullanması. Onun için de, güncel gürültüler arasında kaynayıp gitmeyen, soluklu ince bir türkü niteliğinin sahibi oldu." 27 Mayıs benim için gazetecilik açısından dünyaya bambaşka baktığım bir dönem olmuştur. Duygularımı frenleyebilmenin ne demek olduğunu da o dönemde öğrendim. 27 Mayıs günü hepimiz, aklımızdan süzülen değil, ağzımızdan çıkan her şeyi yazmıştık. **Abdi İpekçi**'den bir ültimatom geldi: "Belgesi olan her şeyi yazacaksınız, belgesi olmayan hiçbir şeyi yazmayacaksınız" dedi. 27 Mayıs günü biz de tüm meslektaşlarımızın yaptığı bu hatayı yaptık ama... 28 Mayıs günü bambaşka bir çalışma terbiyesinin ilk adımlarını emeklemeye başladık. 29 Mayıs gününün *Milliyet*'i bu terbiye disiplinine giren gazetecilerin çıkardığı bir gazeteydi; onunla övünürüz. Belgesiz olan hiçbir şey, yani hiçbir dedikodu yoktu. 12 Martta ise çok iyi haber kaynaklarım vardı. Çok nefis bilgiler alabiliyordum. 12 Eylülde İstanbul'daydım ve köşe yazarı olarak görev yapıyordum. Habercilerimizden gelen haberleri değerlendirmekle geçti o dönemim.

1968 yılında yayına başlayan TRT Ankara Deneme Televizyonu'nda haftalık "Ankara'daki Meşhurlar" adlı bir karşılıklı konuşma programı yapmaya başladınız. İlk çalışanlarından biri olarak TRT'nin sizdeki yeri nedir?

O dönemin TRT'sinin *Ankara Deneme Televizyonu*, adı üstünde bir deneme tahtasıydı. Çalışmaların bir bölümü el yordamıyla yapılıyordu. Yüzümün Ankara'da daha çok tanınması dışında bu deneme televizyonunun bana verdiği pek bir şey olmadı. Tam tersi, biz deneyimlerimizle televizyona katkıda bulunmaya çalışıyorduk.

TRT1, TRT2, NTV ve TV8'de programlar yaptınız. Gazetecilik ile televizyon programcılığı arasındaki fark nedir?

Mesleksel etik ve sorumluluk açısından bir fark yoktur. Yalnızca araç farkı vardır. Şu açıdan büyük bir fark vardır: Ulaştığı topluluk açısından. Televizyon tabii ki bir olayı daha geniş kitlelere duyurabiliyor.

Şimdi de bir televizyon kanalından teklif gelse, bu teklifi değerlendirir misiniz?

Şu anda, eski Kültür Bakanı **İstemihan Talay** ile birlikte üst düzey yöneticisi olduğum bir televizyonumuz var. *Kanal B*, Mütevelli Heyet üyesi olduğum Başkent Üniversitesi Rektörü Prof.Dr. Sayın **Mehmet Haberal** ile birlikte kuruluş öncesinde ve kuruluş aşamasında üst düzey sorumluluk alarak katkıda bulunduğum bir televizyondur.

Son dönemlerde Türk basınının ve Türk okuyucusunun durumunu nasıl değerlendiriyorsunuz?

Türk basınının önemli bir eksikliği, halka gazete okumayı öğretememesidir. Halkımız gazetede yayımlanan haberin doğruluğunu sorgulamıyor. Kendisine duyurulan her haberi doğru varsayıyor ve bu haberlerin doğru olduğuna inanabiliyor. Halkımızın bu saf yapısını kimi meslektaşlarımız, kişisel amaçları ya da hatta çıkarları doğrultusunda sömürmekten çekinmiyorlar. Ve bu tutumlarıyla halk üzerinde, sanki bir "tedhiş" görünümü oluşturuyorlar. "Kötü doktor kişiyi tıptan soğutur" sözündeki gerçek örneği, bu tür kimi kişisel çıkarcı meslektaşlarımız da okurlarımızı gazetelerden ve gazeteciden soğutmaya başlamışlardır. Halkın gazetelere ve gazetecilere olan güveninde önemli azalmalar olduğunu, üzülsek de kabul etmek zorundayız. Bir zamanlar var olan "Basının gücü" kavramı, halk arasında yerini giderek, "Gücün basını" olgusuna dönüştürmektedir. Basına, halkın sesi, gözü, kulağı olması kimliği bir an önce yeniden kazandırılmalıdır.

Sizden sonra mesleğe başlayan arkadaşlarınıza tavsiyeleriniz neler oluyor?

Meslektaşlarıma, şöyle ya da böyle olmalarını önermekten hep kaçındım. Fakat onlara örnek olmaya her zaman özen gösterdim.

1990'lı yıllarda bir televizyon kanalında Zeynep Özal'la bir röportajınız var. Basın kamuoyunda çok tartışılan bu röportajı değerlendirebilir misiniz?

Kasedini çoğaltarak sakladığım bu röportajımı iletişim fakültelerindeki derslerimde, uygulamalı ders olarak öğrencilerime sık sık gösteririm. "Biz gazeteciyiz; insanı ister asarız, ister keseriz" türü gazeteciliğin Türkiye'de artık çok uzaklarda kaldığını, öğrencilerime ısrarla anlatırım. Kendisine gazetelerde yazıyla ya da televizyonlarda sözle duyurulan her habere, "Acaba?" sorusunu sormayı bile düşünmeyecek denli tüm içtenliğiyle inanan saf Türk okuru, aman dünyanın öteki ülkelerindeki kişiler duymasın, bu ülkenin televizyonlarında söylenen ve bu ülkenin gazetelerinde yazılan "Filanca kişinin İsviçre bankalarındaki şu, şu, şu hesaplarını ele geçirdik. İşte belgeleri" sözümona haberine bile inanmışlardır. Türk halkını böyle bir habere bile inandıran meslektaşlarımıza "Kendini bil, kendine gel" dersi vermek, mesleğimizin onurunu kendi kişisel onuruyla eşdeğerde gören benim de bir görevimdi. Bu nedenle kabul ettim **Zeynep Özal**'la yapılacak röportajı benim yapmam önerisini. Öneriyi yapan Sayın **Ahmet Özal**'a sordum: "Neden bana önerdiniz bu röportajı yapmayı?" dedim. **Ahmet Özal**'a sorduğum bu soruyu, sözünü ettiğiniz röportajım sırasında Sayın **Zeynep Özal**'a da sordum. Ağabeyinin verdiği yanıttan pek de farkı olmayan şu yanıtı verdi: "Çünkü sizi yıllardır, karşınızdaki kişiye de, mesleğinizin ilkelerine de saygılı, gerçek bir demokrat gazeteci olarak tanıyoruz. Ayrıca siz, mesleğinizin duayenisiniz." Adlarını burada tek tek sıralamayı gereksiz gördüğüm yirmi kadar meslektaşım, **Zeynep Özal**'a bu röportajı kendilerinin yapmak istediklerini bildirmişlerdi. Onlar, soracakları soruları önceden göndermişler ve röportajı kendilerinin yapmaları için ricada bulunmuşlardı. **Zeynep Özal**'la röportajımda, kendisine sorulmaması gereken hiçbir soruyu sormadım. Fakat sorulması gereken her soruyu da sordum. Hatta fazladan sorular da sordum. Fakat tüm bu soruları sorarken kendisinden, öncelikle özür diledim. Çünkü bir gazeteci, kendisine sorulmasını istemediği bir soruyu karşısındaki kişiye sorarken, sorusuna önce özürle başlamalıdır. O nedenle ben **Zeynep Özal**'a, beni gazetecilikte idol olarak benimsediklerini ileri süren genç kişiler gibi, "Siz Türkiye'den milyonlarca dolar kaçırıp, İsviçre'deki şu şu bankadaki şu şu hesabınıza yatırmışsınız. Doğru mu bu?" diye soramazdım. Bana yakışan, bu soruyu sormadan önce karşımdaki kişiden, kendisine böyle bir soru sormak zorunda olduğum için önce özür dilemekti. Ben **Zeynep Özal**'a böylesi suçlayıcı tüm sorularımı, kendisinden önce özür dileyerek sordum. Bu tutumum, beni olduğum gibi tanıyabilme olanağı bulamamış kimi meslektaşlarımın, hiç de hak etmediğim ve hiç de alışık olmadığım ve kendilerinden hiç de beklemediğim bir düzeysizlikteki saldırılarına hedef oldu. Örneğin, beni bir "idol" olarak kabul ettiğini hem de televizyon ekranında söyleyen bir **Uğur Dündar**, benim röportajımdan sonra gecenin geç saatinde yayımladığı kendi programında, kuşkusuz beni kastederek, "Bu aile (**Özal** ailesi) her dönemde bir kiralık kalem bulmuştur" tümcesini kullanabilmiştir. Aynı kişi, kendisinin o dönemde çalıştığı televizyonun haber programında bana sorulan "Bu tümce için ne diyorsunuz?" sorusunu, "Eksiği var. Bu aile, her dönemde değil kiralık, satılık bir kalem bulmuştur" yanıtımı ister istemez üstüne alarak bana hemen gönderdiği bir faksta kendini şöyle savunmuştur: "Sevgili Mete Ağabey, dün gece televizyonda söylediğim 'kiralık kalem' sözüyle asla sizi kastetmedim. Kimi kastettiğimi o kişi kendisi çok iyi biliyor. Size her zaman beslediğim derin saygım ve sevgimle, **Uğur Dündar**." Kendisinden bu görüşünü, televizyon ekranında açıklamasını istedim. Söz verdi, yapacak. On yılı geçti, hâlâ beklediğimi sanıyor galiba.

Peki Mete Akyol o gün sorulması gereken her şeyi sordu mu?

Televizyon ekranlarında tüm meslektaşlarıma açık davetiye çıkardım: "Sormam gerekip de sormadığım bir soru varsa lütfen bildirin" dedim. Yanıt olarak, "Sorularınızı neden özür dileyerek sordunuz?" sorusu geldi. Ne sorduğumu ya da ne sormadığımı değil, nasıl sorduğumu eleştirdiler ki... Ona da hiçbirinin ne mesleksel deneyimi, ne öğrenimi yeterliydi. Tüm sorularımı sorduktan sonra **Zeynep Özal**'a "Sizce demokrasi nedir?" diye bir soru sordum. "Demokrasi özgürlüktür" diye yanıt verdi. Onun bu yanıtına ek olarak ben de şöyle dedim: "Demokrasi, kendi fikrinize gösterilmesini beklediğiniz saygıyı, kendi fikrinizin yüz seksen derece karşısındaki fikre de gösterebilme erdemidir. Biz bu gece burada, demokrasinin bu erdemini sergiliyoruz" dedim. Bir gece sonra *Star* televizyonunun ana haber bülteninde bu konuşma aynen şöyle yayımlandı: "**Mete Akyol**, konuyla ilgili olmayan sorular da sordu. Biri şu: 'Sizce demokrasi nedir?' **Zeynep Özal** şu yanıtı veriyor: 'Demokrasi özgürlüktür.'" Onun bu yanıtından sonra benim söylediklerim yayımlanmıyor. Bir başka soru soruyorum: "Semt pazarlarına gider misiniz?" **Zeynep Özal** yanıtlıyor: "Zaman zaman gittiğim oluyor." Onun bu yanıtı üzerine ben konuşmamı sürdürüyorum: "Semt pazarları, kişilerin birbirleriyle en yakın oldukları, yüz yüze geldikleri yerlerdir. Orada halkla karşılaşınca kişilerin size tepkileri nasıl oluyor?" Haberlerde bu bölümün yalnızca, "Semt pazarlarına gider misiniz?" sorusu ve **Zeynep Özal**'ın "Zaman zaman gittiğim oluyor" yanıtı yayımlanıyor, devamı makaslanıyor.

O röportajdan sonra kamuoyunda ve yakın çevrenizden ne gibi tepkilerle karşılaştınız?

Programlarında "asarız, keseriz" naraları atan heyecanlı kimi gösteri adamlarının yüksek seslerinin etkisi altında kalan seyirciler bana telefon açtılar ve "neyin ne olduğunu ve niçin olduğunu" sordular. Bu görüşlerimi televizyonlarda açıklamamdan sonra ise, beni önce yadırgadıklarını, sonra ise bana hak verdiklerini söylediler. Ama sözünü ettiğim kişileri tanıyan ve onları zamanla hak ettikleri yerlerine ve zamanlarına oturtan seyirciler ise bana yalnızca, bu saldırılar karşısında kendimi üzmememi önerdiler hep. Sonra aradan on yıl geçti ve "İşte İsviçre bankalarındaki hesapların belgeleri" gösterileriyle savcıya teslim edilen not defteri sayfaları, bu kâğıt parçalarının ciddiye alınıp dava açılmasını bekleyen saf televizyon seyircilerinin boş umutları önünde, çöp kutularındaki yerlerine atıldılar.

Bir gazetecinin öncelikli sorumlulukları nelerdir?

Bir gazetecinin öncelikli sorumluluğu, kendinden beklenilen sorumluluğu yerine getirmesi sorumluluğudur. Yalancıların, sahtekârların, geçici bir süre için de olsa halkı aldatmayı yanlarına kâr sayanların, kıyısından köşesinden geçemeyecekleri bir kimliktir "gazeteci" kimliği...

Gazeteci olarak siz milli konular* söz *konusu olduğunda ülkeniz ve milletiniz için hiç harekete geçtiniz mi?

Elbette geçtim ve bu konuda her zaman da harekete geçmek için gönüllüyüm. Kıbrıs'ta on gazeteci arkadaşımla birlikte tutsak edilip, arkamızdaki sten tabancalarının önünde duvara dizildiğimizde, dimdik durarak ve hep bir ağızdan "Bir başkadır benim memleketim" şarkımızı söylerken kendimizi, ulusumuzun tüm bireyleri huzurunda, bir ulusal onur sınavında varsaymıştık. Yaşamımın her ânında kendimi hep, bu ulusun huzurunda, böylesi bir sınavda görmüşümdür. Yaşamımın bundan sonraki bölümünün tek anlamı, ulusumun en az bağımsızlık denli önde gelen eğitimsizlik sorunu karşısındaki savaşımında da gönüllü bir er olarak hizmet edebilme kararımdır.

Bütün Dünya'nın temellerini 1997 yılında Marmara Üniversitesi İletişim Fakültesi'nde öğrencilerinizle birlikte attınız. Şu an Başkent Üniversitesi Kültür Yayını olarak yayın yaşamını sürdürüyor. Siz de bu yayının yayın genel yönetmenliğini yapıyorsunuz. Bütün Dünya meslek hayatınızın son halkası mı yoksa daha başka projeleriniz var mı?

Bütün Dünya, giderek artan tirajı ve giderek etkisini artıran hizmetiyle, kendinden beklenilen görevi, beklenilen düzeyde yerine getiriyor. Onu bu yörüngede ve bu düzeyde tutmak, öncelikli görevimdir. Bu çalışmamıza ek olarak, *Kanal B* televizyonumuzu da aynı düzeyde ve aynı yörüngede sürdürmeyi de ulusal ve insansal bir görevimiz olarak benimsiyoruz.

Türk basını ile yabancı basın arasındaki benzerlikler ya da farklılıklar nelerdir?

Batıdaki basın günlük bir basındır. Bugün vardır, bugünkü varlığı bir gün sonra anımsanmaz bile. Batı basını, okurlarının öncelikle günlük haber, kültür, eğlence gereksinimlerini karşılamakla yükümlüdür. Bizdeki gazetecilik ise, bir sorumluluklar bütünüdür. Hakkı olduğu düzeyde eğitilmemiş ve öğretilmemiş bir toplum karşısında Türk basınının görevi de, işlevi de, bu eksikliği bir an önce giderebilmektir. Bizim basınımızın yapacak çok işi var.

2005 *yılının Ocak ayında gazetecilik yaşamınızda bir büyük gazetede* (Hürriyet) *yayımlanan ilk röportajınızın 50. yılını geride bıraktınız. Şöyle geriye dönüp baktığınızda gazetecilik mesleğinde neler değişti? Sizin yaptığınız gazetecilikle şimdiki gazetecilik arasında ne gibi farklar ya da benzerlikler var?*

Şimdiki gazetecilik değil, bültenciliktir. Bizim zamanımızda gazete formatında olup da, gazete olmayan bültenler vardı. Bugünkü gazeteler holdinglerin bültenleri, borazanları. Onlar halkın sesini değil, şirketlerinin sesini duyuruyorlar. Genç gazeteci arkadaşlarımın omuzlarına bugün yüklenen görev, bizim zamanımızın görevinden çok daha ağırdır. Onlar yalnızca "gazeteci" kimliğini hak ettiği yörüngesine oturtmak yükümlülüğü taşımak zorunda değiller, "gazete" kimliğini de hakkı olduğu düzeydeki yörüngesine oturtmakla birinci derece görevli ve sorumludurlar. Kolay gelsin tümünüze.